초등교육 상위 1%

딸을 서울대에 보낸
정용호 강사의
초등 공부법

교육청 강의 300회 전문가

정용호 지음

CONTENTS

⁺⁺CONTENTS⸰

Learning

CONTENTS

Study

Learning

유아~초등 학부모 대상으로 강의를 하다 보면 가끔 "사고력수학 학원에서 사고력수학이 정말 중요해졌다고 하던데요. 꼭 시켜야 하나요?"라는 질문을 받기도 합니다. 사고력수학 학원뿐만 아니라 국어 학원, 수학 학원, 영어 학원, 독서토론 학원, 논술 학원, 주산 학원, 과학실험 학원 모두 각자의 과목이 중요하다고 주장하고요. 실제로 학원 상담을 받으면 다 중요한 것처럼 생각됩니다. 그런데 너무 어릴 때부터 너무 많이 한 아이들의 대부분은 초등학교 중학년 즈음부터 지쳐 쓰러지거나 극심한 학업 스트레스 때문에 일찍 반항기를 맞이하기도 합니다. 시간과 노력과 비용만 소모하고, 얻은 건 없고, 아이를 잃는 결과를 맞이하게 되는 거죠. 안타까운 것은, 교육과정, 시험 제도, 입시 제도가 빠르게 변하면서 이와 같은 현상이 더 심화될 것으로 예상되는데요. 이런 때일수록 부모의 현명한 판단이 매우 중요합니다.

세상에는 좋은 것도 있지만 나쁜 것도 있습니다. 사교육도 마찬가지입니다. 좋은 사교육도 있지만 불필요한 사교육도 있습니다. 사교육은 전략적으로 잘 활용해야 합니다. 그러려면 부모가 좋은 사교육을 잘 선택하는 현명함을 갖춰야 하고요. 그래야 좋은 사교육도 빛을 발할 수 있습니다. 이를 위해 부모도 최소한의 공부를 해야 합니다. 부모가 되면 '내 아이의 바람직한 성장을 위해 언제, 무엇을, 얼마나, 어떻게 시켜야 하나?'라는 고민은 무조건 하게 됩니다. 좋은 부모라면 누구도 피할 수 없는 고민이죠. 특히 아이 교육과 관련해서는 유아부터 고등학교까지 18년 가까이 고민이 이어집니다. 그런데 이 고민 해결이 쉽지 않습니다. 옆집 아이가 무엇을 해서 좋았다고 하면 나도 선택해야 하는 것처럼 생각되다가 뒷집 아이는 반응이 좋지 않았다고 하면 또 망설여집니다. 그래서 소위 전문가라고 불리는 분들을 통해 정답을 얻어 보려 하지만 100% 확신이 들지는 않습니다.

그러다가 '아이가 100명이면 교육법도 100가지입니다.'라는 문구를 만납니다. 곰곰이 생각해 보면 맞는 이야기입니다. 세상에 똑같은 사람 없으니 당연히 교육법도 다르겠죠. 그런데 그렇게 생각하니 더 막막해집니다. '그러면 아이 교육은 각자 알아서 하라는 건가?' 물론 아이 교육법은 다양합니다. 아이에 맞는 선택을 하는 것이 가장 중요하고요. 그럼에도 불구하고 '일반적'이라고 말 할 수 있는 기준은 있습니다. 그 기준을 판단의 기본 틀로 놓은 다음, 내 아이에 맞게 조금씩 변화를 주는 것이 가장 효율적인 고민 해결 방법입니다. 아무런 틀도 없는 상태에서 하는 선택은 자칫 큰 시행착오를 불러올 수 있는데요. 대표적인 사례가 수학입니다.

우리나라 사교육비 2위 과목은 수학입니다. 수학은 대부분 6~7세 즈음부터 학습을 시작하며, 고등학교 3학년 대입 시험 때까지 상당히 많은 시간을 투자해야 합니다. 대부분의 아이들이 영어 못지않게 많은 시간과 노력을 들이는 과목이 수학입니다. 그런데 안타까운 것은, 예전보다 수학 학습을 더 시킴에도 불구하고 초등학교 6학년의 40% 가까이가 수포자(수학포기자)라고 합니다. 그 이유는 6학년 10명 중 4명 정도의 아이들이 수학 학습을 이상하게 했기 때문입니다. 이 사실만으로도 얼마나 많은 아이들이 수학 학습에서 큰 시행착오를 겪고 있는지를 알 수 있습니다.

그렇다면 아이 교육에 대한 일반적인 판단 기준 틀은 어떤 근거로 만들 수 있을까요? 3가지 요소를 종합적으로 고려해야 하는데요. 첫 번째는 '아이의 뇌 발달 단계', 두 번째는 '학습 영역 각각의 본질(정체)', 세 번째는 '우리나라의 교육 현실'입니다. 이 3가지 요소를 종합적으로 고려하면 아이 교육과 관련해서 언제, 무엇을, 얼마나, 어떻게 시켜야 하는지에 대한 일반적인 기준 틀을 만들 수 있습니다.

'아이의 뇌 발달 단계'의 사례로는 '한글 학습을 본격적으로 할 수 있는 뇌 발달 시기'를 들 수 있고요. '학습 영역 각각의 본질(정체)' 사례로는 '영어는 본질적으로 언어이기 때문에 공부의 대상이 아니라 습득의 대상이다.'를 들 수 있습니다. '우리나라의 교육 현실'의 사례로는 '학교 시험에서는 서술형 주관식 쓰기 문제를 잘 풀어야 한다.'를 들 수 있습니다.

위와 같이 3가지 요소를 종합적으로 고려했을 때 '아이의 성적은 1~12세(초등 5학년) 시기를 어떻게 보내느냐에 의해 결정된다.'라는 결론을 내리게 되었습니다. 물론 모든 아이들이 공부를 잘 할 필요는 없습니다. 그럴 수도 없고요. 다만, 어차피 보내야 할 학생 시기라면, 그 시기에 꼭 해야 할 것이 무엇인지 잘 선별하고 각자의 상황에 맞게 최선을 다 할 필요는 있습니다. 그래서 책의 부제목도 '1세~12세 현명한 공신 코치법!'으로 정했고요.

첫 번째로 쓴 〈우리 아이 수학 고수 만들기〉와 두 번째로 쓴 〈우리 아이 독서 고수 만들기〉 책처럼 이번 책도 편하게 읽히도록 강의 하듯이 글을 썼습니다. 그래서 문법, 어법에는 맞지 않는 문장들이 있을 것입니다. 너그러운 양해를 부탁드리며 〈우수고〉, 〈우독고〉, 〈우공고〉 3권의 책이 부모님의 현명한 교육 코칭에 꼭 도움 되기를 기원합니다. ^.^

– 세가지소원(정용호) –

행공신을 먼저 만난 학부모의 이야기

<행OOOOOO님>

행복이가 7살 때 선생님을 처음 뵈었는데 벌써 9살이 되어 2학년이 되었네요~ 선생님 덕분에 주변에 흔들이지 않고 우선순위대로 아이와 맞춰가며 차근차근 방법을 찾아가고 실천하고 있어요. 처음엔 엄마욕심이 앞서 시행착오도 있었지만 점점 가면 갈수록 아이에게 적합한 학습 방법이 무엇인지, 어떤 부분에서 배려가 부족했는지 점검하고 보완해 나아가고 있어요. 오늘도 글을 읽으면서 점검하고 힘을 얻어가네요. 선생님이 계셔서 참으로 든든하고 힘이 나요. 항상 감사드립니다.

<다OO님>

오늘 강의 잘 들었습니다. 항상 들을 때 마다 새로운 것을 얻고 아이에게 더 잘 실천할 수 있는 방법들을 얻어갑니다. 오늘 더 크게 느낀 건, 큰 그림을 보고 길게 천천히 가야 한다는 걸 다시 생각하게 되었습니다. 코치해 준다는 명목으로 제 욕심에 부합되게 닦달하고 있는 제 모습이 떠올랐습니다. ㅠㅠ 다시 한번 속도 점검하고, 옆집 엄친아와 비교하지 말고, 욱하는 나의 감정을 더 잘 다스려야겠다고 생각했습니다. 아이의 태도가 문제가 아니고 나의 태도가 문제라는 생각을 했습니다. 그리고 초3인 이번 해는 <우수고>를 잘 활용해 즐겁게 수학을 끌어나가도록 노력해 보려 합니다. 개념서로 아이에게 읽어보게도 하고 저도 너무 잘 활용하고 있습니다. 항상 감사합니다. ^^

<크OO님>

값진 경험을 함께 나눠주셔서 진심으로 감사드립니다. 그리고 다양한 정보를 수시로 접하게 해 주시니 항상 감사하는 마음입니다. 저희는 세가지소원님 덕분에 초등 생활을 잘 할 수 있었어요. 세가지소원님 글 토시 하나라도 다 중요시했습니다. 모두 다 도움이 되는 글들이었으니까요. 그 중에서도 '독서의 중요성'과 '교과 학습 제대로 하기'는 초등 때 가장 큰 성과였어요. 사교육을 받지 않았어도 선생님들께도 친구들에게도 늘 주목받는 아이로 지낼 수 있었거든요. ^^

<aOOOOOOOOOOO님>

선생님께서 저술하신 책과 강의하신 내용이 기존과 다른 큰 울림(깨달음)을 주는 이유를 저는 블로그의 글에서 찾았습니다. 무조건 탑이나 남들이 선호하니까 너도 나도 그곳을 향해 달려가는 교육이 아니라, 우리가 사는 사회에 대한 냉철한 인식을 바탕으로 현명하게 자기 아이에 맞는 교육 방법을 찾는 것이 중요하다는 말씀 깊이 새기겠습니다.

<여OOOO님>

저도 마음만 조급한 예비초 맘인데, 몇 년 전 칠교 검색하다 알게 된 블로그 통해 〈우수고〉, 〈우독고〉 읽고 작년 대전에서의 4번의 강연까지, 정말 행운이었다고 생각하고 조급한 마음도 많이 내려놓게 되었습니다. 아이들의 초등 생활이 기대됩니다. 먼저 내 아이를 알고, 세가지소원님이 알려주시는 방법과 방향 잘 실천해 보렵니다.

<기0000000님>

　초3에 수학 75점으로 1차 좌절을 맞고, 세가지소원님 조언대로 수준에 맞게 꾸준히 교과서부터 문제집, 틀린 문제 분석, 반복확인 해서 1년 만에 4학년 2학기 기말 수학 100점으로 반에서 1등 찍었습니다. 무엇보다 아이가 자신감을 다시 회복되어 다행이라 생각하고 감사드립니다. 집에서 하다 보니 기본 개념이 아직 잘 안 잡혀서 그때마다 개념의 정의 말로 시켜보고 〈우수고〉 책을 보여주며 확인시키고 했더니 "엄마 그 책(우수고) 나 좀 가지고 있어도 되냐?"며 가져가서 봅니다. ㅎㅎ

<행0000000님>

　1학년인 저희 아이도 8월 25일에 있을 한자어문회 7급 준비하고 있어요. 여러 한자 학습지를 찾아보았지만 〈생활 속 한자〉 시리즈가 최고인거 같아요. 한자를 이미지화 시켜서 아이가 쉽게 오래 잘 기억하더라구요. 8급도 재미있게 하고 자신감을 얻어 7급도 도전 중이에요. 〈생활 속 한자〉는 사랑입니다. ♡

<200000000님>

　안녕하세요. 〈우수고〉에 이어 〈우독고〉도 정말 잘 읽고 있습니다. 두 권의 책을 어찌나 잘 써주셨는지, 정말 필요한 정보를 디테일하게 학부모 입장에서 써 주셔서 놀랐습니다. 옆구리에 꼭 끼고 몇 번 더 정독해야겠어요.

아빠가 아빠에게 드리는 조언

PART 01

1. 아이 공부 성공의 3요소
2. 공부는 때가 되면 한다?
3. 공부는 자기가 하는 것이다?
4. 아빠가 원하는 것은 무엇?
5. 아빠는 관계지향적으로, 엄마는 목표지향적으로!

1 아이 공부 성공의 3요소

공부가 인생의 전부는 절대 아닙니다. 학생 때 공부 잘 하는 아이를 무조건 성공한 아이라고 볼 수도 없습니다. 하지만 학생 때 공부를 제대로 해 보는 것은 아주 좋은 경험입니다. 이때 중요한 것은 '공부 잘'이 아니라 '공부 제대로'입니다. 단순무식 암기 말고요. 물론 공부가 아닌 다른 무언가에 깊이 빠져보고, 그것에 대해 스스로 고민하고 찾고 노력해 보는 것도 좋은 경험입니다. 문제는! 공부도 안 하면서 특별히 다른 것도 안 한다는 것이죠. 게임은, 극히 일부 아이들을 제외하고는 부작용만 크기 때문에 소수의 성공한 사례를 일반화시킬 수는 없습니다.

그래서 아이가 무언가 해 보고 싶어 하지 않거나 관심을 보이는 분야가 없다면 (게임 말고), 공부가 인생의 전부는 절대 아니지만, 공부라도 제대로 해 볼 필요가 있습니다. 그리고 거의 대부분의 부모님도 그렇게 시도하고 있습니다. 그런데 안타깝게도 공부에 많은 시간과 노력과 비용을 투자함에도 불구하고 성공 확률은 낮은 편입니다. 왜 그럴까요? 이유는 3가지입니다.

첫째, 언제 무엇을 할 것인지를 정확하게 판단하지 못하기 때문입니다. 공부와 관련해서 해야 한다고 주장하는 것들이 매우 많습니다. 물론 하나하나 살펴보면 모두 도움이 되는 것들입니다. 하지만 모두 다 하는 것은 현실적으로 불가능합니다. 자칫 지나치게 많이 하면 아예 공부 자체를 거부해 버리는 부작용만 초래합니다. 그래서 시기마다 무엇을 1순위로 선택해야 하는지를 잘 판단해야 하고요. 이것이 부모의 정보력의 핵심입니다. 그런데 안타깝게도 이 판단을 잘 못하는 경우가 많습니다.

둘째, 목표와 방법을 잘못 선택하기 때문입니다. 대표적인 사례를 수학에서 볼 수 있습니다. 초등학교 수학 공부의 목표는 크게 계산력 기르기와 문제 해결력 기르기 두 가지로 볼 수 있습니다. 그리고 계산력 기르기는 초등 수학 공부 목표 100% 중 20~30% 미만의 비중입니다. 그런데 초등학교 저학년 중 많은 아이들이 수학 공부 목표의 50% 이상을 계산력 기르기에 두고 있습니다. 즉, 필요 이상으로 계산력 기르기에 시간과 노력과 비용을 투입하기 때문에 효율성도 떨어질 뿐만 아니라 심지어 수학을 싫어하게까지 만들고 있습니다. '목표와 방법'도 부모의 정보력 중 구체적이면서 매우 중요한 정보인데요. 안타깝게도 정확한 정보를 가지고 계신 분이 적습니다.

셋째, '아이 공부 성공의 3요소'가 갖춰지지 않았기 때문입니다. 예전 버전으로 아이 공부 성공의 3요소는 '엄마의 정보력', '조부모님의 재력', '아빠의 무관심'이라고 했습니다. 부모님의 정보력은 예전에도 중요했고, 지금은 더 중요해졌습니다. 그리고 예전에는 부모 중 엄마만 아이 공부에 참여해도 되었기에 '부모의 정보력'이 아니라 '엄마의 정보력'이라고 표현했습니다. 다만, 정보의 핵심 내용은 달라졌습니다. 예전에는 '어느 학원, 어느 선생님, 어느 프로그램이 좋아'가 정보의 핵심이었다면, 지금은 '언제, 무엇을, 어떻게'가 정보의 핵심입니다.

예전에는 '재력(돈)'도 성공에 적지 않은 영향을 끼쳤습니다. 수능 시험은 스킬이라고 합니다. 그래서 강의력이 뛰어난 명강사의 지도를 받으면 큰 효과를 보기도 했습니다. 이를 위해 국어 전문 학원, 수학 전문 학원, 탐구과목 전문 학원을 기본 세팅하고 기타(논술 등) 학원을 추가로 세팅하면, 아이 한 명 당 사교육비로 월 100만원은 쉽게 넘어갔습니다. 아이가 둘이라면 월 200~300만원의 사교육비가 필요했기 때문에 재력(돈)을 성공의 요소 중 하나로 꼽을 수밖에 없었습니다. 그리고 사교육과 기본 생활 유지 그리고 집도 장만해야 했기에 재력 앞에 '조부모님'이

붙었습니다. 하지만 지금은 대입 선발 방식이 달라졌기 때문에 재력이 절대적인 영향을 끼치지는 않습니다. 수능 선발 인원은 20~30% 수준이고요. 과반수 이상을 학생부 전형으로 선발합니다. 그리고 학생부 전형은 스킬이 아니기 때문에 예전 방식으로 대비할 수가 없습니다. 이에 대해서는 Part 03에 자세히 정리해 놓았습니다.

세 번째 요소인 '아빠의 무관심'은 왜 성공의 3요소 중 하나였을까요? 이유는 단순합니다. "도와주면 정말 좋은데, 도와주기는커녕 방해하는 경우가 훨씬 많으니까, 방해할거라면 차라리 관심을 갖지 말아 달라."입니다. 옆집 아이는 초등학교 1학년 때부터 이런 저런 학원 다니며 공부합니다. 학원 다니지 않는 내 아이를 바라보면 불안합니다. 그래서 영어 학원에라도 보내려고 하면 남편이 이렇게 말 합니다. "초등학생인데 벌써 학원을 보내? 공부는 자기가 하는 거고, 때가 되면 하는 거야. 난 학원 다니지 않고도 때가 되니까 잘 했어. 벌써부터 애를 잡으려고 해!"라고요. 이처럼 엄마 나름의 교육 플랜에 아빠가 자꾸 방해를 하다 보니 차라리 무관심한 것이 좋다고 했던 거죠. 하지만 이제 아빠의 무관심은 성공 요소가 아니라 성공 확률을 떨어뜨리는 요소가 되었습니다. 절반 이상이 학생부 전형으로 대학 가는 요즘은 아빠의 역할도 중요해졌기 때문입니다.

공부가 인생의 전부는 아니지만, 학생 때 공부를 제대로 해 보는 것은 아주 좋은 경험입니다. 그리고 좋은 경험이 많이 쌓이면 좋은 결과를 볼 수도 있고요. 이를 위해서는 언제 무엇을 먼저 할 것인지 정확히 판단해야 하고, 무엇을 할 것인지 정했다면 목표와 방법을 잘 선택해야 하고, 목표가 달성되려면 뉴 버전의 '성공의 3요소'를 갖추어야 합니다. 뉴 버전의 '성공의 3요소'는 무엇일까요?

첫째, 엄마(부모)의 정확한 정보력
둘째, 좋은 도서관
셋째, 함께 하는 아빠

엄마의 정보력은 훨씬 더 중요해졌습니다. When(언제), What(무엇을), How(어떻게)를 명확하게, 깊게, 충분히 이해해야 합니다. 그리고 초등학교 때에는 학교 때문에 이사 갈 필요 없지만 도서관 때문에 이사 갈 필요는 있습니다. 독서가 성적에 끼치는 영향이 10배 이상으로 중요해졌기 때문에 도서관을 잘 활용하는 것이 성공 요소이고요. 이제는 함께 하는 아빠'가 성공 요소 중 하나입니다. 그리고 이 요소는 아이 공부에만 국한된 것이 아니라 아빠의 행복, 아이의 행복과도 깊게 연관된 것입니다. 엄마와 아빠가 함께 호흡을 맞추면 아이 공부의 성공 확률이 훨씬 높아지기 때문에 책의 첫 번째 Part에 아빠 이야기를 넣었습니다.

2 공부는 때가 되면 한다?

우리 부모 때에는, 초등학교 때 다 함께 놀았습니다. 초등학교 저학년 때부터 학원을 여러 곳 다니는 아이는 매우 드물었습니다. 다 함께 놀았기 때문에 초등학교 때 공부 잘 하는 아이와 그렇지 않은 아이의 실질적인 학습 능력 차이는 크지 않았습니다. 중학교 때에도 함께 놀았습니다. 중간고사와 기말고사 기간에 얼마나 공부하느냐로 성적 차이가 났을 뿐 그 외에는 함께 놀았습니다. 그리고 중학교 중간고사와 기말고사 대비는 대부분 벼락치기 암기였기 때문에 실질적인 학습 능력에도 큰 영향을 주지 않았습니다. 몇 달만 지나면 흰색 페인트칠을 한 것처럼 대부분 기억에서 깨끗하게 사라졌거든요. 본격적으로 실력 차이가 벌어지기 시작한 것은 중학교 3학년 이후였습니다. 중학교 3학년이 끝날 즈음이면 대부분의 아이들이 '성'으로 시작하는 영어 교재와 '정'으로 시작하는 수학 교재를 구입했습니다. 그리고 중3 겨울방학 때 공부에 집중한 아이들은 상위권으로 올라갔고, 교재의 앞부분만 까맣게 공부한 아이들은 중위권, 교재를 베게 삼은 아이들은 하위권에 머물렀습니다. 즉, 우리 부모 때에는 대체로 중학교까지 함께 놀았기 때문에 고등학교 입학 전에 '공부 좀 해 볼까!'라는 생각만 하면 어느 정도의 성적은 올릴 수 있었습니다. 그리고 이 때까지의 공부 방식은 암기 위주였습니다. 수학조차도 공식 암기를 중요하게 여겼으니까요. 이런 부모의 경험을 기준으로 한다면, '공부는 때가 되면 한다.'는 말이 전혀 틀린 것은 아닙니다. 하지만 부모의 경험을 기준으로 한다는 전제 하에서의 얘기이고요. 상황은 전혀 다르게 변했습니다. 이제는 1세부터 12세 (초등 5학년)까지의 시기를 어떻게 보내느냐가 중학교와 고등학교의 성적을 결정하고, 들어갈 수 있는 대학의 수준을 결정해 버립니다. 이유는 2가지입니다.

첫 번째 이유는, 이제는 초등학교 때 다 함께 놀지 않기 때문입니다. 심지어 유치 시기에도 다 함께 놀지 않습니다. 유치(5세)부터 초등학교 6학년까지 9년 동안 공부를 적당히 꾸준히 한 아이가 있습니다. 반대로 초등학교 6학년까지 열심히 놀기만 한 아이가 있습니다. 열심히 놀기만 한 아이가 중학교 시작하면서 '이제 공부 좀 해 볼까!'라고 마음먹더라도 6년 심지어 9년 동안 꾸준히 준비한 아이를 따라잡는 것은 불가능합니다. 공부 하는 시기가 왜 이렇게 아래쪽으로 내려왔을까요? 왜냐하면, 사회가 급변하면서 교육제도와 시험제도가 크게 달라졌고, 달라진 교육제도에 맞는 적절한 공부 시기가 아래쪽(유치~초등)까지 내려왔기 때문입니다. 단, 유아 때부터 많이 시켜야 한다는 것은 절대 아닙니다.

학력고사 때에는 고3 학력고사 시험 한 번만 잘 보는 것이 중요했고, 수능 때에는 고3 수능 시험 한 번만 잘 보는 것이 중요했습니다. 그래서 중학교까지 대체로 함께 놀다가 고등학교 3년 동안 얼마나 열심히 공부하느냐로 승부를 냈습니다. 하지만 지금은 수능(정시)보다 학생부 전형(수시) 선발 인원이 훨씬 많습니다. 그리고 학생부 전형은 수능처럼 고3 때 보는 한 번의 시험이 아닙니다. 학생부 전형은 듣기, 말하기, 읽기, 쓰기, 생각하기를 잘 하는 아이를 선발하는 방식입니다. 게다가 인성, 자기주도 학습능력, 협업 능력, 융합적 사고력까지 점검하는 시험 방식입니다. 그래서 학력고사나 수능과 달리 초등학교 입학 전부터 장기 플랜을 가지고 차근차근 꾸준히 준비해야 하며, 초등학교 때까지 잘 준비한 아이와 그렇지 않은 아이 간에는 극복하기 어려운 실력 차이가 생겨납니다. 이 이유는, '다른 집 그렇게 한다고 해서 우리도 꼭 그렇게 해야 하나?' 라는 회의감이 들게 할 수도 있습니다. 저 스스로도 '남들 다 하니까 우리도 해야지.'라고 생각하지는 않습니다. 그런데 이 이유는 표면적인 이유일 뿐입니다. 보다 근본적이고 본질적인 이유가 있습니다.

근본적이고 본질적인 두 번째 이유는, 생각이나 의지와 관계없이 '공부 적기'가 있기 때문입니다. '공부는 때가 되면 하는 것'이 우리 부모 때였다면, 우리 아이들 때는 '공부는 때를 놓치지 말아야 하는 것'이 되었습니다. 예를 들어 뇌 기능의 80%는 0세~3세 때 결정됩니다. 이는 부모와 아이의 의지와는 전혀 무관하게 진행되는 것입니다. 따라서 0세~3세 시기는 뇌 기능이 충분히 발달할 수 있는 다양한 자극을 받아야 하는 시기입니다. 아이가 "나의 뇌 기능을 발달시켜 볼게요."라고 말 할 때를 기다려 줄 수가 없습니다. 또 다른 예가 영어 습득입니다.

초등학교 때 영어를 정규 과목으로 선정한 것은 1997년 7차 교육과정 때입니다. 그 전까지는 중학교에 입학해야 공교육에서 영어를 배울 수 있었고, 유치나 초등학교 때 영어를 배우려면 사교육을 이용해야 했습니다. 그런데 원래 영어(언어)는 7세나 초등학교 1학년 때 시작하는 것이 좋습니다. 특히 듣기는 유아부터 초등 시기를 놓치면 심각한 문제가 생깁니다. 영어에는 우리나라 말에서 들을 수 없는 소리(발음)가 있습니다. 그리고 국적과 관계없이 이 세상 모든 아이들은 모든 영어 소리(발음)를 들을 수 있는 준비 상태로 태어납니다. 그런데 초등학교 시기까지도 그 소리(발음)를 충분히 듣지 못하면, 그 이후에는 그 소리(발음)가 들려와도 듣지 못하게 됩니다. 이것이 대표적인 적기 교육의 사례입니다.

공부는 아이가 '이제 공부를 좀 해야겠다.'라고 생각하는 '때'가 되면 하는 것이 아닙니다. 공부의 때는 적기를 놓치지 않는 것입니다. 그리고 공부의 적기보다 너무 빨라도 문제가 생기고, 너무 늦어도 문제가 생깁니다. 근본적으로 공부는 그런 것이고요. 교육제도와 시험제도가 크게 변하면서 적기 교육의 중요성이 훨씬 더 커진 것입니다. 그리고 적기 교육의 핵심 시기는 1세~12세입니다. 다만 어떤 공부냐에 따라 1세~12세(초5) 중 세부적으로 언제인지가 다를 뿐이고요. 중등과 고등은 더 심화된 내용으로 실력을 다지고 실전 능력을 기르는 시기로 봐야 합니다.

3 공부는 자기가 하는 것이다?

이 말은 반만 맞는 얘기입니다. 공부는 누군가가 대신 해 줄 수 없습니다. 시험도 다른 사람이 대신 봐 줄 수 없습니다. 그래서 공부는 자기가 하는 것이기는 하지만 100% 자기가 하는 것은 아닙니다. 100% 아이가 하는 것이라면, 그런데 아이 성적이 좋지 않다면, 100% 아이 탓입니다. 그런데 이렇게 따지면 아이는 뭔가 억울합니다. 왜 억울한지를 논리적으로 설명할 수는 없지만, 어쨌든 많이 억울합니다. 그리고 아이들은 억울해 할 만 합니다.

자기 스스로 공부를 하려면 반드시 동기가 있어야 합니다. 스스로 공부를 해야 하는 이유가 있어야 합니다. 부모님은 왜 학생 때 공부를 해야 한다고 생각하나요? 모든 부모는 아니지만 많은 부모들이 이렇게 생각합니다. '학생 때 열심히 공부해서 좋은 성적을 받으면 좋은 대학에 갈 수 있고, 그러면 좋은 직업을 가질 수 있고, 그래야 사회안전망이 약한 우리나라에서 경제적으로 안정된 생활을 할 수 있다.'라고요. 그런데 부모가 이런 생각을 하게 된 것은 언제였을까요? 초등학교 때도 아니고, 중학교나 고등학교 때도 아닙니다. 성인이 되어 사회생활을 하면서 깨닫게 된 사실입니다. 부모가 성인이 되어서야 느낀 것처럼 우리 아이들도 공부를 해야 하는 현실적인 이유를 학생 때부터 알기 어렵습니다. 알 수 없기 때문에 공감이 되지 않고 공부의 동기로 작용하지도 않습니다. 그나마 '좋은 대학에 가면 좋은 거 같아.'라는 막연한 생각이라도 해야 하는데, 이 생각은 고등학생 또는 최소한 중학생은 되어야 할 수 있습니다. 즉, 1세~12세(초5) 시기에는 '좋은 대학에 가볼까?'라는 생각조차도 할 수 없습니다. 대학이 뭔지도 구체적으로 알지 못하는 때이니까요. 그래서 중요한 공부 시기가 1세~12세로 내려온 현 상황에서 부모가 생각하는 동기는 이 시기 아이들에게 공부 동기로 작용할 수 없습니다.

그렇다면 1세~12세(초5) 시기에 아이들은 왜 공부를 할까요? 부모가 하라고 하기 때문입니다. 대체로 초등학교 3학년까지는 부모의 말에 반항하지 못하는 시기입니다. 4~5학년 때에도 절반 정도의 아이들은 소극적 반항 정도만 시도할 뿐입니다. 그래서 '공부 좀 해!'라는 부모의 말이 동기로 작용합니다. 일단 동기가 마련되었기 때문에 공부를 시작합니다. 그런데 이 동기는 무척 약한 동기입니다. 게임이나 놀이는 동기가 강력하기 때문에 부모가 하라고 하지 않아도 적극적으로 하려고 합니다. 이에 비해 이 시기 공부는 동기가 약하기 때문에 지속 시간도 짧고, 집중력도 오래 가지 못합니다. 그럼 어떻게 해야 할까요?

일단 1세~12세(초5) 시기에 공부의 동기는 '부모가 원하기 때문이다.'라는 사실을 부모부터 받아들여야 합니다. 그리고 이 동기는 약한 동기라는 것도 인정해야 합니다. 약한 동기이기 때문에 또 다른 무언가가 필요한데요. 그것은 세심한 배려입니다. 시기마다 꼭 해야 할 것 위주로만 해야 하고요. 시기마다 적당한 양만큼만 해야 하고요. 아이에 맞는 적절한 난이도로 해야 합니다. 이를 통해 최소한 '공부? 재미있지는 않지만 할만은 해!'라는 생각이 들게 해야 합니다.

공부는 자기가 하는 것입니다. 단, 마냥 기다리다 1세~12세(초5) 시기를 놓치면, 이후에는 뒤집을 수도 없고 따라잡는 것도 거의 불가능하기 때문에 계속 공부를 멀리하게 됩니다. 그래서 '공부는 자기가 하는 것이다.'의 의미를 다르게 가져야 합니다. '공부는 자기가 하는 것이기 때문에 아이 스스로 공부할 마음이 생길 때까지 기다려야 한다.'가 아닙니다. '공부는 자기가 하는 것이다, 단, 1세~12세(초5) 시기를 놓치지 말아야 한다. 그런데 이 시기에는 공부 동기가 약하다. 따라서 세심한 배려를 통해 스스로 공부할 수 있는 여건을 만들어 주어야 한다.'입니다.

4 아빠가 원하는 것은 무엇인가요?

아이 공부 성공의 3요소 중 하나가 '아빠의 무관심'이라고 하면, 아빠도 억울합니다. 우리나라 아빠 중에서 자신이 하는 일에 대해 만족하는 사람이 얼마나 될까요? 만족스럽지 않다는 것은 참아야 한다는 것입니다. 게다가 나 혼자 잘 먹고 잘 살기 위해서 참는 것도 아닙니다. 가족의 행복을 위해서 참는 거죠. 그렇게 참고 참으며 열심히 일 해서 번 돈을 자기 마음대로 쓰지도 못합니다. 그런데 아빠에게 돌아오는 것은, 아이 교육에 무관심하기를 바라는 것이고요. 아이들은 아빠보다 엄마와 소통을 더 많이 합니다. 결국 결론에 도달하는 것은, 이렇게 살든 저렇게 살든 외롭다는 거죠. 그리고 이런 이야기까지 등장했습니다.

☑ 60대 여자에게 필요한 6가지 : 건강, 딸, 친구, 취미, 돈, 강아지
☑ 60대 남자에게 필요한 6가지 : 아내, 와이프, 아이 엄마, 마누라, 배우자, 처

아빠가 원하는 것은 대단한 것이 아닙니다. 아빠가 가족들에게 원하는 것은 '인정'입니다. 가족을 위해 인내하고 헌신하고 노력하는 것에 대한 인정입니다. "가족을 위해 희생해 줘서 정말 고마워요. 다시 태어나도 당신과 결혼할 거예요."라는 아내의 말 한 마디와 "아빠, 우리를 위해 열심히 일 해 주셔서 감사해요."라는 아이의 말 한 마디를 원합니다. 근데 그게 잘 되지 않습니다. 왜 그럴까요?

사랑받고 싶으면 그 사람이 원하는 것을 해 주어야 합니다. 아무리 정성을 들이고 노력하더라도 그 사람이 원하는 것이 아니면 들인 정성과 노력만큼 인정받지

못합니다. 즉, 아빠가 아이들에게 사랑을 받으려면 아이들의 원하는 것을 해 주어야 하는데요. 1세~12세(초5) 아이들이 원하는 것은 단순합니다. 같이 놀아주는 것입니다. 그리고 잔소리는 최소화 하는 것입니다.

돈을 왜 벌까요? 행복하게 살기 위해서입니다. 언제 행복할까요? 서로 사랑할 때 가장 행복합니다. 서로 사랑하려면 서로에 대해 노력해야 합니다. 그리고 서로가 원하는 것에 대해 노력해야 그 노력이 빛을 발할 수 있습니다. 아빠가 돈을 버는 것은 당연히 해야 하는 것일 뿐입니다. 당연히 해야 하는 것만으로는 사랑을 받을 수 없습니다. 이렇게 보면 아이들이 훨씬 유리합니다. 아이들이 아빠에게 사랑 받으려면 어떻게 해야 할까요? 일단 존재만으로 70% 이상 사랑스럽습니다. 그리고 약간의 귀여운 짓과 약간의 예의바름과 약간의 똑똑함이 추가되면 더 이상 노력할 것이 없습니다. 귀여운 짓은, 아빠가 편하게 느껴지면 자연스럽게 나오고요. 예의바름은 부모에게 달린 거고요. 똑똑함도 부모의 현명한 학습 코치에 달려 있습니다. 대부분 부모 하기 나름입니다.

반대로 아빠의 노력은 힘든 노력입니다. 당연히 해야 하는 돈 버는 것만으로도 이미 90% 가까이의 에너지가 소모되고요. 그 상태에서 아이와 놀아주려 하니 하루하루가 버겁게 느껴집니다. 그런데 이것도 당연한 것입니다. 아이는 아이이고, 아빠는 어른이거든요. 어른은 어른다워야 어른입니다. 어른이니까 어른답게 훨씬 더 많이 노력할 수 있어야 합니다. 특히 자기 조절 능력은 어른이 갖춰야 할 필수 능력입니다.

아빠도 행복해야 합니다. 그리고 아빠의 행복 요소 중 하나는 아이에게 사랑 받는 것입니다. 이는 일보다 더 중요합니다. 일을 1순위에 두지 말아야 합니다. 아이와 놀아주는 것에 비해 일의 양이 더 많을 뿐이고요. 1순위는 일이 아니라 아이와 놀아 주는 것입니다. 그리고 아이와 놀아줄 수 있는 시기는 초등학교 4~5학년 때까지입니다. 그 이후에는 아이가 아빠와 놀지 않고 친구들과 놀려고 합니다. 그래서 초등학교 4~5학년 때까지는 아이와 함께 하는 시간을 1순위에 두어야 합니다. 그리고 아빠와 아이가 함께 하는 시간은 양보다 질이 훨씬 중요합니다. 그래서 현실적으로도 가능한 일입니다.

아빠를 위해서 아빠가 아이에게 해야 할 것은 3가지입니다. 첫째, 아이와 놀아주는 것인데요. 이후 아이와의 관계에 절대적인 영향을 끼치며, 초등학교 4~5학년 때까지만 가능한 일입니다. 둘째, 이를 위해 에너지를 잘 배분하는 것입니다. 모든 에너지를 일에 다 쓰면 1순위인 놀아주기에 문제가 생깁니다. 최소한의 에너지는 반드시 남겨 두어야 합니다. 셋째, 아이의 공부와 관련해서 엄마에게 도움을 주어야 합니다. 응원을 해 줘야 하고요. 함께 고민해 줘야 하고요. 때로는 의논 상대가 되 줘야 합니다.

"그럼 나는? 나는 언제 재충전하나요?"라고 아빠가 얘기하면 "나는요? 나도 마찬가지예요!"라고 엄마가 말 합니다. 누구 말이 맞느냐가 아니라 두 사람 모두 생각을 바꿔야 합니다. 아이를 낳았다면 최소한의 책임을 져야 합니다. 최소한의 책임은 의식주만을 의미하지 않습니다. 행복을 줘야 합니다. 이를 위해 아이와 함께 노는 시간을 꾸준히 가져야 하고요. 적기에 적절한 목표와 방법과 분량의 공부를 진행해야 합니다. 이 2가지를 아빠와 엄마가 함께 하는 것이 최소한의 책임입니다. 이 과정이 잘 진행될 경우 아빠와 엄마도 그 자체만으로 어느 정도의 행복감을 맛볼 수 있고요. 중간 중간에 적절히 재충전만 하면 아빠와 엄마 개개인의 삶에 대한 만족도도 높일 수 있습니다. 부수적으로 1세~12세(초5) 시기를 잘 보내면 중·고등 때 사교육비도 꼭 필요한 만큼 효율적으로 지출할 수 있습니다. 중학교와 고등학교 때 학원 다니는 아이들의 80%는 학원에 전기세 내러 다닌다는 점 잊지 마세요.

5 아빠는 관계 지향적으로, 엄마는 목표 지향적으로!

대체로 남자는 목표 지향적이고 여자는 관계 지향적입니다. 그런데 아이를 대할 때에는 반대로 해야 합니다. 아이를 대할 때 아빠는 관계 지향적으로 대해야 하고, 엄마는 목표 지향적으로 대해야 합니다. 아빠는 성적이라는 목표보다는 아이와의 관계에 더 신경 써야 하고, 표면적인 아이의 성적 관리는 엄마가 하는 것이 좋습니다. 이유는 아이와 함께 보낼 수 있는 시간의 차이 그리고 남자와 여자의 성향 차이 때문입니다.

1세~12세(초5) 시기에 엄마와 아이는 많은 시간을 함께 보낼 수 있습니다. 그래서 성적 관리 때문에 아이와 갈등을 겪더라도 관계 회복을 위한 시간이 남아 있습니다. 하지만 아빠는 아이와 함께 보낼 수 있는 시간이 절대적으로 적기 때문에 성적으로 인한 갈등은 최대한 피하는 것이 좋습니다. 그리고 일반적으로 모성애가 부성애보다 더 크고, 상대적으로 여성이 남성보다 감성적이고 섬세하기 때문에 엄마는 아이와 밀당이 가능한 편입니다. 하지만 남자인 아빠는 상대적으로 디테일이 떨어지고 문제 해결 위주로 접근하기 때문에 적은 시간에 아이와 갈등을 겪으면 회복할 수 있는 시간도 부족하고 잘 하지도 못합니다.

그래서 아빠는 아이에게 다가갈 때 가급적 공감을 잘 해 주는 편한 아빠의 모습으로 다가가야 하며, 엄마는 공감을 우선으로 하더라도 단호하고 엄격한 모습을 가져야 합니다. 칭찬은 아빠와 엄마가 함께 하고, 혼을 내거나 벌을 주는 것은 엄마가 하는 것이 좋습니다. 아빠가 아이를 나무라고 싶더라도 반드시 그 순간 해야 하는 것이 아니라면 엄마가 하도록 전해주는 것이 좋습니다.

그리고 아빠와 엄마 사이에 이견이 생겼을 때에는 사전에 조율을 끝낸 다음 아이에게 전달해야 합니다. 아이 앞에서 아빠와 엄마가 각자의 생각을 굽히지 않으면 아이는 매우 혼란스럽게 되며 극도의 불안감을 느끼게 됩니다. 아빠와 엄마가 가장 조심해야 하는 것이 아이들 앞에서 부부 간에 갈등을 드러내지 않는 것입니다. 특히 아이와 관련된 갈등을 드러내면 '나 때문에 아빠와 엄마가 싸운다.'라고 생각하게 되면서 자존감과 정서에 상처를 입게 되고, 아이는 살기 위해서 마음의 문을 닫기 시작합니다.

따라서 아빠와 엄마는 아이 교육(인성 포함)과 관련해서 수시로 함께 의논하고 점검하면서 방향과 목표를 공유해야 하며, 엄마가 악역을 맡아 진행하면서 아이가 기댈 수 있는 사람이 한 명 이상은 항상 옆에 있어야 합니다. 그리고 아빠는 악역을 맡은 엄마를 수시로 위로해 줘야 하고, 엄마는 치열하게 노력하는 아빠를 인정해 주고 약간의 휴식 시간을 보장해 줘야 합니다. 이것이 부부의 현명한 역할 분담입니다.

남자는 원래 목표 지향적입니다. 원래 그렇게 타고났기 때문에 목표 지향적인 태도는 노력하지 않아도 자동으로 드러납니다. 그래서 최소한 아이에게는 관계 지향적으로 대하려고 의식도 하고 노력도 해야 합니다. 남자에게 노력이 필요한 것은 관계 지향적인 태도를 갖는 것입니다. 반대로 여자는 원래 관계 지향적입니다. 그래서 관계 지향적인 태도는 자동으로 드러나며, 여자가 가족을 대할 때 노력해야 하는 것은 목표 지향적인 태도를 갖는 것입니다. 그러면 가족 간의 소통에 큰 도움이 될 것입니다. 특히 아빠와 아이와의 관계에 아주 큰 도움이 될 것입니다. ^.^

성적을 좌우하는 1세~12세 이해하기

PART 02

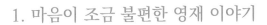

1 마음이 조금 불편한 영재 이야기

'영재 발굴단'이라는 TV 프로그램이 있습니다. 대한민국 곳곳에 숨어 있는 영재들을 찾아 그들의 일상을 리얼하게 담아내고, 그 영재성을 더 키워나가기 위한 기회를 마련하고자 기획된 프로그램이라고 하는데요. 언어 영재가 나오기도 하고, 수학 영재, 미술 영재가 나오기도 합니다. 영어나 수학, 미술 등을 잘 할 뿐만 아니라 사람과 사회에 대한 인식 수준까지 높은 아이들도 나옵니다.

강원도에 사는 초등학교 3학년 아이가 역사에 흥미와 관심을 보이더니, 일본의 군함도가 세계문화유산으로 등재된 사실을 안타까워하고 그것의 불합리함을 세계에 알리기 위해 영어로 글을 쓰고 영어로 발표하기도 합니다. 아! 군함도(하시마 섬)는 일제 강점기 때 우리나라 사람 6백 명이 강제로 끌려간 섬이고요. 고된 노동으로 28명이 목숨을 잃은, 지옥섬으로 불리던 곳입니다. 일본은 2015년에 이 하시마 섬(군함도)을 세계문화유산으로 등재시키는 데 성공했습니다. 조선인의 무덤인 '지옥섬 군함도'의 세계문화유산 지정은 우리 한국에게 가슴 아픈 일임에도 불구하고 이 사실을 모르는 성인이 더 많습니다. 그런데 영재발굴단에 나온 강원도 모 초등학교 3학년 아이는 이렇게 말합니다. "대한민국 국민이 역사를 알지 못하면 대한민국 국민이 아니죠."

이처럼 '영재 발굴단'에 나오는 아이들은 '기능 영재'일뿐만 아니라 '가치관 영재'이기도 합니다. 그래서인지 '영재 발굴단'은 '런닝맨'이나 '무한도전'처럼 편안하게 즐기기만 하는 프로그램은 아닐 수 있습니다. TV 속 영재를 보다 고개를 돌려 내 아이를 바라봅니다. 어떤 6세는 4개국 언어를 하는데, 어떤 6세는 팽이 돌리기에 빠져 있습니다. 어떤 초등학교 3학년은 군함도에 대해 영어로 이야기를 하는데 어떤 3학년은 스마트폰 유령 잡기 게임에 빠져 있습니다. 잔소리를 하는 것도 한 두 번입니다. '저런 아이들은 원래 타고나는 거야.'라고 생각하며 마음의 평화로움을 시도해 보지만 여전히 개운치는 않습니다.

'영재 발굴단'에 나오는 아이들은 모두 타고난 영재일까요? 내 아이도 그 아이들 처럼 영재가 될 수 있을까요? 꼭 영재가 되어야 할까요?

2 내 아이도 영재가 될 수 있나?

미국 타임지의 세계에서 가장 영향력 있는 100인으로 선정된 말콤 글래드웰은 그의 책 '아웃라이더 성공의 기회를 발견한 사람들'에서 이렇게 말했습니다. "누구 나 어떤 분야에 5000시간 이상 노출되면 영재가 되고, 1만 시간 이상 노출되면 세계적인 사람이 될 수 있다." 그래서 '천재는 타고나고, 영재는 만들어지고, 그 외 에는 평범한 사람이 된다.'라고 말하기도 합니다. 진짜 그럴까요? 만약 사실이라 면, 영재발굴단을 보며 부러워만 할 것이 아니라 5000시간 노출을 목표로 해서 우 리 아이도 영재로 만들면 어떨까요? 여기까지 생각하면서 궁금한 점이 두 가지 생 겼습니다.

첫 번째 궁금한 것은, '5000시간은 어느 정도의 시간일까?'였는데요. 하루 2시 간 노출 기준으로 단순 계산해 보면요.

☑ 하루 2시간 노출 시 : 5000시간 = 2500일

☑ 2500일 = 6.85년 = 약 7년

5세부터 시작하면 초등학교 4학년까지이고요. 초등학교 1학년에 시작하면 중

학교 1학년까지입니다. 초등학교 1학년 때에도 학교 숙제에 영어에 예체능에 이런 저런 것까지 합하면 하루 2시간은 무언가를 하는데요. '영재'라는 큰 성과를 생각한다면, 한 가지를 고정적으로 매일 2시간 진행하는 것이 전혀 불가능해 보이지는 않습니다.

두 번째 궁금한 것은, '5000시간 노출만 하면 어떤 것이든 가능한가?'였는데요. 이 궁금증에 대해서는 상반된 의견이 있습니다. 어떤 것이든 가능하다는 주장과 그렇지 않다는 주장인데요. 어떤 것이든 가능하다는 주장에서는 심지어 예체능도 가능하다고 얘기합니다.

캐나다의 아이스하키 선수들 중에는 1월생이 많다고 합니다. 어린 학생들을 대상으로 선수 선발을 할 때에는 아이들 간에 실력 차이가 크지 않은 편입니다. 조금 더 잘 하는 아이들을 선발하는데요. 1월생은 12월생보다 거의 1년 더 살았기 때문에 대체로 더 잘 하는 편입니다. 그런데 대표로 선발되면 성인 전문가의 지속적인 코치를 받게 되고, 수십 년 동안 쌓은 노하우를 전수받게 됩니다. 즉, 대표 선발 당시에는 실력 차이가 크지 않지만, 대표로 선발되어 영재급 선수로 성장하는 환경에 놓이면서 나중에는 엄청난 실력 차이가 생긴다는 거죠. 물론 12월생 중에 대표로 선발되는 아이가 있기는 하지만 대체로 그렇다는 거죠.

그 반대의 의견에서는 '경험 기대적 발달'을 이야기합니다. 인간은 누구나 시각이 발달할 준비를 하고 태어납니다. 그리고 시각의 발달은 생후 12개월 이전에 이루어집니다. 적절한 자극을 받기만 하면요. 이때 적절한 자극이란 보편적이고 정상적인 환경에서 받게 되는 자극입니다. 그리고 아이를 음악 영재로 만들고 싶어서 다른 아이들보다 10배 많은 청각 자극을 주더라도 그 아이의 청각은 다른 아이들에 비해 2배 이상 좋아지지 않습니다. 시각, 청각, 감정, 운동 능력 등이 이에 해당하고요. 이 능력들은 누구나 어느 정도 발달할 준비를 하고 태어나기 때문에 적절한 시기에 적절한 만큼 노출해 주면 적절히 발달하게 됩니다. 즉, 시각이나 청각처럼 '경험 기대적 발달'에 해당하는 것은 노출의 양이 중요한 것이 아니라 노출의 시기가 중요한 거죠.

두 가지 상반된 주장 중 어느 쪽이 맞을까요? 저는 두 가지 의견을 섞어야 한다고 생각합니다. 그 근거는 가드너의 '다중 지능 이론'입니다.

〈가드너의 다중 지능 이론〉

인간의 지능에는 8가지 종류가 있습니다. (9가지라고 말하기도 하는데요.) 그리고 대부분의 개인은 8가지 지능 중 한 가지 혹은 몇 가지 분야에서 강점 또는 약점을 가집니다.

번호	지능 종류	직업 사례
①	언어(linguistic) 지능	언론인
②	논리-수학(logical-mathematical) 지능	과학자, 수학자
③	공간(spatial) 지능	항해사, 조각가
④	신체 운동(bodily-kinesthetic) 지능	무용가, 운동 선수
⑤	음악(musical) 지능	작곡가, 연주가
⑥	대인 관계(interpersonal) 지능	심리치료사, 영업
⑦	자기 이해(intrapersonal) 지능	작가
⑧	자연 탐구(natural) 지능	식물학자, 수렵가

대체로 인간은 8가지 지능 중 한 가지 혹은 몇 가지 분야에서 장점을 보입니다. 이건 타고나는 거죠. 똑같은 1월생이라도 실력 차이가 나고요. 12월생 중에도 1월생보다 더 잘 하는 아이도 있습니다. 다만 아직 어리기 때문에 큰 차이가 아닐 뿐이죠. 그리고 똑같이 대표로 뽑혀도 성장 속도가 다를 것입니다. 어느 팀이든 에이스가 있으니까요. 다만, 아무리 재능을 타고났다고 하더라도 노력하고 연습하지

않으면 성장 속도가 빠르지 않을 거고요. 대신 어느 정도 타고난 아이가 성인 전문가의 코치를 받으면서 매일 꾸준히 노력한다면 엄청난 속도로 성장할 것입니다.

즉, 누구나 타고난 재능이 있고, 그 재능 분야에 많은 시간(5000시간)을 효율적으로 투자한다면, 모두 영재가 될 수 있습니다. 분야만 다를 뿐이죠. 내 아이도 영재가 될 수 있냐고요? 네! 가능합니다!

3 꼭 영재가 되어야 하나?

2012년부터 전국에서 '유아~초등 독서법·학습법' 부모교육 강의를 진행해오면서 수많은 학부모들을 만났습니다. 그러면서 간혹 이런 질문을 받기도 했습니다. "어려서부터 꼭 그렇게 (독서나 학습을) 해야 하나요? 아직은 놀고 싶어 하는 때인데요." 이 질문에 대한 제 답변은 늘 똑같습니다. "선택을 할 필요는 있습니다. 선택지는 3가지입니다."라고요.

첫 번째 선택지는 좋은 나라로 이민 가는 것입니다. 다 그런 건 아니지만 대체로 우리나라에서 좋은 대학 가기를 바라는 이유는 경제적으로 안정된 직업을 갖기 위해서입니다. 그래야 경제적으로 힘들지 않게 살 수 있다고 생각하니까요. 그런데 좋은 대학에 가지 않아도 경제적으로 안정된 생활을 할 수 있는 나라에서 산다면 굳이 어려서부터 공부를 해야 한다는 부담감을 떨쳐낼 수 있겠죠.

두 번째 선택지는 어릴 때부터 성적에 신경 쓰지 않는 것입니다. 당연히 좋은 대학 아니 대학 진학 자체도 신경 쓰지 않는 거고요. 중·고등학교 성적을 떠나 중·고등학교 진학 자체도 신경 쓰지 않는 것입니다. 그러면 성적에서 자유로울 수 있습니다. 대신 인생에서 성공에 대한 기준이 남달라야 합니다. 부모님뿐만 아니라 아이도 그래야 합니다. 학생 시절을 잘 보낸다는 것의 기준도 남달라야 하고요.

세 번째 선택지는 그래도 어느 정도 괜찮은 대학 이상은 가는 것입니다. 이때 중요한 것은 괜찮은 대학에 대한 기준입니다. 생전 처음 들어보는 대학도 괜찮은 대학이라고 생각하신다면 굳이 어려서부터 무언가를 계획하고 코치할 필요는 없습니다. 대입 수험생 수만큼이나 대학 입학 정원이 많다고 하니까요. 그런데 질문하신 분 중에서 그렇게 생각하는 부모님은 아직까지 한 분도 만나지 못했습니다. 10명 중 9명은 "그래도 들어 본 대학에는 가야죠."라고 말씀하십니다. 그리고 저는 이렇게 말씀 드립니다. "이제는, 어느 정도 들어 본 대학에 입학하려면 일반고의 경우 반에서 1, 2, 3등 안에는 들어야 합니다."라고요. 즉, 어느 정도 괜찮은 대학에 진학하려면 어느 정도는 공부를 해야 하는 것이 현실입니다. 그래서 아이 공부와 관련해서는 위 3가지 선택지 중 하나를 빨리 결정하는 것이 좋습니다.

그리고 우리나라에 대학 진학을 목표로 할 경우, 우리나라 부모님은 크게 3가지 그룹으로 분류할 수 있습니다. 한 그룹은 영재 만들기에 관심이 많은 부모이고요. 또 한 그룹은 영재까지는 아니지만 최상위권(서연고 등) 대학 진학을 희망하는 부모이고요. 마지막 한 그룹은 최상위권 대학까지는 아니더라도 좀 들어 본 대학에는 진학하기를 희망하는 부모입니다.

어떤 분들은 세 그룹이 많이 다르다고 생각하시는데요. 세 그룹 아이들이 1세 ~12세(초5) 때 할 수 있는 공부의 양은 크게 다르지 않습니다. 그래서 3가지 그룹 중 어느 그룹이 더 옳다 그르다는 논할 필요는 없습니다. 각자의 선택일 뿐이고요. 그렇다면 굳이 영재 만들기에 대해 옳고 그름을 따질 필요는 없어 보이고요. 더 중요한 것은 내 아이에 맞게 과유불급을 잘 지키는 것입니다.

즉, 영재 만들기에 도전을 하든, 영재까지는 아니지만 우리나라에서 괜찮은 대학 이상으로 진학하기를 바라든, 반드시 해야 할 것은 1세~12세(초5) 시기를 어떻게 보낼 것인가에 대해 깊이 고민하고 계획을 세우는 것입니다. 이 시기를 어떻게 보내느냐가, 작게는 아이의 성적부터 크게는 어떤 사람으로 성장할 것인가의 기반을 결정하기 때문입니다. 1세~12세(초5) 시기를 어떻게 보내느냐에 따라 영재가 될 수도 있고, 영재는 아니더라도 공부 잘 하면서 현명한 사람으로 성장할 수도 있고, 공부만 잘 하게 될 수도 있고, 공부도 못하게 될 수도 있습니다. 따라서 '꼭 영재가 되어야 하는가?'에 대해 고민하는 것보다는 내 아이에게 맞는 1세~12세(초5) 공부 큰 그림 그리기에 대해 고민하는 것이 현명한 판단입니다.

4 왜 영재는 극소수인가?

앞에서 누구나 타고난 재능이 있고, 그 재능 분야에 많은 시간(5000시간)을 효율적으로 투자하면, 모두 영재가 될 수 있다고 했습니다. 내 아이도 영재가 될 수 있고, 윗집 아이도 영재가 될 수 있고, 옆집 아이도 영재가 될 수 있습니다. 그런데 영재는 극소수입니다. 왜 그럴까요?

A와 B 두 곳에 횡단보도가 있었습니다. 보행 신호등은 없었고요. 두 곳에 세금을 들여 보행 신호등을 세웠습니다. A 횡단보도에서는 100명 중 99명이 신호를 지키며 길을 건넜고 1명 정도만 신호를 지키지 않았습니다. A는 보행 신호등을 세워야 할 곳이었고, A에서 신호를 지키지 않은 1명이 비판 받아야 합니다. B 횡단보도에서는 100명 중 1명 정도만 신호를 지켰고, 99명은 신호를 지키지 않았습니

다. B는 보행 신호등이 필요 없는 곳이었습니다. 신호를 지키지 않은 99명을 비판하기 전에 보행 신호등이 필요한 곳인지를 충분히 검토하지 않은 공공 기관의 시스템을 점검해야 합니다.

마찬가지로 거의 모든 아이들이 영재가 될 수 있음에도 불구하고 소수의 아이들만 영재가 된다는 것은 부모 개개인의 책임이 아니라 국가 교육 시스템의 책임입니다. 국가가 책임져야 하는 교육은 초중고 학교를 세우고, 초중고 교육과정을 만들고, 교과서를 만들고, 교사를 양성하고 재교육하는 것으로 끝이 아닙니다. 모든 국민이 평생 동안 시기에 맞는 적절한 교육을 받을 수 있게 해야 합니다. 특히 현명한 부모가 될 수 있는 교육 시스템은 매우 중요하며, 만약 부모교육이 국가 차원에서 체계적으로 잘 시스템화 되어 있다면 지금보다 훨씬 더 많은 아이들이 영재로 성장할 것입니다.

간혹 시간의 제약, 공간의 제약, 교육자의 제약을 한계로 이야기하기도 하는데요. 인터넷과 모바일 강국인 대한민국에서는 모두 핑계일 뿐입니다. 잘 짜인 부모교육 시스템에 따라 동영상 강의가 체계적으로 갖춰져 있다면 대한민국 부모들은 출퇴근길 지하철 안에서 열심히 보고 들을 테니까요.

미국과 영국에서는 교육에 투자하는 것이 다른 분야에 투자하는 것보다 더 큰 경제 효과가 있다고 강조합니다. 아이 교육의 적기 기간인 1세~12세(초5) 중 절반인 1세~7세 시기에 2500파운드를 교육비로 지원했을 때 경제 효과는 성인에게 17000파운드를 지원한 효과와 같다고 할 정도로요. 그런데 이 시기에 아이 교육에 가장 큰 영향을 끼치는 사람은 부모입니다. 즉, 국가 차원에서 부모와 아이들을 위한 교육 시스템이 잘 갖춰져 있고, 1세~12세(초5) 때 아이들에게 적절한 교육이 적용된다면 지금보다 훨씬 더 많은 영재가 나타날 것입니다. 그리고 꼭 영재가 아니더라도 많은 아이들이 학교와 집에서 체계적인 학습을 경험하면서 바르게 성장할 것입니다.

그런데 위와 같은 이유로 아직은 많은 아이들이 1세~12세(초5) 때 무언가를 적지 않게 하고 있지만 제대로 된 적기 교육을 받아보지 못하고 있습니다. 그 결과, 영재도 극소수일 뿐만 아니라 초등학교 6학년 때 40% 가까이가 수포자(수학포기자)가 되고, 학원 다니는 아이들의 80%가 학원에 전기세 내러 다니고 있는 것입니다.

5 1세~12세 공부 적기 잘 보내기

아이들 공부를 현명하게 코치하는 것이 대부분 부모의 책임인 현실이 안타깝지만, 어쨌든 현실이기에 최대한 현명하게 대처해야 하는데요. 특히 1세~12세(초5) 시기를 잘 보내려면 가장 중요한 2가지를 항상 염두에 두어야 합니다. 첫 번째는 '내 아이의 타고난 재능이 무엇인지 찾기'입니다. 유아부터 초등학교 저학년까지는 어린 아이들입니다. 이 시기 아이들은 좋아하는 것을 자꾸 하는 것이 아니라 잘 하는 것을 자꾸 하려고 합니다. 그리고 잘 하는 것은 8가지 지능 중 장점을 띠는 지능의 영향을 받을 것이고요. 이는 부모와 다른 분야일 수도 있습니다. 똑같은 부모 사이에 태어난 아이들인데도 큰 아이의 장점과 작은 아이의 장점이 다릅니다. 이는 조부모님이나 외조부모님의 영향일 수도 있습니다.

그래서 아이의 타고난 재능을 찾으려면 선입견을 갖지 않고 이것저것 다양하게 접해 주어야 합니다. 어떤 것은 좋아할 수도 있고, 어떤 것은 거부할 수도 있습니다. 아빠와 엄마와는 완전히 다른 분야를 좋아할 수도 있습니다. 모든 것을 좋아하고 잘 하기를 바라는 것은 욕심입니다. 목표는 다 좋아하게 만드는 것이 아니라 어느 분야에 재능을 갖고 있는지를 찾는 것입니다.

다양한 경험을 통해 아이의 재능 분야를 찾았다면 두 번째로 해야 할 것이 그 분야의 학습 비중을 높이는 것입니다. 영재 만들기를 기준으로 한다면 하루 2시간씩 그 분야에 노출하기인데요. '영재 만들기'라는 표현에 거부감을 가질 필요는 없습니다. 타고났기 때문에 잘 하고, 잘 하니까 자꾸 하려고 하고, 자꾸 하다 보니까 영재에 가깝게 잘 하게 된다면 결국 그 분야의 일을 잘 하면서 행복하게 살 가능성이 높아지는 거니까요. 즉, 영재 만들기는 영재가 되고 안 되고를 떠나 내 아이의 진로 적성을 현명하게 찾아가는 과정이라고 생각됩니다. 그래서 지나치게 전투적으로 진행하지는 않기를 바랍니다. 하루 2시간이라는 노출 시간을 지키지 못해 영재가 되지 못했다고 해서 아이 교육이 실패한 것은 아니니까요. 중요한 것은! 1세~12세(초5) 시기를 놓치지 않는 것입니다.

한 가지 더 당부하고 싶은 것은, 어느 분야에 재능을 보이든 독서는 꼭 병행하기를 권합니다. 행복하게 잘 살기 위해서는 학습 능력도 중요하지만 인간으로서 갖춰야 할 기본 소양 그리고 사고력과 통찰력도 매우 중요합니다. 그런데 기본 소양, 사고력, 통찰력을 기르는 데 가장 효과적인 방법은 독서입니다. 게다가 독서는 기초 학습 능력까지 길러 줍니다. 그래서 아이의 재능 분야와 관계없이 독서는 반드시 병행하기를 추천합니다.

6 1세~12세, 언제 무엇을 해야 하나?

1세~12세(초5) 시기를 잘 보내는 것은 아이의 타고난 재능 분야를 찾고, 그 분야의 학습 비중을 높이는 것이라고 했습니다. 맞는 말인데요. 좀 막연하게 느껴집니다. 그래서 무엇을 해야 하는지를 시기별로 간단히 정리해 보았습니다. 단, 아래 내용을 처음부터 완벽하게 기억하려 하지 마시고 일단 빠르게 한번 읽어 보세요. 'Part 4'부터는 뇌 발달, 국어와 독서, 영어, 수학, 사회, 과학, 역사 등 각 영역(과목)별로 1세~12세(초5) 잘 보내기를 정리해 놓았고요. 책 마지막 부문에 다시 시기별로 총 정리해 놓았습니다. 따라서 처음부터 완벽하게 기억하며 읽으려 하는 것보다는, 처음에는 최대한 빠르게 끝까지 읽어 보는 것이 좋습니다. 그 다음 앞부분부터 다시 읽으면서 핵심 내용만 기억하는 것이 더 효과적일 것입니다.

1세~12세(초5) 잘 보내기도 결국은 넓은 의미의 '학습하기'입니다. 무언가를 꾸준히 배우고(學) 익히는(習) 거죠. 주체는 아이이고 부모는 코치인데요. 아이는 주체로서 학습해야 하고, 부모는 코치를 잘 하기 위해 학습해야 합니다. 그리고 학습은 3가지 요소가 조화를 이루어야 합니다. 첫째는 지식이고, 둘째는 기능이며, 셋째는 태도입니다. 이 3요소 중에서 가장 중요한 것이 태도(마음가짐)입니다. 즉, 부모가 가장 먼저 해야 할 것은 부모부터 바람직한 태도(마음가짐)를 갖는 것입니다.

그 다음 해야 할 것은 인간의 뇌 발달 단계에 대해 이해하는 것입니다. 오감이 집중적으로 발달하는 시기가 있고, 언어 학습이 가능한 시기가 있고, 수학 학습이 가능한 시기가 있습니다. 각각의 시기는 뇌 발달에 의해 결정됩니다. 따라서 1세~12세(초5) 시기를 잘 보내려면 부모가 아이의 뇌 발달 단계에 대해 어느 정도 이해를 하고 있어야 합니다. 여기까지 학습하면 부모로써 바람직한 태도를 갖춘 상태에서 결정적 시기도 놓치지 않을 준비가 됩니다. 이제부터는 시기별로 무엇을 할 것인지를 구체적으로 결정해야 하는데요.

[0세(태교) ~ 24개월]

우리나라에서는 아기가 태어난 순간부터 1살이라고 합니다. 그래서 0세는 태어나기 전 시기를 뜻합니다. 엄마 뱃속에 있을 때죠. 이때 적절한 태교를 하는 것이 좋고요. 출산한 날부터 12개월 사이에는 다양한 오감 자극을 통해 오감 발달시키기가 중요합니다. 오감은 시각, 청각, 후각, 미각, 촉각을 뜻합니다. 그리고 유아용 책, 음악, 그림 등을 통해 우뇌를 발달시키는 것도 중요합니다. 이 시기에는 아직 아이의 타고난 재능을 발견하기 어렵습니다. 그래서 다양한 자극이 핵심입니다.

[25개월 ~ 48개월]

'세 살 버릇 여든까지 간다.'고 하죠. 이 시기는 식습관, 수면 습관, 언어 습관 등 생활 습관을 들이는 시기입니다. 단, 자존감도 중요하기 때문에 당위성만 가지고 강압적으로 지시하지 말아야 합니다. 그리고 언어 습득이 중요한 시기입니다. 아이들은 두 돌 전후에 말문이 트이는데요. 어느 날 갑자기 말을 하는 것이 아니라 돌부터 두 돌까지 언어 노출이 쌓이고 쌓인 결과가 나타나는 것입니다. 그리고 24개월 이후부터는 언어 습득 방법을 다양화하는 것이 좋은데요. 플래시 카드, CD 흘려듣기, 그림책 읽어주기 등을 진행하는 것이 좋습니다. 또한 문화센터 프로그램 활용이 가능한 시기인데요. 가정에서는 경험하기 어려운 다양한 프로그램을 지속적으로 활용하는 것이 좋습니다. 이 시기도 아이의 타고난 재능 발견은 어려운 때입니다. 다만, 영재가 아닌 천재라면 관련 증상이 드러날 수 있습니다.

[49개월 ~ 7세]

이 시기는 생활 습관 들이기와 함께 독서 습관 들이기도 진행해야 합니다. 6세 즈음에는 공부 습관 들이기도 서서히 시작하는 것이 좋고요. 유치원이나 어린이집에서 누리과정이 진행되기 때문에 가정에서는 누리과정 잘 활용하기를 진행하는 것이 좋습니다. 누리과정은 매우 체계적인 통합 교육 프로그램입니다. 융합적 사고의 기초 훈련 기회이기도 하고요. 그런데 아무런 준비 없이 누리과정을 경험하면 유치원에서 보내는 대부분의 시간이 단순 만들기 활동으로 머물게 됩니다. 그렇게 보내버리기에는 너무 아까운 프로그램이 누리과정입니다. 그리고 7세는 독서가 매우 중요한 시기이며, 언어와 수학 학습도 본격적으로 시작할 수 있는 시기입니다. 단, 아이에 맞게 학습 속도와 방법, 난이도와 분량 등을 정하는 것이 매우 중요합니다. 이 시기부터 아이의 성향과 타고난 재능이 드러나기 시작합니다. 다만 확정지을 정도까지는 아니기 때문에 노출 방법과 시간을 좀 늘리면서 관찰을 더 하는 것이 좋습니다.

[초등학교 1~2학년]

이 시기에는 독서를 통해 읽기 능력을 길러야 하고, 수학을 통해 논리적 사고력과 분석력 및 학습 능력을 길러야 합니다. 그리고 통합교과 대비 학습을 진행하는 것이 좋습니다. 초등학교 1~2학년 때 정규 교과 과목은 국어, 수학, 통합교과 3과목입니다. 이 중 통합교과는 유치원 누리과정처럼 통합 교육 프로그램이면서 융합적 사고의 훈련 기회이기도 합니다. 시험 보는 학교가 거의 없기 때문에 시험 대비를 할 필요는 없지만 그로 인해 국어와 수학에 비해 관심을 갖지 않는 과목인데요. 그렇게 보내버리기에는 너무 아까운 과목입니다. 또한 아이가 관심을 보이는 예체능 1~2개 정도를 진행하면서 재능 여부도 판단해야 하고, 영어 습득도 7세부터 시작해서 노출 시간을 적절히 늘려가며 꾸준히 진행해야 합니다. 그리고 아이의 타고난 재능 분야에 대한 1차 판단이 가능한 시기입니다. 그래서 그 분야의 학습 시간은 늘리고 다른 분야는 쉽게, 재미있게, 부담이 크지 않게 접근하는 것이 좋습니다.

이 시기에 해야 할 것 중 독서를 통한 읽기 능력 기르기와 수학을 통한 학습 능력 기르기는 재능 분야와 관계없이 모든 아이들이 갖추어야 할 능력이기 때문에 매우 중요합니다. 그래서 이 책뿐만 아니라 2권의 책을 더 참고하는 것이 좋습니다. 독서에 대해서는 〈우리 아이 독서 고수 만들기〉를, 수학에 대해서는 〈우리 아이 수학 고수 만들기〉를 참고하시기 바랍니다.

[초등학교 3~4학년]

초등학교 1~2학년 때에는 정규 교과 과목이 국어, 수학, 통합교과 3과목뿐이었지만 초등 3학년부터는 과목 수가 많아집니다. 바른생활, 사회, 과학, 음악, 미술, 체육을 모아놓은 통합교과 과목이 세부 과목으로 나눠지기 때문인데요. 사회와 과학 과목이 등장하고 영어도 시작됩니다. 한 마디로 본격적으로 초등 공부가 시작되는 학년이 3학년입니다. 그리고 1차 좌절기이기도 하고요.

유아부터 초등학교 2학년까지는 대부분의 부모님이 '내 아이는 공부 잘 하겠지. 전교 1등까지는 아니더라도 상위권은 되겠지.'라고 생각합니다. 그러다가 초등학교 3학년 때 1차 좌절기를 맞이하게 되고요. 대략 50% 정도의 부모님이 좌절을 하게 됩니다. 만약 좌절기를 맞이했다면, 전 과목을 다 잘 하려고 하지 말고, 읽기 능력과 수학과 영어에 집중하는 것이 좋습니다. 만약 그마저도 쉽지 않다면 독서와 아이의 관심 분야 2가지에만 집중하는 것도 충분히 의미 있는 선택입니다.

다행히 지금까지 읽기 능력도 잘 길렀고, 1차 좌절기도 무사히 통과했다면 독서 시간은 줄이고 영어 노출 시간을 많이 늘려야 합니다. 그리고 수학은, 영어만큼은 아니지만 학습량을 적절히 늘리면서 꾸준히 실력을 쌓아야 합니다. 즉 이 시기 때 가장 중요한 1순위는 영어입니다.

[초등학교 5~6학년]

초등학교 3학년이 1차 좌절기라면 초등 5학년은 2차 좌절기입니다. 2차 좌절기를 만드는 주요 과목은 수학과 한국사입니다. 수학은 초등학교 1학년~6학년 중 5학년 때가 가장 어렵습니다. 그래서 초등 5학년 수학으로 아이의 진짜 수학 실력을 판단해야 하고요. 앞으로 진행할 수학 선행 속도도 초등 5학년 때 결정해야 합니다. 그리고 한국사는 수학을 제외한 나머지 과목 중에서 난이도도 가장 높고, 학습 분량도 가장 많습니다.

개인적으로는, 다른 나라가 아닌 우리나라에서 공부 잘 할 수 있는 아이인지를 판단할 수 있는 학년이 5학년이라고 생각합니다. 만약 수학과 한국사를 모두 잘 하면 그 아이는 우리나라에서 공부 잘 할 확률이 매우 높습니다. 수학으로는 학습 능력과 논리적 사고력을, 한국사로는 이해력과 암기력을, 그리고 두 과목으로 끈기와 집중력을 확인할 수 있기 때문입니다.

초등학교 5학년 때부터 중학교 때까지의 1순위는 수학입니다. 선행 학습이 가능하지 않은 소수 아이들을 제외하고 대부분 수학 선행을 해야 합니다. 단, 선행 속도는 아이에 따라 다르게 잡아야 합니다. 그리고 영어는 꾸준히 진행하면서 문법도 시작해야 하고요. 독서는 한국사 대비 위주로 진행하는 것이 좋습니다. 만약 여기까지 잘 진행했다면, 탄탄하게 길러진 읽기 능력이 중학교 국어를, 선행까지 진행한 수학이 중학교 수학을, 초등 중학년 때 한 몰입 영어가 중학교 영어를 어느 정도 해결해 줄 것입니다. 그리고 중학교 때부터는 그 시점에서의 대입 제도를 기준으로 고등학교 학습의 기초 다지기에 집중해야 합니다.

위 내용은 영재 만들기를 떠나 모든 아이들에게 적용되는 일반적인 것들입니다. 따라서 각 시기마다 위의 것들을 진행하면서 내 아이가 어느 분야에 재능을 갖고 있는지를 찾아야 하고요. 재능 분야를 찾으면 그 때부터 그 분야의 노출 시간을 늘리고 다른 분야들 중에 꼭 해야 하는 것들만 선택해서 진행하는 것이 좋습니다.

7 가장 중요한 것은 부모의 마음가짐

학습의 3요소는 지식, 기능, 태도입니다. 이 중 학습에 가장 큰 영향을 끼치는 것은 태도입니다. 아무리 배경지식이 많고 사고력과 학습 능력이 좋더라도 사춘기 때 엄청난 그분이 오거나 어떤 이유로 크게 방황을 할 경우, 아예 공부 자체를 멀리 하는 아이도 있습니다. 그리고 아무리 유명한 강사의 강의라도 아이가 집중하지 않거나 딴 생각을 하면 남는 것이 없습니다. 집중하지 않거나 딴 생각을 하는 것은 배경지식의 문제도 아니고 사고력이나 학습 능력의 문제도 아닙니다. 집중하지 않는 태도의 문제이고, 더 근본적으로는 집중하고 싶지 않은 마음가짐의 문제입니다.

이는 코치 역할을 해야 하는 부모도 마찬가지입니다. 즉, 부모의 코치 역할에 가장 큰 영향을 끼치는 것도 태도입니다. 그리고 태도는 마음가짐에서 비롯됩니다. 어떤 마음을 먹느냐에 따라 태도가 달라지기 때문입니다. 마음이 급하면 인내심이 줄어들어 아이를 다그치게 되는 것처럼요. 그래서 부모가 아이를 현명하게 잘 코치하기 위해서는 먼저 바람직한 마음가짐을 가져야 하며, 이를 위해 반드시 인지해야 할 몇 가지가 있습니다. 꼭 기억하시기 바라고요. 수시로 떠올리며 무언가를 판단하거나 행할 때 근거나 원칙으로 삼으시기 바랍니다.

첫째, 내 아이와 나는 완전 다른 세대입니다! 세대 차이를 인정해야 합니다. 아마 생각보다 많이 다를 것입니다. 무선호출기(삐삐)가 대중화 된 것은 1992년에서 1993년 사이입니다. 그리고 인터넷이 대중화 된 것은 1996년 이후이며, 스마트폰의 대중화는 2009년부터 시작되었습니다. 즉, 우리 부모는 삐삐, 인터넷, 스마트폰이 대중화되기 전인 아날로그 사회와 그 후인 디지털 사회를 모두 경험한 세대입니다. 하지만 아이들은 아날로그 사회보다는 디지털 사회의 경험이 훨씬 많습니다. 이 간극은 아이들이 성인이 되었을 때 큰 세대 차이로 나타날 것입니다. 단적인 사례가 '욜로(YOLO)'라는 단어의 등장입니다.

☑ YOLO ⇒ You Only Live Once. 인생은 한 번뿐이다.

욜로(YOLO)는 현재 자신의 행복을 가장 중요하게 생각하면서 소비하는 태도를 말합니다. 우리 부모는 미래를 위해 현재를 인내했습니다. 내 집 마련과 노후 준비를 중요하게 여기니까요. 하지만 욜로족은 내 집 마련이나 노후 준비보다 지금 현재의 행복을 더 중요하게 여깁니다. 그리고 단순히 충동구매만 하는 것이 아니라 자신의 이상을 실현하기 위한 소비를 합니다. 아마 우리 아이들은 부모에 비해 훨씬 욜로족에 가까울 것입니다.

둘째, 내 아이가 살아갈 사회와 부모가 살아온 사회는 완전 다른 사회입니다! 그리고 내 아이가 살아갈 사회를 부모가 예측하는 것은 거의 불가능에 가깝습니다. 삐삐가 등장하기 전 아날로그 사회에서 스마트폰이 대중화 된 디지털 사회로의 변화도 큰 변화이지만, 4차 산업혁명에 의한 인공지능과 빅데이터 사회로의 변화는 전혀 다른 차원의 변화일 것입니다. 단적으로 2018년에 유치원생인 아이들 중 65%는 2018년에는 존재하지 않는 직업을 갖게 된다고 합니다. 이것이 4차 산업 혁명이 가져 올 엄청난 변화입니다. 어떤 직업이 사라질까요? 어떤 직업이 생겨날까요? 몇 가지는 얘기할 수 있지만 대부분은 아직 알 수 없습니다. 막연하게나마 '알파고 같은 인공지능이 인간 대신 많은 일을 할 것이다.' 정도만 알고 있습니다. 따라서 부모가 가지고 있는 좋은 직업과 안타까운 직업의 기준을 아이에게 적용하지 말아야 합니다. 어쩌면 직업관을 떠나 거의 모든 판단 기준이 달라질 수도 있습니다. 자동차에 대한 인식이 '내 차(소유)'에서 '함께 타는 차(공유)'로 바뀐다고 하는 것처럼요. 게다가 코로나19까지 고려해야 하는 상황입니다.

셋째, 점수 숫자보다 그 점수를 얻게 된 과정이 훨씬 중요합니다! 아이가 초등학교 시험에서 100점을 맞았습니다. 그 결과가 아이에게 행복한 것일까요? 그 순간 기분은 좋을 수 있습니다. 하지만 성인이 되었을 때 되돌아 봐도 초등 때 100점이 행복이었다고 단언할 수 있을까요? 우리 부모와는 완전히 다른 세대인데요! 그리고 미래 사회를 예측할 수 없는데 현 초등학교 시험 100점에 대한 평가를 단정지어 말 할 수 있을까요? 즉, 시험 점수 숫자(결과)만으로는 평가를 내릴 수가 없습니다. 대신 과정에 대한 평가 기준은 있습니다. 세대가 다르고 사회가 다르더라도 주입식으로 암기해서 100점 맞은 것보다는 자기 주도 방식으로 80점 맞은 것이 훨씬 바람직한 학습 경험입니다. 주입식으로 암기하면 대부분 기억에서 사라지지만 자기 주도 방식으로 공부하면 더 많이 기억할 수 있고, 사고력도 훈련되고, 학습에 대한 긍정적인 태도도 형성되기 때문입니다. 따라서 유치~초등학생 때에는 특히 더 시험 몇 점 맞는지에 집중할 것이 아니라 어떤 과정을 거쳐 공부하는지에 집중해야 합니다.

넷째, 부모의 점수는 아이의 성적이 아니라 현명한 코치 역할을 얼마나 잘 수행했느냐로 평가해야 합니다! 아이의 시험 점수가 높으면 부모는 흐뭇합니다. 주변에 마구 자랑하고 싶습니다. 내가 부모 역할을 잘 했다고 생각하기 때문입니다. 반대로 아이의 시험 점수가 낮으면 마음이 불편합니다. 내가 부모 역할을 잘 하지 못한 것 같습니다. 그런데 내가 못했다는 생각은 하고 싶지 않습니다. 그래서 부랴부랴 사교육을 알아봅니다. 사교육을 시작했는데도 아이의 시험 점수가 낮으면 사교육을 원망합니다. "그 학원 이상해요. 그 선생님 이상해요." 다른 사교육으로 갈아탔는데도 점수가 낮으면 남편을 원망합니다. "나를 닮았으면 공부 잘 했을 텐데. 왜 아빠를 닮아서." 또는 시댁의 누군가를 원망하거나 아이 탓을 합니다.

그런데 위에서 점수 숫자만으로는 얼마나 잘 했는지를 판단할 수 없다고 했습니다. 아이의 시험 점수가 100점이라고 해서 부모 성적도 100점이라고 할 수 없고요. 아이의 시험 점수가 50점이라고 해서 부모 성적도 50점이라고 할 수 없습니다. 아이에 대한 평가는 아이의 공부 과정에 대해 평가해야 하는 것처럼 부모에 대한 평가도 부모의 코치 과정에 대해 평가해야 합니다. 같은 100점짜리 아이라도 꿈과 희망을 찾아가며 자기주도 방식으로 공부해서 100점 맞은 아이와 학원에 의존하며 주입식으로 공부해서 100점 맞은 아이의 미래는 많이 다를 것입니다.

신라의 고승 원효대사는 당나라로 유학하던 길에 동굴에서 밤을 보내게 되었습니다. 잠을 자다가 잠결에 바가지에 담겨 있는 물을 달게 마셨습니다. 다음날 아침 원효대사는 그 바가지가 해골이었음을 알고 구토를 했습니다. 그러다 깨달은 것은 '마음가짐에 따라 받아들이는 것이 달라진다.'는 진리였습니다. 아이 교육도 마찬가지입니다. 아이 교육과 관련해서 부모가 해야 할 첫 번째 과제가 '내 마음 들여다 보고 점검하기'입니다. 부모의 현명한 마음가짐에서 현명한 코치가 나올 수 있기 때문입니다.

현명한 부모가 가져야 할 7가지 원칙

PART 03

1 나(부모)의 경험만을 기준으로 판단하지 않기

Part 02에서 1세~12세(초5)를 잘 보내기 위해서는 부모부터 바람직한 마음가짐을 가져야 한다고 했습니다. 그리고 강조한 마음가짐은 4가지였습니다.

☑ 내 아이와 나는 완전 다른 세대이다!
☑ 내 아이가 살아갈 사회와 부모가 살아온 사회는 완전히 다른 사회이다!
☑ 점수(숫자)보다 그 점수를 얻게 된 과정이 훨씬 중요하다!
☑ 부모의 점수는 현명한 코치 역할을 얼마나 잘 수행했느냐로 평가해야 한다!

다른 분들의 의견도 참고해서 마음가짐을 잘 잡으시기 바라고요. Part 03에서는 1세~12세(초5) 때 지켜야 할 몇 가지 원칙을 정리해 보았습니다.

첫 번째 원칙은 '나(부모)의 경험만을 기준으로 판단하지 않기'입니다. 대표적인 사례가 "공부는 자기가 하는 거고, 때가 되면 하는 거야."라는 주장입니다. 아마 어릴 때 열심히 놀다가 중학생 또는 고등학생 때 열심히 공부해서 괜찮은 결과를 얻은 분이거나 학창시절에는 열심히 놀다가 성인이 된 다음 무언가를 집중적으로 파고들어 성공한 분일 건데요. 물론 인생 전체를 놓고 볼 경우 여전히 100% 틀린 말은 아닙니다. 하지만 초중고와 대학 입시까지만 봤을 때에는, 이제는 적용할 수 없는 주장이 되었습니다. 왜냐하면 교육과정이 바뀌었고, 교과서가 바뀌었고, 시험문제가 달라졌고, 대입 제도가 변했기 때문입니다.

우리 부모 때에는 학교 시험에 서술형 주관식 문제는 거의 나오지 않았습니다. 단답형 주관식 문제는 있었지만 문장을 써야 하는 서술형 주관식 문제는 출제되지 않았습니다. 단답형 문제는 간혹 찍어서 맞히기도 했습니다. 수학의 경우 1 또는 0을 답으로 쓰면 맞기도 했거든요. 하지만 서술형 주관식 문제는 문장을 쓰는 문제이기 때문에 찍어서 쓸 수가 없습니다.

다음 문제는 중학교 한국사 학교 시험 문제입니다. 서술형 주관식 문제이고요. 해당 중학교는 전국에서 시험 문제 어렵기로 소문 난 중학교가 아니라 그냥 일반 중학교입니다.

〈중학교 한국사 서술형 주관식 문제 사례〉

[논술형] 삼국 통일에 대한 상반된 평가이다. 자료를 읽고 물음에 답하시오.

- ◈ 다른 종족을 끌어들여 같은 종족을 멸망시키는 것은 도적을 불러들여 형제를 죽이는 것과 다를 바 없는 것이다. ≪독사신론≫
- ◈ 신라가 두 나라 사이에 위치하여 잠시도 편안한 때가 없었다. … 당의 군대를 빌려 고구려와 백제를 평정하고 사방이 안정되었다. ≪삼국사기≫

삼국 통일에 대한 자신의 생각을 논거를 제시하여 서술하시오.

[채점 기준]

서론, 본론, 결론의 논리적 형식을 잘 지켜 논술 하였는가

주요 개념, 사실 설명에 틀림이 없는가

주장을 하고 근거를 2가지 이상 대며, 타당하고 조리 있게 설명하고 있는가

논리의 일관성이 있으며, 주장을 적절히 강조하고 있는가

위와 같은 문제는, 단순 암기로는 절대 해결할 수 없는 문제일 뿐만 아니라 배경지식, 독해력, 분석 능력, 표현력, 쓰기 능력 등 종합적인 사고력을 요구하는 문제입니다.

그리고 우리 부모 때에는 '학교 성적 = 중간고사 + 기말고사' 점수로 정해졌습니다. 그래서 벼락치기가 어느 정도 통할 수 있었습니다. 하지만 지금은 '학교 성적 = 중간고사 + 기말고사 + 수행평가' 점수로 정해집니다. 학교와 과목마다 다소 차이가 있지만 주요 과목의 경우 중기말 고사와 수행평가의 비중은 중간고사 30%, 기말고사 30%, 수행평가 40% 정도입니다. 즉, 고등학교 1학년 1학기 수학의 최종 성적은 '중간고사 점수 30% 반영 + 기말고사 점수 30% 반영 + 수행평가 점수 40% 반영'으로 매겨집니다. 그래서 고등학교 중 남녀 공학은 수행평가를 잘 못하는 다수의 남자 아이들 때문에 여자 아이들이 더 유리하다고 합니다. 물론 수행평가도 꼼꼼하게 잘 챙기는 남자 아이도 있지만요.

대학 입시는 더 많이 변했습니다. 수능 점수로만 대학 가던 때는 옛이야기이고요. 학생부 종합전형도 있고, 학생부 교과전형도 있고, 논술 전형도 있고, 수능으로만 가기도 합니다. 학교와 학과마다 다소 차이가 있지만 주요 대학을 기준으로 했을 때 학생부 전형(학생부 종합 + 학생부 교과) 선발 인원이 55~60% 정도이고 수능 선발 인원이 35~40% 정도입니다. 선발 인원만 놓고 보더라도 수능보다는 학생부 전형을 1순위에 놓고 대입을 준비해야 합니다.

학생부 전형은 학생부(학교생활기록부)로 대학에 가는 전형입니다. 학생부는 교과(내신)과 비교과로 구분을 하는데요. 학생부 종합전형은 교과(내신)와 비교과를 모두 보는 전형이고, 학생부 교과전형은 교과(내신)를 주로 보는 전형입니다.

☑ 교과(내신) : 중간고사 + 기말고사 + 수행평가
☑ 비교과 : 동아리 활동, 자율 활동, 진로 활동, 독서 이력, 수상 실적 등

　　물론 대학에서는 고등학교 학생부만을 보기 때문에 초등학교나 중학교 때 학생부도 중요한 것은 아닙니다. 하지만 학생부의 항목 하나하나를 보더라도 학생부와 무관하게 중학교까지 보내다가 고등학교 입학하면서 갑자기 학생부 중심으로 대입을 준비할 수는 없습니다. 대표적인 사례가 독서 이력입니다. 중학교까지 책을 멀리 하다가 고등학교 입학 후에 학생부 때문에 책을 읽으려 하면 잘 읽히지도 않을뿐더러 독서조차 공부로 느껴질 것입니다. 다만 교육부에서는 학생부 종합전형에서 비교과 활동의 종류를 줄이고 비중도 축소하겠다고 발표했기 때문에 고등학교 때 비교과 활동에 대한 부담은 좀 줄어들 것입니다. 하지만 폐지가 아니라 축소이기 때문에 '양보다 질'로 생각하는 것이 좋습니다.

🖋 교과(내신) 대비

- 중간·기말 고사 : 초등학교 때부터 제대로 공부하는 경험을 해야 함. 이해하고 암기하기. 특히 서술형 주관식 문제 해결 능력이 중요함
- 수행평가 : 팀 단위 프로젝트 대비 능력이 중요함. 초등학교 때부터 듣기, 말하기, 읽기, 쓰기, 사고력 훈련이 종합적으로 이루어져야 함. 단, 세부 시기와 과목마다 선택과 집중을 해야 함. 처음부터 5가지를 모두 훈련하려 하면 과부하가 걸림

🖋 비교과 대비 (내 아이에게 적용되는 수정안 확인 요망)
- 동아리, 자율, 진로활동 : 고등학교 입학 전에 진로적성(지원 학과)을 정하면 관련 활동으로 집중할 수 있어 매우 유리함. 초등학교 때부터 진로적성을 염두에 두고 다양한 경험을 해 보는 것이 중요함
- 수상실적 : 교내 수상실적만 기록할 수 있기 때문에 진학한 고등학교 수상 실적이 있어야 함. 진로적성(지원 학과)과 연관성이 깊은 과목 우수상 또는 교내 경시대회 수상이 목표
- 독서이력 : 자기주도 학습능력, 인성, 융합형 인재 여부를 모두 점검할 수 있는 항목임. 진로적성 분야의 책뿐만 아니라 공통적으로 인문학 분야의 책도 고르게 읽어야 유리함. 초등학교 전부터 독서와 친해지게 해야 함

　이제 대학 입학은 진정한 전략이 필요해졌습니다. 전략을 잘 세운다면 대학 가는 방법과 목표 달성 여부가 학력고사나 수능 때보다 더 명확하게 보이지만, 전략을 제대로 세우지 못한다면 깜깜이 입시, 운이 좌우하는 입시, 복잡하기만 한 입시로 보일 것입니다. 단! 전략은 초등학교 고학년 때부터 세워야 하고요. 그 전에는 1세~12세(초5) 시기를 잘 보내는 것에 집중해야 합니다. 1세~12세(초5) 시기를 아이에 맞게 잘 보내야 그 과정을 근거로 아이에 맞는 전략도 세울 수 있습니다. 반대로 1세~12세(초5) 시기를 제대로 보내지 못하면, 세울 수 있는 전략의 경우의 수가 대폭 줄어듭니다.

　우리 부모 때에는 3년(고등학교) 또는 길어야 6년(중학교~고등학교)만 집중해서 공부했습니다. 하지만 지금 그리고 앞으로는 태어나면서부터 한 해 한 해를 잘 보내야 합니다. 전반부는 1세~12세 시기이고요. 후반부는 전략적으로 보내야 하

는 초등학교 고학년~고등학교 시기입니다. 우리나라 어느 부모도 직접 해 보질 않았기 때문에, '나(부모)의 경험만을 기준으로 판단하지 않기'가 현명한 부모가 가져야 할 첫 번째 원칙입니다. 부모의 정확한 정보력과 현명한 판단이 진짜 중요해졌습니다.

2 나무 말고 숲 보기 – 빅픽처 그리기

현명한 부모가 가져야 할 두 번째 원칙은 '나무 말고 숲 보기'입니다. 이 때 나무는 '초등학교 수학 시험 점수 몇 점'일 수도 있고, '초등학교 영재반'일 수도 있습니다. "초등학교 시험인데 자꾸 계산 실수로 틀려요. 계산 연습을 2배로 늘려야겠어요."라고 하신다면 나무만 보는 것이고요. "초등학교 때 영재반 하면 무조건 좋은 거잖아요."라고 하신다면 역시 나무만 보는 것입니다. 초등학교 때 영재반은 도움이 되는 아이도 있고, 도움보다는 시간을 허비하게 되는 아이도 있습니다. 내 아이가 어느 경우인지 판단하려면 숲을 봐야 합니다. 숲 전체를 봐야 영재반이라는 나무를 심는 것이 득인지 실인지를 판단할 수 있습니다.

초등학교 때 영재반은 수학과 과학 영재반이 대부분인데, 이 이력은 대학 입학에 직접적인 도움이 되지 않습니다. 대학 입학 때 학생부는 고등학교 학생부만 보기 때문입니다. 그래서 초등 영재반이 제대로 득이 되는 아이는 수학과 과학을 잘할 뿐만 아니라 진짜 좋아하는 아이입니다. 수학이나 과학을 잘 하기는 하지만 진짜 좋아하는 건 아니라면 그 시간을 자신의 관심 분야에 할애하는 것이 더 효율적입니다. 관심 분야의 책을 읽거나 관련된 경험을 해 보는 거죠.

만약 수학 영재반을 한다면 수학 공부에 더 많은 시간과 노력을 들여야 하는데, 아이가 수학을 진짜 좋아한다면 영재반에서 보내는 시간과 영재반을 준비하는 시간이 즐겁게 느껴질 것입니다. 진정한 영재반은 그런 프로그램이어야 하고요. 그런데 아이가 수학을 진짜 좋아하지 않는다면 그 만큼 공부 에너지를 더 쓰는 것이기 때문에 다른 공부를 덜 해야 합니다. 다른 공부를 덜 한다는 것은 또 다른 1순위 과목의 공부에 영향을 주는 것이고요. 그렇다고 수학 영재반 경험이 고등학교 수학 내신 공부에 큰 도움을 주는 것도 아닙니다. 즉, 수학을 좋아하는 아이가 아니라면 굳이 하지 않아도 되는 공부에 에너지를 소모하는 셈이 됩니다. 이처럼 초등 영재반을 보더라도 숲(빅픽처)을 보면서 판단을 해야 하는데요. 훨씬 더 큰 숲을 그려 보겠습니다.

'우리나라 교육이 왜 이렇게 급변하는 걸까요? 부모도 힘들고 아이도 힘들어요.'라는 생각은 이 책을 읽은 후에는 하지 말아야 합니다. 급변해야 하는 상황이기 때문입니다. 그리고 부모는 힘들지만 아이는 힘들지 않을 수 있습니다. 부모는 자신의 경험을 근거로 대충 그리고 있던 그림을 다시 그려야 하기 때문에 힘들지만 아이는 백지 상태에서 그림을 잘 그리기만 하면 되기 때문에 부모만큼 힘들지 않을 수 있습니다. 오히려 부모보다 더 좋은 그림을 그릴 수 있습니다.

앞에서도 언급했듯이 우리나라 교육이 급변하는 이유는 4차 산업혁명 사회가 빠르게 다가오기 때문입니다. 그리고 기존의 교육 방식으로는 4차 산업혁명 사회에서 필요로 하는 인재로 성장시킬 수 없기 때문에 빨리 바꿔야 합니다. 기존의 교육 방식이란 초등학교 때 외우고 까먹고, 중학교 때 외우고 까먹고, 고등학교 때 외우고 까먹고, 대학교 때 나름 열심히 공부했는데 사회에 진출하면 다시 공부해야 하는 교육을 말합니다.

4차 산업혁명 사회가 어떤 사회인지는 종합적인 예측이 어렵기 때문에 단편적인 사례로 감을 잡을 수밖에 없는데요. 자율 주행 자동차가 일반화되는 순간 버스 기사님, 택시 기사님, 화물차 기사님, 대리운전 기사님은 직업을 잃게 됩니다. 빅데이터를 기반으로 인공지능이 보편화되는 순간 계산을 위주로 하는 직업도 사라지게 됩니다. 한 마디로 현존하는 직업의 65%가 사라지고 65%의 새로운 직업이 생기는 사회입니다. 이러한 사회에서 요구하는 인재상을 최대한 단순화시키면 '팀 단위 프로젝트를 잘 할 수 있는 사람'입니다. 이 인재상을 3가지 키워드로 요약하면 '인성, 융합, 협업'입니다.

팀 단위 프로젝트는 혼자 하는 일이 아닙니다. 다른 팀원과 조화를 이루며 일을 해야 합니다. 그러기 위해서는 다양성을 인정할 줄 알아야 하고, 어느 정도 배려심도 있어야 하면서 양보와 타협과 설득도 병행해야 합니다. 이를 한 단어로 인성(가치관)이라고 부릅니다. 학교 시험 문제 잘 푼다고 인성(가치관)까지 잘 길러지는 것은 아니고요. 학생부 독서 이력에 인문학 책 목록이 들어가야 하는 이유이기도 합니다. 그런데 팀 단위 프로젝트를 잘 하는 사람은 잘 듣는 사람이고, 잘 표현하는 사람이고, 강압이 아니라 합리적 설득을 잘 하는 사람입니다. 이를 단어로 표현하면 인성과 협업입니다. 4차 산업혁명 사회는 이런 인재를 요구하는 사회입니다.

그리고 4차 산업혁명 사회가 요구하는 인재는 창의·융합형 인재입니다. 이제 인간의 경쟁 상대는 타인이 아니라 빅데이터를 장착한 인공지능입니다. 인공지능보다 빨리 계산할 수 없으며, 인공지능보다 빨리 길을 찾을 수도 없습니다. 그런데 인공지능이 할 수 없는 분야 중 하나가 인문학 분야입니다. 그래서 2015 개정 교육과정에서 추구하는 인재상이 '인문학적 소양을 갖춘 과학자'이고요. 그래서 문과와 이과를 통합한 것이고요. 그래서 고등학교 선택 과목에 '고전읽기, 경제수학,

실용수학, 진로영어, 여행지리, 생활과 과학, 융합과학' 등의 과목이 생긴 것입니다. 게다가 코로나19 이후의 사회는 또 다른 능력까지 요구하고 있습니다.

현명한 부모라면 아이 교육에 대해 숲을 봐야 합니다. 빅픽처를 가지고 있어야 합니다. 그런데 사회가 급변해서 교육도 급변했습니다. 부모의 경험을 근거로 한 빅픽처는 맞지 않습니다. 부모부터 새로 그려야 합니다. 이것이 당장의 점수 몇 점보다 훨씬 중요한 일입니다. 아이 공부와 관련해서 무언가를 판단할 때마다 숲을 떠올리세요. 빅픽처 속에서 판단하세요. 그래야 시행착오를 줄일 수 있습니다. 그리고 그 출발점은 '빅픽처 새로 그리기'부터입니다.

3 항상 최종 판단의 기준은 '내 아이'

"읽기 독립은 언제 하는 게 좋은가요?"라는 질문을 받으면 "빠르면 빠를수록 좋습니다. 그리고 초등학교 입학 전에는 어느 정도 되어 있어야 합니다. 초등학교 1학년 때부터 학교에서 단원평가 시험을 볼 수도 있는데, 아이 혼자 국어와 수학 문제도 읽어야 하고, 지문이나 보기도 읽어야 하거든요. 이 때 잘 읽지 못하면 자칫 아이의 실제 학습 능력과 관계없이 '나는 공부를 못하는 아이인가...'라는 생각을 하면서 공부에 대한 자신감이 급격히 떨어지고, 공부 자체를 회피해 버릴 수도 있습니다. 단, 시기에 대한 최종 판단은 아이를 보고 해야 합니다. 내 아이에게 적합한 읽기 독립 시기가 언제인지를 봐야 합니다."라고 답변 드립니다. 그런데 주변을 보면 안타까운 경우가 적지 않습니다. 몇 가지 사례를 들어 보겠습니다.

첫째, 주변 이야기만 듣고 읽기 독립을 빨리 시도하는 경우입니다. 읽기 독립을 빨리 하면 좋습니다. TV 속 자막이나 주변 광고글, 간판이나 엘리베이터에 붙어 있는 글을 읽을 수 있게 되면서 주변에 대한 호기심이 늘어납니다. 호기심은 동기부여가 되고, 호기심을 해소하면서 인지적 재미도 느끼게 되고, 학습 능력도 향상됩니다. 그런데 읽기 독립이 가능한 시기는 아이마다 다소 차이가 있습니다. 8가지 다중지능 중 하나인 '언어 지능'의 영향도 받고, 그 동안 쌓인 언어적 경험의 영향도 받습니다. 그럼에도 불구하고 '읽기 독립은 빨리 하는 것이 좋다.'라는 주변 이야기만 듣고 아이에 대한 진단과 평가는 생략한 채 무조건 한글 학습으로 넘어가는 경우가 많습니다. 이러면 아이도 부모님도 힘들어지고, 자칫 아이에게는 언어 학습에 대한 부정적인 태도가 형성될 수 있습니다.

둘째, "공부는 때가 되면 하는 거야."와 "너무 미리 하면 초등학교 가서 집중하지 않고 딴 짓을 한데."라는 2가지 근거로 7세 후반까지 읽기 독립에 대해 신경 쓰지 않다가 초등학교 입학을 몇 달 앞두고 급하게 한글 떼기를 시도하는 경우입니다. 이 경우 한글 떼기를 몇 달 진행하면 글자를 소리 내어 읽을 수는 있지만 그것만으로 읽기 독립이 되었다고 할 수 없습니다. '읽기'의 진짜 의미를 잘 모르는 거죠. 〈우리 아이 독서 고수 만들기〉 책에서도 언급했듯이 '읽기'란 읽고 이해하는 것이 끝이 아닙니다. 그건 수동적 읽기이고, 50점짜리 읽기입니다. '제대로 읽기'는 이해한 내용에 자신의 배경지식과 경험을 결합해서 새롭게 재구성하는 것까지입니다. 이는 단순히 한글의 자음 모음 체계를 이해하는 것만으로 해결되는 것이 절대 아닙니다. 따라서 7세 후반까지 읽기 독립이 거의 방치 상태였다면, 급하게 진행할 것이 아니라 역시나 내 아이에 대한 진단과 평가를 먼저 진행한 다음, 이를 근거로 내 아이에게 맞는 읽기 독립 훈련 계획을 세워야 합니다. 당연히 다른 집 아이들과 비교하지 말아야 하고요.

셋째, 아이의 읽기 독립이 빨리 진행되었다는 이유만으로 언어 천재로 단정하고 영어에 중국어까지 병행하는 경우입니다. 물론 아이가 진짜 언어 천재라면 괜찮은 선택일 수 있습니다. 하지만 언어적으로 타고난 천재는 극소수일 뿐입니다. 그런 아이들이 방송을 통해 소개되기도 하는데요. 그건 그냥 다른 집 이야기일 뿐입니다. 내 아이가 언어 천재라면 굳이 그 방송을 보지 않더라도 이미 다양한 증상을 만나게 될 것이고요. 그런 증상이 나타나지 않는 다수의 아이들은 그 길로 가지 말아야 합니다. 구분은 간단합니다. 만약 언어 천재라면 한글에 영어에 중국어까지 추가해도 재미있게 하고 힘들어 하지 않을 것입니다. 무서운 속도로 흡수할 테니까요. 그리고 그 과정을 공부로 느끼지 않을 것입니다. 하지만 다수의 아이들에게는 읽기 독립 하나도 만만한 것이 아닙니다.

'읽기 독립은 빨리 할수록 좋다'라는 말만 듣고 무언가를 판단하는 것은, '그럼 내 아이는?'이라는 마지막 단계를 생략한 판단이기 때문에 시행착오를 겪을 확률이 높습니다. '초등학교 입학 전에 읽기 독립을 끝내야 한다.'라는 말만 듣고, 내 아이의 상태를 진단하지 않은 상태에서 무언가를 결정하는 것도 마찬가지고요. 내 아이가 언어 천재인지 점검하지 않은 상태에서 영어에 중국어까지 밀어붙이는 것도 마찬가지입니다. 주변의 정보는 충분히 들어보고 검토하되 반드시 마지막 단계에서는 내 아이를 봐야 합니다. 그리고 내 아이가 핵심이기 때문에 먼저 해야 할 것은 '내 아이의 정체 파악하기'입니다. '너는 누구니? 너의 정체는 뭐니?'부터 시작해야 합니다. ^^

4 엄마의 코치 역할은 피할 수 없는 현실

"내 아이 어떻게 하면 잘 키울 수 있을까요?"라는 질문에 어떤 분들은 "남의 아이 대하듯이 키우세요."라고 말씀하십니다. 엄마들이 남의 아이를 대할 때에는 훨씬 여유롭게 대합니다. 잘 기다려 주고, 잘 들어주고, 긍정적으로 평가하고, 장점을 먼저 발견합니다. 그래서 남의 아이 대하듯이 내 아이를 대할 수 있다면, 좋은 방법이기는 하지만, 내 아이는 남의 아이가 아니기 때문에 일반적으로는 거의 불가능한 방법입니다.

내 아이를 남의 아이 대하듯이 하는 것이 거의 불가능하기 때문에 내 아이를 대할 때에는 기다려 주는 것이 어렵고, 잘 들어주는 것이 어렵고, 장점보다는 단점이 먼저 보여서 자꾸 지적질을 하게 됩니다. 성격이 급한 엄마일수록 더하기 때문에 아이와 몇 번 씨름을 하다가 '엄마표'를 포기하고 사교육을 선택해 버립니다. 그런데 중요한 것은 '엄마표가 더 좋은가 사교육이 더 좋은가'가 아닙니다.

아이와의 충돌을 최소화하기 위해서 학습지를 선택합니다. 그런데 학습지 선생님은 일주일에 한 번 오십니다. 일주일 중 하루를 제외한 나머지 6일 동안 진도 진행은 엄마가 체크해야 합니다. 학습지를 한다고 해서 엄마의 코치 역할이 없어지는 것은 아닙니다. 일주일에 3~4일 학원에 보내도 마찬가지입니다. 초등학교 중학년까지 아이에게는 스스로 숙제를 하는 것도 어려운 일입니다. 결국 엄마가 중간 중간에 학원 숙제를 제대로 했는지 체크해야 합니다. 그리고 숙제보다 훨씬 중요한 것이 있는데요. 아이 공부와 관련해서 끊임없이 무언가를 결정하는 것입니다. 그 결정은 학습지 선생님이 하는 것도 아니고, 학원 선생님이 하는 것도 아닙니다. 아이 공부와 관련된 결정은 무조건 엄마(부모)의 몫입니다. 즉, 엄마(부모)만 할 수 있고, 엄마(부모)가 진짜 잘 해야 하는 것은 가르치는 것이 아니라 결정하는 것입니다.

아이 중학교 1학년 때 수학 학원을 알아보게 되었습니다. 그 전까지는 학원을 비롯한 사교육의 도움 없이 집에서 혼자 공부했지만 고등학교 수학 선행이 시작되고 사춘기까지 오면서 수학 학원의 도움이 필요해졌기 때문인데요. 첫 번째로 방문한 곳은 유명한 수학 전문 학원이었습니다. 2시간 가까이 레벨 테스트를 받은 후 학원에서는 특목고 과고 대비반을 추천해 주었습니다. 전국 기준 상위 5% 이내의 수학 실력인데다 문제를 풀 때 접근 방식이 일반적이지 않다고 하면서 특목고 과고 대비반이 적합하다는 것이었습니다. 그런데 아이의 희망 진로 분야는 이공계열이 아니라 인문계열이었고, 인문계열 지원을 기준으로 했을 때 특목고 과고 대비반의 수학 학습 분량은 지나치게 많았습니다. 결국 수학 전문 학원이 아닌 동네 보습학원을 선택했는데요. 그 학원은 상담을 통해 아이마다 필요한 만큼의 선행 속도를 결정할 수 있었고, 담당 선생님이 티칭과 코칭을 병행하면서 개인 과외 방식으로 아이를 지도하는 학원이었습니다.

아이 공부와 관련해서 언제, 무엇을, 어떻게, 얼마만큼 할 것인지는 엄마(부모)가 결정합니다. 초등학교 고학년부터는 아이와 함께 의논해서 결정할 수 있고, 그렇게 해야 하지만, 초등학교 중학년까지는 거의 엄마(부모) 혼자 결정하게 됩니다. 이 결정을 잘 해야 1세~12세(초5) 시기를 잘 보낼 수 있으며, 이 결정을 잘 하려면 아이를 제대로 파악해야 합니다. 그리고 아이를 제대로 파악하고 결정하는 역할을 사교육에 맡길 수는 없습니다.

그래서 1세~12세(초5) 각 시기마다 엄마(부모)가 코치 역할을 하면서 무언가를 할 경우, 그 과정이 갖는 의미는 '기왕이면 내 아이 공부 잘 하게 하기'도 있지만, 그보다 훨씬 더 중요한 의미는 '내 아이가 어떤 아이인지 파악하기'입니다. 내 아이를 잘 파악하면 선택과 집중이 쉬워집니다. 사교육도 아이에 맞게 전략적으로 활용할 수 있고요. 아이가 이해되기 때문에 아이와의 갈등도 많이 줄일 수 있습니다. 그리고 사교육을 효율적으로 활용할 수 있기 때문에 교육비도 절감할 수 있으며, 무엇보다 아이와의 소통이 원활해지면서 부모와 아이 간에 바람직한 관계 형성이 가능해집니다.

엄마의 코치 역할은 피할 수 없는 현실입니다. 어차피 피할 수 없다면 제대로 도전해 보시기 바랍니다. 처음이라 누구나 낯설고 부담스럽고 편치 않을 것입니다. 그런데 어느 것이든 초보 운전 시기를 거쳐야 합니다. 아이의 공부 코치도 마찬가지입니다. 자꾸 피하면 계속 초보 상태에 머물게 됩니다. 하루라도 빨리 시작하고, 하루라도 빨리 시행착오를 겪어야 하루라도 빨리 초보 운전에서 벗어날 수 있습니다.

5 폭넓게 참고하되 반만 믿기

아이 공부를 위해 현명한 코치가 되는 것은 처음 해 보는 것입니다. 당연히 처음부터 잘 할 수 없습니다. 공부와 실천을 병행해야 하는데요. 문제는, 주변에 정보가 너무 많다는 것입니다. 옆집 엄마의 정보부터 시작해서, 사교육 선생님의 정보, 아이 선생님의 말씀, 언론의 교육정보, 행공신의 이야기 등. 그런데 현명한 코치가 되기 위해서는 그 많은 정보 중에서 관심을 기울여야 할 것과 반만 듣고 반은 흘려야 할 것이 있습니다. 먼저 관심을 기울여야 할 것은 행공신 블로그의 글과 강의와 출간한 도서입니다. 그리고 유대인 교육법 하브루타에 대해서도 관심을 가져야 합니다. 수능처럼 객관식 시험으로 대학에 간다면 하브루타는 여전히 '좋지만 딴 나라 얘기'일 것입니다. 하지만 지금은 서술형 주관식 문제와 수행평가 비중이 커졌기 때문에 하브루타 방식의 대화법이나 독후활동으로 간단한 질문을 주고받는 것이 큰 도움이 됩니다.

자기주도 학습능력은 더욱 중요해졌습니다. 사회와 기업이 창의적 문제해결력을 강조하기 때문에 대학에서는 똑같은 전교 1등 중에서 학원형 전교 1등과 자기주도 전교 1등을 구분해 내려 합니다. 이를 위해 학생부 면접을 시행하고 있습니다. 학교 시험 문제 중 서술형 주관식 문제도 예전처럼 단순 암기 방식으로는 대비할 수 없는 문제이기 때문에 스스로 이해하는 과정이 매우 중요합니다. 그래서 공부 능력이 결정되고 학습 습관이 형성되는 1세~12세(초5) 때에는 결과보다 과정이 더 중요한 것입니다. 한 문제를 풀더라도, 한 단원을 공부하더라도 강의에 의존하는 것이 아니라 스스로 읽고 생각하고 고민하고 해결하고 설명해 보는 공부 경험이 중요합니다. 자기주도 학습능력 기르기에 대해서는 뒤쪽에 따로 정리해 놓았습니다.

스칸디맘 교육법도 좋은 참고 사항입니다. 스칸디맘 교육법에서 주장하는 것 중 공감하는 것 몇 가지입니다. 첫째, 아이를 엄마(부모)가 원하는 모습으로 만드는 것이 아니라 아이가 잘 할 수 있고 좋아하는 것을 찾아주려 노력해야 합니다. 이것은 더 이상 '부럽지만 우리나라의 현실과는 동떨어진 딴 나라 이야기'가 아닙니다. 학생부 전형을 제대로 대비하는 것의 출발점이 이것입니다. 둘째, 학원이나 컴퓨터 게임보다는 산책, 공연 관람, 박물관 탐방, 캠핑 등의 문화생활을 즐깁니다. 이것은 적어도 1세~12세(초5) 시기 동안에는 우리나라에도 적용되는 사항입니다. 특히 유치~초등학교 저학년 시기에는 독서와 함께 다양한 체험이 1순위에 해당합니다. 셋째, 엄마가 행복해야 아이도 행복하기 때문에 아이를 위해 자신의 인생을 희생하지 말 것을 강조합니다. 본질적으로 결과보다 과정이 중요하고, 아이 성적이 엄마 성적도 아니기 때문에 엄마는 현명한 부모로써 최선을 다 했는지에만 집중해야 합니다. 마지막으로 아이를 강압적으로 지도하기보다는 아이와의 소통을 중요하게 여깁니다. 아이와 대화를 할 때에도 먼저 공감을 해 준 다음 개선해야 할 것을 짧고 명료하게 전달합니다. 물론 원칙에 대해서는 어느 정도 단호함도 병행해야 하고요.

　이제 반만 듣고 반은 흘려야 하는 것들이 무엇인지 정리해 보겠습니다. 첫째, 사교육이나 사기업에서 진행하는 교육이나 입시 설명회와 언론의 교육 관련 기사입니다. 설명회의 경우 내용 중 절반인 팩트(객관적 사실)는 적극적으로 참고하면서 나머지 절반인 주장은 최대한 비판적으로 수용해야 합니다. 제시하는 팩트도 전체 중 일부분일 수 있다는 것을 감안해야 합니다. 예를 들어 '학생부 교과의 선발 인원이 학생부 종합의 선발 인원보다 더 많다.'는 팩트입니다. 하지만 '그래서 선발 인원이 더 많은 학생부 교과 전형 대비가 더 중요하다.'라는 주장은 일반적으로 적용할 수 없는 주장입니다. 왜냐하면 수도권 주요 대학의 입학 전형 중에는 학생부 교과전형보다 학생부 종합전형을 더 중요하게 여기는 대학도 있기 때문입니다. 그리고 매년 대입 방식이 달라지기 때문에 현 고3에게는 맞을지라도 다른 학년 아이들은 다를 수 있습니다. 언론의 교육 관련 기사나 방송사의 교육 관련 다큐멘터리도 100% 무비판적으로 수용하지 말아야 합니다. 팩트는 전체가 아니라 부분일 수 있다는 전제 하에 수용해야 하고, 주장하는 부분은 언론사나 방송사 그리고 인터뷰를 한 인물의 경력이나 처한 환경을(직업 등) 함께 고려하며 비판적으로 수용해야 합니다.

　둘째, 학생부 전형 비중이 커지면서 우후죽순으로 생긴 컨설팅 업체들의 주장입니다. 유명 컨설팅 업체들의 주장도 최대한 비판적으로 수용해야 합니다. 물론 의미 있는 컨설팅 서비스를 제공하는 업체들이 더 많을 것입니다. 하지만 그렇지 않은 곳도 있기 때문에 반드시 비판적으로 수용해야 하며, 비판적 수용이 가능하려면 엄마(부모)가 어느 정도의 정보력은 갖추고 있어야 합니다. 제 강의에 오신 분들 중에 몇 분이 이렇게 말씀하셨습니다. "대치동에서 몇 십만 원 지불하면서 유명 컨설턴트로부터 자녀교육 상담을 받았는데요. 무조건 학원에 보내라고 하더라고요. 자칫 아이만 힘들게 할 뻔 했어요." 물론 제 의견이 무조건 옳다는 것은 절대 아닙니다. 제가 드리는 정보도 포함해서 폭넓게 그리고 (내 아이 기준으로) 비판적으로 잘 수용하시기 바랍니다. 특히 유명세만 보고 '믿고 보자' 식의 접근은 자칫 큰 시행착오를 겪을 수 있습니다. 아이가 100명이면 공부법은 100가지입니다.

셋째, 타이거맘 교육법에 대해 비판적으로 바라볼 필요가 있습니다. '타이거 마더'라는 자녀교육서가 있습니다. 미국 예일대 에이미 추아 교수님의 엘리트 교육법을 담은 책이고요. 에이미 추아 교수님은 두 딸을 우등생으로 키웠다고 합니다. TV 시청이나 컴퓨터 게임을 금지했다고 하고요. (이건 찬성입니다.) 하루 평균 다섯 시간씩 악기 연습을 시켰다고 하고요. (이건 아이에 따라서죠.) 매일 밤 초시계로 시간을 재면서 곱셈 문제를 2000개씩 풀게 했다고 합니다. (200개도 많은데..) 일명 대치동 키즈와 유사한 방식이고요. 엄한 훈육 분위기 하에 엄격하고 체계적인 스케줄 관리로 아이를 성장시키는 방식으로 보입니다. 물론 이 방식이 스칸디맘 방식보다 더 잘 맞는 아이도 있을 수 있습니다. 하지만 그렇지 않은 아이들이 더 많고요. 욜로나 소확행이 대중문화로 자리 잡은 현실을 고려했을 때 우리 아이들의 행복에 대한 가치 판단 기준은 타이거맘 방식보다 스칸디맘 방식에 더 가까울 것입니다. 물론 스칸디맘 방식을 적용하면서 아이에 따라 타이거맘 방식을 일부 도입하는 것도 검토해 볼 수 있습니다. 다만, 그 판단도 역시나 '내 아이'를 기준으로 해야 합니다.

넷째, 옆집 엄마의 주장입니다. "초등 저학년 때부터 독서토론 시작해야 해요. 그래야 학교에서 발표도 잘 하고 글도 잘 쓰게 되거든요.", "요즘 사고력 수학은 기본이에요. 사고력 수학 학원 보냈더니 학교 수학까지 해결해 주더라고요.", "피아노랑 미술은 기본이에요. 그래야 아이가 학교에서 자신감을 갖게 되고, 상도 받기도 해요.", "초등학교 입학 전에 두 자리 연산까지는 해야 해요. 우리 애는 7살 초반에 두 자리 연산 끝냈어요."

아이가 유치원을 다니면서 유치원 같은 반 엄마 모임이 시작됩니다. 초등학교 입학하면 또 모임이 생깁니다. 요즘은 엄마들 모임에 나가야 아이들을 친구들과 놀게 할 수도 있고, 아이 교육 관련 정보도 다양하게 얻을 수 있다고 합니다. 그런데 그 모임에서 얻는 정보는 대부분 개인 경험에서 비롯된 정보들입니다. 그리고 인간은 누구나 개인 경험을 일반화시키는 경향이 있습니다. 예를 들어보겠습니다.

"우리 아이는 초등학교 1학년 때부터 독서토론을 시작했어요. 그러면서 학교에서 발표도 잘 하고 글도 잘 쓰더라고요. 독서토론 하면서 사고력과 표현력이 좋아졌기 때문이래요. 요즘은 1학년 때부터 서술형 주관식 쓰기 문제가 나오잖아요. 독서토론을 빨리 시작하는 게 좋아요."를 일반화시켜 주장을 하면 이렇습니다.

초등학교 1학년 때부터 서술형 주관식 쓰기 문제가 나온다. ⇒ 1학년 때부터 잘 써야 한다. ⇒ 잘 쓰려면 사고력과 표현력이 좋아야 한다. ⇒ 독서토론을 하면 사고력과 표현력이 좋아진다. ⇒ 초등학교 1학년 때부터 독서토론을 해야 한다.

위 주장에서 팩트(객관적 사실)는 '초등학교 1학년 때부터 서술형 주관식 쓰기 문제가 나온다.'와 '잘 쓰려면 사고력과 표현력이 좋아야 한다.'입니다. '독서토론을 하면 사고력과 표현력이 좋아진다.'는 팩트가 아니라 주장입니다. 팩트가 되려면 '잘'이 들어가야 합니다. '독서토론을 하면'이 아니라 '독서토론을 잘 하면'이 팩트입니다. 즉, 위 사례에서 핵심은 '초등학교 1학년 때부터 독서토론을 해야 한다.'가 아니라 '독서토론을 하면 좋은데 과연 우리 아이에게 필요한 시점인가? 우리 아니가 독서토론을 잘 할 수 있는가?'입니다.

다수의 아이들은 초등학교 1학년 때 독서토론을 잘 하기 어렵습니다. 읽기 독립이 충분히 되지 않은 아이들이 절반 이상입니다. 아직은 제대로 읽지 못하는데 의미 있는 토론이 될 리가 없습니다. 그리고 군이 독서토론을 할 필요가 없는 경우도 있습니다. 제 아이의 경우인데요. 독서량이 워낙 많기도 했고, 8가지 지능 중 언어 지능이 좋았기 때문에 수많은 독서 경험과 학교에서 경험한 토론만으로도 말하기와 쓰기를 해결한 경우입니다.

이처럼 주변 엄마의 이야기는 각자의 아이들 또는 소수 아이들만을 사례로 한 이야기이기 때문에 충분히 검토하지 않고 바로 일반화시키기에는 무리가 따릅니다. 독후활동으로 유명해진 엄마와 아이가 있습니다. 그건 그 집 이야기입니다. 영재 발굴단에 나오는 다양한 영재들이 있습니다. 그냥 각자의 집 이야기입니다. 모두 참고 사항일 뿐입니다.

6 1순위에 집중하면서 2순위 검토하기

"영어 유치원에 보내는 것이 좋을까요? 가베나 은물은 꼭 해야 할까요? 한글은 언제 떼야 할까요? 연산 연습은 언제부터 시작해야 할까요? 사고력 수학도 꼭 해야 하나요? 영어는 듣기, 말하기, 읽기, 쓰기를 모두 해야 할까요? 언제 어떤 책을 사야 할까요? 언제까지 읽어 줘야 하나요? 국어는 언제부터 문제집을 풀려야 하나요? 한자도 해야 하나요? 한다면 어느 정도로 해야 하나요? 예체능은 어떤 게 좋을까요? 피아노? 태권도? 미술? 발레? 사회랑 과학도 예습을 해야 하나요? 수학 선행은 꼭 해야 하나요? 한다면 언제부터 해야 하나요?"

아이 공부와 관련된 고민은 끝이 없습니다. 고민 영역도 다양합니다. 독서, 영어, 수학, 국어, 예체능, 한자.. 그리고 각 영역마다 고민이 꼬리에 꼬리를 물며 이어집니다. 어찌 해야 할까요?

먼저 '대학 진학과 무관하게 아이 교육을 코치할 것인가?'와 '기왕이면 우리나라에 있는 좋은 대학 진학을 목표로 할 것인가?' 둘 중 하나를 정해야 합니다. 다시 영어를 예로 들어보겠습니다. 영어는 언어이기 때문에 듣기, 말하기, 읽기, 쓰기를 다 잘 해야 영어를 제대로 한 것입니다. 7세 즈음에는 시작해야 하고요. 그런데 듣기, 말하기, 읽기, 쓰기 모두 '하는 것'이기 때문에 자꾸 해 보고 많이 해 봐야 잘 하게 됩니다. 학습 순서는 '듣기 ⇒ 말하기 ⇒ 읽기 ⇒ 쓰기' 순서이며, 나이와 학년에 따라 시간 차이가 좀 있겠지만 매일 하루에 2시간 이상은 영어를 해야 할 것입니다. 그런데 매일 하루에 2시간 이상 영어를 하면, 한글책 독서와 수학과 예체능 등에 영향을 줄 수밖에 없습니다. 어느 정도 노는 시간은 반드시 보장해 줘야 하고요. 만약 대학 진학은 그다지 염두에 두지 않으면서 영어를 1순위로 생각한다면 하루 2시간 영어 노출을 1순위에 두면 됩니다. 그리고 어느 정도 노는 시간도 1순위에 둔 다음 추가하고 싶은 것의 진행 여부를 따져봐야 합니다.

반대로 좋은 대학 진학을 목표로 한다면 7세부터 하루 2시간이나 영어에 투자할 수는 없습니다. 전 과목 공부를 고려했을 때 7세 때에는 영어보다 더 중요한 1순위가 한글 읽기 능력입니다. 그래서 5세부터 초등학교 2학년까지는 한글책 읽기를 1순위에 두어야 합니다. 아! 위에서 언급한 '좋은 대학'이란 서연고(SKY)만을 뜻하지 않습니다. '서연고서성한중경외시건동홍숙(서울대, 연대, 고대, 서강대, 성균관대, 한양대, 중앙대, 경희대, 외대, 시립대, 건국대, 동국대, 홍대, 숙대)'과 중간중간에 생략된 '포항공대, 이화여대, 인하대, 아주대 등'도 포함한 대학입니다. (거론되지 않은 대학 중에도 해당하는 대학들이 있습니다. 모두 언급하지 못한 점은 양해 바랍니다. 그리고 '서연고서성한~'이라는 표현은 입시 시장에서 편의상 자주 쓰는 표현일 뿐입니다. 본질적으로 대학 순위를 의미하지 않습니다.)

만약 대학 진학과 무관하게 아이 교육을 코치하신다면 각자 나름의 주관적인 판단 기준을 마련하고 진행해야 하며, 그 기준은 각자의 가치관에 따른 자유로운 선택이기 때문에 존중 받아야 하고 굳이 비판할 필요도 없습니다. 물론 내 기준을 다른 부모에게 강요할 수도 없고, 다른 부모의 기준에 대한 비판의 근거로 사용할 필요도 없습니다. 그냥 다양한 삶의 모습 중 하나로 인정하기만 하면 됩니다. 하지만 좋은 대학 진학을 목표로 한다면, 아이에 따라 차이가 있지만 그래도 일반적인 기준을 생각할 수 있습니다. 다시 영어를 예로 든다면 듣기, 말하기, 읽기, 쓰기 중 듣기와 읽기에 집중하면서 적당한 때 문법과 쓰기 연습을 추가해야 합니다. 즉, 전자(대학 진학과 무관)의 기준으로 보면 문법이 크게 중요하지 않지만 후자(기왕이면 좋은 대학)의 기준으로 보면 문법이 매우 중요합니다.

그리고 기왕이면 좋은 대학 진학을 목표로 한다면, 이 책에서 제시하는 시기별 1순위를 충분히 검토해서 내 아이에 맞는 시기별 1순위를 정한 다음, 추가로 진행하고 싶은 공부가 생겼을 경우 몇 가지 체크 포인트를 통해 진행 여부를 결정하는 것이 좋습니다.

[진행 여부 체크 포인트]

1. 현재 1순위에 해당하는가?

⇒ 1순위라면 다른 2순위를 빼고 진행합니다.

2. 2순위라면 다른 1순위에 지장을 주는가?

⇒ 다른 1순위에 지장을 주지 않으면 3번 검토

3. 아이가 좋아하는가?

⇒ 아이가 좋아하면 4번 검토

4. 경제적으로 부담이 큰가?

⇒ 부담이 크지 않다면 진행합니다.

(예외 : 2순위이면서 다른 1순위에 지장을 주더라도 아이의 관심도가 매우 높고 간절히 원한다면 그리고 재능도 있고 미래 직업 후보로도 고려할만 하다면 일단 진행해 보면서 중간 점검을 하는 것도 선택지 중 하나임)

제 딸의 경우에는 이런 선택을 했었습니다. 초등학교 저학년 때 사고력 수학 학원을 고민했지만 선택하지 않았습니다. 그 시기 1순위 수학은 교과서 수학이었고요, 다른 1순위인 독서와 놀기 시간을 빼면서까지 사고력 수학에 관심을 보이지 않았기 때문입니다. 초등학교 3학년 때에는 태권도를 중단했습니다. 초등학교 2학년까지는 1순위였지만 3학년 진학하면서 다른 1순위인 영어의 노출 시간을 늘리는 것이 가장 중요했고, 3학년이 되면서 태권도의 우선순위가 1순위에서 2순위로 내려갔기 때문입니다. 대신 주말 수영반을 새로 추가하면서 운동의 끈은 이어 갔습니다. 그리고 초등학교 고학년 때 수학 경시대회 대비반과 수학 영재반을 고민했지만 둘 다 선택하지 않았습니다. 아이가 수학을 잘 하기는 했지만 1순위 수학인 '내신 심화단계까지 학습'까지 하면서 추가로 수학을 더 할 만큼 좋아하지는 않았기 때문입니다.

강의 때 자주 하는 말이 있습니다. "아이 공부와 관련해서 제대로 하기만 한다면 거의 대부분 좋은 것들입니다. 단, 개별적으로 대부분 좋지만, 너무 많이 하면 다 좋지 않은 것이 되기도 합니다." 그래서 1세~12세(초5)의 각 시기별 1순위를 잘 정한 다음, 1순위를 중심에 놓고 2순위 진행 여부를 잘 판단해야 합니다.

7 아이를 탓하기 전에 상황부터 점검하기

주변에서 독서가 중요하다고 해서 몇 십 만원을 투자해 또래 아이들이 많이 본다는 전집을 구매했습니다. 그런데 내 아이는 관심도 없고, 몇 권 읽어 주는데 계속 딴 짓만 합니다. 이런 경험이 두세 번 반복되면 '우리 아이는 책을 좋아하지 않아!'라고 단정 짓고는 독서에 대한 고민을 멈춰 버립니다. 이러면 상위권 진입은 거의 불가능하고요. 중위권 성적도 어렵습니다. 그러다가 초등학교 입학 전후로 학습지 좀 시키다가 3~4학년 때에는 공부방 좀 보내다가 중학교 입학 즈음에는 계속 되는 하위권 성적에 깜짝 놀라 부랴부랴 전문학원에 보내 봅니다. 책이나 학습지에 비해 훨씬 많은 사교육비를 쓰게 되고요. 그런데도 아이 성적이 하위권에 머물면 "엄마(부모)가 이렇게까지 너를 위해 노력하고 돈을 쓰는데 공부를 안 해!"

라고 아이를 원망합니다. 이 경우가 최악의 시행착오인데요. 안타깝게도 적지 않은 집에서 이 시행착오를 겪고 있습니다. 이러면 1세~12세(초5) 시기도 놓쳤기 때문에 뒤집기도 어렵고요. 아이와의 관계도 좋지 않은데다 관계 개선도 쉽지 않습니다. 왜 이런 최악의 시행착오가 자주 일어나는 걸까요?

아이의 성적이 좋지 않을 경우 거의 대부분은 그 이유를 환경이나 상황에서 찾아야 합니다. 그런데 환경이나 상황에 대한 원인 분석 없이 '카더라' 수준의 정보만을 근거로 책에서 학습지로, 학습지에서 공부방으로, 공부방에서 학원으로 방법만 바꾸기 때문인데요. 우연히 근본적인 원인과 새로 바꾼 방법이 잘 맞으면 문제가 해결되지만, 원인을 모르는 상태에서 방법만 자꾸 바꾸면 문제가 해결되는 것이 아니라 문제가 반복되거나 오히려 고착화되어 버립니다.

게다가 과거(부모 때)와 현재를 비교해 보면 아이들의 교육 환경이 더 나빠졌습니다. 책이나 교재, 교육 프로그램이 전보다 다양해진 것은 나아진 점이지만 지금은 예전에 비해 교육에 좋지 않은 영향을 끼치는 요소가 훨씬 많아졌습니다. 대표적인 것이 스마트폰이나 컴퓨터 게임입니다. 예전에는 게임을 하려면 동네 오락실에 가야 했습니다. 오락실 문을 닫은 저녁에는 게임 자체를 할 수가 없었습니다. 그리고 돈이 있어야 했습니다. 접근성도 좋지 않았고 시간, 공간, 경제적으로 제한되었습니다. 그런데 지금은 접근성이 매우 좋아졌습니다. 시간, 공간, 경제적 제한도 예전만큼 크게 받지 않으며, 게임의 종류도 다양해졌고, 훨씬 자극적이면서 중독성도 높아졌습니다.

게다가 결정적으로 더 나빠진 것은, 교육을 교육으로 보지 않고 경제로 보는 것입니다. 즉, 교육을 위해 교육을 하는 것이 아니라 돈을 벌기 위해 교육을 하는 경우가 훨씬 많아졌습니다. '교사'라는 직업을 선택할 때 '교육의 의미' 때문이 아니라 '경제적 안정' 때문에 선택하는 경우도 있고요. 교육 사업도 마케팅을 잘 해야 성공할 수 있다는 인식이 널리 퍼지면서 교육 콘텐츠에 투자를 많이 하는 것이 아니라 홍보와 마케팅에 더 많이 투자하기도 합니다. 다행이 완성도도 높고 아이에게도 잘 맞는 교육 콘텐츠를 선택하면 부모님과 아이 모두에게 교육에 대한 긍정적인 인식이 심어집니다. 그런데 충분한 검토 없이 홍보 내용만 믿고 완성도가 낮거나 아이에게 맞지 않은 콘텐츠를 선택하면 부모님과 아이 모두에게 교육에 대한 부정적인 이미지만 생겨 버립니다. 그러면서 아이의 교육 자체를 포기해 버리거나 다른 사교육에 맡겨 버리기도 합니다.

이처럼 교육 환경이 더 나빠지면서 1세~12세(초5) 시기 아이들은 공부보다 훨씬 자극적이고 중독성이 강한 것들에 쉽게 빠지게 되고, 공부의 재미를 느껴보기도 전에 '공부는, 엄마가 하라고 하니까 어쩔 수 없이 하기는 하는데, 왜 해야 하는지도 모르겠고, 재미도 없는 것'이라는 생각을 먼저 하게 됩니다. 따라서 아이가 공부 자체를 몹시 싫어하거나 거부하면 공부의 필요성만을 강조하며 강요하거나 아이를 탓할 것이 아니라 먼저 교육 환경과 상황을 충분히 체크해 봐야 합니다.

[교육 환경과 상황 체크 포인트]

1. 공부 분량이 적당한가?

하면 좋다고 해서 다 하면 다 놓칩니다. 내 아이에 맞는 공부 분량, 예를 들면 하루 몇 시간을 정한 다음, 1순위를 먼저 배치하고 여유 시간이 있으면 2순위 중 선택해서 추가합니다.

2. 시기가 적절한가?

예를 들어 영어 문법을 초1 때 하는 것은 시기를 잘못 선택한 것입니다. 그리고 같은 영문법이라도 아이에 따라 적정 시기가 다를 수 있습니다.

3. 방법이 적절한가?
옆집 아이에게는 학습지가 더 좋지만, 내 아이에게는 문제집이 더 좋습니다. 목적은 같더라도 방법은 아이마다 다를 수 있습니다.

4. 난이도가 적절한가?
한 출판사의 초등학교 3학년 1학기 수학 문제집이 6가지인 경우도 있습니다. 난이도의 차이인데요. 내 아이의 수학 실력에 맞는 난이도의 문제집이 좋은 문제집입니다.

만약 분량도 적당하고, 시기도 적절하고, 방법과 난이도도 적절한데 아이가 거부한다면, 그 이유는 근본적으로 공부 자체가 재미있지 않기 때문입니다. 대부분의 아이들은 놀이가 더 재미있고, 놀고 또 놀아도 또 놀기를 원합니다. 그래서 '어느 정도 놀았으면 이제 공부도 좀 해야지!'는 부모 입장에서의 논리이고요. 이 때에는 논리보다는 단호함이 필요합니다. 이를 통해 '더 놀기'와 '해야 할 공부' 사이에서 아이가 크게 반항하지 않고 빨리 현실을 받아들이는 습관을 들여야 합니다.

언제, 무엇을 할 것인가는 뇌 발달로 판단하기

PART 04

1 뇌 발달이란 무엇인가?

인간이 행하는 거의 모든 일은 뇌의 명령에 의해 행해집니다. 그런데 아기가 태어날 때 뇌는 100% 완성된 상태가 아닙니다. 몸이 성장하듯이 뇌도 성장하는데요. 뇌 발달 단계에 따라 시기별로 할 수 있는 일이 있고, 할 수 없는 일이 있습니다. 예를 들어 갓 태어난 아기는 모든 색을 구분하지 못하고 일부 색만 볼 수 있습니다. 따라서 아이에게 무언가를 시키려고 할 때에는 뇌 발달 단계에 맞게 진행해야 합니다. 학습(공부)도 뇌가 하는 일이기 때문에 뇌 발달 단계를 고려해서 선택하고 진행해야 합니다. 만약 뇌 발달 단계에 맞지 않게 학습을 시키면 잘 진행되지도 않을뿐더러 과도한 스트레스로 인해 부작용만 생기게 되며, 스트레스가 심할 경우에는 뇌에 손상을 주기도 합니다. 따라서 부모는 일반적인 뇌 발달 단계를 충분히 이해한 다음 아이의 특성을 면밀히 관찰하면서 적절한 시기를 잘 판단해야 합니다.

뇌 발달이란 무엇일까요? 뇌는 '뉴런'이라고 부르는 세포로 되어 있으며, 성인의 경우 뉴런의 수는 약 1천억 개 정도라고 합니다.

〈뉴런 : 성인 기준 약 100,000,000,000개(1천억)〉

그리고 하나의 뉴런과 다른 뉴런의 연결 부분을 시냅스라고 합니다. 즉, 뉴런은 시냅스로 연결되어 있는데요. 단순하게 1:1로 연결되어 있는 것이 아니라 매우 복잡하게 연결되어 있습니다. 그래서 시냅스의 수는 뉴런의 수보다 훨씬 많으며, 성인의 경우 시냅스의 수는 약 1천조 개 정도라고 합니다.

〈시냅스로 연결되어 있는 뉴런들〉

뉴런의 수	100,000,000,000개 (1천억)
시냅스의 수	1,000,000,000,000,000개 (1천조)

뇌가 일을 하려면 뉴런에서 뉴런으로 정보가 전달되어야 하고요. 이때 시냅스가 뉴런과 뉴런 간에 정보를 전해주는 역할을 합니다. 뉴런과 뉴런을 잇는 일종의 다리인 셈이죠.

[뇌의 정보 전달 과정]

뉴런 ⇒ 시냅스 ⇒ 뉴런 ⇒ 시냅스 ⇒ 뉴런 ⇒ 시냅스 ⇒ 뉴런 ⇒ 시냅스 ⇒ 뉴런 ⇒ 시냅스 ⇒ 뉴런……

뇌가 일을 잘 하려면 정보 전달이 빠르고 정확하게 이뤄져야 합니다. 그러려면 1천억 개의 뉴런이 서로 잘 연결되어 있어야 합니다. 그런데 갓 태어난 아기의 뉴런 수는 성인과 비슷하지만 뉴런의 연결은 17%밖에 되어 있지 않습니다. 즉, "뇌 발달이란 무엇인가요?"라는 질문의 답 중 하나는 뉴런 간의 연결이 늘어나는 것입니다. 실제로 태어난 지 1개월이 지나면 뉴런을 연결하는 시냅스의 수가 20배 정도로 늘어난다고 합니다.

그리고 뇌는 기계와 달리 처음부터 일을 잘 할 수 없습니다. 컴퓨터 같은 기계는 구입 초반에 성능이 가장 좋습니다. 사용 시간이 늘어나면서 고장도 나고, 속도도 느려지죠. 그런데 뇌는 반대입니다. 처음부터 일을 잘 하는 것이 아니라 자꾸 해 보면서 점점 더 잘 하게 됩니다. 요리와 수영은 자꾸 해 봐야 잘 하게 되는 것처럼 뉴런과 시냅스도 정보 처리를 자꾸 해 보면서 정보 처리 능력이 차츰 차츰 좋아지는 거죠. 즉, "뇌 발달이란 무엇인가요?"라는 질문의 답 중 또 하나는 뉴런과 시냅스의 연결 상태가 튼튼해지는 것입니다. 도로와 다리는 사용할수록 약해지지만 뉴런과 시냅스는 사용할수록 강화됩니다.

그리고 뇌 발달에서 또 하나 중요한 것은 가지치기입니다. 자동차를 타고 A에서 B로 이동을 합니다. 길이 하나뿐이면 무조건 그 길로 가야 합니다. 그런데 이동하는 차가 많으면, 막히겠죠. 그에 비해 A에서 C로 가는 길은 여러 개입니다. 그러면 이동하는 차가 많아져도 여러 길로 분산해서 갈 수 있기 때문에 막히지 않습니다. 그렇다고 해서 길이 많을수록 좋기만 한 것은 아닙니다. A에서 D로 가는 길은 무수히 많습니다. 그러면 어느 길로 가는 것이 더 좋은지 헷갈립니다. 뇌의 정보 처리도 비슷합니다. 다리 역할을 하는 시냅스의 수가 적으면 정보 처리 속도가 느리지만 너무 많아도 문제가 됩니다. 실제로 갓 태어난 아기의 뇌에서 시냅스는 폭발적으로 증가하고, 2살이 되면 시냅스의 수가 어른보다 더 많아집니다. 그런데 지나치게 많아진 시냅스는 정보 전달의 효율성을 떨어뜨리고요. 이 문제를 해결하기 위해 뇌는 가지치기를 진행합니다. 즉, "뇌 발달이란 무엇인가요?"라는 질문의 답 중 또 다른 하나는 뉴런과 시냅스의 가지치기를 잘 하는 것입니다. 가지치기는 어차피 일어나는 현상인데요. 뇌가 잘 발달한다는 것은 가지치기를 잘 하는 것입니다.

가지치기가 잘 되려면 중요한 신경 회로(뉴런과 시냅스의 연결)는 자주 사용해야 합니다. 그래야 가지치기 당하지 않을 수 있습니다. 예를 들어 외부에서 영어 소리가 들려오면 이 정보를 처리하는 길이 생깁니다. 뉴런과 시냅스에 의해 영어 소리 정보가 전달되는 신경 회로가 연결되는 거죠. 그런데 몇 번 들려오던 영어 소리가 더 이상 들리지 않습니다. 그러면 뇌는 스스로 이 신경 회로를 정리해 버립니다. 자주 사용하는 신경 회로는 강화되는 반면에 그렇지 않은 신경 회로는 가지치기 당합니다. 이를 통해 뇌 전체의 정보 처리 효율성을 높이는 것입니다. 즉, 뇌 발달이란 뉴런과 뉴런의 연결(시냅스)이 늘어나는 것, 뉴런과 시냅스의 연결 상태가 강화되는 것, 뉴런과 시냅스의 가지치기를 잘 하는 것입니다.

2 뇌 발달의 2가지 종류

뇌 발달은 한 마디로 '연결과 강화'라고 할 수 있습니다. 뇌는 무수히 많은 신경 세포로 이루어져 있으며, 이 신경 세포의 이름은 '뉴런'입니다. 뉴런과 뉴런은 시냅스를 통해 많이 연결되어야 하고, 연결 상태는 단단하고 강력해야 합니다. 그래야 뇌가 잘 발달한 것입니다. 그러기 위해서는 외부의 자극을 다양하게 그리고 지속적으로 받아야 합니다.

그러면 학습(공부)도 다양하게 많이 해야 할 것으로 생각됩니다. 학습도 결국은 뇌가 하는 일이니까요. 스케이트 타기는 어떨까요? 스케이트를 5천 시간 정도 타면 스케이트 영재가 되고, 1만 시간 정도 타면 세계적인 스케이트 선수가 된다고 합니다. '스케이트 타기'라는 외부 자극을 지속적으로 많이 받으면서 '스케이트 타기'에 필요한 뉴런과 시냅스 연결망이 효율적으로 많이 그리고 강하게 형성된 것입니다. 스케이트 타기만 보면 학습에서도 양이 중요해 보입니다. 무엇이든 많이만 하면 잘 하게 되는 듯 합니다.

그런데 영어 듣기는 초등학교 때 해야 효과가 큰 반면에 초등 시기를 지나 중·고등 때 하면 같은 학습량이라고 하더라도 효과가 훨씬 떨어진다고 합니다. 무조건 많이 한다고 해서 잘 하게 되는 것은 아니네요. 영어 듣기만 보면 양도 중요하지만 시기가 더 중요해 보입니다. 그렇다면 영어 문법은 시기와 양 중 어느 것이 더 중요할까요? 우리나라 말 듣기는요? 우리나라 책 읽기는요? 요리는요? 정답은 이렇습니다.

☑ 영어 듣기 : 시기가 더 중요해요.
☑ 영어 문법 : 양이 더 중요해요.
☑ 우리말 듣기 : 시기가 더 중요해요.
☑ 우리책 읽기 : 양이 더 중요해요.
☑ 요리 : 양이 더 중요해요.
☑ 스케이팅 : 양이 더 중요해요.

영어 듣기, 영어 문법, 우리말 듣기, 우리책 읽기, 요리, 스케이팅 등은 모두 배우고 익히는 것입니다. 학습하는 거죠. 그런데 어떤 것은 시기가 더 중요하고요. 어떤 것은 양이 더 중요합니다. 왜 다를까요? 그 이유도 뇌에서 찾아야 합니다.

스케이트를 잘 탄다는 것은 뇌에서 '스케이트 타기'를 담당하고 있는 부분의 신경 회로(뉴런과 시냅스 연결 회로)가 잘 발달했다는 것입니다. 그리고 영어 듣기를 잘 한다는 것은 뇌에서 '영어 듣기'를 담당하고 있는 부분의 신경 회로(뉴런과 시냅스 연결 회로)가 잘 발달했다는 것입니다. 그런데 스케이트 타기를 담당하는 부분의 신경 회로는 시기와 관계없이 발달시킬 수 있습니다. 물론 걸음마 단계인 아기나 100세 노인은 어렵지만, 그 때를 제외한 거의 대부분의 시기 중 언제이냐는 그다지 중요하지 않습니다. 이에 비해 영어 듣기는 담당 부분의 신경 회로를 발달시킬 수 있는 특정 시기가 정해져 있습니다.

뇌에서 듣기를 담당한 영역의 발달은 0~12세(초5) 사이에 이뤄집니다. 이 시기에 모국어 듣기 능력은 어느 정도 자연스럽게 훈련됩니다. 태어나면서부터 다양한 모국어 소리를 지속적으로 듣게 되니까요. 하지만 외국어인 영어 듣기는 의도적으로 환경을 만들어야 합니다. 그런데 만약 0~12세(초5) 시기에 충분한 영어 듣기를 경험하지 못하면 뇌에서 영어 듣기를 담당한 부분이 충분히 훈련되지 않게 되며, 그 이후에는 아무리 많이 들어도 뇌 발달 효과는 급격히 떨어지게 됩니다. 대표적인 사례가 접니다. T.T

지금은 초등학교 3학년 때 영어가 정규 교과목으로 정해져 있습니다. 그리고 대부분 유아 때부터 집에서든 유치원에서든 영어 듣기를 경험하게 됩니다. 하지만 20여 년 전만 해도 영어는 초등 때 정규 교과목이 아니었으며, 초등학교까지도 영어 듣기를 꾸준히 접할 기회가 거의 없었습니다. 그래서 20여 년 전에는 대부분의 아이들이 초등학교 졸업하고 중학교 입학하면서 영어 학습을 시작했고, 알파벳 외우고 단어 외우고 문법 외우기를 거의 동시에 시작했습니다. 영어 듣기의 적기 중 마지막 해인 12세(초5)보다 2년이나 지나서 영어 듣기를 시작한 것입니다. 그래서 오랜 기간 동안 시간과 노력과 비용을 많이 들임에도 불구하고 영어 듣기 학습의 효율성은 극히 낮았던 것입니다.

영어 듣기는 적기가 있습니다. 그에 비해 영어 문법은, 초등학교 저학년만 지나면 초등학교 중학년 때, 초등학교 고학년 때, 중학교 때, 고등학교 때, 성인이 되었을 때 등 어느 시기냐와 관계없이 체계적으로 많이만 하면 잘 하게 됩니다. 즉, 영어 듣기는 양보다 시기가 중요하고, 영어 문법은 시기보다 양이 중요합니다.

영어 듣기처럼 시기가 중요한 발달을 '경험 기대적 발달'이라고 하고, 영어 문법처럼 양이 중요한 발달을 '경험 의존적 발달'이라고 합니다.

[경험 기대적 발달]

☑ 자극의 양도 중요하지만 시기가 더 중요한 발달
☑ 시기를 놓칠 경우 자극의 효과가 급격히 떨어짐
☑ 영어 듣기, 우리말 듣기 등

[경험 의존적 발달]

☑ 자극의 시기보다는 양이 더 중요한 발달
☑ 자극의 양에 의해서 효과가 결정됨
☑ 영어 문법, 읽기 능력, 스케이팅, 수학, 쓰기 등
☑ 5천 시간 이상 노출되면 영재가 되고, 1만 시간 이상 노출되면 세계적인 전문가가 됨

따라서 아이의 학습을 진행할 때 경험 기대적 발달에 해당하는 것은 적기를 놓치지 않도록 신경 써야 하고요. 경험 의존적 발달에 해당하는 것은 충분한 학습량을 진행할 수 있도록 시기별로 학습량 조절에 신경 써야 합니다.

3 좌뇌, 우뇌의 역할과 발달 단계

1세~12세 시기에 학습 코치를 제대로 하려면 이 시기 뇌 발달에 대한 이해가 필요합니다. 단, 뇌 발달에 대해 지나치게 자세히 구분하면 너무 복잡하기 때문에 이 책에서는 학습 코치에 필요한 만큼만 다뤘는데요. 첫 번째는 좌뇌와 우뇌의 발달이고요. 두 번째는 전두엽, 측두엽, 두정엽, 후두엽의 발달입니다. 그리고 뇌 과학은 얼마 전부터 본격적인 연구가 시작되었기 때문에 현재 진행형이기도 하고, 연구 전문가마다 주장하는 바가 조금씩 다르기도 합니다. 그런데 전문가들이 모두 모여 하나의 수치로 정하더라도 결국 아이마다 차이가 있기 때문에 수학처럼 계산을 해서 하나의 정답으로 이야기할 수 없습니다. 그래서 뇌 발달 관련해서는 현 시점에서 보편적으로 인정하는 뇌 발달 연구 결과물을 일반적 기준으로 놓고 내 아이를 관찰하며 적절히 수정해서 적용하는 것이 좋습니다. '세계적으로 유명한 뇌 과학 박사님이 한 말이니까 100% 진리일 거야.'라고 생각하는 것은, 뇌 과학이 현재 진행형이라는 것과 아이마다 특성이 있다는 것을 고려하지 않은 것이기 때문에 자칫 큰 시행착오를 겪을 수도 있습니다. 숫자 1~2의 차이를 두고 어느 숫자가 정확한지를 따지는 것보다는 뇌 발달의 큰 흐름을 파악하는 것이 중요합니다.

우선 뇌를 '좌뇌와 우뇌'로 구분해서 살펴보았는데요. 나를 기준으로 했을 때 뇌의 왼쪽이 좌뇌, 오른쪽이 우뇌입니다.

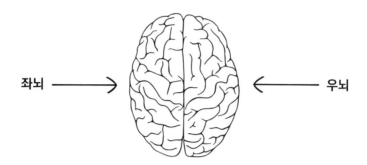

좌뇌 ⟶   ⟵ 우뇌

좌뇌는 논리, 분석, 계산의 뇌라고 할 수 있고요. 우뇌는 감정, 통찰, 이미지의 뇌라고 할 수 있습니다. 예를 들어 어떤 감정을 느꼈을 때 논리의 뇌인 좌뇌는 '이런 상황에서는 이런 이유 때문에 감정 표현은 이렇게 해야 해.'라는 '감정 조절'에 더 큰 영향을 끼치고, 감정의 뇌인 우뇌는 내가 현재 느끼는 감정을 잘 드러내는 '감정 표현'에 더 큰 영향을 끼칩니다. 그래서 좌뇌형 인간은 감정을 이성적으로 조절하려는 성향이 강하며, 우뇌형 인간은 감정을 자유롭게 표현하려는 성향이 강합니다. 둘 중 어느 쪽이 더 좋다고 말 할 수는 없습니다. 감정을 이성으로 지나치게 억누르면 스트레스로 쌓였다가 어느 순간 크게 폭발할 수 있고요. 지나치게 감정적이면 타인과의 관계에 문제가 생길 수 있으니까요. 어느 쪽이든 '적당히'가 중요합니다. 적당히 잘 조절한다면 '어느 쪽이 더 좋다'가 아니라 '서로 다르다'일 뿐이니까요.

좌뇌(분석) VS 우뇌(통찰)	
부분부터 관찰	전체적인 윤곽을 관찰
언어는 논리적으로 분석	언어는 전체적으로 이해
글자와 문장에 집중	글의 흐름, 리듬에 집중
분석에 의한 논리 사고	직관에 의한 추측 사고
대화 시 내용에 집중	대화 시 표정, 목소리도 고려
계획대로 순서대로 업무 진행	전체를 그리며 동시 진행

위 표를 보면 일 하는 스타일만 봐도 좌뇌형 인간인지 우뇌형 인간인지 판단해 볼 수 있습니다. 언어와 관련해서는 논리적으로 설명을 잘 하면 좌뇌형, 감정을 잘 담아 표현하면 우뇌형으로 생각되고요.

좌뇌(논리, 계산) VS 우뇌(감정, 이미지)	
수로 논리적 계산	이미지로 직관적 판단
언어 지향적	감정 지향적
미래 지향적	현재 지향적

위 표를 봤을 때 수학 계산을 잘 하거나 수학을 많이 싫어하지 않으면 좌뇌형, 반대로 계산은 무척 싫어하는데 도형을 좋아하면 우뇌형일 수 있습니다. 그리고 논리적으로 미래를 계획하면서 현재의 감정을 조절하면 좌뇌형, 미래보다는 현재 의 감정에 더 집중하면 우뇌형일 수 있죠.

좌뇌(예체능) VS 우뇌(예체능)	
음악 : 박자, 음표 집중	음악 : 리듬, 느낌에 집중
미술 : 도구, 재료	미술 : 이미지, 정서
스포츠 : 손, 발의 위치	스포츠 : 전체적인 흐름

위 표를 보면 음악이나 미술 분야에서 세계적으로 유명한 인재들이 주로 우뇌형

이라는 것이 이해됩니다. 음악과 미술에서는 기술도 중요하지만 더 중요한 것은 느낌, 감정, 흐름 등이니까요.

이처럼 좌뇌와 우뇌는 서로 다르게 일을 합니다. 만약 태어나면서부터 좌뇌와 우뇌가 잘 발달해 있다면 좋겠지만, 앞에서 언급했듯이 갓 태어난 아기의 뉴런 연결은 성인의 17%밖에 되어 있지 않습니다. 그래서 좌뇌와 우뇌가 잘 발달할 수 있도록 충분한 자극을 줘야 합니다. 그리고 한 가지 더 고려해야 할 것은 좌뇌와 우뇌의 발달 시기가 다르다는 것입니다.

보통 1세~6세 시기에는 좌뇌보다 우뇌가 더 빠르게 발달합니다. 그런데 이 현상은 어찌 보면 너무 당연한 결과로 보입니다. 1세~6세 아이에게 이미지를 직관적으로 파악하는 것과 숫자나 문자 같은 추상 기호를 논리적으로 파악하는 것 중 어느 것이 더 쉬울까요? 당연히 이미지를 직관적으로 파악하는 것이 훨씬 쉽고요. 그 일은 우뇌에서 주로 이뤄지기 때문에 우뇌가 더 많은 자극을 받을 것입니다. 따라서 우뇌가 더 빠르게 발달하는 거죠. 이에 비해 좌뇌는 2~3세 정도부터 나름의 기능을 하다가 5세를 거쳐 7세 때 본격적으로 제 역할을 합니다. 그리고 초등학교 1학년(8세)~6학년(13세) 시기에는 주로 좌뇌가 발달합니다.

0세~6세	□ 주로 우뇌가 발달 □ 거의 대부분 우뇌 중심으로 사고
7세~13세	□ 주로 좌뇌가 발달 □ 좌뇌 중심으로 사고하는 경우도 많음

위 내용을 이해하는 것이 아이 교육에서 왜 중요할까요? 예를 하나 들어 보겠습니다. '4+3 =' 같은 연산 학습은 언제 시작하는 것이 좋을까요? 이 판단을 정확히

하기 위해서는 몇 가지 체크해야 할 것이 있습니다.

    ★ 4, 3, + 등의 숫자와 연산 기호는 이미지인가?

    ★ '4+3 = 7'의 계산 과정은 직관인가 논리인가?

우선 4, 3, + 등의 숫자와 연산 기호는 이미지가 아닙니다. '무엇인지는 모르지만 넷 만큼 있음', '무엇인지는 모르지만 셋 만큼 있음', '앞의 것과 뒤의 것을 더해서 전체 수 구하기'라는 의미를 가지고 있는 기호들입니다. 즉, 어떤 의미를 가지고 있는 기호인데, 가지고 있는 의미가 '수박'이나 '피자' 같은 구체적인 것이 아니라 추상적인 의미이기 때문에 '4', '3', '+'는 추상적인 의미를 담고 있는 추상적인 기호입니다. 그리고 '4+3 = 7'의 계산 과정은 직관적 사고 과정이 아니라 논리적 사고 과정입니다. 우리 부모들은 '4+3'을 엄청나게 많이 해 봤기 때문에 직관에 가깝게 7을 떠올릴 수 있지만, 이제 막 수 개념 학습을 하고 더하기를 시작하는 아이가 '4+3'을 하려면 중간 과정 하나하나를 논리적으로 따져봐야 합니다.

위 2가지 체크 사항을 봤을 때 '4+3 ='이라는 계산은 추상적인 개념들로 논리적 사고를 해야 하기 때문에 우뇌(이미지, 직관의 뇌)보다는 좌뇌(논리의 뇌)에게 맞는 일입니다. 그런데 거의 대부분의 아이들은 6세까지는 우뇌 중심으로 사고를 합니다. 따라서 '4+3 =' 같은 연산 학습은 6세 또는 좌뇌가 본격적으로 제 역할을 하는 7세 때에 하는 것이 효율적입니다. 그리고 6~7세에 학습을 하더라도 사탕이나 사과 같은 구체물의 도움을 받으면서 해야 합니다. 보통 5세~9세(초2) 시기에도 논리적 사고를 할 수는 있지만 그 대상이 구체적인 것이어야 가능하고요. 추상적인 것으로도 논리적 사고를 할 수 있는 시기는 보통 10세(초3) 즈음으로 보고 있습니다. 따라서 추상 기호로 논리적 사고를 해야 하는 '4+3 ='을 유치~초등 저학년 아이들이 하려면 손가락이나 사탕 같은 구체물의 도움이 필요합니다.

부모님이 위와 같은 정보를 정확하게 이해하고 있다면 4~5세 시기에 무리해서 연산 학습을 진행하지 않을 것입니다. 그리고 주변의 5세 아이들이 연산 학습을 시작했다는 이야기를 들어도 크게 조급해 하지 않을 것입니다. 혹시 '5세 때 연산이 가능해?' 라는 궁금증이 생긴다면 '그래? 그럼 우리 아이도 한번 해 볼까?' 정도의 가벼운 마음으로 시도해 봤다가 아이가 힘들어 하면 미련 없이 중단시킬 수 있을 것입니다. '아직 때가 아니구나!'라고 생각하면서요. 그리고 연산의 시작에서는 '빨리'가 중요한 것이 아니라 6~7세 즈음에 내 아이에게 맞는 시기를 잘 찾는 것이 중요하다는 사실을 명확하게 인지하실 것입니다. 이처럼 좌뇌와 우뇌의 특징과 각각의 발달 시기를 아이의 학습 코치에 적용하면 현명한 판단과 효율적인 학습 진행이 가능해 집니다.

4 전두엽, 두정엽, 측두엽, 후두엽의 역할과 발달 단계

뇌는 3세 전까지 전 부분이 고르게 발달하지만 3세 이후에는 부분별로 발달이 집중됩니다. 뇌는 여러 부분으로 나눌 수 있는데요. 학습과 관련해서는 '전두엽, 두정엽, 측두엽, 후두엽'의 발달에 대해 정리하였습니다. 일단 3~6세 때에는 전두엽이 빠르게 발달하고요. 7~12세 때에는 두정엽과 측두엽이, 13~15세 때에는 후두엽이 빠르게 발달합니다.

(1) 전두엽 : 고차원적, 종합적 사고 담당

전두엽은 뇌의 앞쪽에 있습니다.

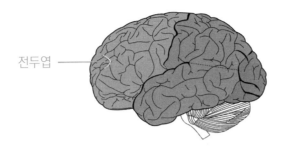

전두엽 —

전두엽의 담당 업무는 계획 설계, 의사 결정, 문제 해결, 집중, 실천, 창의적 사고 등입니다. 모두 난이도가 높은 일들입니다. 그래서 전두엽의 담당 업무를 한 마디로 '고차원적 사고'라고 표현하기도 하는데요. 인간을 계획적이고 도덕적으로 행동하게 합니다. 만약 전두엽이 완벽하게 잘 발달한다면 더 이상 바랄 것이 없을 것입니다. 창의적으로 사고하고, 스스로 계획도 세우고, 의사 결정도 잘 하고, 집중력과 실천력을 발휘해서 문제를 잘 해결해 낼 것이니까요. 이는 반대로, 전두엽 발달에 문제가 있으면 단순한 문제가 아니라 종합적인 문제가 발생한다는 뜻이기도 합니다. 그래서 ADHD(주의력결핍과잉행동장애)와 가장 밀접하게 연관된 부분이 전두엽입니다.

전두엽의 발달은 3~4세 때 시작됩니다. 이 사실만으로도 '1~3세 때 뇌 발달이 평생을 좌우한다.'는 주장을 비판적으로 수용할 근거가 생깁니다. 전두엽은 고차원적 사고를 담당하고 있습니다. 그리고 3~4세 때 발달하기 시작합니다. 그런데 그 전인 1~3세 때 뇌 발달이 평생을 좌우한다는 건, 좀 이상하죠. 고차원적 사고 능력 발달을 제대로 해 보기도 전에 평생을 좌우하는 뇌 발달이 끝난다는 주장으로 들리기도 하니까요. 즉 '1~3세 때 뇌 발달이 매우 중요하다.'는 주장은 위와는 다르게 해석해야 합니다. 이에 대해서는 뒤쪽에서 다시 정리하겠습니다.

〈전두엽의 발달 단계〉

3~4세	발달이 시작되는 시기	대화가 되기 시작
5~6세	급격히 발달함	공동체 생활 시작(유치원)
7~8세	기능이 가장 빠르게 성숙함	초등 시작(기본 생활 독립)
9~12세	발달이 지속적으로 진행됨	초등 사회 생활 가능
12~13세	시냅스 생성이 최고조에 이름	사춘기 시작 직전(초 5~6)
14~16세	전두엽의 혼돈기	사춘기(중학생)
17~19세	전두엽의 정돈기	사춘기와 성인의 중간(고등학생)
20세~	안정 상태에서 지속적 발달	성인

위 발달 단계에서 눈에 띠는 것이 '전두엽의 혼돈기'입니다. 뇌 발달 과정은 1천억 개의 뉴런이 그보다 훨씬 더 많은 시냅스로 연결되는 과정이라고 했습니다. 전두엽도 마찬가지이고요. 그리고 12~13세(초 5~6) 때는 시냅스의 생성이 최고조에 이르는 때입니다. 문제는, 시냅스의 수가 지나치게 많다는 것입니다. 시냅스의 수가 지나치게 많다는 것은 전두엽으로 입력되는 정보의 양도 지나치게 많다는 뜻이거든요. 전두엽에서 처리할 수 있는 정보량보다 더 많은 정보가 입력되면서 전두엽에 과부하가 걸리는 거죠. 그래서 사춘기 때 아이들은 전두엽이 안정화된 부모가 보기에 이해할 수 없는 행동을 합니다. 지극히 정상적인 때도 있다가 어느 날 갑자기 어린아이처럼 굴기도 하고요. 지극히 이성적으로 행동하다가 갑자기 이해할 수 없는 행동을 하기도 합니다. 그런데 계속 이렇게 살 수는 없죠. 그래서 그 다음 단계가 '전두엽의 정돈기'입니다.

전두엽의 정돈기를 한 단어로 표현하면 '가지치기'입니다. 과수원에서는 가지치기를 해 줍니다. 과일나무에 열매가 너무 많이 열리면 좋은 품질의 과일을 수확할 수 없어서죠. 전두엽도 마찬가지입니다. 지나치게 많이 생긴 시냅스를 가지치기 해 주어야 전두엽이 제대로 작동할 수 있습니다. 가지치기의 기준은 단순합니다. 그 동안 자극을 많이 받아 튼튼하게 강화된 시냅스는 남겨둡니다. 반대로 빈약한 시냅스, 잘 사용하지 않는 시냅스 등은 가지치기의 대상이 됩니다. 사춘기 시기 전후로 시냅스의 가지치기가 급격하게 일어나는 것입니다. 물론 일부 시냅스는 새로 생성되기도 하고요. 암튼 사춘기 때 전두엽의 가지치기를 진행하고, 17~19세 고등학교 때 전두엽을 정리정돈하면서 20세 때부터는 안정기에 들어섭니다. 부모 입장에서는 20년 동안 인내심을 발휘해야 하는 거죠. 보다 중요한 것은! 사춘기가 오기 전까지 아이와의 유대 관계를 친밀하게 형성해 두어야 합니다. 그래야 혼돈의 시기인 사춘기 때 그나마 부모의 이야기에 귀를 조금 더 기울이게 됩니다. 그래서 사춘기 전까지의 체험에서 가장 중요한 목표는 체험을 통한 배경지식 습득이 아니라 가족과 함께 하는 행복한 추억 만들기입니다.

위 내용을 단순화하면, 전두엽의 발달 단계는 크게 2단계로 구분할 수 있습니다.

[전두엽 발달 과정]

📌 전두엽 발달 1단계

- 시기 : 3~13세, 유아~초등 시기
- 발달 내용 : 시냅스 최대한 많이 만들기, 신경 회로(뉴런과 시냅스 연결 회로) 최대한 많이 만들기, 중요한 신경 회로 최대한 강화하기

📌 전두엽 발달 2단계

- 시기 : 14~19세, 중학생~고등학생 시기

이렇게 단순화하면 전두엽 발달을 위해 언제 무엇을 해야 하는지도 단순화할 수 있습니다. 전두엽의 담당 업무는 '계획 세우기, 의사 결정하기, 문제 해결하기, 집중하기, 실천하기, 창의적으로 생각하기'라고 했습니다. 이 업무를 원활하게 잘 하는 것이 전두엽이 잘 발달한 것이죠. 그러려면 먼저 이 업무를 진행하는 신경 회로가 만들어 져야 하고요. 그 다음에는 그 신경 회로가 강화되어야 합니다. 그래야 가지치기 당하지 않을 수 있습니다.

따라서 전두엽의 신경 회로가 생성되는 1단계 시기 때 '계획 세우기, 의사 결정하기, 문제 해결하기, 집중하기, 실천하기, 창의적으로 생각하기'를 충분히 경험해야 하고요. 전두엽의 신경 회로가 정리정돈 되는 2단계 시기 때에도 '계획 세우기, 의사 결정하기, 문제 해결하기, 집중하기, 실천하기, 창의적으로 생각하기'를 충분히 경험하면서 가지치기 당하지 않게 해야 합니다. 그리고 계속 강화시켜야 하고요.

이제 부모님께 질문을 하나 해 보겠습니다. 본인의 전두엽이 충분히 잘 발달했다고 생각하시나요? 저는 'NO'입니다. 이유는 간단합니다. 전두엽 발달 1단계와 2단계 때 전두엽 담당 업무를 충분히 경험하지 못했기 때문입니다. 대부분 암기 위주로 공부했거든요. 심지어 언어인 영어조차도요. 부모님은 어떠신가요? 질문을 하나 더 해 보겠습니다. 아이들은 전두엽을 잘 발달시키고 있나요? 확인 방법도 간단합니다. 아이들은 전두엽 담당 업무인 '계획 세우기, 의사 결정하기, 문제 해결하기, 집중하기, 실천하기, 창의적으로 생각하기'를 충분히 경험하고 있나요? 그래서 어릴 때 놀이는 전두엽을 발달시킬 수 있는 매우 유용한 도구입니다. 이에 대해서는 뒤쪽에 정리해 놓았습니다.

(2) 두정엽 : 수학 담당, 감각 정보를 종합해 적당한 반응 결정
두정엽은 머리 꼭대기에서 뒤쪽 부분에 있습니다.

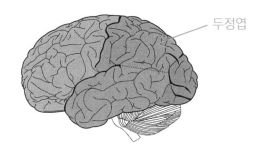

두정엽

두정엽의 담당 업무는 숫자나 계산과 관련된 업무, 공간 감각과 관련된 업무 등입니다. 즉, 수학은 두정엽 담당인 거죠. 그리고 시각, 촉각, 청각 등을 통해 입력된 정보를 통합한 다음, 공간 감각을 적용하여 적당한 행동과 반응을 하도록 명령을 내리기도 합니다. 7세~12세(초5) 때 집중적으로 발달하기 때문에 이 시기가 수학 학습이 가능한 시기이며, 반대로 보면 이 시기에 수학 학습을 제대로 해야 두정엽이 잘 발달할 수 있습니다. 수학 학습을 제대로 하는 것에 대해서는 뒤쪽에 정리해 놓았습니다.

(3) 측두엽 : 언어, 기억, 감정 담당
측두엽은 뇌의 옆쪽에 있습니다.

99

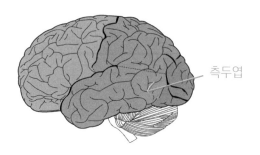

측두엽

측두엽의 담당 업무는 언어 듣기, 언어 이해하고 해석하기, 언어로 표현하기, 어휘 기억하기 등입니다. 언어 학습은 측두엽 담당인 거죠. 수학을 잘 하려면 두정엽이, 국어와 영어를 잘 하려면 측두엽이 잘 발달해야 합니다. 언어 학습뿐만 아니라 청각 담당 업무도 측두엽의 일입니다. 측두엽도 두정엽처럼 7세~12세(초5) 때 집중적으로 발달하기 때문에 이 시기가 언어 학습이 가능한 시기이며, 언어 학습을 제대로 해야 측두엽이 잘 발달할 수 있습니다. 언어 학습에 대해서도 뒤쪽에 정리해 놓았습니다.

(4) 후두엽 : 시각을 통해 입력된 정보 처리

후두엽은 뇌의 뒤쪽에 있습니다.

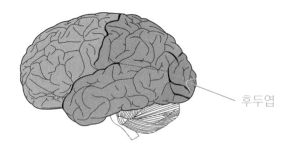

후두엽

눈은 머리 앞쪽에 있지만 눈을 통해 입력된 시각 정보는 뇌의 뒤쪽인 후두엽에서 처리합니다. 후두엽은 주변 사물을 보고 이해하는 업무를 담당하고 있고요. 13세~15세(초6~중2) 시기에 집중적으로 발달합니다. 따라서 이 시기에는 그림, 마인드맵, 그래프 등을 활용한 학습이 더 효과적이며, 그 과정이 후두엽을 더 잘 발달시키는 과정이기도 합니다.

(5) 정리하며

모든 학습이 뇌의 특정 부분 한 곳에서만 이뤄지지는 않습니다. 학습 계획을 세우는 것은 전두엽에서, 수학 학습은 두정엽에서, 언어 학습은 측두엽에서 담당하고 있습니다. 무엇을 학습하느냐에 따라 활성화되는 뇌의 부위가 달라지는 거죠. 물론 수학 학습을 한다고 해서 두정엽만 활성화되고 나머지 부분은 전혀 활성화되지 않는 것은 아닙니다. 다만 주로 활성화되는 부분은 무엇을 학습하느냐에 따라 달라집니다. 따라서 학습을 진행할 때에는 뇌에서 그 학습을 담당한 부분이 어디인지, 뇌의 그 부분이 언제 집중적으로 발달하는지를 확인한 다음, 그 시기에 적절한 방법으로 학습을 진행해야 합니다. 그래야 의미 있는 학습이 가능해지고, 학습 효과도 높일 수 있으며, 뇌 발달 효과도 높일 수 있습니다. 그렇게 유아~고등 시기에 학습을 진행해야 평생 학습 능력도 제대로 갖추게 되고요. 평생 학습 측면에서 보더라도 1세~12세(초5) 시기에 어떤 학습 경험을 하느냐가 가장 중요합니다.

5 1세~12세 시기 뇌 발달의 큰 그림 그리기

인간의 뇌가 어느 정도 발달하기 위해서는 20년이라는 시간이 걸립니다. 물론 그 후로도 계속 발달하고요. 참... 오래 걸리네요. 뇌 발달이 오래 걸리는 만큼 뇌 과학 연구도 오래 걸린다고 합니다. 아직 밝혀지지 않은 것이 훨씬 더 많고요. 밝혀내는 것도 쉽지 않아 보입니다. 살아 있는 사람의 뇌를 자유롭게 연구할 수는 없으니까요.

그러다보니 이런 저런 이견도 있는데요. 그 중 하나가 '태아기부터 3세까지의 뇌 발달이 평생의 인성과 지능을 결정한다.'라는 주장입니다. 이 주장과 '인간의 뇌가 어느 정도 발달하기 위해서는 20년이라는 시간이 걸린다.'라는 주장은, 얼핏 보면 대립되는 내용으로 보입니다. 특히 고차원적인 사고를 담당하는 전두엽은 3세~4세 때 발달을 시작하는데요. 3세까지의 뇌 발달이 지능을 결정한다면, 고차원적인 사고를 담당하는 전두엽이 3세~4세 때 발달을 시작하는 것은 어떻게 구분해서 이해해야 할까요?

뇌 과학은 앞으로 갈 길이 먼 연구 분야입니다. 그래서 어느 한 주장만을 믿는 것보다는 20년이라는 뇌 발달 기간 전체를 종합적으로 고려하는 것이 좋고요. 특히 20년 뇌 발달 기간 중 전반기인 1세~12세(초5) 기간 동안 각 단계별로 뇌 발달이 원활히 이루어질 수 있는 환경을 마련해 주고 적절한 자극을 주는 것이 좋습니다. 그래서 1세~12세(초5) 시기 뇌 발달의 핵심 내용만 정리해 보았습니다.

(1) 0세(태아) : 태담으로 뉴런 잘 만들기

이 시기는 1세 전 시기이기는 하지만 뇌 발달은 이 때부터 시작되기 때문에 간단히 정리해 보았습니다. 0세는 아기가 엄마 뱃속에 있을 때입니다. 아기를 볼 수도 없고, 아기가 어떤 반응을 보이는지 자세히 관찰할 수도 없습니다. 그래서 이 시기에는 '무엇을 해 줄까?'보다는 '무엇을 받을 수 있나?'를 먼저 생각해야 합니다. 외부의 자극을 받아들이는 시스템이 아직 완전하지 않기 때문입니다.

이 시기 뇌 발달에서 중요한 점은 '뉴런의 생성'입니다. 뇌 세포인 뉴런이 집중적으로 만들어 지는 시기이기 때문입니다. 이 시기를 거쳐 갓 태어난 아기의 뉴런 수는 성인의 뉴런 수와 거의 비슷한 1천억 개 정도입니다. 그런데 0세 때 태아의 뉴런 수는 자라면서 점점 더 많아지는 것이 아니라 최고치에 이르렀다가 그 수가 줄어듭니다. 그리고 뉴런의 수가 최고치에 이르는 시점은 임신 8개월 전후이며, 그 이후 출산 시까지는 뉴런의 수가 급격하게 감소합니다. 따라서 태교의 핵심은 8개월까지 뉴런이 잘 만들어지게 하는 것과 8개월 이후에 뉴런의 수가 조금만 감소하게 하는 것입니다. 뉴런의 수를 조금만 감소시키는 방법은 태아에게 다양한 자극을 주는 것이고요. 다양한 자극을 위한 여러 가지 방법 중 가장 효과적인 방법이 '태담'입니다.

엄마 뱃속에서 나온 아기는 오감(시각, 청각, 후각, 미각, 촉각)을 통해 외부 정보를 받아들입니다. 그런데 엄마 뱃속에 있을 때에는 청각이 가장 효과적인 자극 방법입니다. 당연한 결론이죠. 태아 때에는 볼 수 없고, 직접 냄새 맡을 수 없고, 직접 맛 볼 수 없고, 직접 접촉할 수 없으니까요. 그런데 소리는 '진동의 전달'이기 때문에 태아에게 가장 잘 전달되는 자극입니다. 이때 태아가 가장 선호하고 편하게 느끼는 소리는 엄마와 관련된 소리들입니다. 엄마의 목소리뿐만 아니라 엄마의 심장박동 소리는 태아가 가장 좋아하는 소리입니다. 따라서 태교의 핵심 자극은 '엄마의 소리'라고 할 수 있습니다. 단, 엄마의 소리보다 더 중요한 것이 있습니다. 바로 엄마의 마음과 환경입니다.

태교에서 중요한 것은 '태아에게 좋은 것을 하는 것'도 있지만 '태아에게 좋지 않은 것을 하지 않는 것'도 있습니다. 그리고 좋은 것보다는 좋지 않은 것이 태교의 결과에 더 큰 영향을 주는데요. 좋지 않은 것 중 대표적인 것이 '엄마의 스트레스'입니다. 즉, 태교에서 가장 중요한 것은 '엄마의 행복'입니다. 엄마가 행복하면 태아의 뇌에 나쁜 영향을 주는 스트레스 호르몬의 분비가 줄어듭니다. 따라서 태교 자체가 엄마에게 스트레스를 주는 것이라면 그 태교는 태아의 뇌 발달을 방해하는 태교인 셈입니다. 실제로 부부싸움을 자주 한 부부 사이에서 태어난 아기는 공포심에 쉽게 빠지거나 신경질을 자주 부리는 아이가 될 확률이 5배 정도 높다고 합니다. 따라서 엄마부터 규칙적인 생활을 하면서 심신을 평온하게 하는 것이 무엇보다 중요합니다.

바람직한 태교로는 배를 쓰다듬며 태아에게 이야기 들려주기, 태교에 좋은 음악 듣기, 그림책 읽어주기 등이 있습니다. 이때 태담과 책 읽어주기에 아빠도 함께하면 더 효과적입니다. 이처럼 대화와 독서와 음악 감상 등으로 부모와 태아가 상호 작용을 하면 뇌 발달이 정상적으로 이루어지며 8개월 이후부터는 뉴런의 감소율을 줄일 수 있습니다.

태교만으로 천재를 만들 수 있을까요? 이에 대해 과학적으로 증명된 것은 없습니다. 따라서 태교에 지나치게 큰 의미를 부여하는 것보다는 하면 좋은 것을 적당히 하면서, 하면 나쁜 것을 최소화하는 것이 현명한 태교입니다. 확실한 것은, 태아에게 전해지는 자극이 지나치게 적을 경우 태아의 뇌 발달은 정상적으로 진행되지 않는다는 사실과, 스트레스를 동반하는 과도한 태교도 태아의 뇌 발달에 악영향을 끼친다는 점입니다.

(2) 1개월~24개월 : 정서적 안정 유지, 오감으로 다양한 자극 경험하기

성인의 경우 뉴런(뇌세포)의 수는 약 1천억 개, 뉴런을 연결하는 시냅스의 수는 약 1천조 개 정도입니다. 이에 비해 태아의 뉴런(뇌세포)은 성인과 비슷한 1천억 개 정도이지만 시냅스는 약 50조 개 정도입니다. 당연히 성인에 비해 할 수 있는 게 별로 없죠. 그런데 뇌의 기본 회로는 생후 3년 이내에 거의 완성됩니다. 즉, 1~24개월 시기에는 뇌가 외부 자극에 빠르게 반응하면서 시냅스 수가 급속도로 증가하는 거죠. 시냅스에 의해 뉴런(뇌세포)의 연결이 폭발적으로 이루어지면서 신경 회로가 거의 성인 수준으로 완성되는 것입니다.

10개월 전후 아기가 TV 리모컨을 부여잡고 쪽쪽 빨고 있으면 'TV 리모컨은 무슨 맛일까?' 궁금해지는데요. 아기가 TV 리모컨을 빠는 것은 사물을 확인하는 것입니다. 1개월~24개월 아기들은 오감을 총 동원해서 사물을 확인합니다. 그러면서 시냅스가 급격히 증가합니다. 이 시기에 보고, 듣고, 만지고, 맛보고, 냄새 맡는 것은 아기의 뇌 발달에 아주 훌륭한 자극이 됩니다.

이 시기는 시냅스와 신경 회로를 많이 만드는 것이 중요한 시기이므로 자극의 종류는 '다양하게'가 좋고, 자극의 양은 '적당히'가 좋은데요. 자극의 양이 너무 많으면 오히려 뇌 발달에 문제를 발생시킬 수도 있습니다. 그리고 신생아는 시각과 청각이 미숙한 상태입니다. 대신 후각, 미각, 촉각은 발달한 상태로 태어납니다. 그래서 이 시기에 좋은 자극 중 하나가 엄마와의 스킨십입니다. 아기에게 피부마사지를 해 주면 뇌 활동이 촉진된다고 하고요. 미숙아의 경우 피부마사지 치료를 받으면 다른 미숙아보다 더 빠르게 성장한다고 합니다.

손을 다양하게 사용해 보는 것은 이 시기뿐만 아니라 유아~유치 시기 동안 뇌 발달에 아주 훌륭한 자극이 됩니다. 손을 사용하는 데에는 1천억 개의 뉴런 중에서 30% 정도가 동원되기 때문입니다. 그리고 양손과 양발로 기는 행동도 좌뇌와 우뇌 양쪽 모두에게 좋은 자극이 됩니다. 이에 비해 보행기 사용은 아기의 운동 능력과 뇌 발달에 도움이 되지 않는다는 연구 결과가 있습니다. 보행기를 사용하면 기는 단계가 단축되면서 좌뇌와 우뇌 모두에 자극을 줄 수 있는 기회가 줄어들기 때문입니다.

이 시기에 다양한 자극만큼이나 중요한 것이 정서적 안정입니다. 그런 의미에서 부모와의 스킨십은 자극 이상의 역할을 합니다. 뇌에서 '기억'을 담당하는 부분은 '해마'입니다. 그런데 이 시기에 받는 스트레스는 기억을 담당하는 해마를 위축시킵니다. 그래서 아기에게 주어지는 다양한 자극은 스트레스를 최소화한 자극이어야 하며, 다양한 자극 중 가장 좋은 자극은 엄마와의 스킨십과 자연을 오감으로 느끼는 것입니다.

따라서 이 시기에 꼭 해야 하는 것은! 정서적 안정을 1순위에 두고 부모와의 스킨십을 자주 가지면서 다양한 자극에 노출시키는 것입니다. 그리고 충분한 수면 시간 확보는 필수입니다. 이것이 1개월~24개월 시기 뇌 발달에 가장 좋은 환경입니다.

1개월~24개월 아기의 뇌 발달을 위한 고가의 상품이나 프로그램이 그 가격만큼의 효과가 있을까요? 혹시 그 가격 때문에 부모나 아기에게 불필요한 스트레스를 발생시킨다면 얻는 것보다 잃는 것이 훨씬 많을 것입니다. 엄마와 자연을 오감으로 느끼는 것보다 더 좋은 인위적인 자극을 인간의 능력으로 만드는 것은 불가능하니까요. ^.^

(3) 25개월~48개월 : 또래 아이와 재미있게 놀고 운동하기

이 시기는 고차원적이고 종합적인 사고를 담당하고 있는 전두엽이 발달을 시작

하는 시기입니다. 그리고 1개월~24개월이 정서적 안정을 형성하는 시기라면, 이 시기는 정서적 안정의 기초를 다지는 시기입니다. 그리고 '나'를 벗어나 부모나 또래 아이들과 함께 하는 경험이 늘어나면서 사회성도 발달하고요. 본격적으로 언어 학습을 할 수는 없지만 다양한 언어활동을 경험하면서 언어 능력도 발달하게 됩니다. 여기까지만 살펴봐도 벌써 4가지 발달 사항이 나옵니다. 꼭 해야 할 것이 전두엽 발달 놀이, 정서 안정 놀이, 사회성 놀이, 언어 놀이 4가지라는 거죠. 그런데 4가지 외에 또 있습니다.

이 시기는 좌뇌와 우뇌가 통합되는 시기입니다. 그 전 시기인 1개월~24개월에는 좌뇌와 우뇌가 따로 작동했다면, 이 시기는 좌뇌와 우뇌가 통합되면서 함께 작동하는 시기입니다. 그래서 좌뇌와 우뇌 통합 놀이도 해야 합니다. 그리고 신체 발달을 위한 운동도 해야 합니다. 운동 능력을 본격적으로 발달시킬 수 있는 시기이거든요. 그래서 꼭 해야 할 것이 2개 더 늘어납니다. 보통 기억해야 할 것이 3가지가 넘으면 복잡하게 느껴지는데요. 그 두 배나 돼서 실천 의욕이 급격히 떨어질 수 있습니다. 그런데 이 복잡함을 해결해 주는 것이 있습니다. 바로 또래 아이와 함께 하는 놀이 또는 운동입니다. 스마트폰 게임 말고요.

스마트폰 게임은 단순한 게임입니다. 혼자 하는 게임이고요. 단순한 스마트폰 게임을 하는 동안에는 뇌의 뒤쪽만 활성화됩니다. 전두엽과는 거리가 먼 곳입니다. 스마트폰 게임은 손 자극의 효과라도 있을까요? 손가락을 다채롭게 사용하지 않기 때문에 그 효과도 크게 기대하지 않는 것이 좋습니다. 하지만 또래 아이와 함께 하는 놀이는 종합적인 사고를 요구합니다. 규칙을 이해하고 지켜야 하고요. 매 순간 친구도 파악해야 하고, 상황도 파악해야 합니다. 적절한 판단과 실천도 요구합니다. 한 마디로 전두엽이 활성화되는 거죠. 그리고 놀이는 즐거움입니다. 정서에 긍정적이죠. 그리고 타인과 함께 하기 때문에 사회성 발달에 도움이 되고요. 끊임없이 의사소통을 하기 때문에 언어 발달에도 도움이 됩니다. 놀이를 위해서는 뇌 전체를 써야 하기 때문에 좌뇌와 우뇌 통합에도 도움이 되며, 운동 능력 발달은 당연한 결과죠. 단, 반드시 부모의 칭찬과 격려가 동반되어야 합니다. 익숙하지 않은 놀이를 할 경우 부모의 칭찬과 격려를 통해 자존감을 보호해 주어야 하거든요. "좀 잘 해 봐!" 식의 부모 반응은 지양해야 합니다. 놀이(운동)의 효과는 뒤쪽에 자세히 정리해 놓았습니다.

이 시기에 꼭 해야 하는 것은! 전두엽 발달 놀이, 정서 안정 놀이, 사회성 놀이, 언어 놀이, 전뇌(좌뇌와 우뇌) 통합 놀이, 신체 발달 놀이 6가지입니다. 이를 한 문장으로 표현하면 "또래 아이들과 즐겁게 놀거나 운동하는 시간을 많이 가지세요." 입니다. 그리고 그런 효과를 볼 수 있는 문화센터 프로그램이라면 적극적으로 활용하시기 바랍니다. 부모의 칭찬과 격려, 잊지 마시고요.

(4) 49개월~7세(유치 시기) : 창의력, 정서(감정), 언어, 수학의 시기

49개월은 5세 즈음이어서 49개월~7세는 5세~7세 때라고 할 수도 있는데요. 5세~6세 때는 전두엽이 급격히 발달하면서 우뇌(감정, 통찰, 이미지의 뇌)도 빠르게 발달하는 시기이고요. 7세 때는 전두엽이 빠르게 성숙하면서 두정엽(수학 담당)과 측두엽(언어 담당)이 빠르게 발달하는 시기입니다.

이 시기는 1개월~48개월 때보다는 차원이 다르게 느껴집니다. 언어와 수학이 등장하거든요. 그래도 최대한 단순하게 요약한다면 '창의력, 정서(감정), 언어와 수학, 예체능' 4가지 키워드로 요약할 수 있습니다. 이 중 첫 번째 키워드는 '창의력'입니다. 왜냐하면 5세~6세 때 전두엽이 급격히 발달하고 7세부터 전두엽이 빠르게 성숙하기 때문입니다.

전두엽의 담당 업무는 '계획 설계, 의사 결정, 문제 해결, 집중, 실천, 창의적 사고'라고 했습니다. 모두 중요한 것들인데 4차 산업혁명 사회가 다가오면서 '창의적 사고'의 중요성은 더 높아지고 있습니다. 창의적 사고란 영역을 넘나들며 사고하기 또는 다르게 바라보기 또는 다양한 측면에서 사고하기 등으로 표현할 수도 있는데요. 4차 산업혁명 사회는 문과와 이과의 구분조차도 하지 말라고 합니다. 그러면서 융합적 사고력까지 요구하고 있습니다. 이를 한 문장으로 표현한 사례가 '인문학적 소양을 갖춘 과학자로 성장하기'이고요. 이 사례는 2015 개정교육과정에서 추구하는 인재상 중 하나이기도 합니다. '어쩌라고?'죠. @.@

그렇다면 이 시기에는 많이 기억하는 것이 중요할까요? 다양하게 생각해 보는 것이 중요할까요? 정답을 빨리 알아내는 것이 중요할까요? 여러 가지 방법으로 정답을 찾아보는 것이 중요할까요? 블록 놀이를 할 때에도 비행기 사진이랑 똑같이 만드는 게 좋을까요? 내 마음대로 만들어 보는 게 좋을까요? 놀이를 할 때에도 정해진 규칙대로만 하는 게 좋을까요? 새로운 규칙을 만들어서 해 보는 게 좋을까요? 이 시기는 '창의력 발달'이 중요한 시기인데요.

[49개월~7세 때 더 중요한 것]

- ☑ 다양하게 생각해 보기 〉 많이 기억하기
- ☑ 다양한 방법으로 정답 찾기 〉 정답 빨리 찾기
- ☑ 내 마음대로 만들기 〉 정해진 대로 만들기
- ☑ 규칙을 바꿔가면서 게임하기 〉 규칙대로 게임하기

그래서 이 시기에는 학습도 최대한 게임이나 놀이처럼 하는 것이 좋습니다. 〈우리 아이 수학 고수 만들기〉 책에서 0~9 수 개념 학습을 할 때 카드 게임을 추천한 것도 이런 이유 때문이고요. 이 시기는 결과보다 과정이 훨씬 더 중요한 시기입니다.

5세~7세 시기의 두 번째 키워드는 '정서(감정)'입니다. '정서'란 무엇일까요? 즐거움, 슬픔 등의 감정을 말합니다. 신생아 때의 정서(감정)는 2가지로 구분합니다. 배고프면 불쾌한 것이고, 배부르면 쾌한 것입니다. 불쾌와 쾌 2가지로 구분합니다. 그리고 불쾌는 분노, 공포, 원망 등으로 세분화되고, 쾌는 기쁨, 기대감 등으로 세분화되면서 2세 정도에는 기본적인 정서로, 5세 즈음에는 성인과 비슷한 정서(감정)로 세분화됩니다.

그렇다면 정서(감정)가 잘 발달한다는 것은 무엇일까요? 다양한 정서(감정)를 잘 느끼고, 자신이 느낀 정서(감정)가 어떤 것인지를 잘 알고, 자신이 느낀 정서(감정)를 잘 표현하는 것입니다. 특히 5세~7세 시기는 정서(감정) 발달에 중요한 시기인데요. 5세 즈음에 성인과 비슷할 정도로 정서(감정)가 세분화되었다면, 그 이후에는 세분화된 정서(감정)에 대해 스스로 알고 표현하는 능력을 훈련해야 합니다. 즉, 5세~7세 시기에는 정서(감정)에 대해 아이와 자주 대화를 나누며 아이가 느끼는 정서(감정)가 어떤 것인지 알려주고, 그 정서(감정)를 적절한 말과 행동으로 표현하는 사례를 보여 줄 필요가 있습니다. 이 과정을 통해 아이는 자신의 정서(감정)을 조절하고 통제하고 평가하는 일이 가능해집니다.

5세~7세 시기의 세 번째 키워드는 '언어'와 '수학'입니다. 언어 담당은 측두엽, 수학 담당은 두정엽인데요. 두 영역은 7세 때부터 빠르게 발달합니다. 따라서 5~6세 때 언어 경험을 풍부하게 하고, 수학 경험도 좀 한 다음 7세 때부터 언어와 수학 학습을 본격적으로 진행하는 것이 좋습니다. 단, 5세~6세 때의 언어와 수학 경험은 학습이 아니라 게임이나 놀이 같은 활동식이어야 훨씬 효과적입니다. 언어와 관련해서는 그림책 읽기를 통해 많이 듣고 대화를 자주 나누는 것이 좋고요. 수학과 관련해서는 일상 생활에서 수 세기 경험을 많이 해 보는 것이 좋습니다. 그리고 7세 때에는 언어와 수학 학습을 본격적으로 진행하면서 학습 습관 들이기를 서서히 시작해야 합니다. 7세 때는 주의력 유지, 자기 조절을 담당하는 전두엽도 빠르게 발달하기 때문입니다.

5세~7세 시기의 마지막 키워드는 '예체능'입니다. 특히 7세는 음악, 미술, 체육도 놀이가 아닌 학습이 가능한 시기입니다. 그래서 5세~6세 때에는 놀이식 예체능으로 진행하고, 7세부터는 아이가 좋아하거나 재능을 보인 예체능 학습을 시작하는 것도 좋은 선택입니다. 그러면 아이의 인지 능력과 운동 능력, 예술 능력이 조화와 통합을 이루면서 단순 놀이 이상인 목표 지향적 훈련까지도 가능해집니다.

(5) 8세~13세(초등 6) : 학습의 뇌 집중적으로 발달시키기

이 시기는 학습 측면에서 봤을 때 가장 중요한 뇌 발달 시기입니다. 계획 세우기, 의사 결정하기, 문제 해결하기, 집중하기, 실천하기 등을 담당하는 전두엽은 12세까지 지속적으로 발달해서 12~13세 때 시냅스 생성이 최고조에 이릅니다. 13세 이후에는 발달이 아니라 혼돈기를 거쳐 정리정돈을 하게 되고요. 언어 담당인 측두엽과 수학 담당인 두정엽이 집중적으로 발달하는 시기이기도 하고요.

그래서 이 시기에는 자기주도 학습의 경험을 많이 해야 합니다. 혼자 읽고 이해하는 경험도 많이 해야 하고요. 수학 문제를 혼자 해결하는 경험도 많이 해야 합니다. 초등학교 고학년 때에는 시험 대비를 학원에만 의존할 것이 아니라 스스로 목표 점수를 세우고, 그 목표를 달성하기 위한 학습량도 정해보고, 공부 일정도 짜

보고, 실천도 해 보면서 자기주도 학습을 경험해 보는 것이 좋습니다. 그러면 이후 중학교와 고등학교 학습에 큰 도움이 됩니다.

그리고 8세(초1)부터 시작되는 초등학교 교육과정을 최대한 활용해야 합니다. 이를 한 문장으로 정리하면 '각 학년마다 각 과목 공부 제대로 해 보기'입니다. 전두엽, 두정엽, 측두엽이 모두 발달하는 시기이기 때문에 국어, 영어, 수학, 사회, 과학 등 각 과목 학습을 제대로 할 수 있고요. 각 과목 학습을 제대로 하는 과정이 전두엽, 두정엽, 측두엽 발달에 긍정적인 영향을 끼치기도 합니다. 즉, 뇌가 발달해서 학습을 제대로 할 수 있을 뿐만 아니라 학습을 제대로 하면 뇌가 더 잘 발달하게 되는 것입니다. 각 과목 공부 제대로 하는 것에 대해서는 뒤쪽의 각 Part별로 자세히 정리해 놓았습니다.

6 우뇌 발달을 위해 해야 할 것

좌뇌는 논리, 분석, 계산의 뇌라고 했고요. 우뇌는 감정, 통찰, 이미지의 뇌라고 했습니다. 그리고 우뇌는 0~6세 때 주로 발달하고, 좌뇌는 7세~13세(초5) 때 본격적으로 발달한다고 했습니다. 그렇다면 유아~유치 시기에 우뇌 발달을 위해 무엇을 하면 좋을까요?

(1) 색과 그림(시각)

신생아는 파스텔 색보다 원색을 더 좋아합니다. 흑백을 구분할 수 있고 붉은색이나 노란색도 구분하며, TV나 그림 같은 인공적인 색보다는 자연에서 볼 수 있는

색을 더 좋아합니다. 6개월은 지나야 중간색을 구분할 수 있게 되며, 12개월은 지나야 자연의 여러 색도 구분할 수 있게 됩니다. 따라서 6개월 이후에는 자전거 그림보다 실제 자전거를 보는 것이 더 좋고, 자연 그림보다 실제 자연을 보는 것이 더 좋습니다. 그리고 12개월 시기에는 그림이 단순한 그림책이 좋습니다. 복잡한 그림보다는 그림 요소가 많지 않으면서 명확한 그림이 좋고, 색도 많이 쓰지 않는 것이 좋으며, 색깔도 선명한 것이 좋습니다.

(2) 음악과 외국어(청각)

아기는 음의 조화, 리듬, 박자 등을 빠르게 받아들입니다. 생후 4개월부터는 멜로디도 받아들이기 때문에 클래식이 좋은 청각 자극 역할을 할 수 있습니다. 특히 클래식에는 우리나라 음악에서 들을 수 없는 소리 자극이 있기 때문에 좀 더 폭넓은 청각 능력을 기를 수 있습니다. 만 4세 때에는 조성과 화음을 발달시키는데, 이 능력은 훈련을 통해 개선할 수 있고 만 6세가 되면 분명해집니다. 그리고 만 9세가 되면 음악적 소질의 개발이 종료됩니다.

클래식 듣기가 뇌 발달에 어느 정도의 영향을 줄까요? 이에 대해서는 다양한 의견이 있는데요. 확실한 것은, 음악 듣기가 청각에 좋은 자극이라는 점, 클래식은 다양한 청각 자극에 해당한다는 점, 음악이 단기적으로는 뇌 발달에 좋은 영향을 준다는 점, 특히 어릴 때 피아노 같이 양손으로 서로 다른 리듬을 연주하는 악기 연습은 뇌 발달에 좋은 영향을 준다는 점입니다.

외국어에는 우리말에 존재하지 않는 발음이 있습니다. 이 발음을 하지 못하는 것은 '말하기'의 문제가 아니라 '듣기'의 문제입니다. 즉, 그 발음을 충분히 듣지 못했기 때문에 소리로 내지 못하는 것입니다. 그리고 음악적 소질은 만 9세 정도에 거의 완성이 됩니다. 따라서 만 9세가 지나서도 음치에 박치라면, 이미 음악적 소질이 완성되었기 때문에, 음악 학원에 보내더라도 완벽하게 개선할 수 없습니다.

(3) 냄새(후각)

돼지는 시각이 좋지 않습니다. 대신 후각과 청각이 뛰어납니다. 그래서 킁킁거리며 돌아다니죠. 이런 생존 방식은 인간도 비슷합니다. 신생아는 시각과 청각이 미숙한 상태입니다. 대신 후각, 미각, 촉각은 발달한 상태로 태어납니다. 예를 들어 아기는 생후 3개월까지 주변을 선명하게 보지 못합니다. 당연히 시각으로 사람을 구분하지 못하고요. 대신 후각으로 사람을 구별합니다. 좋아하는 젖 냄새로 엄마를 알아보는 거죠. 그래서 후각과 관련해서는 '어떻게 발달시킬 것인가?'가 아니라 '어떻게 잘 유지시킬 것인가?'를 고민해야 합니다. 후각은 아이가 성장하면서 매연이나 간접흡연 등의 영향으로 점점 퇴화하기 때문입니다. 그리고 아이가 특정 이불이나 베개에 집착하는 것은 그것의 냄새가 아이의 심리상태를 편하게 해 주기 때문입니다. 이 현상을 '집착'으로까지 확대 해석할 필요는 없습니다.

(4) 음식(미각)

혀는 4가지 맛만 느낄 수 있습니다. 단맛, 쓴맛, 짠맛, 신맛이고요. 매운맛은 통증입니다. 그런데 인간이 다양한 맛을 느낄 수 있는 것은 후각과 미각이 함께 작용하기 때문입니다. 그래서 콧물감기에 걸리면 맛을 잘 느끼지 못합니다. 신생아는 4가지 맛을 모두 느낄 수 있으며, 단맛은 좋아하고 쓴맛은 싫어합니다. 그리고 짠맛에 대한 선호도 정도는 4개월경부터 나타납니다.

음식 종류에 대한 선호도는 타고나는 것이 아니라 경험에 의해 정해집니다. 즉,

유전이 아니라 환경의 영향을 받는데요. 이는 임신 기간 때부터 적용됩니다. 태아는 엄마 뱃속에 있을 때 경험한 맛을 기억하는데요. 엄마가 임신 중에 알코올을 섭취하면, 아기는 태어나기 전부터 알코올 맛을 경험함으로써 성인이 되었을 때 알코올 중독자가 될 가능성이 높아집니다. 따라서 미각과 관련해서는 임신 시기부터 다양한 맛을 접하게 하는 것이 좋습니다. 단, 엄마가 스트레스를 받으면서까지 할 필요는 없습니다. 스트레스로 인한 부작용이 더 크니까요.

(5) 마사지(촉각)

시각, 청각, 후각, 미각, 촉각 중 가장 먼저 발달하는 감각은 촉각입니다. 그래서 아기 때 피부는 '제2의 뇌'라고 불릴 정도이며, 이 시기 피부를 통한 촉각 자극은 아기의 뇌 발달과 정서 발달에 큰 영향을 끼칩니다. 우는 아기를 안아주고 쓰다듬어 주면 금방 울음을 그치는 것이나 어린 아이들이 자꾸 안아달라고 하는 것은 부모와의 촉각 자극을 통해 심리적으로 안정을 찾기 때문입니다. 특히 아기 때 엄마가 해 주는 마사지는 많은 효과를 볼 수 있는데요. 정서적으로 안정이 되는 것뿐만 아니라 면역세포 수도 증가하고, 숙면을 취할 수 있으며, 소화에도 도움이 되고, 인지 발달과 사회성 발달에도 긍정적으로 작용합니다. 그리고 아기는 통증을 성인보다 더 크게 느낍니다. 그래서 아기 때 느끼는 통증을 잘 치료해 주지 않으면 이후 통증에 대해 예민 반응을 보일 수 있습니다.

(6) 운동(영유아기의 학습)

영유아기 때 아이의 학습 능력을 훈련하는 가장 좋은 방법은 무엇일까요? 한글 익히기나 수학 계산하기는 모두 논리적 사고의 과정이고, 논리적 사고는 좌뇌 담당입니다. 그런데 좌뇌는 3세 때 가동하기 시작하고, 5세를 거쳐 7세 때 본격적으로 가동합니다. 즉, 논리적 사고를 통한 학습은 빨라야 5세 즈음에 시작할 수 있습니다. 그 전 시기인 영유아기 때 학습 능력은 좌뇌(논리적 사고) 방식으로 훈련할 수 없으며, 이 시기에 학습 능력을 훈련하는 가장 좋은 방법은 운동입니다.

국영수 공부는 일종의 정보 처리 과정입니다. 운동도 정보 처리 과정 중 하나이고요. 국영수는 언어, 문자, 기호 등을 읽고 해석하고 비교 분석해서 결론을 내리는 정보 처리 과정이라면, 운동은 외부의 사물, 이미지, 영상 등을 보고 해석하고 비교 분석해서 결론을 내리는 정보 처리 과정입니다. 정보의 대상이 다를 뿐입니다. 따라서 영유아기 때의 운동은 신체 발달에 큰 영향을 줄 뿐만 아니라 정서 발달에도 도움이 되고, 학습 능력 훈련에도 큰 도움이 됩니다. 한 마디로 '영유아기 때 운동은 아이의 뇌 발달에 매우 큰 영향을 끼친다.'라고 말할 수 있습니다. 실제로 일주일 중 3일 하루 30분씩만 운동을 해도 집중력과 학습 능력이 15%나 좋아진다는 연구 결과도 있습니다.

운동이란 몸을 움직이는 것입니다. 뒤집기도 운동이고, 기어 다니는 것도 운동이고, 걷거나 뛰는 것도 운동입니다. 뉴질랜드에서는 최소 하루에 1시간 이상 운동을 해야 아이들의 뇌가 정상적으로 발달한다고 합니다. 따라서 영유아기 때 아이들이 적극적으로 몸을 움직이면 위험하다며 자제시키는 것보다는 사고가 나지 않도록 잘 지켜보면서 충분히 몸을 움직일 수 있도록 보살펴 주는 것이 좋습니다.

3세부터는 풍선이나 공을 이용한 간단한 운동이 가능하며 씽씽카, 자전거, 줄넘기 등의 운동 도구를 적극적으로 활용하는 것이 좋습니다. 5세 이후에는 태권도와 같은 전문 운동 프로그램을 통해 정기적으로 운동을 하는 것도 좋으며, 7세 전후로는 축구 같은 구기종목과 수영이나 배드민턴 등도 좋은 운동이 될 수 있습니다.

[운동이 뇌 발달에 끼치는 영향]

☑ 스트레스를 감소시켜 줍니다.

운동을 하면 엔도르핀이 분비되는데, 엔도르핀이 스트레스를 감소시켜 줍니다. 단, 지나치게 많은 운동은 오히려 스트레스를 증가시킵니다. 따라서 운동은 꾸준히 그리고 적당히 하는 것이 좋습니다.

☑ 기억력을 향상시킵니다.

스트레스는 기억력을 감퇴시킵니다. 그런데 적당한 운동은 스트레스 해소 효과를 가져 오기 때문에 운동은 기억력 향상에도 도움을 줍니다.

☑ 집중력을 길러 줍니다.

도파민은 뇌가 흥분하거나 억제되는 정도에 관여하는 물질입니다. 쉽게 흥분하거나 산만한 아이들은 도파민의 양이 잘 조절되지 않고요. 그런데 운동은 도파민을 분비하는 신경회로를 활성화시켜 집중력 향상에 도움을 줍니다.

☑ 사회성을 길러 줍니다.

만약 혼자 산다면 굳이 사회성을 기를 필요가 없습니다. 하지만 그렇지 않기 때문에 사회성 발달이 중요한데요. 영·유아 때뿐만 아니라 고등학교 때에도 운동은 사회성 기르기에 아주 좋은 방법입니다. 타인과 함께 운동을 하면서 타인에 대한 파악 능력이 길러지고, 상황 파악 능력도 길러지며, 문제 해결 능력도 길러지기 때문입니다.

☑ 사고력을 길러 줍니다.

운동을 한다는 것은 수많은 정보를 종합적으로 처리하는 것입니다. 즉, 운동을 하는 동안에는 뇌의 거의 모든 부분을 사용한다고 해도 과언이 아닙니다. 외부 정보를 수집하기 위해 오감을 모두 동원하고, 다음에 어떤 행동을 할 것인지 판단하기 위해 수집된 정보들을 종합적으로 비교 분석해서 결론을 내려야 합니다. 특히 영유아기에 가장 효과적인 뇌 훈련 방법은 운동입니다.

이처럼 여러 가지 효과를 볼 수 있는 운동일지라도 어떻게 하느냐에 따라 약이 될 수도 있고 독이 될 수도 있습니다. 약이 되는 운동은 즐겁게, 적당히, 꾸준히 하는 운동입니다. 가장 좋은 운동은 아이가 좋아하는 운동입니다. 따라서 여러 종류의 운동을 경험해 보게 하면서 선택의 기회를 주어야 하고요. 아이의 눈높이에 맞춰 함께 해야 합니다. 혼자 하는 운동보다는 함께 하는 운동이 훨씬 재미있습니다. 그리고 한 번 할 때 최소 30분에서 1시간 정도는 해야 운동의 효과를 볼 수 있으며, 운동 시간이 2시간을 넘으면 역효과가 생길 수도 있습니다. 그리고 일주일에 한 번 몰아서 하는 것보다는 일주일에 3~4일 정도 자주 하는 것이 훨씬 효과적입니다.

7 좌뇌와 우뇌 통합을 위해 해야 할 것

좌뇌는 논리, 분석, 계산의 뇌라고 했고요. 우뇌는 감정, 통찰, 이미지의 뇌라고 했는데요. 계산은 좌뇌에서만 하고 통찰은 우뇌에서만 하는 것은 아닙니다. 뇌에는 좌뇌와 우뇌를 연결하는 뇌량이라는 부분이 있습니다. 이 뇌량을 통해 좌뇌와 우뇌가 소통하면서 서로 보완적인 역할을 합니다. 그래서 뇌과학자들은 좌뇌와 우뇌를 통합하는 훈련이 필요하다고 합니다. 즉, 좌뇌와 우뇌 발달도 고려하면서 양뇌를 통합하는 것도 고려해야 합니다.

예를 들어 보겠습니다. 글자를 배우는 것은 좌뇌, 그림을 분석하는 것은 우뇌입니다. 그런데 주로 우뇌가 발달하는 3세~5세 시기에 글자를 배우면 상상력을 키울 기회를 빼앗는 것이 됩니다. 3세~5세 시기에 글자를 배워버리면 우뇌를 통해 그림을 분석하면서 상상력을 키워야 하는 시기임에도 불구하고 그림이 아닌 글에 집중할 수 있기 때문입니다. 그래서 핀란드, 독일, 영국, 이스라엘에서는 너무 어린 시기의 문자 교육을 지양하는 편입니다. 6세~7세 이전에는 좌뇌를 발달시키는 읽기 교육보다 우뇌를 발달시키는 감각 교육이 훨씬 중요하다고 생각하니까요. 그렇다면 좌뇌와 우뇌 통합을 위해서는 무엇을 해야 할까요?

생후 24개월까지는 좌뇌와 우뇌를 연결하는 뇌량이 발달하지 않아 좌뇌와 우뇌가 따로 기능합니다. 그리고 좌뇌보다는 우뇌가 더 빨리 발달하고요. 하지만 25개월~48개월이 되면 뇌량이 발달함으로써 좌뇌와 우뇌가 통합되고요. 여전히 우뇌가 더 빨리 발달하기는 하지만 3세 전후로는 좌뇌도 발달하기 때문에 뇌량을 통한 좌뇌와 우뇌 소통도 이루어집니다. 그래서 25개월 전후에는 좌뇌와 우뇌 통합 훈련도 필요한데요. 특히 다양한 양손놀이는 좌뇌와 우뇌 통합에 매우 긍정적인 영향을 줍니다.

[25개월~48개월 좌뇌 우뇌 통합 놀이]

자연을 활용한 모든 놀이, 만들고 부수는 조작놀이(블록), 사물이나 도구 만들기 놀이, 모래놀이, 진흙놀이, 다양한 미술놀이 등

오른손잡이와 왼손잡이 여부는 이미 결정된 상태에서 태어납니다. 그리고 인간의 89%는 오른손잡이입니다. 태어나기 전 태아 때 좌뇌와 우뇌 중 어느 쪽 뇌에 더 많은 자극이 주어졌는지에 따라 결정된다는 주장도 있는데 아직 확실하게 검증되지는 않았습니다. 그리고 오른손잡이는 좌뇌가 더 발달했고, 왼손잡이는 우뇌가

더 발달했다고 단정 지어 말 할 수도 없습니다.

어쨌든 100명 중 90명은 오른손잡이로, 100명 중 5명은 왼손잡이로, 100명 중 5명은 양손잡이로 태어납니다. 그리고 왼손잡이로 태어났다가 자라면서 오른손잡이로 바뀌기도 하는데요. 5세 정도가 되어야 왼손잡이인지 오른손잡이인지를 정확히 알 수 있습니다. 간혹 레오나르도 다빈치처럼 양손잡이로 태어나는 아기도 있습니다. 다빈치는 유명한 화가이자 조각가입니다. 유명한 예술가라는 것은 우뇌가 발달했다는 거죠. 그런데 다빈치는 수학, 과학, 의학 분야에서도 훌륭한 업적을 남겼습니다. 즉 좌뇌도 발달한 분입니다. 다빈치까지는 아니더라도 중요한 것은, 두 손을 모두 사용하면 뇌 전체가 발달한다는 것입니다. 물론 양손을 자주 사용하는 것만으로 두뇌가 충분히 발달하는 것은 아닙니다. 손뿐만 아니라 온몸을 사용하는 다양한 신체 놀이를 많이 해야 뇌에 충분한 자극을 줄 수 있습니다.

안타깝게도 요즘 아이들은 예전에 비해 몸은 둘째 치고 손도 많이 사용하지 않는다고 합니다. 스마트폰 게임처럼 단순하게 손가락 터치만 하면 되는 놀이를 많이 하기 때문인데요. 스마트폰은 아이들에게 좋지 않은 영향을 많이 주는 발명품입니다. 그래서 스마트폰은 가급적 멀리 하면서 손 운동 발달 과정에 맞춰 다양한 양손놀이를 활용하면 아이의 균형 잡힌 뇌 발달에 큰 도움이 되는데요. 아이들의 손 운동 발달 과정은 다음과 같습니다.

[손 운동 발달 과정]

☑ 1~6개월 : 장난감을 쥐면 흔들어요. 손을 뻗어 장난감을 잡아요.

☑ 7~12개월 : 엄지와 검지로 작은 물건을 집어요. 장난감 자동차를 굴려요.

☑ 13~18개월 : 불규칙하게 선을 그으며 낙서를 해요. 책장을 넘겨요.
　　　　　　　블록을 2층까지 쌓아요.

☑ 19~24개월 : 숟가락을 입에 넣어요. 블록을 4층까지 쌓아요. 손잡이를 돌려요.

☑ 25~30개월 : 가위질 흉내를 내요. 손가락 사이에 연필을 끼워요. 단추를 풀어요.

☑ 31~36개월 : 원을 보고 그려요. 종이를 연이어 두 번 접어요.

☑ 37~42개월 : 가위질 흉내를 내요. 손가락 사이에 연필을 끼워요. 단추를 풀어요.

☑ 43~48개월 : 직선을 따라 가위질을 해요. 뚜껑을 돌려서 열어요.

☑ 49~54개월 : 색칠을 해요. 가위로 네모 모양을 가위로 오려요.

☑ 55~60개월 : 세모를 보고 그려요. 이름을 보여주면 비슷하게 써요.

☑ 61~66개월 : 동그라미 모양을 가위로 오려요.
　　　　　　　컵에 액체를 따를 때 거의 흘리지 않아요.

위 손 운동 발달 과정에 맞춰 다양한 양손놀이를 경험하게 하면 좋은데요. 양손놀이의 사례는 다음과 같습니다.

[양손놀이 사례]

곤지곤지, 잼잼, 종이 찢기, 낙서하기, 뚜껑 열기, 스티커 붙이기, 퍼즐 맞추기, 컵에 물이나 음료수 따르기, 블록 놀이, 가위질하기, 젓가락질하기, 색칠하기, 찰흙 놀이, 신발 끈 매기, 실뜨기, 쓰기, 종이 접기, 악기 연주, 연필 깎기 등

특히 젓가락질을 할 때에는 팔에 있는 30여 개의 관절과 50여 개의 근육이 움직

인다고 합니다. 젓가락질을 하는 동안에는 30여 개의 관절과 50여 개의 근육이 적절히 움직이도록 뇌에서 명령을 내린다는 건데요. 우리나라 사람들의 기술력이 뛰어난 이유 중 하나가 젓가락질 때문이라고 할 정도로 젓가락질은 아이의 균형 잡힌 뇌 발달에 좋은 영향을 줍니다.

그리고 49개월~72개월 시기에는 역할놀이가 좌뇌와 우뇌 통합에 좋습니다. 이 시기는 어휘력과 표현력이 급격히 좋아지고 사회성 발달도 빠르게 진행되는 시기입니다. 그래서 역할놀이를 통해 좌뇌와 우뇌도 발달시킬 수 있고, 양뇌 통합의 효과도 볼 수 있으며, 창의력도 기를 수 있습니다. 뿐만 아니라 역할놀이는 일반 학습 능력과 탐구 능력도 길러주고 협동과 나눔, 양보와 배려 등의 사회성도 길러줍니다. 그 외에도 시기별로 뇌 발달에 도움이 되는 다양한 장난감을 활용하면 좋은데요. 가격이 높다고 해서 효과도 그만큼 크다고 볼 수는 없습니다. 가격이 중요한것이 아니라 아이가 즐겁게 적극적으로 참여하느냐가 훨씬 중요하니까요.

시기	뇌 발달 장난감
1~6개월	시각, 청각, 촉각 등이 발달하는 시기 : 오감을 자극하는 장난감. 모빌, 딸랑이, 봉제 장난감, 천 블록과 공, 오뚝이 등
7~12개월	소근육과 대근육이 발달하는 시기 : 물고 빨아도 안전한 장난감. 장난감 공, 인형, 실로폰, 탬버린 등 악기
13~18개월	손과 발을 이용하며 탐구하는 시기 : 말하기, 놀기용 장난감. 도형 모양 나무나 블록을 끼우는 장난감, 커다란 퍼즐, 누르거나 두드리면 소리 나는 장난감, 전기나 태엽으로 저절로 움직이는 장난감
19~24개월	사회성 인지 시기 : 함께 가지고 노는 장난감. 블록, 모양 맞추기 도형, 역할놀이 장난감, 미술놀이 장난감, 사물 인지 장난감

25~36개월	언어 능력과 호기심이 급격히 높아지는 시기 : 두뇌 발달과 신체 활동용 장난감. 간단한 보드게임, 블록, 인지 그림카드, 실로폰이나 건반악기, 색연필, 색깔찰흙, 역할놀이 장난감
37~48개월	본격적으로 책 읽어주기가 가능한 시기. 다양한 블록, 다양한 그림책, 일상 생활용품 장난감, 동물 장난감, 다양한 미술 재료, 다양한 음악 도구, 수 관련 장난감, 신체 놀이 장난감
49~60개월	사회성 훈련 시기 : 인성과 관련된 장난감. 다양한 미술용품, 다양한 그림책, 다양한 신체 놀이 장난감, 블록과 퍼즐, 다양한 인형, 모래놀이 장난감, 다양한 악기

8 뇌 발달로 판단하는 한글 교육과 영어 교육의 적기

'한글 교육은 언제부터 해야 하나?'와 '영어 교육은 언제부터 해야 하나?'는 모든 부모들이 공통적으로 갖게 되는 고민입니다. 실제로 한글과 영어 같은 언어 교육에는 적기가 있습니다. 그리고 이 적기보다 빨리 시작하면 들이는 노력과 비용에 비해 효과가 높지 않으며, 이 적기를 놓쳐 늦게 시작하면 교육 효과를 제대로 볼 수 없습니다. 그래서 언어 교육은 특히 적기에 집중하는 것이 중요한데요. 언어 습득의 적기가 언제인지도 결국 뇌 발달로 알아낼 수 있습니다.

인간의 뇌에서 언어 기능을 담당한 영역은 측두엽입니다. 이 영역을 '칼로좀 이스무스'라고 부르기도 하는데요. 언어 기능을 담당하고 있는 칼로좀 이스무스 부분의 성장률 변화를 살펴보면 언어 교육의 적기가 언제인지를 알 수 있습니다.

〈칼로좀 이스무스의 성장률 변화〉

나이	칼로좀 이스무스의 성장률
4세~5세	1~20%
6세~7세(예비초)	20~85% 이상
8세~12세(초5)	80%
13세~16세(중3)	0~25%

위 자료를 보면 3세까지의 성장률 수치가 아예 없습니다. 왜냐하면 3세까지는 다양한 자극을 받으며 뇌 곳곳의 기능이 정해는 시기여서 칼로좀 이스무스 부분이 특별히 더 성장하는 것은 아니기 때문입니다. 칼로좀 이스무스는 4세~5세 때 20% 가까이 성장하다가 6세 때 급격히 성장해서 7세 때 가장 높은 성장률(85%)을 보입니다. 그리고 12세까지는 80% 정도의 높은 성장률을 유지하다가 13세~16세 때 성장률이 급격히 떨어지고 16세 이후에는 더 이상 성장하지 않습니다.

따라서 언어 교육의 적기는 6세~12세(초5) 시기라고 할 수 있는데요. 이 적기를 다시 두 구간으로 구분해서 6세~9세(초2)까지 4년 동안은 모국어인 한글 교육에 집중하고, 10세(초3)~12세(초5)까지 3년 동안은 외국어인 영어 교육에 집중하는 것이 좋습니다. 단, 10세~12세 영어 집중 시기는 영어를 가장 중요한 1순위에 두어야 한다는 뜻이고요. 그 전 시기인 6세~9세 때의 영어는 1순위가 아니라는 뜻이지 아예 하지 말아야 한다는 뜻은 아닙니다. 마찬가지로 언어 교육의 적기가 6세부터라는 것도 그 전 시기인 영유아기 때 언어 노출까지 필요 없다는 뜻은 아닙니다. 언어를 본격적으로 시작하는 시기가 6세라는 뜻이고요. 그 전 시기에 한글과 영어를 어떻게 해야 하는지에 대해서는 뒤쪽에 정리해 놓았습니다.

그렇다면 언어 습득 능력에 끼치는 유전자의 영향은 어느 정도나 될까요? 일단 언어 습득 능력에 영향을 주는 지능은 '8가지 다중 지능' 중에서 언어 지능입니다.

번호	지능 종류	직업 사례
①	언어(linguistic) 지능	언론인
②	논리-수학(logical-mathematical) 지능	과학자, 수학자
③	공간(spatial) 지능	항해사, 조각가
④	신체 운동(bodily-kinesthetic) 지능	무용가, 운동 선수
⑤	음악(musical) 지능	작곡가, 연주가
⑥	대인 관계(interpersonal) 지능	심리치료사, 영업
⑦	자기 이해(intrapersonal) 지능	작가
⑧	자연 탐구(natural) 지능	식물학자, 수렵가

8가지 지능 중에 언어 지능이 있다는 것은, 언어 습득도 타고난 지능의 영향을 받는다는 건데요. 부모가 국어 공부를 잘 했다면 아이도 국어 공부를 잘 할 수 있습니다. 단, 그 가능성은 50% 정도입니다. 즉, 언어 능력이 부모로부터 아이에게 전해지는 정도는 50% 수준입니다. 그리고 언어 교육 영역인 듣기, 말하기, 읽기, 쓰기 중에는 읽기와 쓰기가 더 어렵습니다. 그런데 읽기와 쓰기 능력에 끼치는 유전자의 영향은 20% 수준이라고 합니다.

즉, 부모가 언어를 잘 했더라도 아이가 부모의 유전자 영향을 받아 읽기와 쓰기까지 자연스럽게 잘 할 확률은 10% 정도일 뿐입니다. 나머지 90%는 언어 교육의 적기 때 제대로 그리고 충분히 언어 교육을 경험했느냐에 의해 결정됩니다.

♀ 1세~5세 때 바람직한 언어 교육

인간은 태어나면서부터 다양한 소리들 중 언어와 언어가 아닌 것을 구별할 수 있습니다. 구별할 수 있을 뿐만 아니라 언어에 관심을 더 기울입니다. 그리고 인간은 태어나면서부터 모국어뿐만 아니라 다른 언어에서만 들을 수 있는 소리도 들을 수 있습니다. 즉, 한국에 태어나더라도 한국어에는 없고 영어에만 있는 소리도 들을 수 있는 거죠. 그렇다고 해서 모든 아이들이 똑같은 언어 발달 속도를 보여주지는 않습니다.

우뇌는 감각적이고 직관적인 분야를 담당하고, 좌뇌는 논리적이고 분석적인 분야를 담당합니다. 말을 할 때에도 우뇌는 말의 리듬과 억양을 담당하고, 좌뇌는 말의 의미를 담당합니다. 따라서 말을 할 때 양쪽 뇌를 모두 사용하면 말을 더 잘 할 수 있는데요. 여자 아이들은 양뇌를 모두 사용해서 말을 하는 편이고, 남자 아이들은 주로 좌뇌만 사용해서 말을 하는 편입니다. 그래서 여자 아이들이 남자 아이들보다 말을 더 빨리 그리고 더 잘 하는 편입니다. 언어 교육의 출발점에서 봤을 때 남자 아이들에게는 타고난 불리함이 있는 거죠. 하지만 작은 차이일 뿐입니다.

언어 능력은 남녀 간의 차이도 있고, 5% 정도의 유전적 차이도 있지만 남녀 차이와 유전적 차이가 언어 발달 속도를 좌우하는 것은 아닙니다. 인간은 대체로 거의 비슷한 출발 선상에서 시작합니다. 그리고 언어 습득의 적기도 정해져 있습니다. 그럼에도 불구하고 시간이 지날수록 언어 능력의 발달 속도가 차이 나는 이유는 언어 환경 때문입니다. 즉, 언어 발달의 출발점은 거의 비슷하지만 '어려서부터 어느 정도의 언어 경험을 겪었느냐'와 '언어 교육 적기 때 얼마나 체계적으로 언어 교육을 했느냐'에 따라 언어 능력의 발달 속도가 달라지게 됩니다.

예를 들어 0~9개월 시기에 풍부하고 다양한 언어 환경에 노출되면 그렇지 않은 환경의 아기보다 조금 더 빨리 말을 하게 됩니다. 그런데 이 결과는 단순히 말 하는 속도만 빨라진 것이 아닙니다. 말을 빨리 하게 되면 문장과 문법도 더 빨리 익힐 수 있게 됩니다. 이때 문법은 "먹다 과자를'이 아니라 '과자를 먹다'라고 해야 한다.' 정도의 문법을 말합니다. 그리고 문장과 문법을 빨리 익힌다는 것은 논리력, 분석력, 판단력 등의 사고력도 빨리 발달한다는 뜻이기도 합니다. 그래서 언어 학습의 적기인 6세~12세 전이라고 하더라도 바람직한 언어 환경을 만들어 주는 것이 중요합니다.

〈시기별 언어 환경의 핵심 요소〉

시기	언어 환경의 핵심 요소
1~6개월	☐ 이야기를 주고받는 것처럼 대하기 ☐ 옹알이를 하면 잘 듣고 추론해서 질문하기 ☐ 주변 사물의 이름 알려주기 ☐ 다양한 소리 들려주기
7~12개월	☐ 말이나 소리 흉내 내기 ☐ 그림책 반복해서 이야기하듯이 읽어주기 ☐ 단어 바꾸기 놀이하기 (사탕을 먹어요. 딸기를 먹어요.)
13~18개월	☐ 사물, 동식물 그림책 또박또박 읽어주기 ☐ 엄마 말 흉내 내기 놀이 ☐ 짧은 문장 따라서 하기 ☐ 아이의 행동 짧은 문장으로 표현하기
19~24개월	☐ 어휘력(명사, 동사) 확장시키기 ☐ 짧은 문장으로 심부름시키기 ☐ 아이의 표현 문장으로 완성시키기 (엄마 물 ⇒ 엄마 물 주세요.)
25~30개월	☐ 두 단어 이상으로 말 하게 하기 ☐ 대명사(나, 너, 이것, 저것) 사용하기 ☐ 과거 시제 표현하기

31~36개월	☐ 아이에게 간단한 질문하기 ☐ 다양한 감정 표현 알려주기 ☐ 복수대명사(우리, 모두) 사용하기
37~42개월	☐ 미래 시제 표현하기 ☐ 이유나 방법 물어보기 ☐ 책 읽고 이야기 나누기

정리해 보겠습니다. 언어 교육의 적기는 6세~12세(초5) 시기입니다. 이 시기 전까지는 시기별 언어 환경의 핵심 요소를 참고로 다양한 언어 경험을 통해 가급적 빨리 말을 하도록 유도합니다. 그리고 6세~12세(초5) 동안에 언어 능력을 집중적으로 끌어올립니다. 6세부터 9세(초2)까지 4년 동안은 모국어인 한글 교육에 집중하고, 10세(초3)부터 12세(초5)까지 3년 동안은 외국어인 영어 교육에 집중하는 것이 좋습니다.

10 그림책이 뇌 발달에 중요한 이유

첫째, 뇌 전체가 종합적으로 발달하기 때문입니다. 인간은 유아기뿐만 아니라 6세까지도 논리적 사고를 잘 하지 못합니다. 왜냐하면 논리적 사고를 담당하는 좌뇌의 본격적인 가동 시기가 7세부터이기 때문입니다. 그리고 그 전인 6세까지는 이미지의 뇌인 우뇌 중심으로 정보를 처리합니다. 그래서 부모의 희망과는 관계없이 6세까지의 아이들은 그림책에서 글보다 그림(이미지)을 더 좋아합니다. 즉, 6세까지는 관심을 갖고, 관찰하고, 분석하고, 추론하고, 상상하는 대상으로 그림

(이미지)을 좋아하기 때문에 그림책이 중요합니다. 그런데 이미지는 책에만 있는 것이 아닙니다. TV에도 있고, 스마트폰에도 있습니다. 물론 이 시기 아이들은 TV나 스마트폰도 좋아합니다. 아니 그림책보다 TV나 스마트폰을 더 좋아하는 듯 합니다. 왜 그럴까요? 그리고 그림책보다 TV나 스마트폰을 더 많이 보여줘도 괜찮을까요?

그림책을 볼 때와 스마트폰으로 게임을 할 때 아이의 뇌가 어떻게 활성화되는지 비교해 보았는데요. 큰 차이가 있었습니다. 그림책을 볼 때 아이의 뇌는 앞쪽인 전두엽, 두정엽과 측두엽, 후두엽이 모두 활성화되었습니다. 반면에 게임을 할 때 활성화되는 부분은 뇌의 뒤쪽인 후두엽뿐이었습니다. 왜 이런 차이가 생기는 걸까요?

그림책을 볼 때 보여 지는 그림 장면은 하나입니다. 책장을 넘겨야 또 다른 그림 장면을 볼 수 있습니다. 따라서 아이는 그림책을 볼 때 하나의 그림 장면을 보면서 수많은 생각을 하게 됩니다. 수많은 생각을 하기 때문에 뇌의 거의 전체 영역이 활성화됩니다. 이에 비해 TV나 스마트폰 영상은 아주 짧은 순간 단위로 연결되어 있는 그림 장면이 연속해서 나타납니다. 따라서 아이는 수많은 생각을 할 필요 없이 수동적으로 받아들이기만 합니다. 그러면서 뇌의 후두엽만 활성화됩니다.

상상은 뇌에서 하는 것입니다. 사고도 뇌에서 하는 것입니다. 학습도 뇌에서 하는 것입니다. 상상과 사고와 학습은 뇌의 후두엽만으로는 할 수 없으며, 뇌 전체를 종합적으로 사용해야 합니다. 즉, 뇌 전체가 종합적으로 잘 발달해 있어야 상상도, 사고도, 학습도 잘 할 수 있습니다. 따라서 6세까지 그림책을 많이 본 아이와 TV나 스마트폰을 많이 본 아이 간에는 뇌 발달에 차이가 생길 수밖에 없으며, 이는 자연스럽게 사고력과 학습 능력에도 영향을 주게 됩니다.

그림책이 중요한 두 번째 이유는 집중력 훈련 때문입니다. 흔히 공부 잘 하는 아이들은 머리가 좋다(지능이 높다)고 생각합니다. 사실일까요? 실제로 지능이 성적에 끼치는 영향은 15~25%에 불과하다는 주장도 있습니다. 저도 개인적으로는 극히 일부 극소수의 타고난 천재 외에는 이에 해당한다고 생각합니다. 즉, 대부분의 경우 성적을 좌우하는 것은 지능이 아니라 효율적인 학습법과 집중력입니다. 어쨌든 공부를 잘 하려면 공부를 많이 해야 하고요. 공부를 많이 한다는 것은 어느 정도 습관이 되어 있다는 것이고요. 습관이 되어 있다는 것은 공부하는 동안 어렵지 않게 집중력을 유지한다는 뜻이기도 합니다. 그래서 어릴 때부터 집중력 훈련이 중요한데요.

아이는 스마트폰을 볼 때 상당히 높은 집중력을 유지합니다. 게임을 할 때에도 엄청나게 집중을 합니다. 두세 번 불러도 듣지 못할 정도로요. '집중'은 '하는 것'이기 때문에 자꾸 해 봐야 잘 하게 됩니다. 그렇다면 스마트폰이나 게임을 통해 집중력을 기르면 어떨까요? 안타깝게도 전혀 도움이 되지 않고요. 도움은 둘째 치고 집중력 훈련에 좋지 않은 영향만 줄 뿐입니다. 왜 그럴까요?

사람은 누구나 관심 있는 것, 좋아하는 것, 재미있는 것을 할 때 집중을 합니다. 그럴 때에는 굳이 집중력을 필요로 하지 않습니다. 자동으로 집중을 하니까요. 집중력을 발휘해야 할 때는 관심도 없고, 좋아하지도 않고, 재미도 없지만 해야 하는 것을 할 때입니다. 이 집중력을 '적극적 집중력'이라고 합니다. 즉, 훈련해야 하는 집중력은 '적극적 집중력'입니다.

6세 아이가 스마트폰으로 게임을 하거나 영상을 봅니다. 그런데 눈에 보이는 이미지는 계속 빠르게 변합니다. 이미지 곳곳을 자세히 관찰할 수가 없기 때문에 가장 관심 가는 부분만 봐야 합니다. 그리고 계속해서 보이는 영상 정보의 일부분만을 수동적으로 받아들이기만 합니다. 즉, 집중력을 훈련하고 있는 것이 아니라 일부 정보를 수동적으로 처리하느라 바쁜 것입니다. TV도 비슷하고요. 그래서 TV를 '바보상자'라고 부르기도 합니다.

6세 아이가 그림책을 봅니다. 부모가 글을 읽어주고 있는데 아이는 글 내용과 관계없이 그림의 어느 한 곳을 가리키며 질문을 하기도 합니다. 즉, 부모가 글을 읽어주는 동안 아이는 그림 곳곳을 관찰합니다. 그리고 한 장을 넘기면 또 그림 곳곳을 관찰하면서 이전 그림과 비교해 달라진 점도 찾아내고, 상상도 하고, 추론도 하고, 판단도 하고, 예상도 해 봅니다. 뇌 전체를 사용하면서 그 상태를 지속적으로 유지합니다. '적극적 집중력'을 유지하는 훈련을 하는 거죠. 아이가 그림책을 읽어 달라고 하면 '내 아이 적극적 집중력 훈련 시간이구나.'라고 생각해야 합니다. ^--^

그림책이 중요한 세 번째 이유는 정서 때문입니다. '정서'에 대해 다시 정리해 보겠습니다. 정서란 즐거움, 슬픔 등의 감정을 말하고요. 신생아 때에는 불쾌한 것과 쾌한 것 2가지 정도로 구분하다가 불쾌는 분노, 공포, 원망 등으로 세분화되고, 쾌는 기쁨, 기대감 등으로 세분화되면서 2세 정도에는 기본적인 정서로, 5세 즈음에는 성인과 비슷한 정서로 세분화됩니다. 그리고 정서가 잘 발달한다는 것은 다양한 정서를 잘 느끼고, 자신이 느낀 정서가 어떤 것인지를 잘 알고, 자신이 느낀 정서를 잘 표현하는 것입니다.

정서 발달에 큰 영향을 끼치는 것 중 하나가 경험입니다. 그리고 직접적인 경험은 한계가 있지만 그림책을 많이 보면 간접 경험을 풍부하게 하게 됩니다. 현실에서는 하늘 위로 가기 어렵지만 그림책을 통해서는 하늘뿐만 아니라 우주까지도 가볼 수 있습니다. 그리고 6세까지 보는 그림책에는 동화나 창작이 많습니다. 대체로 주인공이 있고, 이야기가 있고, 구체적인 상황 속에 갈등이나 감정이 녹아 있습니다. 이러한 그림책을 보면서 아이는 다양한 정서를 느낄 수 있으며, 정서를 표현하는 바람직한 방법까지도 경험해 볼 수 있습니다.

그런데 아이의 정서 발달과 관련해서 그림책을 통한 간접 경험보다 더 중요한 것이 있습니다. 바로 '부모와의 유대 관계'인데요. 그림책이라는 도구가 이 유대 관계에 아주 큰 역할을 할 수 있습니다. 아이가 그림책을 읽어달라고 합니다. 부모는 아이를 품에 안고 그림책을 읽어 줍니다. 이때 부모로부터 아이에게 전해지는 것은 무엇일까요? 부모의 목소리, 부모의 체온, 부모의 숨결과 체취 등이죠. 아이는 5가지 감각을 총 동원해서 자신을 향한 부모의 사랑을 느끼게 됩니다. 이것이 아이의 정서 발달에 가장 중요한 요소입니다.

따라서 6세까지는 아이에게 그림책을 읽어줄 때 학습으로 생각하지 말아야 합니다. 물론 여러 가지 측면에서 학습 능력을 훈련시켜 주는 것은 사실입니다. 하지만 이는 자연스럽게 일어나는 현상이며, 부모까지 학습을 1순위로 생각할 필요는 없습니다. 예를 들어 그림 옆에 있는 글을 다 읽었더라도 아이가 계속 그림을 보려 하면 기다려주어야 하고, 그림책을 읽어주고 있는데 아이가 질문을 하면 그 질문에 대해 이야기를 나누어야 합니다.

그리고 그림책은 언어 학습에도 도움이 되는데요. 모든 부모님들이 알고 계신 사항이라 자세히 다루지는 않았습니다.

[그림책의 효과]

☑ 뇌 전체가 종합적으로 발달해요.

☑ 적극적 집중력을 길러줘요.

☑ 아이의 정서 발달에 도움이 돼요.

☑ 언어 학습의 기초 능력을 길러 줘요.

11 수면이 뇌 발달에 중요한 이유

충분한 수면은 뇌 발달의 중요한 요소 중 하나입니다. 왜 그럴까요? 잠을 잘 때 뇌도 쉬기 위해서일까요? 반만 맞는 이야기입니다. 뇌는 잠을 잘 때에 쉬기만 하지 않거든요. 수면 중에도 뇌는 활동을 합니다. 계속 쉬는 것도 아닌데 왜 수면이 뇌 발달의 중요한 요소일까요?

수면은 램수면과 비램수면으로 구분합니다. 램수면 상태는 '뇌는 깨어 있고 근육은 잠든 상태'라고 할 수 있고요. 비램수면 상태는 '뇌는 잠들고 근육은 깨어 있는 상태'라고 할 수 있습니다. 수면 중에 눈동자가 빠르게 움직이는 건 뇌가 깨어 있는 램수면 상태 때 일어나는 현상이고요. 꿈을 꾸는 것도 뇌가 깨어 있는 램수면 상태 때 일어나는 현상입니다. 램수면 상태 때 뇌는 일상에서 얻은 정보 중 일부를 단기기억에서 장기기억으로 옮기기도 하고, 불필요한 정보를 삭제해 버리기도 합니다. 깨어 있으면서 열심히 일을 하는 거죠. 이 과정에서 정보 중 극히 일부를 알아차리기도 하는데요. 그것이 꿈입니다. 가끔 무서운 꿈을 꾸기도 하죠. 무서운데 몸은 움직이지 않습니다. 왜냐하면 램수면 상태에서 뇌는 깨어 있지만 근육은 잠을 자고 있기 때문입니다. 가위눌림도 램수면 상태 때 일어나는 일이고요.

반대로 비램수면 때가 되면 뇌는 잠을 자고 근육은 깨어 있습니다. 뇌가 잠을 자기 때문에 정보 저장이나 삭제는 일어나지 않습니다. 대신 뇌간은 생명 유지에 꼭 필요한 일을 처리합니다. 이 상태가 숙면 상태이고요. 숙면을 충분히 취하면 피로감이 사라지는 것도 생명 유지에 필요한 일만 진행되기 때문입니다. 물론 근육은 깨어 있기 때문에 몸을 뒤척일 수는 있지만 의식하지는 못합니다. 면역력 회복, 신진대사 회복, 성장 호르몬 증가 모두 비램수면 상태 때 일어납니다.

즉, 수면 상태에서 뇌는 정리정돈도 하고 휴식도 취합니다. 일상에서 얻은 정보를 정돈하면서 장기기억으로 저장하기도 하고 불필요한 정보는 삭제하기도 합니다. 그리고 내일을 위해 휴식을 취하기도 하고요. 그런데 수면 시간이 부족하면 정리정돈을 충분히 하지 못하게 되고, 휴식도 충분히 취하지 못합니다. 휴식 시간이 부족했기 때문에 다음 날 정보처리 효율이 떨어지고요. 집중력도 떨어집니다. 그리고 전날의 정보가 잘 기억나지 않으며, 정리가 덜 된 상태에서는 새로운 정보가 들어와도 정보 처리의 효율성이 떨어집니다. 그렇다면 충분한 수면 시간이란 어느 정도의 시간일까요?

연령별 권장 수면 시간은 아래 표와 같은데요. 일반적인 기준이며 개인차가 있기 때문에 6시간만 자도 괜찮은 아이가 있는 반면에 10시간은 자야 충분한 아이도 있습니다. 단, 어떤 아이든 공통된 점은, 잠을 의지만으로 줄일 수 없다는 것입니다.

그리고 숙면을 취하는 데 최악의 적은 스마트기기인데요. 정확히 말하면 스마트기기에서 나오는 블루라이트가 숙면을 방해하는 최악의 적입니다. 블루라이트는 380~500nm(나노미터)의 짧은 파장을 내는 가시광선의 한 종류입니다. 스마트기기에서 블루라이트가 나오게 한 이유는 이 가시광선이 물체를 선명하게 볼 수 있게 도와주기 때문입니다. 그런데 이 블루라이트에 노출되면 수면 유도 호르몬인 멜라토닌 분비가 억제되어 쉽게 숙면을 취할 수 없습니다. 따라서 스마트기기에 블루라이트를 차단하는 애플리케이션을 설치하거나, 잠들기 1시간 전부터는 스마트기기를 사용하지 않는 것이 좋습니다.

〈권장 수면 시간 (출처 : National Sleep Foundation)〉

0~3개월	14~17시간
4~11개월	12~15시간
만 1~2세	11~14시간
만 3~5세	10~13시간
만 6~13세	9~11시간
만 14~17세	8~10시간
만 18~64세	7~9시간
만 65세 이상	7~8시간

1세~12세 때 국어와 독서, 이것만은 꼭!

PART 05

1. 국어의 우선순위 선택 기준
2. 국어와 독서를 함께 진행해야 하는 이유
3. 1개월~24개월 때 국어와 독서는 이렇게
4. 25개월~48개월 때 국어와 독서는 이렇게
5. 49개월~7세 때 국어와 독서는 이렇게
6. 초등학교 1~2학년 때 국어와 독서는 이렇게
7. 초등학교 3~4학년 때 국어와 독서는 이렇게
8. 초등학교 5~6학년 때 국어와 독서는 이렇게

1 국어의 우선순위 선택 기준

우리나라에서 의미 있게 공부 잘 하려면 각 과목별로 3가지 측면에서 살펴봐야 합니다. 첫째는 뇌 발달 과정, 둘째는 그 과목의 본질, 셋째는 우리나라의 교육 현실인데요. 국어도 마찬가지입니다.

우선 뇌 발달 측면에서 봤을 때 국어 학습이 가능한 시기는 7세 즈음입니다. 뇌에서 언어 학습을 담당하고 있는 측두엽이 7세 즈음부터 빠르게 발달하기 때문이고요. 측두엽 때문에 한글 자음과 모음을 익히고, 한글을 읽고 쓰는 원리를 깨우치는 국어 학습은 7세 전후부터 시작하는 것이 좋습니다. 단, 그 전 시기에 다양한 모국어 경험을 많이 했다면, 그리고 아이의 타고난 언어 지능이 좋은 편이라면 6세나 5세 때에도 가능할 수 있고요. 만약 그런 아이라면 굳이 7세 때를 기다릴 필요는 없습니다. 즉, '조기 국어 교육이 좋다 나쁘다'에 대한 논의보다 더 중요한 것이 '내 아이가 가능한 아이인가'입니다. 모든 학습의 기반은 모국어 활용 능력입니다. 그래서 모국어를 빨리 습득하면 전반적인 학습 능력도 빠르게 발달하는데요. 조기 국어 교육이 가능한 아이임에도 불구하고 학습 시기를 늦추는 것은 안타까운 선택이고요. 반대의 아이인데 무리하게 빨리 학습을 시도하는 것도 안타까운 선택입니다. 따라서 유아 때부터 바람직한 모국어 노출 환경을 만든 후 일반적인 적기 (7세)를 염두에 두고 내 아이에 맞는 국어 학습 시기를 찾아내는 것이 매우 중요합니다.

그 다음 국어의 본질 측면에서 살펴봐야 하는데요. 본질적으로 국어를 잘 한다는 것은 듣기, 말하기, 읽기, 쓰기를 잘 하는 것입니다. 우리말을 잘 알아듣고, 우리말로 말 잘 하고, 우리글을 잘 읽고, 우리글로 잘 쓰는 것이죠. 그래서 예전에는 초등학교 국어 교과서를 듣기 교과서, 말하기 교과서, 읽기 교과서, 쓰기 교과서로 구분하기도 했습니다. 그리고 학습 순서는 듣기 ⇒ 말하기 ⇒ 읽기 ⇒ 쓰기 순서로 진행하는 것이 좋습니다.

실제로 아이들의 모국어 습득 과정을 살펴보면 먼저 듣기부터 시작합니다. 신생아가 듣기와 말하기를 모두 하지는 않죠. 태어난 후 듣기만 하다가 어느 순간 단어 하나를 발음합니다. 보통 '엄마' 또는 '맘마'로 시작하죠. 그러면서 말하기 능력이 발달하고, 그 다음 읽기 능력을 익힙니다. 쓰기 능력 훈련은 마지막 단계이고요. 물론 국어 능력 발달 순서는 아이에 따라 다소 차이가 있습니다. 하지만 국어를 잘 한다는 것은 듣기, 말하기, 읽기, 쓰기를 잘 하는 것이고, 일반적으로는 듣기가 되어야 말하기도 되고, 읽기가 되어야 쓰기도 됩니다. 특히 쓰기는 읽기가 충분히 되었을 때 잘 할 가능성이 생깁니다. 반대로 읽기가 되지 않으면 쓰기는 절대잘 할 수 없습니다.

마지막으로 우리나라의 국어 교육 현실을 살펴봐야 하는데요. 간단합니다. 좋은 대학 진학을 목표로 한다는 전제 하에 듣기, 말하기, 읽기, 쓰기 시험을 언제 보는지와 어느 정도 난이도로 보는지를 살펴봐야 합니다. 그리고 현재 대학 입시 제도에서는 고등학교 내신(학교 중·기말 고사 + 수행평가)과 수능 시험 2가지가 중요하기 때문에 이 두 시험을 기준으로 판단해야 합니다.

우선 듣기인데요. 듣기 문제는 고등학교 내신에도 없고, 수능 시험에도 없습니다. 몇 년 전만 해도 수능 국어 시험에 듣기 문제가 나온 적은 있지만 지금은 출제되지 않습니다. 말하기는 내신에서 수행평가에 어느 정도 영향을 주지만 중·기말 고사와 수능 시험에 말하기 문제가 나오지는 않습니다. 읽기는 성적에 절대적인 영향을 줍니다. 중·기말 고사와 수능 시험 모두 읽기(독해) 문제에서 승부가 난다고 해도 과언이 아니거든요. 쓰기는 중·기말 고사에 나오는 서술형 주관식 문제 쓰기와 수행평가 쓰기를 잘 해야 하는데요. 서술형 주관식 문제 쓰기보다 수행평가 쓰기의 난이도가 더 높은 편입니다. 다만 수능 국어에서는 쓰기 문제가 나오지 않고요. 수행평가 쓰기도 예전 대입 논술 쓰기만큼 어렵지는 않습니다. 어쨌든 쓰기가 성적에 끼치는 영향도 상당히 큰 편입니다. 그리고 국어 문법은 영어 문법과 달리 고등학교 때 공부하기 때문에 여기에서는 다루지 않았습니다.

구분	고등학교 내신	대입 수능
듣기	출제되지 않음	출제되지 않음
말하기	출제되지 않음	출제되지 않음
읽기	비중이 매우 큼	비중이 매우 큼
쓰기	서술형 주관식, 수행평가 쓰기. 비중이 작지 않음	출제되지 않음 (2020년 초등 5학년부터 출제 예정)

　요즘처럼 수시 학생부 전형 선발 인원이 수능 선발 인원보다 훨씬 많은 경우에는 수시 학생부 대비를 1순위에 두고 진행하면서 고등 때 수능도 고려해야 합니다.
　이처럼 뇌 발달, 과목의 본질, 우리나라의 교육 현실을 살펴보면 국어에서도 우선순위를 정할 수 있는데요. 듣기, 말하기, 읽기, 쓰기 중 듣기와 말하기보다는 읽기와 쓰기가 더 중요하고요. 읽기가 되어야 쓰기도 되기 때문에 일단 읽기 능력을 잡는 데 총력을 기울여야 합니다. 그리고 국어 문법은 1세~12세(초5) 때 생각할 영역은 아닙니다.
　단, 항상 염두에 둬야 할 것이 하나 있는데요. 뇌 발달과 본질은 거의 변하지 않지만 교육 현실은 변합니다. 예를 들어 수능 시험만으로 대학 가던 때도 있었습니다. 이 때에는 대학 입시에서 쓰기가 중요하지 않았습니다. 그리고 대학 입시에서 논술이 중요한 때도 있었습니다. 이 때에는 대입 논술이라는 고난이도 쓰기 능력이 중요했었습니다. 만약 미래에 우리나라도 프랑스의 바칼로레아 시험처럼 논술과 주관식 문제만으로 시험을 본다면 우선순위의 기준은 또 달라질 것입니다. 따라서 부모는 대학입시 제도와 초중고 전체의 큰 그림을 지속적으로 파악할 필요가 있습니다.

2 국어와 독서를 함께 진행해야 하는 이유

국어를 잘 한다는 것은 듣기, 말하기, 읽기, 쓰기를 잘 하는 것이라고 했는데요. '책 많이 본 아이들이 말 잘 한다.'라고 하고요. '책 많이 본 아이들이 글 잘 쓴다.'라고 합니다. 책을 많이 보면 말하기와 쓰기를 잘 하게 되네요? 그런데 책을 많이 보면 자연스럽게 읽기도 잘 하게 됩니다. 즉, 책을 많이 보면 국어의 듣기, 말하기, 읽기, 쓰기 중 말하기, 읽기, 쓰기를 잘 할 가능성이 매우 높아집니다. 그래서 '가장 효율적인 국어 공부법은 독서다.'라고 하고요. '독서를 잡으면 국어의 절반을 잡게 된다.'라고도 합니다. 특히 실전보다는 기초에 해당하는 초등학교 때까지는 국어 학습에서 독서의 비중이 매우 높습니다. 그래서 중·고등학교 국어 선생님이나 논술 선생님에게 "초등 때 국어 공부 어떻게 해야 하나요?"라고 질문하면 "책 많이 보게 하세요."라고 말씀하십니다. 단, '독서를 잡으면 국어도 잡는다.'라고 하지 않고 '독서를 잡으면 국어의 절반을 잡는다.'라고 했습니다. 나머지 절반은 국어 학습으로 채워야 합니다. 간혹 "책을 많이 본 아이인데 국어 점수가 높게 나오지 않아요."라는 이야기를 듣는데요. 절반에 해당하는 국어 학습을 제대로 하지 않았기 때문입니다. 국어 학습에 대해서는 각 시기별로 정리해 놓았습니다.

책을 많이 본 아이들이 국어 시험에서 흔히 겪는 과도기가 있습니다. 국어 독해 문제에서 정답을 찾을 때 자기 생각과 똑같은 선택지를 답으로 생각하는 경우인데요. 특히 초등학교 1~3학년 때 문학 독해에서 자주 겪는 일입니다. "엄마 이게 왜 답이야? 나처럼 생각할 수도 있잖아! 내 생각이 왜 틀려!" 라고 주장하거나 화를 내기도 합니다. 이때 무리하게 아이를 설득하려 하는 것보다는 때를 기다리는 것이 좋습니다. 그리고 그 때는 초등학교 5~6학년 정도입니다. 왜냐하면, 문학이라고 하더라도 시험에서 독해 문제는 주관적으로 읽지 말고 객관적으로 읽어야 하는데, 문학을 객관적으로 읽는다는 것이 어떤 것인지는 초등학교 5~6학년 정도는 되어야 이해할 수 있습니다. 문학 독해 문제를 제대로 풀려면 "엄마, 국어 시험 문제는 내 생각을 찾는 문제가 아니라 문제를 낸 선생님이 생각한 답을 찾는 문제야."라고 생각할 수 있어야 하거든요.

어쨌든 국어와 독서는 본질적으로 깊게 연결되어 있기 때문에 1세~12세(초5) 때 국어 학습에 대해 이야기하려면 독서를 빼고 말 할 수 없습니다. 물론 독서는 국어 학습을 떠나 여러 가지 측면에서 중요한데요. 이 책에서는 국어 학습에 도움이 되는 측면에서 독서에 대해 언급하였습니다. 그리고 '독서' 하나만으로도 매우 광범위하고 폭넓은 주제이기 때문에 '독서를 잘 진행하려면 언제 어떤 책으로 어떻게 해야 하는가?'에 대해서는 언급하지 않았습니다. 이에 대해서는 〈우리 아이 독서 고수 만들기〉 책을 참고하시기 바랍니다.

1세~12세(초5) 때 국어 학습은 전반부와 후반부로 나눌 수 있습니다. 언어 학습을 담당하는 측두엽이 빠르게 발달하는 7세 전후가 기준인데요. 6세까지는 노출에 초점을 맞추고, 7세부터는 학습에 초점을 맞춰야 합니다.

☑ 1세~6세 : 놀이 국어에서 읽어주기로 전환, 단순 노출로 직관적 습득
☑ 7세~12세(초5) : 읽기 독립 중요, 많이 읽기에서 선택적 읽기로 전환

ㅋ 1개월~24개월 때 국어와 독서는 이렇게

1개월 전 단계인 태아 때에도 국어 노출은 가능합니다. 아니 노출을 해 주는 것이 좋습니다. 태교 때 유용한 국어 활동은 태담이라고 했습니다. 태아에게 이야기를 들려주는 거죠. 'Part 4 – 뇌 발달' 부분에서 언급했듯이 태아 때에는 오감(시각, 청각, 후각, 미각, 촉각) 중에서 청각이 가장 효과적인 자극 전달 방법이기 때문입니다. 그리고 가장 중요한 소리는 '엄마의 소리'라고 했습니다. 아침에 잠에서 깨어나면 "우리 아기 잘 잤어요? 엄마는 잘 잤단다."라고 이야기 해 주고요. 태아의 움직임이 느껴지면 "우리 아기 운동하네!"라고 이야기 해 주는 거죠. 이처럼 일상생활에서 종종 태아에게 이야기를 들려주는 것이 좋습니다.

태아에게 그림책을 읽어주는 것도 좋습니다. '아직 뱃속에서 나오지도 않은 아기한테 그림책을 읽어 준다고요?'라고 생각할 필요는 없습니다. 일상 이야기와 그림책 읽기 모두 태아 입장에서는 그냥 소리일 뿐입니다. 둘 다 의미 파악을 하지 못할 것입니다. 하지만 이 시기에 유용한 국어 활동은 '의미 파악'이 아니라 국어 소리 자극을 다양하게 들려주기입니다. 그리고 그림책 읽기는 일상 이야기에서는 접할 수 없는 소리 자극이고요. 그래서 그림책의 종류가 많을 필요는 없습니다.

앞에서도 언급했듯이 특정 시기에 어떤 것을 많이 했다고 해서 그것만으로 큰 효과를 볼 수는 없습니다. 작은 물방울이 모여 내가 되고, 강이 되고, 바다가 되

는 것처럼요. 그래서 엄마가 스트레스를 받을 정도로 태담에 큰 의미를 두고 과하게 노력하는 것은 오히려 역효과를 가져올 수 있습니다. 사랑하는 아기에게 엄마의 소리를 다양하게 들려준다는 즐거운 마음으로 할 수 있는 만큼만 하는 것이 좋고요. 이 활동에 아빠가 함께 하면 더 좋습니다. 그러면 자극의 양도 늘릴 수 있고, 자극의 다양성도 높일 수 있으며, 부부가 함께 함으로써 엄마의 행복감도 높일 수 있기 때문입니다.

아기가 태어나도 유용한 국어 활동은 여전히 듣기인데요. 태교 때보다는 그림책의 효과를 좀 더 크게 볼 수 있습니다. 일상생활에서 아기에게 말을 하는 것은 여전히 유용하고요. 역시나 이 시기에 가장 좋은 국어 활동 도구는 그림책입니다. 단, 이 시기는 국어 자극 접하기보다 오감을 통한 다양한 자극 접하기가 더 중요합니다. 따라서 그림책 읽어주기는 다양한 자극 중 하나로 생각해야 합니다. 낮에 자연 속에서 오감을 통해 자극을 받았다면, 밤에 아기를 안고 그림책을 읽어주는 거죠.

아기를 안고 엄마 또는 아빠가 그림책을 읽어주는 것과 스마트 기기를 통해 그림책을 읽어주는 것은 어떤 차이가 있을까요? 부모가 아기를 안고 그림책을 읽어주면 국어 소리 자극이 들려옵니다. 이건 스마트 기기도 똑같죠. 그런데 스마트 기기의 소리는 엄마의 소리도 아니고, 아빠의 소리도 아니며, 자연의 소리도 아닙니다. 그리고 스마트 기기로는 엄마의 따뜻한 체온이 느껴지지 않고요. 엄마의 심장 뛰는 진동도 느껴지지 않습니다. 게다가 스마트 기기의 그림은 그림책의 그림보다 단순합니다. 대신 스마트 기기의 영상은 그림책보다 더 역동적일까요? 이 시기에 아기가 그림을 보면서 해야 할 것은 의미 파악만이 아닙니다. 그림의 구석구석 관찰도 해야 하고요. 궁금증도 가져야 하고요. 상상도 해야 하고요. 색감도 느껴야 합니다. 그런데 그림이 빠르게 움직이면 일부분만 보게 되고요. 따라가기 바빠집니다. 덜 중요한 것인데 자극이 강해서 더 중요한 것을 놓치게 되는 거죠. 그래서 부득이한 경우를 제외하고는 가급적 아기를 안고 직접 읽어 주는 것이 훨씬 좋습니다. 그래야 오감을 통해 다양한 자극이 전해지고요. 정서 안정에도 큰 도움이 됩니다.

이 시기 국어 노출을 위해 부모가 꼭 해야 하는 것은 일상 이야기 들려주기와 그림책 읽어주기이고요. 양도 좀 되어야 하지만 질이 더 중요합니다. 이 때 '질'은 '즐겁게 그리고 행복하게'입니다. 이것이 '모국어'를 '모르는 국어'가 되지 않게 하는 첫 단추입니다. 참고로 이 시기 언어 환경의 핵심 요소를 다시 한번 보여 드리겠습니다.

시기	언어 환경의 핵심 요소
0~6개월	□ 이야기를 주고받는 것처럼 대하기 □ 옹알이를 하면 잘 듣고 추론해서 질문하기 □ 주변 사물의 이름 알려주기 □ 다양한 소리 들려주기
7~12개월	□ 말이나 소리 흉내 내기 □ 그림책 반복해서 이야기하듯이 읽어주기 □ 단어 바꾸기 놀이하기 (사탕을 먹어요. 딸기를 먹어요.)
13~18개월	□ 사물, 동식물 그림책 또박또박 읽어주기 □ 엄마 말 흉내 내기 놀이 □ 짧은 문장 따라하기 □ 아이의 행동 짧은 문장으로 표현하기
19~24개월	□ 어휘력(명사, 동사) 확장시키기 □ 짧은 문장으로 심부름시키기 □ 아이의 표현 문장으로 완성시키기 　(엄마 물 ⇒ 엄마 물 주세요.)

4 25개월~48개월 때 국어와 독서는 이렇게

25개월에서 48개월까지는 생활 습관을 들이는 시기입니다. 식습관, 수면 습관 등이 대표적인 사례이며, 언어 습관도 그 중 하나입니다. 아이들은 보통 두 돌 전후에 말문이 트입니다. 24개월까지의 언어 자극이 쌓이고 쌓인 결과인데 어느 날 갑자기 말문이 트이는 것처럼 보입니다. 이 시기에는 말하기 능력도 빠른 속도로 발달합니다. 그래서 이 시기에 언어 습관을 잘 들여야 하는데요. 이 시기 언어 환경의 핵심 요소는 다음과 같습니다.

시기	언어 환경의 핵심 요소
25~30개월	☐ 두 단어 이상으로 말 하게 하기 ☐ 대명사(나, 너, 이것, 저것) 사용하기 ☐ 과거 시제 표현하기
31~36개월	☐ 아이에게 간단한 질문하기 ☐ 다양한 감정 표현 알려주기 ☐ 복수대명사(우리, 모두) 사용하기
37~42개월	☐ 미래 시제 표현하기 ☐ 이유나 방법 물어보기 ☐ 책 읽고 이야기 나누기

즉, 말하기에 시제(과거, 현재, 미래)를 적용해야 할 때이고요. 아이에게 질문도 해야 할 때입니다. 부모가 원하지 않는 행동을 할 경우 무조건 못하게 하거나 지적하는 것보다는 왜 그런 행동을 하는지 이유를 물어볼 필요도 있습니다. 그리고 감정 표현을 정확하게 하는 연습도 해야 하는데요. 부모의 감정 표현이 좋은 시범이 될 수 있습니다. "네가 그렇게 행동하면 이런 이유로 엄마는 슬퍼요."처럼요.

책은 문학 그림책 위주로 선택하는 것이 좋습니다. 대체로 6세까지는 이미지의 뇌인 우뇌 중심으로 학습하고, 7세~8세까지도 우뇌의 영향을 많이 받기 때문에 7세~8세까지는 비문학(설명문, 논설문 등)책보다는 문학(동화, 전래, 명작, 소설 같은 이야기)책을 더 좋아합니다. 그리고 논리적 사고를 할 수 있는 구체적 조작기는 보통 5세 전후에 시작되기 때문에 5세 전까지는 더더욱 비문학책보다 문학책을 더 편하게 느낍니다. 즉, 25개월~48개월 시기는 '우뇌 중심'과 '구체적 조작기 전단계'라는 2가지 이유 때문에 문학책을 집중적으로 읽어주는 것이 좋습니다. 이에 대해서는 〈우리 아이 독서 고수 만들기〉 책에 자세히 정리해 놓았고요.

이 시기의 전반부인 25개월~36개월 때는 책을 다양한 체험 중 하나로 보는 것이 좋기 때문에 책을 보여주는 시간이 절대적으로 많을 필요는 없고요. 자주 활용하는 놀이 수단 중 하나로 활용하면 충분합니다. 다만 후반부인 37개월~48개월 때는 가급적 매일 보여주는 것이 좋습니다. '꼭'이 아니라 '가급적'이기는 한데요. 매일 잠자리에서 잠들기 전에 1~2권씩 보여주면 훌륭한 독서 진행이라고 볼 수 있습니다.

책 외에도 여러 가지 도구를 활용하면 좀 더 다채롭게 국어를 접할 수 있습니다. 대표적인 사례가 플래시 카드인데요. 앞면에 사물(또는 동물)의 사진 또는 그림이 있고, 뒷면에 그 사물(또는 동물)의 이름이 한글로 적혀 있는 플래시 카드를 활용하면 어휘력과 배경지식을 쌓을 수 있습니다. 그리고 백화점이나 대형 마트 등에서 운영하는 문화센터 프로그램을 활용하는 것도 좋습니다. 주 1회 정도의 문화센터 프로그램 참여는 적극적으로 추천하는 편입니다. 다양한 국어 경험 측면뿐만 아니라 규칙 이해하기, 규칙 지키기, 인내하기, 배려하기 등 인성과 사회성 측면에서도 좋은 경험이 되기 때문입니다.

스마트 기기 사용을 막을 수 없다면, 국어 경험의 한 수단으로 스마트 기기를 활용하는 것도 최선은 아니지만 차선일 수는 있습니다. '한글놀이'라는 키워드로 앱 검색을 하면 여러 종류의 앱을 볼 수 있습니다. 이 중에서 완성도도 높으면서 내 아이의 국어 수준에 맞는 앱을 활용하는 건데요. 어쨌든 스마트 기기보다는 그림책이나 플래시 카드가 더 좋기 때문에 스마트 기기는 사용 시간 관리를 철저히 하는 것이 중요합니다.

5 49개월~7세 때 국어와 독서는 이렇게

1세~12세(초5) 때 국어는 전반부와 후반부로 나눈다고 했고요. 6세까지는 노출에 초점을 맞추고, 7세부터는 학습에 초점을 맞춘다고 했습니다. 이 기준으로 보면 49개월~7세 시기는 노출에 초점을 맞추다가 7세 전후로 학습을 진행해야 하는 시기입니다. 그리고 1개월~48개월까지를 어떻게 보냈느냐에 의해 같은 나이라도 아이마다 국어 능력에 약간의 차이를 보이는 시기이기도 합니다. 그래서 이 시기부터는 옆집 아이보다 내 아이에 더 집중해야 합니다. 옆집 아이가 어떤 책을 읽었고 어떤 한글 프로그램을 하는지 등은 옆집 아이 이야기일 뿐입니다. 모두 참고만 하면서 내 아이의 현 국어 능력을 기준으로 판단하고 결정해야 합니다.

일단 이 시기에 국어에서 1순위는 듣기 능력, 읽기 능력, 독서 습관을 집중적으로 기르는 것인데요. 이를 위한 가장 효과적인 방법이 독서입니다. 열심히 책을 읽어 주면서 듣기 능력을 기르고, 서서히 혼자 읽어보게 하면서 읽기 능력을 기르고, 이 과정을 통해 독서 습관까지 들이는 것이 이 시기 국어에서 1순위로 해야 할 일입니다. 듣기 능력을 기르려면 많이 들어야 합니다. 그런데 주변의 대화는 내용이 한정적임에 비해 책은 훨씬 풍부한 소리 정보를 담고 있습니다. 문학책(창작 그림책)을 읽어주면 아이는 문학 텍스트 듣기 훈련을 하는 셈이고요. 비문학(사회, 과학 등) 책을 읽어주면 아이는 비문학 텍스트 듣기 훈련을 하는 셈입니다. 듣기 능력, 읽기 능력, 독서 습관을 집중적으로 기르는 것은 9세~10세(초등 2~3학년)까지도 계속 해야 합니다.

49개월~7세 시기에 국어의 1순위 목표인 '듣기 능력, 읽기 능력, 독서 습관 기르기'를 달성하려 할 때 가장 중요한 것은 '좋은 책 잘 고르기'입니다. 이때 좋은 책은 특정 책이 아니라 내 아이에 맞는 책입니다. A라는 책이 옆집 아이에게 좋았더라도 내 아이에게는 맞지 않을 수 있고요. 가격이 40만원인 전집보다 20만원인 전집이 더 잘 맞을 수도 있습니다. 그래서 책 읽어주기를 진행하면서 내 아이의 현재 읽기 능력, 관심 분야, 성향 등을 파악하는 것이 첫 번째 핵심이고요. 파악한 내 아이를 기준으로 적합한 책을 잘 고르는 것이 두 번째 핵심입니다. 그러기 위해서는 전집과 단행본을 섞어서 보는 것이 좋고요. 고가의 전집만 선호할 필요도 없고요. 특정 출판사만 선호할 필요도 없습니다. 다만 이 시기는 여전히 비문학보다 문학책을 더 선호하는 시기입니다. 그래서 문학은 '폭넓고 다양하게'가 중요하고, 비문학은 '쉽고 만만하게'가 중요합니다.

그리고 7세는 초등학교 입학 전 시기이기 때문에 6세 때까지와는 다르게 봐야 하는데요. 반드시 읽기 독립을 진행해야 하고요. 이를 위해 한글 깨치기도 진행해야 합니다. 왜냐하면 다음 해인 8세(초1) 때 학교 수업 시간에 어느 정도의 읽기 능력을 요구하기 때문입니다. 초등학교에 입학하면 1학년 1학기 국어 시간에 한글 떼기 수업을 받기는 하지만 읽기 독립은 한 학기 수업만으로 이뤄지는 것이 아님니다. 그래서 7세 때 어느 정도 준비를 하고 초등학교에 입학하는 것이 좋습니다.

우선 혼자읽기 연습을 시작하기 전에 한글 깨치기를 먼저 해야 합니다. 이때 '한글 깨치기'는 읽기 독립을 의미하지 않습니다. 훈민정음의 원리를 이해하는 것을 뜻합니다. 'ㄱ'에 'ㅣ'가 붙으면 '기'라고 읽고, 'ㅊ'에 'ㅏ'가 붙으면 '차'라고 읽으며, '기'에 '차'가 붙으면 '기차'라고 읽는다는 것을 이해하는 것인데요. 이렇게 훈민정음의 원리를 적용해 정확히 읽었다고 해서 읽기 독립이 되었다고 볼 수는 없습니다. 읽기 독립은 혼자 읽으며(소리 내는 것과 관계없이) 최소한 의미 파악까지는 하는 것을 뜻합니다. 자기 나이에 해당하는 책을 소리 내어 읽기는 하는데 의미 파악을 하지 못한다면 아직 읽기 독립을 하지 못한 것입니다.

물론 할 수만 있다면 7세 전에 읽기 독립을 해 내는 것이 더 좋습니다. 그러면 전반적인 학습 능력을 좀 더 빠르게 끌어올릴 수 있는데요. 중요한 것은 '하면 좋다'가 아니라 '할 수 있느냐'라고 했습니다. 어쨌든 7세 때에는 어느 정도 읽기 독립 연습을 해야 하고요. 이때 '어느 정도'란 7세용 책 중 글 양이 많지 않고 내용이 어렵지 않은 책을 혼자 읽고 의미 파악까지 할 수 있는 정도를 뜻합니다.

듣기 능력과 읽기 능력을 기르고 독서 습관을 들이는 것은 국어 영역의 목표일 뿐만 아니라 이 시기 전체에서도 가장 중요한 목표입니다. 이 목표를 잘 달성하면 다음 해인 8세(초등학교 1학년) 때 국어의 80% 정도가 해결되고, 수학의 30% 정도가 해결되며, 통합교과의 70% 정도가 해결됩니다. 반대로 이 목표를 제대로 달성하지 못하면, 국어는 총체적으로 문제가 생기고, 수학도 문장제 문제와 서술형 주관식 문제에서 어려움을 겪게 되며, 통합교과는 얻는 것 없이 2년을 허비할 가능성이 높아집니다. 그러면서 1차 좌절기인 초등학교 3학년 때 좌절을 맛볼 확률도 높아집니다. 그래서 이 시기에는 독서를 통해 듣기 능력, 읽기 능력, 독서 습관을 기르는 것이 1순위 중에서도 1순위라고 강조할 수밖에 없고요. 영어, 수학, 한자 등을 모두 중요하게 여기면서 노력을 분산시키는 것보다는 1순위 목표에 집중하면서 다른 것들은 부수적으로 생각하는 것이 좋습니다.

그리고 이 시기 독서 분량은 하루 평균 3권 정도면 충분합니다. 하루 3권이면 1년에 약 1100권이고요. 초등학교 입학 전까지 약 3000권의 책을 접하게 됩니다. 절대 적은 분량은 아닌데요. 단, 한 권 한 권이 재미있고 흥미로운 책 읽기 시간이어야 합니다. 그래야 읽기 독립으로 부드럽게 넘어갈 수 있습니다. 읽기 독립은 꼭 해야 하는 것인데, 상당히 어려운 것입니다. 그래서 읽기 독립의 전반기인 이 시기에는 독서 진행을 할 때 세심한 배려가 필요합니다. 이에 대해서는 〈우리 아이 독서 고수 만들기〉 책을 참고하면 도움이 될 것입니다.

[Q] 100일 1000권 읽기 같은 것도 해야 하나요?

[A] 100일 1000권 읽기의 장점은 하나입니다. 부모가 독서에 집중할 수 있는 동기가 마련된다는 것이죠. 그리고 가장 중요한 것도 하나입니다. 1000권이 모두 아이에게 좋은 책이어야 합니다. 그러기 위해서는 100일 동안 좋은 책 1000권을 찾아내야 합니다. 그래서 100일 동안 몇 권 진행할 것인가는 좋은 책을 몇 권이나 찾아낼 수 있는지로 결정하는 것이 좋다고 생각합니다. 100일 1000권이라면 매일 10권씩 좋은 책을 찾아내야 합니다. 1000권이라는 숫자를 채우기 위해 형식적인 독서를 진행한다면 그 시간들은 의미 없는 시간이 될 것입니다.

6 초등학교 1~2학년 때 국어와 독서는 이렇게

이 시기에는 가장 먼저 '현재 내 아이의 읽기 능력이 어느 정도이고 읽기 독립은 어느 정도까지 이루었나?'부터 확인해야 합니다. 49개월~7세 시기 전체에서 1순위가 한글 읽기 능력 기르기였다면 이 시기 전체에서 1순위는 '한글 읽기 능력 기르기와 한글 읽기 독립 최대한 빨리 이루기'입니다. 전체 1순위가 거의 비슷한데요.

독서를 가장 중요하게 여기면서 책도 꾸준히 읽어주는 것은 49개월~7세 때와 같지만 이 시기에 달라지는 점이 몇 가지 있습니다. 49개월~7세가 '많이 읽어주기'의 시기였다면 초등학교 1~2학년은 혼자 읽는 시간을 차츰 늘려야 하는 시기입니다. 궁극적으로 읽기는 '혼자읽기'이기 때문에 49개월~6세가 읽기 독립을 위한 기초 공사를 하는 때라면 이 시기는 읽기 독립 능력의 승부처라고 할 수 있습니다. 그리고 7세는 그 중간에 해당하는 시기이고요. 그래서 7세 때에는 읽어주기와 혼자읽기를 병행해야 하는데요. 읽어주기와 혼자읽기의 비중은 아이에 따라 다릅니다.

중요한 것은! '읽기 독립은 매우 어려운 것이다.'라는 사실을 부모님이 깊게 이해하는 것입니다. 초등학교 1학년 아이가 2학년 책을 무난하게 본다면 부모 입장에서는 매우 행복한 일이지만 아주 드문 경우이고요. 초등학교 1학년 때 1학년 책을 잘 보기만 해도 읽기 능력이 좋은 것입니다. 미국은 초등학교 1학년 아이 중 30% 가량이, 우리나라는 초등학교 1학년 중 40% 가량이 자기 학년의 읽기 능력을 갖추지 못했다는 자료도 있을 정도로 읽기 독립은 매우 어려운 것입니다. 읽기 독립은 당연한 일로 생각되지만 현실은 그렇지 않습니다.

초중고 학생 중에서 국어 시험을 잘 보는 아이들이 많을까요? 안타깝게도 많지 않습니다. 왜 그럴까요? 초중고 국어 시험의 독해 문제는, 그 학년이라면 읽을 수 있는 텍스트가 제시되는 문제입니다. 그런데 국어 시험을 잘 보는 아이들이 많지 않다는 것은 자기 학년의 읽기 능력을 갖추지 못한 아이들이 많다는 뜻입니다. 왜냐하면 '자기 나이의 읽기 능력'은, 살다보면 자연스럽게 길러지는 것이 아니기 때문입니다.

이처럼 읽기 능력은 매우 어려운 것이어서 단기간에 길러지지도 않습니다. 어려운 일이기 때문에 그 능력을 적절히 기르려면 별도의 노력이 필요한데요. 의외로 많은 아이들이 충분한 연습을 하지 못하는 것입니다. 그리고 안타까운 것은, 읽기 능력이 중요하다는 것과 읽기 능력 기르는 것이 어렵다는 것 2가지를 제대로 파악하고 있는 부모님이 의외로 많지 않다는 사실입니다. 그 결과로 전국의 부모님과 아이들 중 절반 정도가 초등학교 3학년 때 1차 좌절기를 맞이하게 됩니다.

[Q] 국어 문제집이나 학습지만으로도 읽기 능력을 기를 수 있나요? 꼭 독서로 길러야 하나요?

[A] 결론부터 말씀드리면 독서가 가장 좋은 방법이고요. 국어 문제집이나 학습지만으로 읽기 능력을 기르는 것은 극소수의 독특한 아이들만 가능한 일입니다. 내 아이가 독특한 아이일 확률은 매우 낮기 때문에 일단은 확률 높은 쪽을 선택하는 것이 좋은데요. 이유는, 읽기 능력을 제대로 기르려면 많이 읽어야 하기 때문입니다. 많이 읽어야 하기 때문에 문제집이나 학습지에 나오는 지문 읽기만으로는 한참 부족합니다. 게다가 문제집

이나 학습지 지문 읽기는 대체로 재미가 없습니다. 문제 푸는 것도 재미 없고요. 그냥 엄마가 하라니까 할 뿐입니다. 물론 국어 문제집이나 학습 지도 잘 활용하면 도움이 될 수 있습니다. 우선 내 아이의 읽기 능력 평 가용으로 활용할 수 있고요. 시험 문제 풀기에 익숙해지는 효과도 볼 수 있습니다. 그런데 이 2가지 효과를 위해 굳이 매일 국어 문제를 풀어보 게 할 필요는 없죠. 괜히 공부 시간만 많아질 뿐이거든요. 읽기 능력을 기르려면 텍스트를 아주 많이 봐야 합니다. 그런데 아이가 지치지 않고 많은 텍스트를 볼 수 있는 유일한 방법이 독서입니다. 따라서 특히 이 시 기에는 독서를 통해 읽기 능력을 기르는 것이 가장 효과적인 방법이고 요. 국어 문제 풀기는 평가용과 실전 훈련용으로 활용하는 것이 좋습니 다.

다시 한번 강조합니다. 아이 학습과 관련해서 가장 중요한 능력은 '읽기 능력'입 니다. 그리고 49개월~초등 2학년 때에는 읽기 능력을 집중적으로 길러야 합니 다. 이를 위해 먼저 부모님이 '읽기 능력의 중요성과 어려움'을 정확하게 이해해야 하고요. 정확하게 이해했다면 초등학교 2학년까지는 독서를 1순위에 두고 '내 아 이의 읽기 독립'에 집중 또 집중해야 합니다. 이를 위해 독서를 어떻게 진행할 것인 지는 〈우리 아이 독서 고수 만들기〉 책에 자세히 정리해 놓았는데요. 핵심 포인트 만 정리해 보겠습니다.

☑ 읽어주기와 혼자 읽기를 병행해야 해요.

☑ 혼자 읽기는 쉬운 책으로 진행해야 해요.

☑ 7세부터는 비문학(사회, 과학 등의 설명문) 비중을 높여야 해요.

☑ 초1 전후로는 문고판으로 글 양 늘리기에 도전해요.

☑ 초2 때에는 독서량이 중요해요. 책을 많이 볼 수 있는 마지막 1년이기도 해요. 그리고 초3 대비 사회, 과학 책 읽기가 중요해요.

☑ 7세~초2 때 보면 좋은 책 : 우리창작(문학), 아시아창작(문학), 세계창작(문학), 리더십, 사회성, 개념수학, 자연관찰, 원리과학, 사회동화, 우리문화(쉬운 책), 세계문화(쉬운 책), 유사사기, 위인(쉬운 인물), 생활문화사(쉬운 책), 정치사(아주 쉬운 책)

이 시기 국어에서 해야 할 것이 하나 더 있습니다. 듣기, 말하기, 쓰기 중에서 '말하기'입니다. 쓰기가 아니라 말하기입니다. 초등학교에 입학하면 쓰기가 꽤 많이 나옵니다. 받아쓰기, 독서록, 일기쓰기 그리고 학교 시험에 나오는 서술형 주관식 쓰기 문제 등이죠. 엄마 입장에서는 쓰기 연습을 많이 해야 할 것처럼 보이는데요. 그럼에도 불구하고 쓰기보다 말하기가 더 중요합니다.

듣기, 말하기, 읽기, 쓰기 중에서 Input에 해당하는 것이 듣기와 읽기이고요. Output에 해당하는 것이 말하기와 쓰기입니다. 그리고 Output에 해당하는 말하기와 쓰기 중에서 더 쉬운 것이 말하기입니다. 즉, 이 시기에 말하기가 쓰기보다 더 중요한 이유는 '더 쉬운 Output'이기 때문입니다. Output 연습을 하기는 해야 하는데 쓰기보다 말하기가 더 쉽기 때문에 말하기부터 연습하는 거죠. 그리고 말하기를 잘 해야 쓰기를 잘 할 수도 있습니다.

또한 쓰기는 듣기, 말하기, 읽기, 쓰기 중에서 마지막 단계이기도 합니다. 마지막 단계라는 것은 그만큼 어렵다는 뜻이죠. 읽기 독립보다 훨씬 더 어렵습니다. 그런데 이 시기는 읽기 독립만 성공해도 훌륭한 시기이거든요. 즉, 읽기 독립 훈련을 열심히 하면서 Input을 충분히 진행하고, 이를 바탕으로 말하기 연습을 꾸준히 해야 나중에 쓰기도 잘 하게 됩니다.

그런데 안타깝게도 받아쓰기, 독서록, 일기쓰기, 서술형 주관식 쓰기가 나온다는 현실적인 이유만으로 '쓰기가 본질적으로 얼마나 어려운 것인지', '쓰기를 잘 하기 위해서는 그 전에 무엇을 충분히 훈련해야 하는지' 등에 대해서는 충분히 고민하지 않고 바로 쓰기 연습에 들어가는 경우가 많습니다. 그 결과 받아쓰기, 독서록, 일기쓰기를 부담 없이 잘 하는 아이는 극소수이고요. 대부분의 아이들이 서술형 주관식 문제를 어려워합니다. 그러면서 학습 특히 쓰기에 대해 부정적인 태도만 만들어지게 됩니다.

말하기 연습의 효과는 이스라엘의 하브루타 교육법만 봐도 금방 알 수 있습니다. 이스라엘의 하브루타 교육법은 두 명이 짝을 지은 다음 공부한 것에 대해 서로 질문을 주고받으면서 토론하는 교육 방법입니다. 이때 교사는 코치 역할만 하며, 답을 바로 알려주지 않습니다. 즉, 하브루타 교육법의 주된 방법은 쓰기가 아니라 말하기인 것입니다. 그리고 이스라엘에서 우수한 학생은 다수 학생을 대상으로 하는 수업 때 질문을 많이 하는 학생입니다. 이러한 교육 문화는 기업 문화로도 이어지는데요. 이스라엘의 기업 회의실은 회장과 말단 직원 간에 토론을 벌일 수 있는 수평적 회의 문화를 이루고 있습니다. 그 결과 노벨상 수상자 중 35%가 유대인이며, 나스닥에 상장된 이스라엘 벤처 기업의 수가 90여 개라고 합니다.

물론 지금까지의 우리 교육 문화를 생각할 때 하브루타 교육법을 100% 받아들이는 것은 매우 어려운 일입니다. 하지만 이제 우리나라도 말하기 연습을 충분히 해야 하는 현실적 이유가 생겼습니다. 초중고 학교 시험의 서술형 주관식 쓰기 문제와 수행평가 쓰기를 대비해야 하는 것이 현실이고요. 이를 위해 우선 말하기 연습부터 시작해야 하고요. 말하기 연습을 시작해야 하는 시기가 바로 초등학교 1~2학년 시기입니다.

이 시기에 말하기 연습은 2가지를 진행해야 합니다. 하나는 독후활동을 통한 말하기 연습, 다른 하나는 수학 서술형 주관식 문제 풀이 과정 말하기 연습인데요. 이때 중요한 것은, 질문이나 문제가 쉬워야 하고 차츰 차츰 난이도를 높여가야 합니다. 우선 독후활동 말하기는 3가지 유형의 질문이 있습니다. 단답형 질문이 있고요. 인과관계 질문이 있고요. 정답이 없는 질문이 있습니다. 질문에 대해 대답할 때에는 책을 자유롭게 다시 볼 수 있게 합니다.

중요한 것은 '정답 맞히기'가 아니라 '생각해 보고 표현해 보기'입니다. 따라서 말하기 연습 초기 단계에서는 인과관계 질문을 했을 때 원인 또는 결과가 정확히 생각나지 않을 경우 다시 책을 보면서 정답 부분을 찾아내서 자신의 입으로 말해 보는 연습을 하는 것도 괜찮은 방법입니다.

국어는 초등학교 1학년 때부터 시작됩니다. 그리고 서술형 주관식 문제도 1학년 때부터 출제될 수 있고요. 그런데 1~2학년은 아직 쓰기 자체가 익숙하지 않은 때입니다. 연필을 잡을 때에도 손에 힘을 많이 줘야 하고요. 글자 한 자 한 자 쓰는 것도 쉽지 않습니다. 맞춤법도 신경 써야 하고요. 쓰는 순서도 신경 써야 합니다. 이처럼 쓰기 자체가 서투른 때인데 이 시기에 문제를 해결한 과정을 논리적으로 서술하거나 짧지 않은 문장을 정확히 쓰는 것은, 극소수의 아이들을 제외하고는 매우 어려운 일입니다. 따라서 초등학교 1~2학년 때에는 문제 해결 과정을 바로 쓰게 하는 것보다는 말로 설명해 보게 하는 것이 좋습니다. 이 과정을 충분히 경험해야 풀이 과정을 적절히 쓰는 것도 가능해집니다.

그럼 초등학교 저학년 때부터 잘 쓰는 아이들은 어떤 아이들일까요? 첫째 8가지 다중 지능 중에서 '언어 지능'이 좋은 아이들입니다. 물론 이 조건만으로 잘 쓰게 되는 것은 아니지만요. 둘째 책을 많이 접한 아이들입니다. 책에는 완성도가 높은 문장이 들어 있습니다. 그런 문장을 많이 듣고 많이 본 아이라면 표현력과 문장력이 좋을 수밖에 없습니다. 그러면서 생각의 재료인 배경지식도 많이 쌓이고요. 셋째 말을 많이 해 본 아이들입니다. 앞에서 언급했듯이 말하기와 쓰기 모두 Output입니다. 내 생각을 말로 또는 글로 표현하는 거죠. 따라서 내 생각을 말로 자주 표현한 아이라면 글로 표현하는 것도 어렵지 않게 해 낼 수 있습니다. 넷째 표현하는 것을 좋아하는 아이들입니다. 대체로 남자보다는 여자가 표현하기를 더 좋아하는 편이죠. 이 4가지 조건(언어 지능 + 독서량 + 말하기 경험 + 적극적 태도)을 모두 갖춘 아이들은 어려서부터 글을 잘 씁니다. 그런데 그런 아이들은 소수입니다. 다행인 것은, 초등학교 때 아이의 성적과 실력으로 대학에 가지는 않습니다. 당장 급하지는 않습니다. 대신 초등학교 때 쓰기를 못하면 계속 못하는 것도 사실입니다. 단, 초등 저학년이 아니라 초등 고학년 때를 뜻합니다. 그래서 초등학교 1~2학년 때에는 우선 아이에 대한 진단부터 정확히 해야 하고, 진단 결과를 기준으로 해서 말하기와 쓰기 연습의 비중, 말하기 방법과 난이도 등을 조절해야 합니다. 쓰기 목표를 '서술형 주관식 문제 잘 쓰기'로 잡고, 이를 위해 독후활동을 통한 말하기 연습과 수학 서술형 주관식 문제 풀이 과정 말하기 연습을 적절히 진행하는 것이 이 시기에 국어에서 해야 할 두 번째 과제입니다. 그러면 자연스럽게 수학 대비 효과도 볼 수 있습니다.

이 시기는 1세~12세(초5) 시기 중에서 가장 책을 많이 봐야 하는 시기입니다. 그리고 그렇게 할 수 있는 시기입니다. 영어와 수학 모두 아직 전체 1순위가 아니기도 하고요. 사회와 과학 과목도 아직 시작되지 않았습니다. 그래서 권장 독서량은 하루 평균 3권 이상인데요. 읽어준 책과 혼자 읽은 책 포함한 수량입니다. 그리고 독후활동 말하기는, 많이 하면 좋지만 더 중요한 것은 아이가 크게 부담을 느끼지 않을 만큼입니다. 그날 읽은 책 중에서 가장 관심을 많이 보인 책을 위주로 해서 2~3가지 정도의 질문을 통해 간단히 이야기를 나누는 방식으로 시작하는 것도 좋습니다. 처음부터 매일 할 필요는 없고요. 자꾸 해 보면서 서서히 익숙해지게 만드는 것이 좋습니다. 단, 평소에 자기 생각을 말이나 글로 적절히 표현하는 아이인데 독서 후 말하기를 심하게 거부한다면 굳이 진행할 필요는 없습니다. 어쨌든 읽기를 편하게 느끼게 하는 것이 가장 중요하기 때문입니다.

그리고 국어 문제집이나 학습지를 활용하는 것도 가능한 시기인데요. 우선 아이의 읽기 능력을 객관적으로 평가하기 위한 활용은 가끔(예를 들어 1~2개월에 1회 정도) 해 보는 것도 좋습니다. 다만, 매일 또는 2~3일에 한 번씩 문제집을 풀어보게 하는 것은, 아이에 따라서는 신중하게 접근하는 것이 좋은데요. 일주일에 1~2회 정도, 1회 30~40분 정도를 크게 부담스러워하지 않는다면 진행해 보시기 바랍니다. 단, 독서량도 많고 학교 국어 단원평가 성적도 우수한데 국어 문제집 풀기를 싫어한다면 굳이 서두를 필요는 없습니다.

7 초등학교 3학년~4학년 때 국어와 독서는 이렇게

이 시기에 1순위 과목은 국어가 아니라 영어입니다. 그래서 하루 학습 시간 중 영어 노출 시간이 가장 많아야 하고요. 국어(독서 포함)는 수학과 함께 2순위에 해당합니다. 그리고 국어 대비는 여전히 문제 풀기보다는 독서 위주가 더 효과적입니다. 우선 국어에서의 우선순위를 정해보면, 1순위는 여전히 읽기 능력 기르기입니다. 초등학교 2학년까지가 읽기 능력을 자리 잡게 하는 시기라고 한다면, 초등학교 3~4학년은 읽기 능력을 한 단계 업그레이드 시키는 시기이고요. 당연히 혼자 많이 읽어야 합니다. 특히 이 시기에는 비문학 책 비중을 높이면서 비문학 읽기 능력을 탄탄하게 훈련시켜야 합니다. 학습만화를 적절히 활용하는 것도 괜찮은 시기인데요. 학습만화에 대한 판단 기준은 〈우리 아이 독서 고수 만들기〉 책에 자세히 정리해 놓았습니다.

이 시기에 읽으면 좋은 책은 다음과 같습니다.

[초등학교 3~4학년 때 읽으면 좋은 책]

☑ 우리문학, 세계문학

우리문학과 세계문학 책을 읽을 때 가장 중요한 것은 '어떤 책을 보느냐'가 아니라 '재미있는 문학책 읽기'입니다. 한 권을 보더라도 책의 재미에 푹 빠질 수 있는 책이어야 의미 있는 문학책 읽기가 됩니다. 따라서 권수가 많으면 좋기는 하지만 아이가 재미있게 볼 수 있는 책 위주로 선택해야 하고요. 아예 안 보는 것보다는 환타지라도 보는 것이 좋기는 하지만환타지 위주로 읽는 것보다는 창작, 우리문학, 세계명작 중에서 아이가 잘 볼 수 있는 책 위주로 읽는 것이 훨씬 좋습니다. 단, 해리포터 시리즈처럼 스토리가 탄탄하고 공인된 환타지는 괜찮습니다.

☑ 철학

초등학교 중학년부터는 꾸준히 봐야 할 책입니다. 철학책은 특히 권수가 중요하지 않습니다. 종류가 많지도 않고요. 권수보다는 꾸준히 보는 것이 중요하며, 이 시기 철학책은 쉬워야 합니다. 쉬운 그림책으로 보일지라도 철학 영역 책이라면 편하게 술술 읽은 후 간단하게나마 이야기를 나누는 것도 좋습니다. 예를 들면 '행복한 청소부' 같은 그림책이죠. 철학책을 강조하는 이유는 가치관 때문인데요. 가치관은 현실적으로 수시 학생부 전형의 면접시험 때 답변의 근거가 되기도 하고, 근본적으로 삶의 기준이기 때문에 어떤 측면에서는 국영수보다 더 중요하다고 볼 수 있습니다.

☑ 심화개념수학

문학이나 철학책이 가급적 꼭 봐야 하는 책이라면 심화개념수학 책은 '보면 좋은 책'입니다. 이 영역의 책은 2가지로 분류할 수 있는데요. 하나는 교과서의 개념을 쉽게 이해시켜주는 책이고요. 다른 하나는 교과서와 관계없이 수학적 사고력을 넓혀 주는 책입니다. 만약 수학 개념 이해를 잘 하는 아이라면 첫 번째 책을 꼭 읽을 필요는 없습니다. 반대의 아이라면 책으로 도움을 받을 수 있습니다. 〈우리 아이 수학 고수 만들기〉 책의 'Part Ⅲ 수포 엄마의 초등 수학 정복기' 부분에 초등학교 1~6학년 수학교과서의 개념과 원리를 쉽게 정리해 놓았는데요. 교과서 개념학습 예습용 또는 복습용으로 활용할 수 있으며, 초등 중학년부터는 아이 스스로 읽으면 더 큰 효과를 볼 수 있습니다. 수학적 사고력을 넓혀 주는 책은 평소에 수학을 좋아하고 잘 하는 아이들의 경우 잘 읽을 수 있는데요. 그렇지 않다면 무리해서 선택할 필요는 없습니다.

☑ 심화과학, 사회탐구

이 시기에는 비문학 읽기 능력을 탄탄하게 훈련하는 것이 매우 중요한데요. 심화과학, 사회탐구, 한국사 영역의 책을 통해 비문학 읽기 능력을 훈련하는 것이 효과적입니다. 과학은 물리학, 화학, 생명과학, 지구과학 등으로 세분화할 수 있으며, 각 영역의 책을 고르게 보면 가장 좋은데요. 더 중요한 것은 어느 영역이든 과학책을 보는 것입니다. 따라서 아이가 선호하는 영역부터 보게 하고요. 과학학습만화도 괜

좋은 선택입니다. 그리고 사회책을 선택할 때에는 과학책보다 더 쉽게 느껴지는 책을 선택하는 것이 좋습니다. 물론 사회책을 선호하는 아이라면 난이도를 높여도 괜찮지만 일반적으로는 과학보다 사회가 더 어렵기 때문에 내 아이가 편하게 볼 수 있는 사회책을 선택하는 것이 중요합니다.

☑️ 한국사와 중국사

역사책은 초등학교 5학년 때 만나는 한국사 과목 대비 겸 국어 비문학 읽기 능력 훈련용으로 좋은데요. 이 시기에는 시대 전체의 주요 인물과 사건을 다룬 통사책보다는 개별 인물을 다룬 위인전이나 생활문화 또는 과학사 같은 구체적인 책이 좋습니다. 위인전은 역사뿐만 아니라 다양한 삶에 대한 간접 체험, 직업에 대한 간접 체험, 인성과 가치관에 대한 고찰 등 다양한 효과를 볼 수 있는 책입니다. 그런데 위인전 전집 전체를 잘 보는 경우는 적습니다. 위인전 전집의 반이라도 잘 읽으면 성공이고요. 이를 위해 정보량이 많은 책보다는 재미있는 소설 같은 책을 고르는 것이 중요합니다. 중국사 관련해서는 초한지를 시도해 볼만한 시기입니다. 우리나라가 아닌 다른 나라의 역사를 접해보는 의미도 있고요. 우리나라 역사와 관계가 깊은 중국사 독서의 시작으로 선택하기 좋은 책입니다. 역사책은 만화책도 적극 활용하기를 추천합니다.

물론 위 책들을 모두 잘 읽는다면 매우 행복한 일인데요. 그런 경우는 적을 것입니다. 그래서 '꼭 읽어야 할 책'이라 하지 않고 '읽으면 좋은 책'이라고 했고요. 우선 아이가 흥미와 관심을 보이는 영역부터 시작해서 다른 영역으로 서서히 확장해 가는 것이 좋습니다. 그리고 4학년 때에는 가급적 한국사 책은 많이 보는 것이 좋고요. 중요한 것은 '책을 꾸준히 읽는 것' 그리고 '비문학 책을 꾸준히 읽는 것' 그리고 이를 통해 읽기 능력(특히 비문학 읽기 능력)을 탄탄하게 기르는 것입니다.

이 시기 국어의 1순위가 '비문학 읽기 능력 탄탄하게 기르기'이라면 2순위는 '서술형 주관식 쓰기 능력 기르기'입니다. 초등학교 1~2학년 때 쓰기를 위해 말하기를 적극 활용했다면 3학년~4학년 때에는 쓰기 연습도 좀 해야 합니다. 손가락 힘도 세어졌고, 쓰기 자체도 좀 익숙해진 상태이기 때문에 기본 조건은 마련된 상태인데요. 그렇더라도 여전히 쓰기를 많이 하지는 말아야 합니다. 여전히 한글책 읽기가 더 중요하고, 새로 추가되는 영어 읽기가 한글 쓰기보다 더 중요하기 때문에 한글 쓰기에 많은 시간과 노력을 들이는 것은 좋지 않습니다. 그래서 이 시기 쓰기 연습은 각 과목 서술형 주관식 쓰기 연습에만 집중하는 것이 좋습니다. 물론 학교나 공공기관의 글쓰기 대회까지 할 수 있다면 굳지 말릴 필요는 없지만 그런 아이는 소수이고요. 대부분의 아이들은 여전히 쓰기를 좋아하지 않을 때입니다.

우선 학기별 국어 문제집을 한 권씩 준비합니다. 수학은 더 해야 하는데요. 수학에 대해서는 'Part 7 – 수학' 부분에 자세히 정리해 놓았으니 참고하시고요. 문제집에 출제되어 있는 서술형 주관식 문제를 가지고 쓰기 연습을 진행합니다. 이때 서술형 주관식 문제 풀기는 '평가'가 아니라 '연습'이라는 것을 잊지 말아야 합니다. 먼저 문제를 읽고 말로 설명해 보는데요. 아마 충분히 설명하는 아이가 많지 않을 것입니다. 잘 하면 좋고, 부족하더라도 화 내지 마시고요. 아이가 설명한 내용을 간단히 메모하고, 문제집 또는 교과서에서 그 문제의 정답이 있는 부분을 찾아서 읽어보게 하고, 다시 설명해 보게 합니다. 이때 문제집이나 교과서의 해당 내용을 보면서 설명을 해도 괜찮습니다. 설명이 끝나면 이제 정답을 쓰게 합니다. 이때 문제집의 설명 부분을 보면서 써도 괜찮고요. 다 쓰면 해답과 비교하면서 아이가 쓴 정답을 평가해 봅니다. 이 과정이 서술형 주관식 쓰기 연습을 제대로 하는 것이고요. 이 과정이 쌓이고 쌓여야 서술형 주관식 쓰기도 잘 하게 됩니다. 물론 문제만 봐도 잘 쓰는 소수 아이들은 이와 같이 연습할 필요는 없고요.

그렇다면 국어 문제집에서 서술형 주관식 문제를 제외한 다른 문제들은 꾸준히 풀어 보는 게 좋을까요? 이 고민에 대한 판단을 위해서는 몇 가지 점검해야 할 것이 있습니다. 첫째, 현재 아이의 국어 문제 해결력을 진단해 봐야 합니다. 학교에서 국어 시험을 본다면 그 시험의 점수로, 시험을 보지 않는다면 구입한 국어 문제집을 몇 번 풀어보면서 아이의 실력을 진단해 봅니다. 다행히 잘 푼다면 국어 문제 풀기는 가끔만(일주일에 1~2회 정도) 하고, 그보다는 책을 더 보는 게 좋습니다. 성적이 좋지 않다면 책 읽기를 병행하면서 국어 문제를 제대로 풀어보는 연습을 해야 합니다. 문제를 많이 풀 것이 아니라 제대로 풀어보는 경험을 쌓는 것이 중요합니다. 위 서술형 주관식 문제 푸는 것처럼 한 문제 한 문제를 '평가'가 아닌 '연습'으로 생각하며 풀어봐야 실력이 늘 수 있습니다.

국어의 독해 문제와 수학 문제는 암기해서 푸는 문제가 아닙니다. 내가 직접 풀어봐야 실력이 향상되며, 학원에서 문제 풀이 강의를 많이 본다고 해서 실력이 느는 것은 아닙니다. 물론 문제 유형별 해결 방법은 약간의 도움이 될 수 있지만 근본적인 해결 능력까지 길러 주는 것은 아닙니다. 그리고 근본적으로 국어의 독해 문제는 '아는지'를 평가하는 것이 아니라 '할 수 있는지(읽을 수 있는지)'를 평가하는 문제이기 때문에 자꾸 읽어봐야 잘 풀 수 있게 됩니다. 따라서 이 시기에는 국어 문제만 많이 풀어보게 하는 것보다는 독서를 기본으로 하면서 몇 문제라도 제대로 풀어보는 연습을 하는 것이 효과적입니다. 그리고 이 시기 고민 사항 중 하나가 독서토론과 논술인데요. 이에 대해서는 뒤쪽 'Part 11'에 정리해 놓았습니다.

이 시기부터 독서는 하루에 1~2권, 어려우면 이틀에 1~2권 이상 읽는 것이 좋습니다. 그리고 국어 문제를 어려워하는 아이라면 일주일에 2~3일 정도, 하루에 30~40분 정도 국어 문제를 풀어보다가 진행 상황에 따라 학습 분량을 조절하는 것이 좋습니다.

8 초등학교 5학년~6학년 때 국어와 독서는 이렇게

초등 5학년은 영어와 수학이 1순위이고, 초등 6학년은 수학이 1순위입니다. 국어는, 1순위가 아니라는 전제 하에 꾸준히 해야 하는데요. 초등 4학년까지는 '독서를 통한 읽기 능력 기르기'에 집중했다면 초등 5학년부터는 독서의 비중은 줄이면서 '독해력 기르기'의 비중을 늘려야 합니다. 독서란 '정답 찾기가 아닌 그냥 읽기'입니다. 보고 싶은 책을 주관적으로 읽는 것이죠. 그리고 독해란 국어 문제집의 독해 문제를 읽으면서 객관적으로 답을 찾아내는 것입니다.

이 시기는 책 읽는 시간 마련하는 것이 어려운 때입니다. 그래서 독서는 비중을 줄이는 대신 전략적으로 책 선택을 해야 합니다. 이 시기 독서의 1순위는 한국사 영역 읽기입니다. 한국사는 초등학교 5~6학년 때 처음 배우는데요. 학습 분량도 많고 난이도도 높기 때문에 빠르면 4학년, 늦어도 5학년 때 책 읽기로 미리 대비하지 않으면 큰 어려움을 겪을 수 있습니다. 이는 중학교 때 한국사와 고등학교 때 한국사 공부에도 영향을 주기 때문에 초등학교 한국사를 제대로 해 두는 것이 좋으며 구석기부터 근·현대까지 전 시대의 중요 인물과 사건을 다룬 책(통사) 2~3가지를 보는 것이 효과적입니다.

통사책 한 가지만으로는 한국사의 흐름을 잡기 어렵습니다. 그래서 통사책 몇 종을 봐야 하는데요. 통사책 1종을 읽으며 나라 이름을 시대 순서대로 기억하게 되었다면, 다른 1종을 추가로 읽으며 각 나라를 세운 인물과 건국 때의 주요 사건을 기억하게 되고요. 또 다른 1종을 읽으며 각 나라의 전성기와 주요 사건을 기억하게 되는 거죠. 그래서 첫 통사책은 무조건 쉬워야 합니다. 정보량에 욕심내지 말아야 하고요. 쉽고 편하게 읽혀야 합니다. 그러면서 서서히 업그레이드 해 주는 거죠. 그래야 추가 읽기가 가능합니다. 처음부터 욕심을 내면 그 책도 잘 읽지 않을뿐더러 '역사책은 재미없고 어렵기만 해.'라는 선입견이 생겨 버립니다. 그래서 통사책을 고를 때에는 역사만화도 적극적으로 검토하는 것이 좋습니다.

초등학교 6학년 1학기까지 한국사 책 읽기에 집중했다면 그 이후에는 한국사가 아닌 다른 영역의 비문학 책 읽기에 집중해야 합니다. 사회, 과학, 수학, 철학 등 어느 영역이든 아이가 좋아하고 선호하는 영역의 책을 선택하는 것이 좋은데요. 만약 역사책을 계속 선호한다면 아주 쉬운 세계사 책으로 넘어가는 것이 좋습니다. 가장 중요한 것은 일주일에 1~2권이라도 꾸준히 읽는 것입니다.

그리고 아이가 좋아한다는 전제 하에 5~6학년 때 월간지 같은 잡지를 보는 것도 좋습니다. 그러면 비문학 읽기 연습의 효과도 있고, 최신 정보를 접하며 배경지식의 질을 높일 수 있으며, 관심 분야에 대한 전문성도 높일 수 있습니다. 단, 아이가 좋아한다는 전제 하에서만 진행하는 것이 좋습니다.

독서는 위와 같이만 해도 훌륭하고요. 독서와는 별도로 독해력 기르기를 해야 하는데요. 독해 문제는 문학 독해와 비문학 독해로 구분할 수 있으며 문학 독해보다는 비문학 독해가 더 어렵습니다. 문학 독해는 명작이나 소설책 읽는 것과 같고, 비문학 독해는 가전제품 설명서 읽는 것과 같습니다. 그리고 문학 독해는 제시문이 정해진 범위 내에서 출제되는 것에 비해 비문학 독해는 제시문의 출제 범위가 광범위하기 때문에 비문학 읽기 능력 자체를 꾸준히 훈련하는 것이 가장 효과적인 대비 방법입니다. 따라서 아이가 국어 문제집이나 학습지를 풀 때 비문학 독해 문제를 어느 정도 풀어내는지 잘 관찰할 필요가 있습니다.

비문학 독해에서 가장 중요한 것은 '주제 찾기'인데요. 수학에서 직사각형 넓이는 '가로×세로'로 구하는 것과 달리 비문학 독해에서 주제 찾는 방법은 수학 공식처럼 되어 있지 않습니다. 그래서 어떻게 연습해야 할지 막연하게 느껴집니다. 그나마 많이 거론되는 방법은, 문장에서 더 중요한 어휘에 표시하고, 문단에서 더 중요한 문장에 표시한 다음, 전체 제시문을 보면서 주제 문장을 찾아보는 것인데요. 이 방법을 염두에 두면서 온라인 인강이나 국어학원의 비문학 독해 강의를 활용하는 것도 괜찮은 방법입니다. 어쨌든 이 시기 국어 학습의 1순위는 이렇습니다.

[초등학교 5~6학년 시기 독서와 국어 1순위]

☑️ 초등 5학년 ~ 6학년 1학기 때 한국사 독서 집중
☑️ 국어 문제집으로 비문학 독해 연습하기
☑️ 6학년 2학기부터는 일주일에 1~2권이라도 비문학 독서 꾸준히

국어 문제집으로 독해 연습을 할 경우 적정 학습 분량은 아이마다 다릅니다. 수학은 대부분 한 학기에 문제집 2권이 적정 학습 분량이지만 국어는 아이에 따라 거의 할 필요가 없는 아이도 있고, 반대의 아이도 있습니다. 3~4학년 때 국어 독해 문제를 잘 푼 아이라면 책 꾸준히 보고 국어 교과서 학습 제대로 하면서 문제집은 학교 시험 전에만 활용해도 괜찮을 수 있습니다. 하지만 1~2학년 때부터 국어를 어렵게 느낀 아이라면 인터넷 강의까지 포함해서 국어 문제집을 적극적으로 활용할 필요가 있습니다.

1세~12세 때 영어, 이것만은 꼭!

PART 06

1 영어의 우선순위 선택 기준

우리나라에서 의미 있게 공부 잘 하려면 각 과목별로 3가지 측면에서 살펴봐야 합니다. 첫째는 뇌 발달 과정, 둘째는 그 과목의 본질, 셋째는 우리나라의 교육 현실인데요. 영어도 마찬가지입니다.

우선 뇌 발달 측면에서 봤을 때 영어 학습이 가능한 시기는 7세 전후부터입니다. 뇌에서 언어 학습 담당은 측두엽인데요. 측두엽은 7세 즈음부터 빠르게 발달하기 때문입니다. 다만 우리나라에서 영어는 외국어이기 때문에 국어와 영어를 동시에 충분히 학습할 수 없다면 모국어 학습을 먼저 한 다음에 외국어인 영어 학습을 하는 것이 좋습니다. 현실적으로 국어와 영어를 동시에 충분히 학습할 수 있는 환경이 마련된 아이는 극소수입니다. 따라서 한글 자음과 모음을 익히고, 한글의 읽고 쓰는 원리를 깨우치는 국어 학습을 먼저 충분히 하면서 영어는 서서히 시작하는 것이 좋습니다.

물론 노래와 율동, 재미있는 애니메이션 등으로 영어를 가볍게 접하는 것은 7세 전이라도 그리고 한글 학습 전이라도 진행하면 좋고요. 그러한 경험을 많이 한 상태이면서 타고난 언어 지능까지 좋은 아이라면 굳이 7세 때를 기다릴 필요 없이 그 전에 영어 학습을 시작해 볼만 합니다. 하지만 영어를 자연스럽게 학습할 수 있는 환경도 아니고, 유아 때 영어를 많이 접해 본 것도 아니라면 3세~5세 때보다는 7세 즈음에 한글 학습을 충분히 진행하면서 영어도 서서히 병행하는 것이 더 효과적입니다.

그 다음 영어의 본질 측면에서 살펴봐야 하는데요. 본질적으로 영어를 잘 한다는 것은 듣기, 말하기, 읽기, 쓰기를 잘 하는 것입니다. 영어로 하는 말을 잘 알아

듣고, 영어로 말 잘 하고, 영어로 쓴 글을 잘 읽고, 영어로 글을 잘 쓰는 것이죠. 영어가 모국어인 미국이나 영국 아이들의 모국어 습득 과정을 살펴보면 먼저 듣기부터 시작합니다. 신생아가 듣기와 말하기를 모두 하지는 않죠. 태어난 후 듣기만 하다가 어느 순간 단어 하나를 발음합니다. 그러면서 말하기 능력이 발달하고, 그 다음 읽기 능력을 익힙니다. 쓰기 능력 훈련은 마지막 단계입니다. 그리고 듣기가 되어야 말하기도 되고요. 읽기가 되어야 쓰기도 됩니다. 특히 쓰기는 읽기가 충분히 되었을 때 잘 할 가능성이 생깁니다. 반대로 읽기가 되지 않으면 쓰기는 절대 잘 할 수 없습니다. 이는 국어나 영어나 똑같습니다. 둘 다 본질적으로 언어이기 때문입니다.

마지막으로 우리나라의 영어 교육 현실을 살펴봐야 하는데요. 국어처럼 좋은 대학 진학을 목표로 한다는 전제 하에 듣기, 말하기, 읽기, 쓰기 시험을 언제 보는지와 어느 정도 난이도로 보는지를 살펴봐야 합니다. 그리고 현재 대학 입시 제도에서는 고등학교 내신(학교 중·기말 고사 + 수행평가)과 수능 시험 2가지가 중요하기 때문에 이 두 시험을 기준으로 판단해야 합니다.

우선 듣기인데요. 영어 듣기 문제는 고등학교 내신 시험에는 나오지 않지만 수능 시험에는 나옵니다. 문제의 난이도가 일상 대화 듣기 수준이기 때문에 CNN 듣기처럼 높은 수준까지 연습할 필요는 없습니다. 하면 좋지만 꼭 해야 하는 건 아니라는 뜻입니다. 그리고 영어 말하기는 고등학교 내신 시험과 수능 시험 모두 해당하지 않습니다. 그래서 당장 급한 것은 아니며, 듣기 연습을 더 잘 하기 위해 말하기를 병행하는 정도로 의미를 두는 것이 좋습니다.

영어 읽기는 국어와 마찬가지로 성적에 절대적인 영향을 줍니다. 내신 중간·기말고사와 수능 시험 모두 읽기(독해) 문제에서 승부가 난다고 해도 과언이 아니거든요. 그리고 쓰기는 듣기와 말하기에 비해 비중이 큰 편입니다. 고등학교 중간·기말고사에서 서술형 주관식 문제가 나오고요. 내신의 일부분을 차지하는 수행평가에 영어 쓰기가 나오기도 합니다. 대신 수능에는 쓰기 문제가 출제되지 않습니다. 그래서 영어 성적은 읽기와 쓰기로 결정된다고 봐야 하는데요. 역시나 읽기가 되어야 쓰기도 가능하기 때문에 초등 영어에서는 쓰기보다 읽기에 집중하는 것이 더 좋습니다. 2020년 초등 5학년부터는 수능에서 쓰기 문제가 나올 수 있습니다. 한 가지 더 고려해야 할 것이 있는데요. 바로 영어 문법입니다. 영어 문법은 중간·기말고사에서 차지하는 비중이 작지 않고요. 수행평가 쓰기 때에도 문법에 맞게 써야 하기 때문에 제대로 잘 학습해 두어야 합니다. 대신 수능 시험에서는 문법의 비중이 작은 편입니다.

〈우리나라의 영어 교육 현실〉

	고등학교 내신	대입 수능
듣기	출제되지 않음	일상 대화 수준 출제
말하기	출제되지 않음	출제되지 않음
읽기	비중이 매우 큼	비중이 매우 큼
쓰기	비중이 작지 않음	출제되지 않음(출제 예정)
문법	비중이 작지 않음	비중이 작음

현재처럼 수시 학생부 전형 선발 인원이 수능 선발 인원보다 훨씬 많은 경우에는 수시 학생부 대비를 1순위에 두고 수능도 고려해야 합니다. 그래서 최종적으로 우선순위 비교를 해 보면, 읽기가 가장 높고, 그 다음이 문법과 쓰기, 그 다음이 듣기와 말하기 순으로 정리할 수 있습니다. 즉, 읽기에 가장 많은 시간과 노력을 들여야 하고, 그 다음이 문법과 쓰기, 그 다음이 듣기와 말하기라고 할 수 있습니다.

이처럼 뇌 발달, 과목의 본질, 우리나라의 교육 현실을 살펴보면 영어에서도 우선순위를 정할 수 있습니다. 단, 항상 염두에 둬야 할 것이 하나 있는데요. 뇌 발달과 본질은 거의 변하지 않지만 교육 현실은 변합니다. 예를 들어 수능 시험만으로 대학 가던 때도 있었습니다. 이 때에는 대학 입시에서 영어 쓰기가 중요하지 않았습니다. 만약 미래에 영어 시험에서 영어 면접이 생긴다면 꽤 높은 수준의 영어 말하기 능력이 중요해질 것입니다. 따라서 아이가 어리더라도 부모는 대학입시 제도와 초중고 전체의 큰 그림을 지속적으로 확인할 필요가 있습니다.

∠ 1세~12세 영어, 엄마표가 좋을까? 학원이 좋을까?

결론부터 말씀드리면 부모 입장에서는 엄마표가 학원보다 진행이 훨씬 어렵습니다. 학원보다 훨씬 더 많은 엄마의 고민과 시간과 노력을 요구하는 것이 엄마표인데요. 그 만큼의 시간과 노력을 들일 수 없는 상황인 부모님(예를 들면 직장맘)에게 엄마표 영어는 먼 나라 이야기일 수 있습니다. 즉, '엄마표와 학원 중 어느 것이 더 좋은가?'라고 질문하는 것보다는 '내 상황이 엄마표 영어를 할 수 있는 상황인가?'라고 질문하는 것이 더 적절하고요. 가능한 분들은 엄마표로 진행하고, 그렇지 않은 분들은 학원을 활용하는 것이 좋습니다. 다만 학원 선택을 잘 해야 하는데요. 학원 선택을 잘 하려면 어떤 기준으로 선택해야 할까요? 이 기준은 학원을 선택할 때뿐만 아니라 엄마표 영어를 진행할 때에도 선택의 기준으로 적용해야 합니다.

영어를 잘 하려면 어떻게 해야 할까요? 간단합니다. 아주 많이 해야 합니다. 영어 정복의 길은 여러 가지인데요. 어느 길로 가든 아주 많이 해야 잘 하게 됩니다. 간혹 짧은 시간에 영어를 정복했다는 분들이 계신데요. 방법의 힘이라기보다는 그 분의 타고남이 크게 작용했을 것입니다.

영어 정복의 여러 가지 길을 최대한 단순화시키면 2가지 길이 있습니다. 하나는 '습득의 길'이고요. 다른 하나는 '공부의 길'입니다. '습득의 길'은 영어를 언어답게 습득하는 방법이고, '공부의 길'은 언어인 영어를 공부로 정복하겠다는 방법인데 요. 공부의 길은 옛날 부모들이 하던 방식입니다. 알파벳 외우고, 단어 외우고, 숙 어 외우고, 간단한 회화 조금 하다가 문법과 독해 연습하는 방식입니다. 영어 사전 을 끼고 살았고, 단어장과 숙어장을 만들었고, 문법 교재도 기초 ⇒ 기본 ⇒ 종합 순서로 몇 권을 열심히 외우고 까먹는 방식입니다.

이에 비해 '습득의 길'은 모국어인 국어 습득 과정과 비슷한 방법입니다. 먼저 듣 기를 충분히 진행하면서 귀를 좀 열어주고, 듣기와 읽어주기를 병행하면서 기초 영어에 익숙하게 만든 다음, 영어책 읽기를 통해 읽기 능력을 집중적으로 끌어올 립니다. 그 다음 영문법과 학습물(문제집)을 진행하며 중·고등학교 내신 대비를 하는 방식입니다. 이 습득의 길이 엄마표 영어인데요. 엄마가 주도적으로 끌고 가 는 방식이어서 '엄마표 영어'라고 부릅니다. 이 방식에 대해서는 뒤에서 시기별로 정리해 놓았습니다.

영어 학원은 워낙 종류가 다양해서 그 중 3가지 유형만 소개해 보겠습니다. 첫 번째 학원은 회화 중심의 학원이고요. 두 번째는 초등학교 1~4학년이 많이 다니 는 어학원이고요. 세 번째는 초등학교 고학년과 중·고등학생이 많이 다니는 내신 대비 학원입니다. 이 중 '엄마표 영어'와 비슷한 학원이 어학원이죠. 이름은 어학원 인데 방식은 내신 학원인 경우도 있지만요. 이 분류 방식에 대해서는 각자의 기준과 입장에 따라 다소 이견이 있을 수 있고요. 영어 학원 분류 방식, 어느 학원이 더 좋은가, 어떤 방법이 더 좋은가에 대해서는 다양한 의견이 있기 때문에 제 주장을 포함해서 다양한 주장을 고르게 참고하시기 바랍니다.

이제 습득의 길과 공부의 길 중에서 어느 것이 더 좋은지 정리해 보겠습니다. 결론부터 내리면 당연히 '습득의 길'이 훨씬 더 좋습니다. 영어는 본질적으로 언어이기 때문에 1세~12세(초5) 때는 습득으로 진행해야 더 좋은 결과를 얻을 수 있습니다. 그런 다음 중·고등학교 때에는 우리나라 교육 현실에 맞게 적절히 공부를 접목시켜야 합니다. 영어를 공부로 했을 때의 한계는 우리 부모가 직접 경험했습니다. 중학교, 고등학교, 대학교, 성인이 되어서까지 많은 시간과 노력과 비용을 투자했음에도 불구하고 결과는, 처참한 경우가 대부분이었죠.

그렇다고 "영어는 습득의 길로 가야 하니까 1세~12세(초5) 때 무조건 엄마표 영어를 하자!"라는 뜻은 아닙니다. 앞에서 언급했듯이 엄마표 영어를 제대로 하는 것은 정말 어려운 일입니다. 따라서 엄마표 영어를 선택할 수도 있지만, 어학원처럼 영어를 습득 방식으로 진행하는 학원을 적극적으로 활용하는 것도 괜찮은 방법 중 하나입니다. 이때 어학원은 간판만 어학원이 아니어야 하고요. 어학원이라고 해서 듣기와 말하기만 많이 하는 것이 아니라 우리나라의 영어 교육 현실도 반영한 학원이어야 합니다. 일단 듣기를 꾸준히 하고, 읽기를 가장 중요하게 여기고, 쓰기와 문법은 처음부터 욕심 내지 않고 천천히 진행하는 학원이 좋습니다. 회화는, 고등학교 내신과 대입 준비가 충분히 된 후에 별도로 진행하는 게 좋습니다. 물론 듣기, 말하기, 읽기, 쓰기를 모두 많이 하면, 영어만 놓고 본다면 좋은 일입니다. 하지만 영어에 너무 많은 시간과 노력을 들일 경우, 우리나라의 교육 현실을 봤을 때 다른 중요한 영역은 부실하게 될 가능성이 높습니다.

영어는 본질적으로 언어입니다. 그래서 습득하는 것이 제일 좋습니다. 그리고 보통 7세 즈음에 본격적으로 영어 습득을 시작하는 것이 좋은데요. 처음부터 듣기, 말하기, 읽기, 쓰기, 문법을 동시 진행하는 것보다는 듣기와 읽기를 꾸준히 하면서 문법과 쓰기는 천천히 진행하는 것이 좋습니다. 이에 대해서는 시기별로 다시 정리해 놓았는데요. 일단 아래와 같이 4단계로 구분할 수 있습니다.

[1세~12세 영어 습득 4단계]

☑ 1세~6세 : 놀이 영어, 활동 영어, 단순 노출, 직관적 습득

☑ 7세~초등학교 2학년 : 듣기 위주로 진행하다가 읽기로 전환. 300시간 듣기

☑ 초등학교 3~5학년 : 읽기 위주로 진행, 아주 많이 읽기

☑ 초등학교 5~6학년 : 5학년 때 문법 본격적으로 시작, 습득 아닌 학습 시작

3 1개월~48개월 때 영어는 이렇게

이 시기에 국어 노출도 많이 하고 영어 노출도 많이 할 수 있다면 국어와 영어를 동시 진행해도 괜찮지만 그런 영어 환경인 아이는 극소수입니다. 따라서 이 시기에는 국어와 영어 중 하나에 집중하는 것이 좋은데요. 당연히 모국어인 국어가 더 중요합니다. 국어와 영어 동시 진행이 어렵다면 더 쉽게 습득할 수 있는 국어부터 잘 진행하면서 영어는 차츰차츰 시도하는 것이 더 효과적입니다. 특히 1세~12세(초5)의 첫 시기인 1개월~24개월 때에는 국어에만 집중하는 것이 좋습니다. 영어

노출 자체를 차단할 필요는 없지만 많이 노출시킬 수 없다면 큰 효과도 볼 수 없기 때문입니다. "제 아이는 이 시기에 영어를 많이 하지 않았는데도 빠르게 습득하던데요?"라고 말 하는 분이 계시다면, 그 아이는 다수가 아닌 극소수의 아이에 해당합니다. 아이 교육에서는 극소수의 천재급 아이들 이야기를 일반화시키는 오류를 조심해야 합니다. ^^

　25개월에서 48개월 시기는 국어 습득이 빠르게 진행되는 시기입니다. 국어 말하기 능력도 빠른 속도로 발달하고요. 그래서 영어 노출 시작을 고민하는 경우가 많은데요. 이 시기도 아직은 국어 습득에 주력하는 것이 좋습니다. 다만 다양한 경험 측면에서 영어 노출을 가볍게 진행하는 것은 이후 영어 습득에 작은 도움이 될 수 있습니다. 비슷한 시간만큼 영어에 노출시켰을 경우 1개월~24개월 때보다는 24개월~48개월 때 조금 더 효과를 더 볼 수 있기도 하고요. 단, 진행하는 엄마의 스트레스가 크지 않아야 하고, 엄마의 스트레스가 아이에게 전해지지 않아야 하며, 아이도 스트레스를 받지 않아야 합니다. 최대한 놀이처럼 진행하면서 영어에 대해 부정적인 태도가 생기지 않게 하는 것이 노출 시간보다 훨씬 더 중요합니다.

[Q] 영·유아 영어 학습지나 프로그램 하나로 영어 습득이 가능한가요?

　[A] 영어는 노출 시간이 어느 정도 이상으로 쌓여야 습득됩니다. 학습지를 통해 듣기를 하더라도 300시간 듣기를 해야 좀 듣게 되고요. 학원을 통해서도, 영어 DVD 보기를 통해서도 300시간 듣기가 쌓여야 좀 듣게 됩니다. 그래서 '무엇'을 선택했다고 해서 자동으로 영어 습득이 되는 것이 아

니라 그 '무엇'이 어떤 것이든 그것을 활용해서 절대적인 노출 시간을 쌓아야 영어 습득이 가능해지고요. "영·유아 영어 학습지나 프로그램 하나로 영어 습득이 가능한가요?"라는 질문은 "영·유아 영어 학습지나 프로그램 하나로 영어 습득에 필요한 노출 시간을 쌓을 수 있나요?"로 바꿔야 합니다. 그러면 어렵지 않게 판단할 수 있습니다. 영어가 습득되려면 최소 6~7년 동안 매일 평균 2시간 이상 영어에 노출되어야 하는데요. 특정 영·유아 영어 학습지나 프로그램 하나로 6~7년 동안 매일 2시간 영어에 노출시키기는 어렵습니다.

처음 시작하는 영어 노출은 무엇으로 어떻게 하는 게 좋을까요? 이에 대해서는 모국어 습득 과정을 보면 쉽게 알 수 있습니다. 우리나라 아이들이 본격적으로 모국어를 습득할 때에는 주변에 있는 사람이나 사물의 이름을 통해 말을 배우게 됩니다. 처음부터 ㄱ, ㄴ, ㄷ, ㄹ이나 ㅏ, ㅑ, ㅓ, ㅕ를 배우지는 않죠. 한글의 자음과 모음을 배우지도 않고, 읽기를 배우지도 않습니다. 먼저 말을 배우고요. 말을 배울 때에도 가, 나, 다 또는 짧은 문장을 배우지도 않습니다. 동사나 형용사를 배우지도 않고요. 가장 먼저 배우는 것은 사람이나 사물의 이름입니다. 따라서 처음 시작하는 영어 노출도 사람이나 사물의 '이름'으로 시작하는 것이 좋습니다. 이때 사람의 이름은 아빠, 엄마, 할머니, 할아버지 등의 호칭을 뜻합니다.

그리고 영어로 이름을 배울 때 'book'이라는 글자를 보여주면서 "이것은 '북'이라고 읽는데 '책'이라는 뜻이야."라고 하면 습득이 아니라 공부가 됩니다. 그보다는 실제 책을 보여주면서 "이게 뭐지? 책이지. 책을 영어로는 '북'이라고 한단다."

라고 알려줘야 합니다. 이때 책 표지 어딘가에 'book'이라고 쓴 카드를 붙여 놓는데요. '북'이라는 소리와 'book'이라는 글자를 동시에 알려주는 것이 아닙니다. 알려주는 것은 '북'이라는 소리이고요. 소리를 먼저 알려줄 때 글자도 볼 수 있게만 해 놓는 것입니다. '보면 좋고, 아니면 말고.'입니다. 대신 잘 보이게는 해야 합니다.

만약 아이가 책을 우리말로 '책'이라고 부른다는 것을 모르면, 아이는 '책'이라는 말과 '북'이라는 말 2가지를 동시에 배워야 하는데요. 이럴 경우 습득의 난이도도 올라가고, '책'과 '북' 중에서 어느 것이 우리말이고 어느 것이 영어인지 헷갈려할 수 있습니다. 배워야 할 것이 몇 배로 많아지죠. 그래서 우리말을 좀 익힌 상태에서 영어 습득을 시작하는 것이 더 효과적입니다.

이제 처음 시작하는 영어 습득은 무엇으로 어떻게 해야 하는지 정리가 되는데요. 아이 주변에서 있는 사람이나 사물 중에 우리말 이름을 알고 있는 것들에 영어 카드를 붙이고 영어 이름을 알려 줍니다. 엄마에게는 'mother' 카드를 붙이고 '마더'라고 알려주고요. 아빠에게는 'father' 카드를 붙이고 '파더'라고 알려주고요. 의자에는 'chair' 카드를 붙이고 '체어'라고 알려주는 거죠. 숟가락은 'spoon(스푼)', 신발은 'shoes(슈즈)'라고 알려줍니다. 그런데 기차는 집에 없습니다. 어떻게 해야 할까요? 우선 기차 사진이 있으면 사진에 'train' 카드를 붙이고 '트레인'이라고 알려줍니다. 만약 사진이 없으면 기차 그림을 이용합니다. 즉, 실제 사람이나 사물을 통해 영어 이름을 배우는 것이 가장 좋고요. 현실적으로 가능하지 않다면 사진이나 그림을 통해 영어 이름을 배우는 것도 괜찮습니다. 그래서 '플래시 카드'라는 도구가 등장한 것입니다. 그리고 먼저 익혀야 할 것은 'mother', 'father' 등의 글자가 아니라 '마더', '파더' 등의 소리입니다.

[A] 물론 원어민에 가까운 발음을 하는 것이 더 좋을 수 있습니다. 하지만 반드시 그렇게 해야 하는 것은 아닙니다. 우리나라만 봐도 서울 발음과 충청도 발음, 경상도 발음, 전라도 발음이 모두 다르죠. 하지만 의사소통에 큰 문제가 생기지는 않습니다. 즉, 영어 발음은 원어민의 발음에 가깝게 하는 것이 핵심이 아니라 의사소통이 가능하게 하는 것이 핵심입니다. 따라서 안타까운 부모님의 발음이라도 하더라도 큰 문제는 없고요. 이후에 영어 듣기 300시간을 진행하면서 보완이 되기 때문에 발음에 대해서는 크게 신경 쓸 필요는 없습니다. 그래도 계속 신경 쓰인다면 스마트폰에서 해당 단어를 찾아 발음을 들려주는 것도 도움이 될 수 있습니다.

이렇게 주변에 있는 사람이나 사물의 이름을 통해 말을 배우는 것은 자주 그리고 꾸준히 진행해야 효과를 볼 수 있습니다. 한번 배운 이름도 주기적으로 반복해서 노출시켜야 하고요. 최대한 놀이식, 활동식으로 진행하는 것이 중요합니다. 충분히, 많이 반복해야 배우게 되고요. 많이 반복하더라도 지루하지 않게 느껴져야 합니다. 영어 습득에서 핵심은 영어를 공부로 느끼는 시기를 최대한 늦추는 것이거든요. 그래서 게임 방식으로도 해 보고, 상을 주기도 하고, 가족과 함께 하기도 하면서 최대한 놀이식, 활동식으로 진행해야 합니다.

그리고 이 방법은 영어 습득의 첫 단계이기 때문에 25개월에서 48개월 시기에만 해야 하는 것은 아닙니다. 20개월 아이도 영어 습득을 시작한다면 이 방법으로 해야 하고요. 50개월 아이도 영어 습득을 시작한다면 이 방법으로 해야 합니다.

6~7세 아이라면 다른 것도 해야 하지만 이 방법도 병행해야 합니다. 다만, 아이의 모국어 어휘력이 좋을수록 알려줄 수 있는 영어 이름도 많아지면서 놀이 활동의 폭도 넓어질 것입니다. 예를 들어 하루는 과일이나 채소만으로 이름 배우기를 한 후 샐러드 만들기를 해 보고요. 하루는 동물 이름 배우기를 한 후 동물원에 가 보는 거죠. 이처럼 영어는 모국어가 아니라 외국어이기 때문에 모국어 습득을 기반으로 해서 진행하는 것이 더 효과적입니다.

[Q] 알파벳도 모르는 아이에게 왜 영어 단어 카드를 보여 주나요?

[A] 여름에 먹는 시원한 과일이 있습니다. 초록색에 검은색 줄무늬가 있고, 크고 무거운 과일입니다. 이 과일을 우리말로는 '수박'이라고 부르고, 우리글로는 '수박'이라고 씁니다. 영어로는 '워터멜론'이라고 부르고, 'watermelon'이라고 씁니다. 즉, 언어의 3가지 핵심 요소는 '의미, 소리, 글자'이고요. 언어를 습득한다는 것은 '의미, 소리, 글자' 3가지 요소 간의 관계를 파악하고 기억하고 활용법을 익히는 것입니다. 따라서 영어 단어를 배울 때에도 실제 책(의미)과 '북'이라는 소리와 'book'이라는 글자를 함께 익혀야 하는데요. 이미 알고 있는 실제 책에 '북'이라는 소리를 연결하는 것을 먼저 배우면서 'book'이라는 글자는 계속 노출시키는 것입니다. 그러면 나중에 'book'이라는 글자를 좀 더 쉽게 배울 수 있거든요. 그리고 이때 배우는 글자는 통글자 배우기입니다.

4 49개월~7세 때 영어는 이렇게

이 시기의 아이라도 영어를 거의 접하지 않았다면 앞에서 정리한 '사람이나 사물의 이름을 통해 말 배우기'를 진행해야 하고요. '이름을 통해 말 배우기'를 어느 정도 진행했다면 'Come here. (이리 와.)'와 같은 짧은 문장 배우기를 진행하는 것이 좋습니다. 왜 '이름을 통해 말 배우기' 다음으로 '짧은 문장 배우기'를 해야 할까요? 여전히 알파벳이나 파닉스는 하지 않으면서요. 그 이유도 모국어 습득 과정을 살펴보면 금방 알 수 있습니다.

우리나라 아이들이 모국어를 습득할 때 가장 먼저 말 하는 것은 단어 하나입니다. '엄마', '맘마', '물' 등이죠. 그리고 단어 수가 점점 늘어나죠. 그러다가 어느 순간부터 짧은 문장을 말로 합니다. "엄마, 물 줘.", "저기 가자.", "장난감 사 줘.", "아빠 좋아." 등이죠. 한글의 자음과 모음을 배우지도 않았고, 문법을 배우지 않았지만 짧은 문장의 말을 하게 됩니다. 영어를 습득하는 과정도 마찬가지입니다. 단, 영어 짧은 문장 배우기를 할 때 단순 반복을 통해 무조건 암기하게 하는 것은 의미 없습니다. 습득 효과도 미비할뿐더러 영어를 공부로 느끼게 하면서 영어에 대해 거부감만 들게 할 수 있습니다.

앞에서 언어를 습득하는 것은 '의미, 소리, 글자' 3가지 요소 간의 관계를 파악하고 기억하고 활용법을 익히는 것이라고 했습니다. 따라서 짧은 문장을 배울 때에도 이를 적용해야 효과적인데요. 예를 들어 무조건 "'Come here.'는 영어로 '이리 와.'라는 뜻이야."라고 반복해서 말 하는 것은 의미 없는 방법이고요. 실제로 아이를 불러야 하는 상황이 되었을 때 "Come here."라고 말 한 다음 "'Come here.'는 '이리 와.'라는 뜻이야. Come here. 이리 오렴."이라고 말을 해야 의미 있는 습득이 됩니다. 아이가 엄마에게 오면 "이제 이를 닦아야 해. Brush your teeth." 라고 한 다음 "'Brush your teeth.'는 '이를 닦아라.'라는 뜻이야. Brush your teeth."라고 말 한 다음 실제로 이를 닦게 합니다. 그 문장이 쓰이는 실제 상황에서 그 문장을 배우는 거죠. 이것이 의미 있는 반복 습득입니다.

이때 'brush'는 '닦다'이고, 'your'는 '너의'이고, 'teeth'는 '이(이빨)'라는 것을 알려줄 필요는 없습니다. 즉, 문장을 단어의 조합으로 배우는 것이 아니라 한 덩어리로 배우는 것인데요. 이처럼 문장을 한 덩어리로 배우는 것을 청킹(chunking)이라고 합니다. 청킹은 모국어 습득 초기 단계에서 아이들이 흔히 활용하는 방법 중 하나입니다. 특히 아래와 유사한 문장들은 청킹으로 배우고 익히는 것이 매우 효과적인 문장들인데요. 청킹으로 배울 때에도 실제 상황 속에서 배워야 의미 있고 효과적인 습득이 가능해집니다.

[청킹으로 배우기 좋은 문장 사례]

- ☑ Good morning. Good night.
- ☑ Thank you. That's OK.
- ☑ Let's go. Let's play house. (소꿉놀이 하자.)
- ☑ I want to go. I have to go.
- ☑ Let's go. Don't go.

청킹으로 짧은 문장을 배우는 방법은 여러 가지입니다. 그 중 하나가 챈트 (chant)인데요. 챈트(chant)의 사전적 의미는 '연이어 외치는 구호, 단순하고 반복적인 곡조의 성가'입니다. 대표적인 사례 중 하나로 '노부영 책 중 brown bear'

를 들 수 있습니다.

'노부영'은 '노래 부르는 영어'의 약자입니다. 그림책도 있고, 읽기책도 있고, 파닉스도 있는데요. 그림책 여러 권 중에서 'brown bear'라는 책만 소개해 보겠습니다. 책 한 권만 가지고 노부영 전체에 대해 평가하는 것 또한 일반화의 오류입니다. 'brown bear' 책 외에 다른 노부영 제품에 대해서는 꼼꼼하게 확인하시기 바라고요. 노부영의 'brown bear'는 '좋은 그림책 + 완성도 높은 영어 노래'라고 할 수 있습니다. 이 책에서 다루는 주요 문장은 2가지입니다.

☑ What do you see? (무엇을 보고 있니?)

☑ I see a OOO. Looking at me. (나는 나를 보고 있는 OOO을 보고 있어.)

즉, 이 책을 많이 반복하면 위 두 문장을 청킹으로 배우게 되는데요. 이 책은 많이 반복할 확률이 매우 높은 책이기 때문에 위 두 문장을 배우게 될 확률도 매우 높습니다. 왜냐하면 흥미와 재미 요소를 많이 가지고 있기 때문인데요. 어떤 장점을 가지고 있는지는 아래 소개글을 보면 쉽게 알 수 있습니다. 아! brown bear 책의 그림 작가는 Eric Carle(에릭 칼)입니다.

[brown bear 책의 장점]

극도로 절제된 흑백의 배경 처리와 두 페이지에 걸친 대담한 터치의 동물 그림으로 각 페이지마다 전달하고자 하는 내용을 강조하였다는 것과 보라색 고양이, 파란색 말 등 상상의 색깔로 표현된 동물 그림은 이 책에서만 볼 수 있는 매력입니다.

What do you see? 와 I see a ~ Looking at me. 라는 반복 어구는 마치 한 편의 라임 같은 느낌을 주고 있습니다. 맨 처음 갈색 곰에게 무엇을 보고 있냐고 물으면 갈색 곰은 자신을 보고 있는 빨간색 새를 본다고 답합니다. 그 다음 곰이 보고 있던 빨간 새에게 무엇을 보고 있냐고 묻고 새는 자신을 보고 있는 노란 오리를 보고 있다고 답하죠. 이런 식으로 노란 오리는 파란 말을, 말은 초록색 개구리를, 개구리는 보라색 고양이를, 고양이는 흰 개를, 개는 검은 양을, 양은 금붕어를, 금붕어는 선생님을, 선생님은 아이들을, 아이들은 위의 모든 동물들을 보고 있다고 대답하는 릴레이식의 재미있는 내용으로 되어 있습니다.

이 책의 큰 장점은 절제된 배경 처리, 대담한 터치, 상상의 색깔, 다양한 동물들이 등장하는 그림입니다. 그리고 또 다른 큰 장점은 영어 노래입니다. '고급스러운 노래'라는 표현이 적절한지 모르겠지만 어른들이 들어도 귀가 즐거울 정도로 완성도가 높은 멜로디에 가사는 라임 같은 느낌도 주고 있습니다. 이 2가지 장점만으로도 책을 접한 많은 이이들이 무한 반복 수준으로 보고 듣기 때문에 모르는 부모가 거의 없을 정도로 유명해진 책입니다. 인터넷에서 'brown bear'로 검색을 하면 유모차에 앉아 있는 어린 아이가 이 책의 노래를 영어로 따라 부르는 영상도 볼 수 있을 정도로 아이들이 쉽게 몰입하는 책입니다. 물론 '노부영'의 모든 제품이 그렇다는 것은 아닙니다. brown bear 책 한 권에 대한 이야기이고요.

그림책, 소리를 들려주는 펜, 간단한 동영상, 노래 등 다양한 도구와 방법이 있지만 결국 짧은 문장을 반복해서 들려주면서 청킹으로 배우게 하는 건 똑같습니다. 그래서! 챈트를 통한 청킹 습득에서 가장 중요한 것은 흥미와 재미입니다. 영어 습득은 반복이 필수이기 때문에 흥미와 재미가 뒷받침되어야만 효과를 볼 수 있거든요. 따라서 챈트 선택을 할 때에는 반드시 내 아이가 흥미와 재미를 느낄 수 있는지를 체크해야 합니다.

어쨌든 brown bear 책을 활용하는 것은 청킹으로 영어 문장을 배우는 방법 중 하나입니다. 그런데요. 이 책의 노래를 영어로 따라 부르는 어린 아이는 영어를 잘하는 아이라고 단정 지어 말 할 수 있을까요? 아닙니다. 이 책을 통해 배운 영어 문장은 2개뿐입니다. 물론 'What do you see?'를 배우면 'What do you eat?'으로 쉽게 확장할 수 있지만 그래도 수많은 영어 문장의 극히 일부일 뿐입니다. 대신 청킹으로 배운 영어 문장이 많으면 많을수록 그 다음에 진행할 영어 습득 단계가 더 쉽게 느껴질 것입니다.

짧은 영어 문장을 배울 때에도 영어 이름 배울 때처럼 꾸준히 해야 하고요. 한 번 배운 문장도 자꾸 반복해서 완전히 습득되게 해야 합니다. 예를 들어 'I see a ~ Looking at me.'라는 문장을 배웠다면 며칠 뒤 잘 알고 있는 가족 호칭 단어 (father, mother, grandfather, grandmother, brother, sister 등)를 활용해 이 문장을 다시 익히면서 영어 이름과 영어 문장 복습을 겸하는 것입니다.

단, 짧은 영어 문장을 배우는 단계도 공부로 느껴지지 않게 해야 하고요. 그러려면 영어 문장을 배울 때 실제 상황에서 의미 있게 반복 습득하거나 흥미와 재미 요소를 갖춘 영어 콘텐츠을 잘 골라야 합니다. 이것이 이 단계 영어 습득에서 가장 중요하고요. 영어 유치원이 가지고 있는 장점이 이 부분입니다.

다음은 일상생활에서 의미 있게 반복 습득할 수 있는 영어 문장들 중 일부 사례입니다. 주로 지시하는 문장이고요. 앞에 'Let's'를 붙이고 적절히 변형하면 제안하는 문장이 됩니다.

Come here.	이리 와.
Go.	가.
Stop.	멈춰.
Sit down.	앉아.
Stand up.	일어서.
Good job.	잘 했어.
Listen to the music.	음악 들어.
Have dinner.	저녁 먹어.
Look at the flower.	꽃을 봐.
Walk slowly.	천천히 걸어.
Walk fast.	빨리 걸어.
Run.	달려.
Ride the bike.	자전거 타.
Go to the bathroom.	화장실로 가.
Brush your teeth.	이 닦아.
Wash your hands and face.	손과 얼굴 씻어.
Pick up the towel.	수건 집어.
Get out of the bathroom.	화장실에서 나와.
Go to the dining room.	식당으로 가.
Sit down on the chair.	의자에 앉아.
Change your clothes.	옷 갈아입어.
Read your book.	책 읽어.
Have your lunch.	점심 먹어.
Take a break.	쉬어.
Eat your dinner.	저녁 먹어.
Watch TV.	TV 봐.
Go to bed.	자러 가.
Sleep tight.	잘 자.
Don't run.	뛰지 마.

청킹으로 짧은 문장 배우기를 어느 정도 진행했다면 다음 단계는 '집중적으로

듣기 능력 기르기'입니다. 목표는 300시간 듣기인데요. "영어 듣기는 언제부터 시작하는 게 좋을까요?"라는 질문에 대한 답은 나이가 아닌 단계로 해야 하는데요. 사람이나 사물의 이름도 좀 배웠고, 짧은 영어 문장도 좀 배운 상태에서 듣기를 시작하는 것이 제일 좋습니다. 그래야 들을 때 아는 이름이나 아는 짧은 문장도 듣게 되면서 내용 파악이 어느 정도 가능해집니다. 그리고 듣기를 시작한다는 것은 일주일에 1~2회 영어 듣기를 하는 것이 아니라 매일 20~30분 내외로 꾸준히 듣는 것을 말합니다.

추천하는 듣기 방법은 영어 DVD 보기인데요. 영상과 소리가 함께 나오는 DVD입니다. 정확히 말하자면 영어 만화 보기이고요. 극장 상영 애니메이션이 아니라 주로 시리즈물을 말합니다. 예를 들면 '까이유, 티모시네 유치원, 베렌스타인 베어, 클리포드, 매직키, 엘로이즈' 등이죠. 이 단계는 우리말 습득 과정으로 치면 5세~9세 때 집, 유치원, 초등학교 등의 일상생활 공간에서 우리말 듣기 훈련을 하는 과정에 해당합니다. 따라서 영어 만화를 선택할 때에는 현재 아이의 듣기 수준도 고려하면서 어느 정도 공감할 수 있는 내용인지도 고려해야 합니다. 예를 들어 5~7세 때 볼 영어 만화를 선택할 때에는 배경이 초등학교인 만화보다는 유치원인 만화가 더 적합합니다. 그래서 5~7세 아이들에게는 '티모시네 유치원'이라는 만화의 성공 확률이 높은 편입니다.

영어 만화를 선택할 때 또 하나 고려해야 할 것은 아이의 취향입니다. 'Phineas and Ferb', 'Strawberry Shortcake', 'Clifford(클리포드)' 3가지 만화가 있습니다. Phineas and Ferb는 모험 이야기를 좋아하는 아이들(특히 남자 아이들)에게 적극 추천하는 만화이고요. Strawberry Shortcake는 여자 아이들이 주인공이면서 일상에 약간의 모험이 가미된 만화여서 여자 아이들에게 추천하는 만화입니다. Clifford는 거대한 개가 주인공이어서 강아지를 좋아하는 아이들에게 추천하는 만화입니다. 이처럼 같은 영어 만화라도 아이의 취향에 따라 집중도가 다를 수 있습니다.

영어 만화를 볼 때 자주 받는 질문 중 하나가 '자막을 보여줄 것인가?'인데요. 한글 자막은 보여주지 않는 것이 좋고요. 영어 자막도 가급적 보여주지 않는 것이 좋습니다. 아이가 한글 자막을 보여 달라고 하는 이유는 내용 파악이 충분히 되지 않기 때문입니다. 어찌 보면 당연한 요구처럼 생각되지만 한글 자막을 보여주면 영어 듣기 훈련의 효과가 급격히 떨어집니다. 영상과 한글 자막 보는 데 집중하면서 영어 소리는 대충 듣게 되거든요. 가장 좋은 방법은, 적어도 듣기 능력이 어느 정도 자리 잡을 때까지는 영상에 갈증을 느끼게 하는 것입니다. TV 시청도 제한을 하고요. 스마트폰은 최대한 보여주지 않는 것이 좋습니다. 그 상태에서 영어 만화를 보면, 내용 파악이 충분히 되지 않더라도 만화 영상 자체에서 재미를 느끼기 때문에 나름 추론도 하고 상상도 해 가면서 내용 파악을 해 보려고 애를 씁니다. 이때 앞 단계에서 배운 이름이나 짧은 문장은 막연한 상상이 아닌 추론의 실마리가 되어 줍니다. 그래서 앞 단계에서 이름 특히 짧은 문장을 많이 배울수록 자막 없이 영어 만화 보는 것이 빠르게 자리 잡을 수 있습니다. 만약 앞 단계에서 이름과 짧은 문장을 많이 배워서 영어 만화의 내용 파악을 어느 정도 하는 아이라면 영상에 대한 갈증이 크지 않더라도 그 힘으로 영어 만화에 집중할 수 있고요. 이 과정을 300시간 정도 거치면 영어 그림책을 보는 것도 어렵지 않게 진행할 수 있습니다.

[Q] 영어 만화(DVD)는 몇 살부터 보는 게 좋을까요?

[A] 앞에서 이 질문에 대한 답은 나이가 아닌 단계로 해야 한다고 했는데요. 그럼에도 불구하고 적정 나이를 따져 본다면 6세~9세 시기가 적절합니다. 첫 번째는 이유는 6세~9세 아이들이 공감하거나 흥미를 느낄 수 있는 만화의 종류가 많기 때문입니다. 선택의 폭이 넓은 편이라는 거죠. 영어 듣기는 300시간이 쌓여야 하고요. 거의 매일 20~30분 이상 들어야 효과를 볼 수 있습니다. 대략 1년 반에서 2년 정도는 꾸준히 들어야 하는데요. 3~4가지 만화 시리즈만으로는 300시간을 채우는 것이 어렵습니다. 그리고 5가지 시리즈 중에서 1개 정도가 내 아이에게 맞는 만화일 수 있고요. 그래서 만화의 종류가 많아야 하는데요. 6세~9세 아이들을 대상으로 한 영어 만화가 가장 많은 편입니다.

두 번째 이유는 6세~9세 시기가 만화를 좋아할 때이기도 하고, 배경지식과 경험도 좀 생긴 때이기도 하고, 사고력도 좀 훈련된 시기이기 때문입니다. 특히 7세는 언어 학습을 담당하고 있는 측두엽이 본격적으로 발달하는 시기이기도 합니다. 물론 7세라고 하더라도 영어 듣기의 전 단계인 이름과 짧은 문장 배우기 과정을 거의 진행하지 않았다면 영어 만화를 보는 데 금방 적응하지 못할 것입니다. 이 경우에는 영상에 대한 갈증을 최대한 높인 상태에서 듣기 난이도가 낮은 만화 중 아이의 성향에 최대한 근접한 만화를 선택해야 하는데요. '갈증 + 난이도 하 + 성향 고려' 3가지를 모두 만족시키는 만화를 찾는 것은, 그 만큼 진행이 쉽지 않다는 뜻입니다.

영어 만화 보기를 7세 즈음에 할 경우, 하루 중 영어 노출 시간은 30~40분 이상은 되어야 합니다. 20~30분 정도는 영어 만화 보기를 진행하고요. 10~20분 정도는 영어 이름이나 짧은 영어 문장 배우기를 진행합니다. 만약 아이가 만화를 한 편 더 보려 하면 40~50분 정도 만화 보기를 진행한 다음 이름과 문장 배우기는 아이가 원할 경우에만 진행하는 것이 좋습니다.

영어 습득의 다음 단계는 '영어 그림책 보기'인데요. 아이에 따라 7세나 그 전에 할 수도 있고, 초등학교 1학년이나 2학년 때가 좋을 수도 있습니다. 이 단계에 대해서는 바로 아래에 있는 '5. 초등학교 1학년~2학년 때 영어는 이렇게'에 정리해 놓았습니다.

5 초등학교 1학년~2학년 때 영어는 이렇게

영어 만화 보기의 다음 단계인 '영어 그림책 보기'란 영어 그림책을 읽어주는 것입니다. 부모님이 직접 읽어주는 것도 방법이고요. 그림책 내용이 담긴 CD나 사운드 파일을 틀어놓는 것도 방법입니다. 우리말 습득 과정으로 치면 한글로 되어 있는 그림책을 읽어주는 것과 같은 단계이고요. 혼자 읽기의 전 단계이기도 합니다.

　모국어인 한글 습득 과정을 다시 짚어보겠습니다. 처음에는 사람이나 사물의 이름을 배웁니다. 엄마, 물, 아빠, 장난감 등이죠. 그 다음 짧은 문장을 배웁니다. '밥 줘.', '물 줘.', '저기로 가.', '아빠 좋아.' 등이죠. 그 다음에 아이들에게 한글 그림책을 많이 읽어주면 읽기 독립으로 넘어가는 속도가 빨라집니다. 이때 읽기 독립이란 소리만 내는 것이 아니라 의미 파악까지 하는 것을 뜻하는데요. 이 과정은 영어도 마찬가지입니다. 영어 이름을 배우고, 영어 짧은 문장을 배우고, 영어 만화를 300시간 가까이 보면 듣기 능력이 어느 정도 발달할 뿐만 아니라 말하기의 기초 능력도 길러지고요. 읽기 능력을 기를 준비까지 갖추게 됩니다. 이 상태에서 한글 그림책을 읽어 주듯이 영어 그림책을 읽어주면 영어도 읽기 독립으로 빠르게 넘어갈 수 있습니다. 그렇다면 영어 그림책 읽어주기는 영어 습득에서 어떤 효과가 있는 것일까요?

　영어 그림책 읽어주기의 효과는 '통문장 읽기'입니다. 앞에서 말을 배울 때 짧은 문장을 청킹으로 배우는 것이 효과적이라고 했습니다. 글자도 마찬가지입니다. 이 시기에 'I am a boy.'라는 문장(글자)을 배울 때 'I'는 '나'이고, 'am'은 '~이다'이고, 'boy'는 '소년'이고, '영어에서는 주어(I) 다음에 동사(am)가 나오고'와 같이 공부로 배우는 것보다는 'I am a boy.'라는 문장을 통째로 '나는 소년이다.'라는 의미로 배우는 것이 더 효과적입니다. 이 사례를 언어 습득의 본질적인 측면에서 정리해 보겠습니다.

물론 'I am a boy.'라는 글자가 있는 그림책을 한 번 읽어줬다고 해서 그 글자를 통문장으로 읽게 되시는 않습니다. 그 책을 여러 번 반복해서 읽어주거나 다른 영어 그림책들에서 'I am a boy.'라는 글자를 여러 번 접해야 통문장으로 읽을 수 있게 됩니다. 예를 들어 'brown bear' 같은 그림책은 반복해서 볼 확률이 높을 뿐만 아니라 책 읽어주기를 노래 들려주기로 할 수 있기 때문에 책에 나오는 문장을 통문장으로 습득할 가능성이 높은 책입니다. 하지만 이런 책은 많지 않기 때문에 영어 그림책 읽어주기는 '같은 책 반복'보다 '다양한 책 많이'가 중요하고요. 개인적으로는 엄마표 영어에서 가장 힘든 단계로 생각됩니다. 그만큼 시간과 노력이 필요하며, 아이의 영어 습득 발전 속도도 더디게 느껴집니다.

물론 이 과정을 반드시 영어 그림책으로만 해야 하는 것은 아닙니다. 영어 유치원의 경우 그림책 읽어주기뿐만 아니라 다양한 방법을 활용해서 이 단계를 진행하는 편입니다. 그리고 영어를 배울 때 반드시 이 과정을 거쳐야 하는 것도 아닙니다. '영어 그림책 읽어주기' 과정을 많이 진행하지 않은 아이들도 영어 학원에 열심히 다니면 읽을 수 있게 됩니다. 한국어를 습득할 때 한글 그림책을 많이 읽어주지 않았더라도 국어 공부 열심히 하면 읽을 수 있게 되는 것처럼요. 단, 한글을 배울 때에도 그림책과 책을 많이 보면서 한글을 습득한 아이와 한글 교재를 공부하면서 한글을 습득한 아이들의 한국어 능력은 분명 작지 않은 차이를 보입니다. 이는 영어도 마찬가지입니다. 따라서 엄마표 영어가 아니라 학원 중심으로 진행한다고 하더라도 '어떤 학원에 보낼 것인가?'에 대해서는 효과적인 영어 습득 과정을 고려해서 선택할 필요가 있습니다.

[Q] 영어 유치원 꼭 보내야 하나요?

[A] 전교 1등인 아이가 다니는 학원이 중요한 것이 아니라 그 아이의 공부 방법이 중요합니다. 전교 1등이 다닌 학원에 보낸다고 해서 그 학원 다니는 모든 아이들이 공부 잘 하게 되는 것은 아니니까요. 즉, 영어 유치원이 중요한 것이 아니라 영어 유치원에서 하는 방법이 중요합니다. 좋은 유치원이라는 전제 하에 영어 유치원의 장점은 거의 매일 꽤 많은 시간 동안 안정적으로 영어를 접할 수 있고, 영어를 공부가 아닌 놀이나 활동으로 접할 수 있으며, 영어 습득의 기초를 비교적 탄탄하게 다질 수 있다는 점입니다. 따라서 집에서 거의 매일 놀이나 활동 방식으로 영어를 접할 수 있다면 굳이 영어 유치원을 보내지 않더라도 비슷한 효과를 볼 수 있으며, 시점도 꼭 5세부터 시작할 필요는 없습니다. 그리고 영어 유치원

은 영어 습득의 기초까지만 해결해 주기 때문에 그 이후에 영어를 멀리하거나 소홀히 하면 영어 유치원을 통해 얻은 효과도 점점 사라지게 됩니다. 영어 유치원은 분명 장점이 있습니다. 하지만 영어 유치원만이 유일한 방법도 아니고, 영어 유치원이 모든 것을 해결해 주지도 않습니다.

그리고 영어 그림책 읽어주기를 하기 전에 반드시 영어 듣기 300시간을 채워야 하는 것은 아닙니다. 'brown bear' 책처럼 처음에는 듣기 연습용으로 활용하다가 나중에 읽어주기 용도로 활용하는 그림책도 있고요. 청킹으로 짧은 영어 문장 배우기를 하면서 영어 듣기 연습도 6개월 정도 하다가 서서히 영어 그림책 읽어주기를 병행하는 것도 가능한 방법입니다. 단, 이런 경우에는 영어 그림책 읽어주기 단계로 넘어갈 준비가 부족한 상태이기 때문에 그림책을 잘 골라야 하는데요. 그림만 봐도 대충 내용 파악이 되어야 하고, 영어 텍스트는 짧아야 하고, 텍스트의 난이도는 쉬워야 하고, 그러면서 재미도 있어야 합니다. 물론 쉽지 않습니다. 그래서 이 단계가 가장 어려운 단계라고 말 한 것입니다.

그래서! 〈우리 아이 독서 고수 만들기〉 책에서 언급한 것처럼 한글 그림책을 많이 본 아이들이 영서 습득도 잘 할 가능성이 높습니다. 이 아이들은 영어 그림책을 보기 전에 이미 한글 그림책을 많이 봤기 때문에 영어 그림책을 아주 생소하게 느끼지도 않으며, 그림만으로 내용을 추론하는 능력도 어느 정도 갖춘 아이들입니다. 그래서 한글과 영어를 동시에 진행하는 것보다는 한글부터 책으로 제대로 진행하면서 적절한 시기에 영어를 추가로 넣는 것이 더 좋습니다. 그리고 영어 유치원을 다니더라도 5~6세 시기에는 영어 그림책보다 한글 그림책을 더 많이 보는

195

것이 좋습니다. 그래야 영어 그림책도 잘 볼 수 있는 힘이 생깁니다.

혹시 위와 같이 진행하는 것 자체가 매우 어렵게 느껴진다면 '적어도 영어를 내가(부모가) 했던 것처럼 공부로 하지는 말자.'에서 출발해야 합니다. 그러면서 완벽하지는 않더라도 가능한 영어 습득 방식을 적용하려는 노력을 해야 합니다. 다행히 영어 환경 자체는 부모 때보다 훨씬 좋아진 상태입니다. 곳곳에 영어 도서관이 생기기도 했고요. 유투브에서 영어 만화 제목으로 검색하면 일부는 무료로 볼 수도 있습니다. 화질이 좀 아쉽기는 하지만요.

그리고 영어 그림책 읽어주기를 시작하면 하루 중 영어 노출 시간은 1시간 이상이 좋습니다. 20~30분 영어 만화 보기는 계속 진행해야 하고요. 20~30분 정도는 영어 그림책 읽어주기를 진행합니다. 그리고 영어 이름이나 짧은 영어 문장 배우기는 상황에 따라 그 때 그 때 진행 여부를 결정합니다.

만약 영어 그림책 읽어주기를 진행하는데 아이가 영어 문자에 관심을 보이면 알파벳과 파닉스 학습을 진행합니다. 물론 알파벳과 파닉스 학습을 반드시 이 때 해야 하는 것은 아니지만 학습 효과 측면에서는 가장 좋은 시기가 이 때입니다. 그리고 한글 읽는 방법을 먼저 배운 다음에 파닉스를 하는 것이 좋습니다. 파닉스는 'c'는 'ㅋ', 'a'는 'ㅏ', 'r'은 'ㄹ'이어서 'car'는 '카~ㄹ'라고 읽는다는 것을 배우는 것이니까요. 그리고 아래의 3가지 조건을 충족한다면 아이의 관심 여부와 관계없이 파닉스를 진행해 보는 것도 좋습니다.

☑ 영어 듣기를 어느 정도 진행한 상태
☑ 영어 문장을 어느 정도 접한 상태
☑ 한글 읽는 방법을 학습한 상태

영어 그림책 읽어주기도 어느 정도 진행했고, 파닉스도 학습한 상태라면 다음 단계가 영어 그림책 읽기입니다. 한글로 치면 읽기독립 훈련에 해당하는데요. 모국어인 한글도 읽기 독립이 어려운 것처럼 영어도 읽기 독립은 어려운 것입니다. 그리고 영어 읽기도 소리만 내서 읽는 것이 아니라 의미 파악까지 하며 읽어야 진짜 읽는 것입니다.

영어 그림책 읽기를 진행할 때 처음에는 아이가 좋아해서 여러 번 읽어주었던 책을 읽게 하는 것이 좋습니다. 이미 의미 파악을 하고 있는 책이기 때문에 '읽는 것' 자체에 집중할 수 있고요. 재미있게 봤던 책이기 때문에 지루해 하지 않고, 자기 스스로 읽어내는 것을 좋아할 수도 있습니다. 부모님과 아이가 한 문장씩 번갈아 가며 읽는 것도 좋고요. 듣기로 한 번 본 다음 스스로 읽어보게 하는 것도 좋습니다.

영어 그림책 읽기의 초기 때에는 짧은 그림책을 하루에 1~2권 정도만 읽게 하는 것이 좋습니다. 어떤 일이든 익숙해지는 과정이 필요한데, 익숙해지기까지는 어느 정도 스트레스가 생기기 마련입니다. 아이 입장에서 영어 그림책 읽기 초기 단계에는 '재미'보다 '부담감'이 더 크기 때문에 분량을 적게 하는 것이 좋습니다. 그러다가 스스로 읽는 것에 좀 익숙해지면 하루 20~30분 정도를 읽게 합니다. 그러면서 영어에 투자하는 시간도 늘어나게 됩니다. 영어 만화 보기 20~30분은 계속 유지하고, 영어 그림책 읽어주기도 20~30분은 계속 진행합니다. 그리고 영어 그림책 읽기도 20~30분 정도 진행하는 거죠. 다만, 이때까지도 스스로 읽는 책은 그전에 읽어주었던 책 위주로 하는 것이 좋고요. 대신 읽어주는 책은 쉬운 책 절반에 도전해 볼만한 책 절반 정도로 선택하는 것이 좋습니다. 그리고 이 단계를 초등학교 2학년 때 진행하게 된다면 전반적인 영어 진행 속도도 좋은 편입니다.

만약 초등학교 1~2학년 때 영어학원을 보내려 한다면 학원 선택의 기준도 위 내용을 참고하는 것이 좋은데요. 이 시기의 영어 습득에서 중요한 것은 '듣기'와 '읽기'이고요. 읽기는 '읽어주기'를 먼저 한 다음에 서서히 '혼자읽기'로 넘어가는 것이 좋습니다. 그러면서 영어를 공부로 느끼지 않게 하는 데 최선을 다 해야 하는데요. 이렇게 할 수 있는 학원은 없더라도 최대한 유사한 학원을 선택하는 것이 좋습니다. 또는 그렇지 않은 학원을 선택 목록에서 제외하는 것도 방법입니다. 이 시기부터 문법을 강조하는 학원, 단어를 단순 암기 방식으로 많이 외우게 하는 학원, 쓰기를 강조하는 학원 등은 가급적 피하는 것이 좋습니다.

[Q] 초등학교 2학년에게 영어 그림책은 시시하지 않을까요?

[A] 한글책을 기준으로 할 경우 초등학교 2학년은 그림책과 글책을 섞어서 봐야 할 때입니다. 문학은 문고판이나 삽화가 들어있는 글책으로 넘어가는 것이 좋지만 비문학은 그림과 사진이 많이 들어있는 책이 더 좋습니다. 즉, 쉽거나 편한 책은 글 위주로 보더라도 딱딱하거나 어려운 책은 그림이나 사진의 도움을 받아야 하는 시기인 거죠.

이 기준으로 봤을 때 아이에게 영어책은 편한 문학책보다는 조금 부담스러운 비문학책에 해당합니다. 책 내용이 문학에 해당하더라도요. 그래서 영어책도 아직은 그림책으로 보는 것이 더 좋고, 글 양이 많지 않은 책이 좋으며, 그림만으로도 어느 정도 의미 파악을 할 수 있는 책이 좋습니다. 아직까지는 아이 입장에서 읽을 만한 영어책을 선택하는 것이 더 좋습니다.

---

6 초등학교 3학년~4학년 때 영어는 이렇게

초등학교 3~4학년은 영어가 1순위인 시기입니다. 즉, 영어를 접하는 시간을 최대한 많이 확보해야 하고요. 이를 위해 예체능을 과감히 줄여야 합니다. 그러지 않으면 초등학교 5학년 이후에 수학과 영어 둘 다 많이 해야 하는 상황에 처하게 됩니다. 다행히 극소수의 수학 천재를 제외하고는 아직 수학을 많이 할 필요는 없기 때문에 3~4학년 때 영어에 몰입하면서 4학년까지 영어 실력을 최대한 끌어올리는 것이 중요합니다.

하루에 영어 듣기 20분 정도는 계속 진행해야 합니다. 듣기 훈련 자체를 위함이기도 하고요. 읽기를 위한 사전 훈련의 의미도 있습니다. 어디선가 들어 본 덕분에 대략적인 의미는 알고 있는 영어 단어나 영어 표현이 많을수록 읽기에 도움이 되기 때문입니다. 이 때 듣기는 꼭 만화일 필요는 없습니다. 아이의 듣기 수준과 관심사에 해당하기만 한다면 시트콤도 좋고, 시리즈 영화도 좋고, 단편 영화도 좋습니다. 유튜브에서 '미국드라마 풀하우스'로 검색하면 1980년대를 연상시키는 드라마 몇 편을 볼 수 있는데요. 이 시기에 보기 적당한 드라마 중 하나입니다. 코믹 요소도 있으면서 감동도 느낄 수 있는, 오래 전에 제작된 작품이지만 완성도가 매우 높은 드라마입니다. 만약 아이가 이 드라마를 잘 본다면, 부모 입장에서는 매일 20분씩 영어 듣기 연습을 하는 것이지만, 아이 입장에서는 매일 20분씩 재미있는 TV 드라마를 보는 셈이 됩니다.

'읽어주기'와 '혼자읽기'는 둘 다 양이 중요한 때입니다. 예체능은 대부분 주 1회 주말반으로 돌려 영어 시간을 최대한 확보해야 하고요. 영어 읽기 단계도 차근차근 올려야 합니다. 단, 단계 상승은 '속도'보다 '탄탄하게'가 훨씬 중요합니다. 그래서 시간 확보가 핵심입니다. 탄탄하게 진행하면서 단계 상승 속도도 너무 느리지 않으려면 반드시 어느 정도 이상의 노출 시간이 확보되어야 합니다.

'읽어주기'와 '혼자읽기' 합쳐서 매일 하루 1시간 30분에서 2시간 이상은 진행하는 것이 좋고요. 더 할 수 있다면 더 하는 것이 좋습니다. 이때 책은 가급적 문학 영역에서 선택하는 것이 좋습니다. 한글책 읽기도 대부분의 아이들은 문학책을 더 편하게 느끼는 편입니다. 따라서 한글 읽기보다 더 어려운 영어 읽기는 더더욱 편하게 볼 수 있는 문학 영역 책이 좋습니다. 그리고 중요한 것은 책의 종류가 아니라 시간입니다. 꼭 봐야 하는 책은 없습니다. 아이가 스스로 볼 수 있는 만만한 책이 좋은 책입니다. 그리고 환타지 영역의 책도 적극 활용해야 합니다. 해리포터 시리즈를 영어책으로 보는 단계까지 가면 엄마표 방식의 영어 습득은 대성공이라고 볼 수 있습니다.

'읽어주기'나 '혼자읽기'를 반드시 책으로 해야 하는 것은 아닙니다. 잡지나 교재

등도 상관없고요. 중요한 것은 영어 텍스트를 읽는 것입니다. 다만, 문학책에 있는 텍스트와 교재에 있는 텍스트 중 어느 것이 더 재미있을까요? 재미있는 문학책보다 더 재미있는 교재가 있을까요? 아마 대부분의 교재가 그렇지 않을 것입니다.

읽기 능력은 자꾸 많이 읽어야 길러지는 능력입니다. 이는 한글이나 영어나 마찬가지입니다. 그런데 이 당위성만으로 "책이든 잡지든 교재든 읽어야 하니까 읽어라!"라고 지시하는 것은 당위성만으로 강요하는 것이 됩니다. 아이 입장에서 해볼만 한 상황을 만들어주면서 당위성도 강조해야 '강요'가 아닌 '현명한 코치'가 됩니다.

[Q] 영어 문학책을 보더라도 한글 문학책을 더 봐야 하나요?

[A] 영어 문학책이든 한글 문학책이든 둘 다 문학책입니다. 사용한 언어가 다를 뿐입니다. 따라서 영어 문학책을 잘 봤다면 그 또한 문학책을 본 셈입니다. 예를 들어 '빨간머리 앤'을 영어책으로 봤다면 굳이 한글책으로 또 볼 필요는 없는 셈이죠. 다만, 우리나라 전래동화나 우리나라 문학 작품은 한글책으로 보는 것이 더 좋습니다. 영어에는 존재하지 않는 우리 언어만의 고유한 표현이 있기 때문이죠. 어쨌든 문학책을 영어로 보면 문학책 독서 효과뿐만 아니라 영어 읽기 능력 훈련의 효과까지 볼 수 있기 때문에 매우 바람직한 일이고요. 그래서 영어 텍스트 읽기 훈련은 가급적 교재보다 책으로 하는 것이 더 좋습니다.

초등학교 3~4학년까지도 우리 부모가 경험한 문법 공부는 중요하지 않습니다.

일단 관계대명사, 부정사, 동명사 등의 문법 어휘 자체가 어렵게 느껴지는 때입니다. 다중지능이론으로 유명한 가드너는 이렇게 말했습니다. "만약 우리가 학교에서 문법을 배우듯이 모국어를 배웠다면, 아마 우리는 모두 반벙어리가 됐을 것이다."라고요. 따라서 본격적인 문법 공부를 시작하는 것보다는, 완성도 높은 다양한 영어 문장을 최대한 많이 읽어보는 것이 좋습니다. 다만, 누가 봐도 정말 쉽다고 생각되면서 가장 기본적인 문법 내용만 다룬 교재가 있다면, 그 교재를 완벽하게 학습하는 것이 아니라 가볍게 이해하는 정도로 진행하는 것은 괜찮습니다. 그리고 이 경우라면 굳이 자기주도 방식을 고집하는 것보다는 편하게 강의를 듣는 방식이 더 좋습니다.

이 시기는 자주 나오는 단어, 숙어, 관용 표현 등을 암기하는 것과 간단한 영어 문장 말하기와 쓰기를 해 볼 필요는 있습니다. 단, 암기와 쓰기 때문에 영어가 싫어지지는 않게 하는 것이 좋습니다. 일단 많은 양의 읽기를 통해 자주 접한 숙어나 관용 표현은 정리 정돈 차원에서 암기해 보는 것이 좋고요. 단어 암기도 처음부터 완벽하게 하는 것보다는 몇 번 반복해서 숙지하는 것이 좋습니다. 이 때 중요한 것은 단어를 의미 있게 암기하는 것입니다. 예를 들어 'elephant(코끼리)'라는 단어를 암기할 경우 "코끼리 elephant, 코끼리 elephant, 코끼리 elephant…" 방식으로 단순 반복 암기하는 것보다는 'An elephant has a long nose. (코끼리는 코가 길다.)' 같은 문장을 해석하며 'elephant(코끼리)'를 암기하는 것이 좋고요. 이 방법이 '의미, 소리, 글자' 3가지 요소 간의 관계를 파악하고 기억하고 활용법을 익히는 방법입니다.

또 이 시기에는 '소리 내어 읽기'로 말하기 연습을 하는 것도 좋은데요. 이때 영어 텍스트는 아이에게 익숙한 텍스트가 좋습니다. 여러 번 반복해서 본 영어 만화의 대사 내용 일부 또는 여러 번 재미있게 본 영어 그림책의 텍스트를 보면서 소리 내어 읽어보게 하는 거죠. 그리고 익숙해진 영어 표현들을 일상생활 중에 종종 써 보게 하면 좋습니다. 쓰기 연습도 비슷한 방식으로 진행합니다. 아이에게 익숙한 텍스트를 따라 써 보게 하는 것부터 시작해서 일기나 독서록을 간단한 영어 문장으로 써 보게 하면 좋습니다. 단, 영어가 싫어지지 않을 만큼만 해야 하기 때문에 자주 하는 것보다는 재미있게 듣거나 본 영어 만화나 책을 만났을 때 간단히 해 보는 게 좋습니다.

[Q] 초등학교 영어 교과서 학습은 어떻게 해야 하나요?

[A] 초등학교 때 영어는 정규 과목이고요. 3학년 때부터 시작됩니다. 그런데 그 수준과 난이도가 6학년까지도 높지 않습니다. 아니, 낮습니다. 그러다가 중학교 들어가면서 갑자기 어려워집니다. 따라서 초등학교 때 영어는 중·고등학교 영어를 염두에 두고 진행하는 것이 좋습니다. 그 기준으로 진행하면 당연히 초등학교 영어 교과서보다 더 많이, 더 빨리 학습하게 되고요. 자연스럽게 초등학교 영어 과목 대비까지 될 것입니다. 이를 한 문장으로 정리하면요. '초등학교 때 영어 과목은 신경 쓰지 마시고, 따로 진행하세요.'입니다.

7 초등학교 5학년~6학년 때 영어는 이렇게

초등학교 5학년은 영어와 수학이 1순위인데요. 영어와 수학 중 어느 과목 학습을 더 많이 할 것인지는 아이에 따라 달라집니다. 예를 들어 특목고 과고를 목표로 하는 아이라면 수학을 더 많이 해야 하고요. 특목고 외고를 목표로 하는 아이라면 영어를 더 많이 해야 합니다. 그런데 모두 그런 것은 아닙니다. 특목고 외고를 목표로 하는 아이이더라도 영어 실력이 이미 출중한 상태라면 수학을 더 많이 해야 합니다. 어쨌든 초등학교 5학년은 영어와 수학을 1순위에 두어야 하고요. 영어와 수학 중 1순위는 아이에 따라 달라집니다.

이에 비해 초등학교 6학년은 대부분 수학을 1순위에 두어야 합니다. 이유는 본격적인 수학 선행 때문인데요. 이를 위해 영어 학습 시간도 어느 정도 축소해야 합니다. 즉, 영어 학습에 많은 시간을 투자할 수 있는 마지막 학년이 5학년인 셈입니다. 만약 6학년이 되었는데도 영어 실력에 문제가 있다면 영어 학습 시간을 줄이지 않으면서 수학 선행도 해야 하는데, 말은 쉽지만 상당히 어려운 일입니다. 그래서 초등학교 5학년까지를 어떻게 보냈느냐가 이후 성적을 좌우하는 것입니다.

앞에서 정리한 데로 또는 크게 다르지 않게 영어를 꾸준히 진행해 왔다면 듣기, 말하기, 읽기, 쓰기 중에서 듣기 능력은 일정 수준 이상까지 도달했을 것입니다. 그러면 아침 식사 시간에 TV 시청하는 것처럼 편하고 재미있게 볼 수 있는 영상을 시청하는 것도 좋고요. 아이의 관심 분야에 해당하는 다큐멘터리나 뉴스를 보면 더욱 좋습니다. 어쨌든 이 시기에도 듣기 노출은 계속 하루 20분 내외로 꾸준히 진행해야 하고요. 그에 비해 말하기는, 투자할 시간을 마련하는 것이 어렵습니다. 영어 말하기보다 더 중요한 것들이 많기 때문인데요. 수학 학습량을 늘려야 하고요. 영어 읽기 시간도 유지 내지 소폭 축소해야 하고요. 영어 문법도 서서히 시작해야 하고요. 게다가 한국사 책도 읽어야 합니다. 그래서 영어 말하기는, 하면 좋지만 우선순위가 낮은 편입니다.

읽기는 여전히 중요합니다. 아이에 따라 시간양은 다르지만 영어에서 1순위는 여전히 읽기입니다. 앞에서 정리한 내용을 참고로 해서 5학년까지는 읽기 노출 시간을 가급적 많이 그리고 꾸준히 유지하다가 6학년이 되면 수학을 1순위에 두고 영어 읽기 시간을 조절해야 합니다. 이에 비해 쓰기는 여전히 현실적으로도 급하지 않습니다. 학교 시험의 쓰기 수준은 매우 낮은 편이고요. 중학교를 생각하더라도 쓰기보다는 읽기에 더 집중해야 합니다.

초등학교 5~6학년은 영어 문법을 시작해야 하는 시기입니다. 읽기 능력이 약한 아이라면 5학년 때까지는 읽기 능력 훈련에 집중하면서 문법은 6학년 때 시작하는 것이 좋고요. 읽기 능력이 괜찮은 아이라면 5학년 때부터 서서히 문법을 시작하는 것이 좋은데요. 영어 문법은 한 번에 완벽하게 학습하는 것보다는 여러 번 반복해서 보는 것이 좋습니다. 처음부터 단어와 숙어 모두 암기하고, 문법 내용 암기하고, 관련 문제 풀면서 추가로 단어 암기하다 보면 중간도 가지 못하고 학습 의욕이 급격히 떨어집니다. 그보다는 3~5회 정도 반복해서 본다고 생각하면서 처음에는 내용 파악 수준으로 가볍게 끝까지 보고, 두 번째 볼 때에는 핵심 단어 위주로 암기하면서 보고, 세 번째 볼 때에는 좀 더 꼼꼼하게 보는 방식이 효율적입니다.

그리고 영어 문법까지 굳이 자기주도 방식으로 할 필요는 없습니다. 물론 자기주도 방식으로 하면 더 좋기는 하지만, 그러면 자기주도로 해야 할 학습양이 너무 많을 수 있습니다. 그보다는 수학과 영어 읽기를 자기주도 방식으로 하면서 영어 문법은 인터넷 강의나 사교육 강의를 활용하는 것이 더 효율적일 수 있습니다.

그래서 첫 번째 영어 문법책의 선택 기준은 '집중해서 듣기만 하면 이해되는 쉬운 교재'입니다. 그래야 처음부터 완벽하게 학습하지 않더라도 끝까지 잘 볼 수 있고요. 영어 문법 학습에 대한 부담감도 줄일 수 있습니다. 즉, 초등학교 5~6학년 때 영어 문법은 중학교 문법을 염두에 두고 학습해야 하고요. 1~2권으로 끝내는 것이 아니라 3~4권으로 대비하는 게 좋고요. 혼자 하는 것보다는 강의를 듣는 게 더 좋습니다.

[Q] 내 아이의 영어 실력은 어떻게 확인할 수 있나요?

[A] 첫 번째는 독해 수준으로 확인할 수 있습니다. 초등학교 6학년 아이가 중학교 2학년 영어 독해 문제를 잘 푼다면 중2 수준의 독해 실력을 갖춘 것입니다. 두 번째는 사교육의 영어 레벨 테스트를 받아보는 것입니다. 학원 등록의 의도가 담겨 있는 레벨 테스트일 수도 있지만 그 점을 고려하더라도 어느 정도는 실력 체크에 도움이 되는 편입니다. 그래서 초등학교 3~4학년부터는 매 해마다 1~2회 정도 레벨 테스트를 받아보는 것도 괜찮은 방법입니다.

그리고 6학년 때에는 독해 연습도 시작해야 합니다. 만약 영어를 사교육으로 진행하는데 독해 연습이 포함되어 있다면 추가로 할 필요는 없습니다. 하지만 책 위주의 엄마표 영어로 하고 있다면 문법 외에 별도로 독해 교재를 풀어보는 것이 좋습니다. 책을 많이 읽으면 공부를 잘 할 가능성이 높아집니다. 하지만 책만 많이 읽으면 좋은 점수를 받지는 못합니다. 국어든 영어든 독서는 주관적 읽기이지만 독해는 출제자가 생각한 답을 찾는 객관적 읽기이기 때문에 시험 점수를 높이려면 객관적 읽기인 독해 연습이 필요합니다. 따라서 2~3번 정도의 레벨 테스트를 통해 아이의 독해 수준을 평가한 후 그 수준에 맞는 독해 교재를 선택해서 꾸준히 풀어보게 해야 합니다.

1세~12세 때 수학, 이것만은 꼭!

PART 07

1. 수학의 우선순위 선택 기준
2. 왜 수학 공부가 중요한가?
3. 직장맘, 아이셋맘은 수학 진행 어떻게 해야 하나?
4. 1개월~48개월 때 수학은 이렇게
5. 49개월~7세 때 수학은 이렇게
6. 초등학교 1학년~2학년 때 수학은 이렇게
7. 초등학교 3학년~4학년 때 수학은 이렇게
8. 초등학교 5~6학년 때 수학은 이렇게

1 수학의 우선순위 선택 기준

우리나라에서 의미 있게 공부 잘 하려면 각 과목별로 3가지 측면에서 살펴봐야 합니다. 첫째는 뇌 발달 과정, 둘째는 그 과목의 본질, 셋째는 우리나라의 교육 현실인데요. 수학도 마찬가지입니다.

우선 뇌 발달 측면에서 봤을 때 수학 학습이 가능한 시기는 7세 전후부터입니다. 뇌에서 수학 학습 담당은 두정엽인데요. 두정엽은 7세 즈음부터 빠르게 발달하기 때문입니다. 따라서 0, 1, 2, 3, 4, 5, 6, 7, 8, 9 각 숫자의 개념을 학습하고, 더하기(+)와 빼기(−)의 개념을 학습하고, 3+2 또는 5−2 등의 덧셈과 뺄셈의 원리와 계산 방법을 학습하는 수학 학습은 7세 전후부터 시작하는 것이 좋습니다. 단, 그 전 시기에라도 0, 1, 2, 3, 4, 5, 6, 7, 8, 9 각 숫자의 개념 이해에 도움이 되는 직관적 경험을 많이 했다면, 그리고 아이의 타고난 수리−논리 지능이 좋은 편이라면 6세나 5세 때 가능할 수도 있고요. 조기 수학 학습이 가능한 아이라면 굳이 7세 때를 기다릴 필요는 없습니다.

그 다음 수학의 본질 측면에서 살펴봐야 하는데요. 본질적으로 수학을 잘 한다는 것은 수학적 사고력을 발휘하여 문제를 잘 해결하는 것입니다.

[수학적 사고력]

일상생활에서 문제가 발생했을 때 그 문제를 분석하고, 이해하고 다양한 해결 전략을 찾아내어 주로 수학 용어와 기호를 사용해 논리적으로 해결하는 사고 능력

그래서 특히 초등학교 수학 교과서를 보면 개념 학습을 할 때에도 일상생활의 사례를 많이 활용하고 있고요. 시험에는 일상생활의 사례를 적용한 문제들이 자주 나오는 편입니다. 특히 문장제 문제는 대체로 일상생활 사례에 해당하는 문제입니다.

위 수학의 본질은 '수학적 사고력 + 문제 해결력'으로 간단히 표현할 수 있는데요. 수학은 사고력과 문제 해결력을 기르는 학문인 거죠. 다행이도 사고력 기르기와 문제 해결력 기르기를 따로 생각할 필요는 없습니다. 수학 학습을 본질적으로 의미 있게 제대로 하면 2가지를 동시에 기를 수 있거든요. 초등 수학으로 범위를 좁혀 보면요. 연산을 수학의 본질에 맞게 제대로 학습하면서 동시에 초등 수학의 5가지 영역마다 다양한 유형과 다양한 난이도의 문제를 체계적으로 제대로 풀면 자동으로 사고력과 문제 해결력이 길러집니다. 안타깝게도 많은 아이들이 그렇게 하지 않기 때문에 둘 다 길러지지 않을 뿐입니다.

마지막으로 우리나라의 수학 교육 현실을 살펴봐야 하는데요. 간단합니다. 좋은 대학 진학을 목표로 한다는 전제 하에 어떤 수학 시험이 중요한지, 어느 정도 난이도로 문제가 출제되는지를 살펴봐야 합니다. 앞에서 언급했듯이 현재 대학 입시 제도에서는 고등학교 내신(학교 중·기말 고사 + 수행평가)과 수능 시험 2가지가 중요하기 때문에 이 두 시험을 기준으로 판단해야 하는데요. 일단 수학 시험은 크게 3가지 종류로 구분할 수 있습니다. 첫째는 초등학교, 중학교, 고등학교에서 치르는 내신 시험이고요. 둘째는 대학 입시를 위해 치르는 수능 시험입니다. 셋째는 전국단위 수학 경시대회 또는 수학 올림피아드라고 부르는 시험입니다. 이 3가지 시험은 난이도가 다르고 문제 유형이 다르기 때문에 대비 방법에도 차이가 있습니다. 그리고 난이도는 세 시험 중 전국단위 경시대회와 올림피아드 시험이 가장 높습니다.

[수학 시험의 종류]

☑ 내신 : 학교 중간고사·기말고사 시험, 학교 수행평가 시험
☑ 수능 : 대학수학능력시험, 대입 수험생 대상 국가 시험
☑ 올림피아드(경시대회) : 성대경시대회 등의 수학 전문 시험

이 3가지 시험 중 대입에서 가장 중요한 시험은 내신입니다. 대입에서는 수시 선발 인원이 많습니다. 그런데 수시에서는 고등학교 때 학교 성적인 내신이 가장 중요하기 때문입니다. 그 다음으로 수능 시험이 중요합니다. 수시보다는 적지만 수능 성적만으로 선발하는 인원도 있고요. 수시 선발 과정에서 수능 점수를 반영하는 대학이나 학과도 있기 때문입니다. 즉, 수학 올림피아드보다는 수능 수학이, 수능 수학보다는 고등학교 수학 내신 시험이 훨씬 중요합니다. 따라서 초등학교 수학 공부는 고등학교 내신 공부를 잘 할 수 있는 데 초점을 맞춰 진행해야 하는데요. 초등 수학을 고등 내신에 맞춘다는 것은 어떤 것일까요?

첫째, 초등학교 교과서 학습을 1순위에 두어야 합니다. 초등 수학 교과서가 중등 수학 교과서의 전단계이고, 중등 수학 교과서가 고등 수학 교과서의 전단계입니다. 따라서 초등 교과서 학습이 제대로 되어야 중등 교과서 학습을 제대로 할 수 있고 고등 교과서 학습도 제대로 할 수 있습니다. '제대로'가 중요한데요. 뒤쪽에 연산을 제대로 한다는 것이 어떤 것인지 예를 들어 정리해 놓았습니다. 참고해 보시고요.

둘째, 초등학교 때 학교 시험 성적만으로 초등 수학 실력을 평가하지 말아야 합니다. 초등학교 수학 시험 문제는 전국 기준으로 봤을 때 난이도 하 또는 중하 문

제가 대부분입니다. 그런데 고등학교 때는 전국 기준으로 난이도 중상 또는 상의 문제까지 풀 수 있어야 좋은 성적을 얻을 수 있습니다. 따라서 초등학교 수학 학습은 학교 시험 성적과는 별개로 전국 기준 난이도 중상, 가능하면 난이도 상의 문제를 푸는 연습을 지속적으로 해야 합니다. 전국 기준 난이도에 대해서는 시기별 수학 학습 부분에 정리해 놓았습니다.

이처럼 대부분의 아이들은 수학 학습의 1순위를 교과서와 내신 학습으로 생각해야 하는데요. 물론 예외는 있습니다. 고등학교 중 영재고 진학을 목표로 한다면 수학 올림피아드(경시대회) 공부가 큰 도움이 될 수 있습니다. 다만 그런 아이, 그럴 수 있는 아이는 극소수입니다. 그리고 그런 아이는 초등학교 저학년 때부터 수학을 좋아하고, 수학 문제 푸는 것을 즐기며, 수학 공부 시간이 힘들게 느껴지지 않는 아이일 것입니다. 실제로 유치~초등 저학년 때에는 많은 아이들이 사고력 수학학습을 병행하는 편입니다. 하지만 초등학교 고학년으로 갈수록 그 인원은 줄어들며, 중·고등학생 중에 사고력 수학을 병행하는 아이들은 극히 소수입니다. 사고력 수학보다 내신 수학이 더 급하기 때문이고요. 내신 수학 제대로 하는 것도 쉽지 않기 때문입니다.

또 하나의 예외는 고등학교 교내 수학 경시대회입니다. 아이가 다니는 고등학교 내에서 열리는 수학 경시대회는 중요한 시험입니다. 그 시험에서 수상을 하면 고등학교 학교생활기록부에 수상 실적을 기록할 수 있기 때문입니다. 그러면 수시 서류 심사 때 조금 더 유리해 질 수 있거든요.

학교 내신 문제 중에도 더 중요한 문제가 있고 덜 중요한 문제가 있습니다. 더 중요한 문제는 문장제 문제이고요. 덜 중요한 문제는 연산(계산) 문제입니다. 이에 대해서는 〈우리 아이 수학 고수 만들기〉 책에 자세히 정리해 놓았고요. 이 책에서는 최대한 간단히 결론 위주로 정리했습니다.

우선 결론부터 내리면, 초등 수학에서 '계산'은 할 수만 있으면 되고요. 수학 성적은 문장제 문제나 생각을 좀 해야 하는 문제를 풀어내는 능력인 '문제 해결력'에 의해 결정됩니다. 따라서 계산 잘 하는 것만으로 수학 잘 한다고 확신할 수 없고요. 계산력 기르는 시간보다 문제 해결력 기르는 시간이 훨씬 많아야 합니다. 현재 고등학생(전교 1등)인 아이에게 이렇게 물어봤습니다.

"고등학교 내신이나 수능 시험에 계산 문제가 나오나요? 계산이 중요한가요?"

"아니요! 2부터 19까지의 제곱 잘 외우고, 구구단 잘 외우면 되요!"

혹시나 해서 이렇게도 물어봤습니다.

"혹시 문제 푸는 과정에 세 자리 수 덧셈이나 뺄셈, 곱셈이나 나눗셈 정도는 나오나요?"

"아니요! 나온다면 두 자리 수 연산? 세 자리 수 연산은 거의 본 적 없어요."

따라서 초등학교 수학에서 연산(계산) 진도는 학교 진도보다 느리지 않으면 되고, 계산 속도도 느리지 않으면 됩니다. 대신 정확한 계산 연습은 필요한데요. 연산(계산) 연습을 어느 정도 한 상태에서 정확도는 실력보다 집중력의 영향을 더 많이 받습니다. 어쨌든 초등 수학 공부에서 조심해야 할 것 중 하나는 '연산 연습을 지나치게 많이 하는 것'이고요. 다른 하나는 '문제 해결력 훈련을 충분히 하지 않는 것'입니다. 이에 대해서는 각 시기별로 자세히 정리해 놓았습니다.

이처럼 뇌 발달, 과목의 본질, 우리나라의 교육 현실을 살펴보면 수학에서도 우선순위를 정할 수 있는데요. 수학 학습의 적정 시기는 7세 정도이고요. 다양한 유형과 다양한 난이도의 문제를 체계적으로 풀어보면서 수학적 사고력과 문제 해결력을 길러야 합니다. 이때 1순위 시험은 학교 시험, 2순위 시험은 수능 시험, 3순위 시험이 올림피아드입니다. 그런데 학교 시험 대비만도 해야 할 것이 많기 때문에 극소수의 아이들을 제외하고는 올림피아드 시험을 1순위에 둘 필요는 없습니다. 경험을 위해 해보겠다고 한다면 그건 선택의 문제이고요. 그리고 초등 수학을 봤을 때 연산(계산)보다는 문제 해결력이 훨씬 중요합니다.

물론 교육 현실에 큰 변화가 생긴다면 위 우선순위를 바꿔야 할 수도 있습니다. 따라서 아이가 어리더라도 부모는 대학입시 제도와 초중고 전체의 큰 그림을 지속적으로 파악할 필요가 있습니다. 그리고 위 결론은 깊게 이해할 필요가 있습니다. 막연하게 '그런가보다' 수준으로 이해하면, 극히 일부 사교육의 논리적인 공포마케팅을 만났을 때 쉽게 흔들릴 수 있고요. 그러면 자칫 큰 시행착오를 겪을 수 있는데요. 수학에서 큰 시행착오는, 자칫 돌이킬 수 없는 문제를 발생시킬 수도 있습니다. 사교육비 2위 과목인 수학, 거의 대부분의 아이들이 어려서부터 시작하는 수학, 그런데 초등학교 6학년의 40% 가까이가 수포자인 현실. 왜 이런 결과가 나오는지 잘 생각해 봐야 하고요.

〈우리 아이 수학 고수 만들기〉에서도 언급했듯이 수학은 벽돌쌓기이며, 보통 7세 즈음에 수학 학습을 시작합니다. 그러면 7세 수학이 땅을 파고 다지고 고르는 기초 공사라면, 초등학교 1학년이 1층, 2학년이 2층, 3학년이 3층… 이렇게 수학 학습은 한 층 한 층 벽돌을 쌓는 과정입니다. 그래서 7세 때 수학을 이상하게 하면 기초 공사가 부실해지고요. 1학년 때 계속 이상하게 하면 1층은 더 부실해지고요. 2학년 때에도 이상하게 하면 2층까지 부실해지면서 3학년 때 좌절기를 맞게 되고, 아래층이 부실하기 때문에 더 이상 벽돌을 쌓을 수 없는, 수포자(수학 포기자)의 길로 들어서게 됩니다. 그래서 수학은 다른 과목에 비해 특히 시행착오를 잘 피해야 합니다.

2 왜 수학 공부가 중요한가?

"수학 공부를 왜 해야 해요?"라고 아이가 질문하면, 아이 눈높이에 맞게 대답하는 것은 둘째 치고 부모부터 왜 수학 공부를 해야 하는지에 대해 명확한 답을 갖지 못한 경우가 많습니다. 대학 입시와 학교 성적에 큰 영향을 끼치는 주요 과목이기 때문이라고 생각하는 정도죠. 물론 그것도 수학 공부를 열심히 해야 하는 중요한 이유 중 하나이기는 한데요. 또 다른 중요한 이유는 무엇일까요?

수학이 중요한 첫 번째 이유는 '논리적 사고력을 길러주는 매우 유용한 과목'이기 때문입니다. 현대 사회는 의사소통 능력이 매우 중요한 사회입니다. 세계화는 이미 옛 이야기이며, 산업간 연계성은 더욱 강화되고 있습니다. 회사 내 여러 부서 간의 연계성도 더 강화되고 있으며, 팀 단위 프로젝트뿐만 아니라 여러 팀이 함께 투입되는 프로젝트도 늘고 있습니다. 그래서 통합뿐만 아니라 융합까지 강조되고 있고요. 이러한 현상은 4차 산업혁명 사회로 다가갈수록 더 심화될 것이며, 의사소통 능력은 지금보다 더 강조될 것입니다. 그런데 의사소통 능력의 필수 요소 중 하나는 '논리적 사고력'입니다. 의사소통 능력이란 내 생각을 상대방에게 잘 전달하는 것이고요. 타인의 생각을 잘 파악하는 것입니다. 내 생각을 상대방에게 잘 전달하려면 논리적으로 잘 설명하는 것이 기본이고요.

☑ 4차 산업혁명 사회 ⇒ 의사소통 능력 더 중요 ⇒ 논리적 사고력 더 중요

그런데 논리적 사고력 훈련에 매우 유용한 과목이 수학입니다. 그래서 4차 산업혁명 사회가 다가오면서 의사소통 능력의 기본인 논리적 사고력을 잘 훈련시켜 주는 수학이 더 중요해진 것입니다. 이를 위해 반드시 수학을 상위권 수준까지 잘 해야 하는 것은 아닙니다. 전국 기준으로 난이도 상급인 문제는 풀지 못하더라도 난

이도 중급 문제를 푸는 과정 또한 논리적 사고력을 훈련하는 경험이기 때문입니다. 하지만 안타깝게도 초등학교 6학년의 40% 가까이가 수포자(수학 포기자)라고 합니다. 초등학교 6학년만 되도 100명 중 40명의 아이들이 논리적 사고력을 훈련할 수 있는 좋은 기회를 놓치는 것입니다. 그래서 수학 학습에서 마지막 목표는 '수포자(수학 포기자) 만들지 않기'입니다.

수학이 중요한 두 번째 이유는, 수학을 잘 하면 대학 입시에서 매우 유리하기 때문입니다. 이공계열에서 수학 실력은 당연히 중요합니다. 대학 입시뿐만 아니라 대학에 가서도 수학 실력은 대학 공부에 계속 영향을 끼칩니다. 그런데 문과도 수학을 잘 해야 유리합니다. 특목고 외고의 경우 외고 입학은 영어와 국어로 결정되더라도 외고 입학 후에 내신 성적은 수학으로 좌우된다고 할 정도이고요. 문과 계열이라도 수학을 잘 하면 대학 입시에서 선택의 폭을 넓힐 수 있으며 합격률도 높일 수 있습니다. '고등학교 공부의 절반은 수학이다.'라고 할 정도로 그리고 고등학교 1학년 내내 전교 1등을 유지한 학생도 고1 겨울방학 때 하루 중 6시간을 수학 공부에 투자할 정도로 우리나라 교육과정에서 수학은 매주 중요한 과목입니다.

물론 이 현상은 우리나라 수학 교육에 한정된 이야기입니다. 우리나라에서 수학 실력이 상위권 즈음이었던 아이가 미국에 가면 수학 고수가 된다고 하는데요. 그만큼 우리나라 수학 교육 과정이 다른 나라에 비해 학습량도 많고 진도도 빠르다는 거죠. 학습량이 많은데다 벽돌 쌓기이기 때문에 초등학교 때 수학을 제대로 하지 않으면 중·고등학교 때 열심히 해도 쉽게 따라갈 수 없는 과목이 수학입니다. 그래서 수학을 잘 하면 대학 입시에서 매우 유리합니다.

수학이 중요한 세 번째 이유는, 1세~12세(초5)의 후반부인 7세~초등 5학년 때 학습 능력과 학습 습관을 기를 수 있는 과목이기 때문입니다. 앞에서 읽기 능력이 매우 중요하다고 했습니다. 읽기가 되지 않으면 공부 자체를 할 수 없으니까요. 그래서 읽기 능력은 반드시 길러야 하는데, 가장 유용한 방법이 독서라고 했습니다. 그래서 독서를 통해 읽기 능력을 길러야 하고, 이 과정에서 독서 습관을 들여야 한다고 했습니다. 그런데 최종적으로 성적도 잘 받으려면 읽기 능력과 함께 반드시 학습 능력도 길러야 합니다.

읽기 능력은 말 그대로 읽으면서 의미를 파악하는 능력이며, 책을 잘 읽는다는 것은 읽기 능력이 좋다는 뜻입니다. 그런데 책을 잘 읽는다고 해서 시험까지 잘 하게 되는 건 아닙니다. 즉, 읽기와 시험은 똑같지 않으며, 읽기 능력은 좋은 성적의 필요조건이기는 하지만 충분조건은 아닙니다. 좋은 성적을 받으려면 읽기 능력에 추가로 학습 능력까지 갖춰야 합니다.

그런데 학습은 보통 7세부터 시작할 수 있습니다. 언어 학습을 담당하는 측두엽과 수학 학습을 담당하는 두정엽이 7세부터 빠르게 발달하기 때문입니다. 그래서 초등학교 1~2학년 교과 과목이 국어, 수학, 통합교과서인 것입니다. 즉, 측두엽(언어)과 두정엽(수학)이 빠르게 발달하니까 초등학교 1~2학년 때에는 국어와 수학 공부를 하라는 거죠. 사회, 과학, 한국사는 나중에 하고요.

'세 살 버릇 여든까지 간다.'는 말이 있습니다. 학습도 마찬가지입니다. 7세부터 초등학교 2학년까지 3년 동안 학습은 국어와 수학으로 하며, 이 시기에 학습을 어떻게 하느냐가 '학습 버릇(습관)에 매우 큰 영향을 끼칩니다. 학습 능력의 기초가 형성되는 시기이고요. 학습 습관을 들여야 하는 시기이기도 하고요. 학습에 대한 태도도 형성되는 시기입니다. 이때 국어는 독서에 집중하면서 독해 연습은 아주 조금만 하는 것이 좋은데요. 수학은 반대입니다. 국어와 달리 독서가 해결해 주는 것이 적기 때문입니다. 그래서 7세~초등학교 2학년 때 수학 진행을 잘 해야 하며,

잘 하면 학습 능력의 기초가 잘 만들어지고, 학습 습관의 기초도 다질 수 있으며, 학습에 대한 긍정적인 태도도 형성할 수 있습니다. 이를 바탕으로 3~4학년 때 자기 학년 수학 공부를 제대로 꾸준히 하면 학습 능력과 습관이 탄탄하게 자리 잡게 되고요. 수학뿐만 아니라 다른 과목을 잘 할 수 있는 기초 능력도 길러집니다. 그래서 '공부 잘 하는 아이가 수학 잘 하는 것보다는 수학 잘 하는 아이가 공부 잘 하는 경우가 더 많다.'라고 합니다. 이때 중요한 것은 '제대로'입니다. '빨리'나 '많이'보다 훨씬 중요한 것이 '제대로'입니다.

수학을 제대로 하는 것 중 하나는 '학습'에서 '학(배울 학 學)'과 '습(익힐 습 習)'의 비중이 2:8 또는 3:7 정도 되는 것입니다. 수학은 다른 과목에 비해 '익힐 습'의 비중이 매우 높은 과목이고요. 그래서 초등학교 수학은 '익힘책'이라는 교과서가 한 권 더 있습니다. 그만큼 수학은 '익힐 습'이 중요하다는 뜻이고요. 수학만큼 '익힐 습'의 비중이 높은 과목으로는 물리 정도입니다. 예를 들어 약수의 개념을 배웁니다.

★ 약수 : 어떤 수를 나누어 떨어지게 하는 수

★ 4÷1=4, 4÷2=2, 4÷4=1 ⇒ 4의 약수는 1, 2, 4

이렇게 약수의 개념을 배웠다고 해서 여러 가지 수의 약수를 금방 구할 수 있게 되는 것은 아닙니다. 2의 약수도 구해보고, 6의 약수도 구해보고, 8, 9, 10, 12, 14, 15, 16의 약수도 구해봐야 합니다. 이렇게 약수 구하는 능력을 익히는(습) 과정을 충분히 해야 약수에 대한 학습을 제대로 한 것입니다. 그리고 이런 과정이 쌓이고 쌓이면서 수학을 통해 학습 능력이 길러지는 것이며, 이때의 학습 능력이 바로 '자기주도 학습능력'입니다.

☑ 의사소통 능력의 기본인 논리적 사고력을 길러주기 때문에
☑ 수학을 잘 하면 대학 입시에서 매우 유리하기 때문에
☑ 학습 능력과 학습 습관을 기를 수 있는 과목이기 때문에

그런데 초등학생 때는 위 이유를 이해하지 못합니다. 대신 부모님이 명확하게 이해한 다음 아이의 수학 공부가 제대로 차근차근 진행될 수 있도록 현명한 판단을 해야 합니다. 1차 목표는 '수학 고수 만들기'이고요. 마지막 목표는 '수포자 만들기 않기'입니다. 이를 위해 〈우리 아이 수학 고수 만들기〉 책도 꼭 읽어 보시기 바랍니다.

3 직장맘, 아이셋맘은 수학 진행 어떻게 해야 하나?

직장맘이거나 아이가 셋 이상이면 엄마가 주도적으로 아이의 학습을 끌고 가는 것이 매우 어렵습니다. 물론 아이가 둘만 되도 쉽지 않고요. 하나라고 하더라도 엄마의 성격이 급한 편이라면 역시 쉽지 않습니다. 그런 분들의 경우 이 책을 읽으면 '수학을 거의 엄마표로 해야 하나? 난 불가능한데.'라고 생각하실 수도 있는데요. 어떻게 해야 할까요?

결론부터 말씀드리면 사교육을 활용해야 합니다. 단, 잘 활용해야 합니다. 사교육을 잘 활용한다는 것은 어떻게 하는 걸까요? 엄마표처럼 수학을 할 수 없다고

하더라도 최소한 '사교육을 잘 활용하는 것?'이란 질문에 대해서는 명확한 답을 갖고 있어야 합니다. 그래야 사교육을 잘 활용할 수 있습니다.

아이가 전교 1등 수준으로 공부를 잘 합니다. 그러면 주변 엄마들이 부러워합니다. 그리고 이렇게 질문합니다. "어느 학원 다니나요?"라고요. 이 질문은 그다지 좋은 질문이 아닙니다. 그 학원 다닌다고 모든 아이들이 잘 하게 되는 건 아니니까요. 초등학교 때부터 고등학교까지 전교 1등 수준을 유지해 온 학생에게 이렇게 물어봤습니다.

"학원 다니는 아이들의 80%는 그 학원 전기세 내러 다닌다고 하는데 맞는 이야기인가요?"

학생의 대답은 이랬습니다.

"어느 정도는 맞다고 봐야 해요. 제 경험이랑 다른 학원 다니는 친구들을 봤을 때, 수업에 집중하지 않거나 수업 내용을 이해하지 못하는 아이들이 더 많기는 하죠. 물론 특목고 대비반은 좀 다르지만 그건 소수이고요."

초등학교 고학년만 되면 대부분의 아이들이 학원에 다닙니다. 초등학교 중학년도 많이 다니고요. 학습지까지 포함하면 초등학교 저학년도 대부분 사교육을 시작합니다. 그럼에도 불구하고 '상위권 20%와 중하위권 80%'라는 비율은 변하지 않습니다. 소수의 예외를 제외하고 대부분은 학원을 다니거나 사교육을 한다고 해서 수학 실력이 향상되지는 않습니다. 왜 그럴까요?

이유는 2가지인데요. 첫째, 그 전까지 수학 학습이 제대로 진행되지 않았기 때문이고요. 둘째, 그런 상태에서 사교육 선택도 잘못 했기 때문입니다. 좋은 사교육은 공부 잘 하는 아이들이 하는 사교육이 아니라 내 아이의 실력을 끌어올릴 수 있는 사교육임에도 불구하고 옆집 사례를 판단 근거로 해서 사교육을 선택하기 때문입니다.

　초등학교까지 사교육 선택은 엄마가 합니다. 따라서 엄마는, 엄마표 학습을 하지는 않더라도 최소한 사교육 선택을 잘 할 수 있는 공부는 해야 합니다. 첫 번째 공부는 각 과목별로 제대로 학습한다는 것이 어떤 것인지에 대한 공부이고요. 두 번째 공부는 내 아이가 어떤 아이인지를 파악하는 공부입니다. 이 두 가지 공부만 잘 하면 내 아이에 맞는 적합한 사교육과 그렇지 않은 사교육을 구분할 수 있게 되고요. 그러면 엄마표가 아닌 사교육 활용을 통해서도 아이 학습에 좋은 결과를 만들어 낼 수 있습니다.

　사교육 중에는 적극 권장하는 사교육도 있습니다. 초등학교 교과 학습이 본격적으로 시작되기 전인 3세~6세 아이라면 문화센터 프로그램을 적극 추천하는 편이고요. 초등학교 때 엄마표 영어가 불가능한 상황이라면 어학원 활용도 적극 권장하는 편입니다. 초등학교 3~4학년 때 실력 있는 공부방에서 수학을 배우는 것도 괜찮은 선택 중 하나이고요. 앞에서 언급했듯이 영어 문법을 학습할 때에는 인터넷 강의나 학원 특강을 활용하는 것이 효율적입니다. 이처럼 사교육은 무조건 '지양'할 필요도 없으며 무조건 '지향'할 필요도 없습니다. 내 아이에 맞게 잘 활용하기만 한다면 매우 유용한 보조 수단이기 때문입니다.

　직장맘 또는 아이셋맘 또는 어떤 상황으로 인해 엄마가 주도적으로 아이 공부를 끌고 갈 수 없는 경우라면 사교육을 활용하시기 바랍니다. 단, 그 전에 '각 과목별로 제대로 학습한다는 것이 어떤 것인지' 그리고 '내 아이는 어떤 아이인지'에 대해 공부하시기 바랍니다. 첫 번째 공부는 이 책으로 해 보시고요. 두 번째 공부는 이 책을 통해 알게 된 것을 아이에게 적용하면서 관찰과 평가, 보완과 작은 시행착오를 경험하면서 하시기 바랍니다.

4 1개월~48개월 때 수학은 이렇게

이 시기는, 덧셈과 뺄셈 같은 수학 학습은 거의 불가능합니다. 하지만 25개월~48개월에는 "●●만큼 있는 사탕의 수를 '둘'이라고 말 한다."와 같이 '하나, 둘, 셋, 넷, 다섯'이라는 말의 의미(개념)가 무엇인지를 배우는 것(수의 개념 인지)은 시도해 볼만합니다. 만약 48개월 된 옆집 아이가 덧셈과 뺄셈을 한다고 하면 '타고난 논리–수리 지능이 매우 높은 극소수의 아이들 중 한 명이 우리 옆집에서 사는구나.' 라고 생각하면 됩니다. 그리고 그 집 엄마가 자꾸 자랑하고, 은근 스트레스로 작용한다면, 그 집을 멀리하는 게 좋습니다. 만약 내 아이가 그런 아이라면 '내 아이가 극소수의 수학 천재일 수도 있구나.'라는 가정 하에 일반적인 경우와는 다르게 수학 학습을 진행해야 합니다. 즉, 수학 학습의 진행 기준은 '일반적인 기준'을 참고하면서 '내 아이'에 맞추어야 합니다. 그리고 수학 학습 진행 순서가 완전히 다를 수는 없지만 경우에 따라서는 진행 순서에도 약간의 변화를 줘야 할 수도 있고요.

아이에 따라서는 진행 속도가 매우 빠를 수 있습니다. 이런 아이의 경우 한 가지 조심해야 하는 것은, 아이가 잘 한다는 이유만으로 수학 학습을 지나치게 많이 하는 것입니다. '잘 하는지'와 '좋아하는지'를 모두 충족할 경우에만 학습량을 늘려 보는 것이 좋고요. 특히 잘 하더라도 좋아하지 않으면 진행하지 않거나 조금만 진행하는 것이 좋습니다.

1개월~24개월 아이들을 위한 책(보드북 등) 중에는 수학을 다룬 책도 있습니다. 그 중 하나, 둘, 셋, 넷, 다섯, 여섯, 일곱, 여덟, 아홉, 열 또는 1, 2, 3, 4, 5, 6, 7, 8, 9, 10을 다룬 책도 있는데요. 그 책을 읽어 주더라도 일부 극소수를 제외한 대부분의 아이들은 각각의 개념을 알지 못합니다. 어렴풋이 알 듯 말 듯 하더라도 기억에서 금방 사라질 것입니다. 즉, 1개월~24개월 때에는 '하나, 둘, 셋, 넷, 다섯, 여섯, 일곱, 여덟, 아홉, 열' 각각이 무엇인지(각각의 개념)와 '1, 2, 3, 4, 5, 6, 7, 8, 9, 10' 각각이 무엇인지(각각의 개념)를 이해하는 것 자체가 거의 불가능에 가깝습니다. 특히 '열'과 '10'의 개념은 7세 아이에게도 어려운 개념입니다. 따라서 무리하게 시도할 필요는 전혀 없습니다. 아이의 뇌가 아직 준비되지 않았거든요.

앞에서 언급했듯이 25개월~48개월 때에는 시도해 볼만한 수학 경험하기가 있습니다. '하나'의 개념을 이해하는 것은 모든 아이들이 충분히 해 볼만 하고요. '하나부터 아홉'까지 각각의 말의 개념을 이해하는 것은, 시도는 해 봐도 괜찮습니다. 다만 이 시기 아이가 '하나~아홉' 각각의 개념을 이해하는 것이 결코 쉽지 않기 때문에 엄마부터 욕심을 내려놓은 상태에서 시도해야 합니다. 그리고 아이에 따라서는 '하나부터 다섯'까지만 시도하는 게 좋을 수 있습니다. 방법은 '생활 속에서 반복 경험하기'입니다. 예를 들어 사탕 3개를 줄 때 한 번에 3개를 다 주는 것이 아니라 1개씩 주면서 "사탕 하나, 사탕 하나에 하나 더 하면 둘, 사탕 둘에 하나 더 하면 셋"이라고 말 하는 것입니다. 아이랑 동생에게 초콜릿을 나눠 줄 때에도 마찬가지로 "너 하나 동생 하나, 너 둘 동생 둘, 너 셋 동생 셋"이라고 말 하며 나눠줍니다.

'하나~다섯' 각각의 개념을 처음 알려줄 때에는 손을 사용하는 것이 좋습니다. 손가락을 편 한 손을 들고 손가락을 하나씩 접으면서 "하나, 둘, 셋, 넷, 다섯"이라고 말 하는 것입니다. 이때 아이에 따라서는 혼란의 시간을 가질 수도 있습니다. 정확한 개념 이해는 손가락 하나의 수가 '하나', 하나보다 하나 더 많은 손가락의 수가 '둘', 둘보다 하나 더 많은 손가락의 수가 '셋', 셋보다 하나 더 많은 손가락의 수가 '넷', 넷보다 하나 더 많은 손가락의 수가 '다섯'이라고 이해하는 것입니다. 그런데 부모의 기대와는 달리 처음 접은 손가락을 '하나', 두 번째로 접은 손가락을 '둘', 세 번째로 접은 손가락을 '셋', 네 번째로 접은 손가락을 '넷', 다섯 번째로 접은 손가락을 '다섯'으로 이해할 수도 있습니다. 어쨌든 처음에 손으로는 '하나~다섯' 각각의 명칭을 기억하고 개념을 이해하는 것을 목표로 하고요. '하나~다섯' 각각의 명칭에 어느 정도 익숙해지면 그 다음부터는 사탕 같은 구체물로 각각의 개념을 다시 이해하고 익히는 경험을 많이 해야 합니다. 사탕을 하나씩 더하면서 '하나, 둘, 셋, 넷, 다섯' 수를 세기도 하고, 사탕 5개에서 1개씩 빼면서 '다섯, 넷, 셋, 둘, 하나' 수를 세기도 하고, 사탕을 나누어 줄 때 "너 하나, 동생 하나, 너 둘, 동생 둘, 너 셋, 동생 셋"이라고 수를 세며 나누어 줍니다. 이와 같이 '하나~다섯' 각각의 명칭과 개념을 익히는 과정을 충분히 경험해야 다른 상황에서도 '하나~다섯'을 정확하게 사용할 수 있습니다.

국어도 영어도 글자보다는 말이 더 쉽습니다. 수학도 마찬가지이고요. '하나'보다 '1'이 더 어렵고요. '둘'보다 '2'가 더 어렵습니다. 따라서 1, 2, 3, 4, 5 등의 숫자가 무엇인지(숫자의 개념)를 알게 하는 것은 '하나, 둘, 셋, 넷, 다섯' 각각의 말에 충분히 익숙해진 후에 진행하는 것이 좋습니다.

25개월~48개월 때에는 도형 관련 수학 경험하기도 시도해 볼만 한데요. 대표적인 것이 블록놀이와 종이접기입니다. 이 시기 아이들에게 좋은 블록놀이란 무언가를 창의적으로 만드는 놀이이고요. 좋은 블록이란 아이 마음대로 창의적으로 무언가를 만들 수 있는 블록입니다. 물론 처음부터 창의적으로 만들 수는 없습니다. 처음에는 그 블록으로 만들 수 있는 자동차나 비행기 사례 사진을 보고 따라서 만들어 봐야 하고요. 그 과정이 쌓이면 '모방은 창조의 어머니'라는 말처럼 사진 사례와는 무관하게 아이 마음대로 만들기 시작합니다. 그리고 이 경험이 창의적 사고력과 입체도형 감각과 공간 감각을 길러줍니다. 따라서 아이가 창의적으로 만든 것이 사진 사례보다 완성도가 떨어지더라도 칭찬을 아끼지 말아야 하고요. 아이가 만든 것이 무엇인지, 왜 그렇게 만들었는지 등을 물어보며 적극적으로 관심을 가져 줘야 합니다.

종이접기는 블록놀이와는 다른 장점이 있는데요. 뒤쪽에 자세히 정리해 놓았고요. 25개월~48개월 때 종이접기를 시도해 볼 수는 있지만 아직은 많이 어려워할 때입니다. 그래서 여러 가지 종이접기 중에서 쉬운 접기 위주로 해야 하고요. 중간중간에 도움을 줘야 합니다. 이 시기에는 종이접기에 흥미와 재미를 느끼는 것이 중요하기 때문입니다.

5 49개월~7세 때 수학은 이렇게

이 시기에는 1~9까지의 수 개념 학습을 시도해 볼만 합니다. 단, 5세에게는 어렵고요. 6세는 해 볼만 하고요. 7세는 할 수 있습니다. '수 개념 학습'이라고 하면 보통 '1, 2, 3, 4, 5' 등의 숫자를 배우고 익히는 것을 생각하는데요. 이는 수 개념 학습의 일부일 뿐이고요. 사탕 ● 만큼과 하나(말)와 1(숫자)과 일(말)이 모두 같은 수라는 것을 배우고 익히는 것이 제대로 된 수 개념 학습입니다. 즉, 1~5까지의 수 개념 학습이란 아래 내용을 모두 배우고 익히는 것입니다. 참고로 '수'와 '숫자'는 다른 의미의 어휘입니다. '숫자'는 '수를 나타내는 문자(기호)'이고요. '수'는 '어떤 것의 양'입니다. 사탕이 많이 있습니다. 사탕의 수가 많은 것인데요. 사탕의 수를 세어보니 80개였습니다. 사탕의 수를 '8'과 '0'이라는 숫자로 나타냈습니다.

☑ 사탕 ● 만큼의 수는 '하나'라고 말 하고, 1이라고 쓰고, '일'이라고 읽어요.

☑ 사탕 ●● 만큼의 수는 '둘'이라고 말 하고, 2라고 쓰고, '이'라고 읽어요.

☑ 사탕 ●●● 만큼의 수는 '셋'이라고 말 하고, 3이라고 쓰고, '삼'이라고 읽어요.

☑ 사탕 ●●●● 만큼의 수는 '넷'이라고 말 하고, 4라고 쓰고, '사'라고 읽어요.

☑ 사탕 ●●●●● 만큼의 수는 '다섯'이라고 말 하고, 5라고 쓰고, '오'라고 읽어요.

이때, "하나, 둘, 셋, 넷, 다섯"이라는 말을 배우는 것은 수 개념 학습의 일부일 뿐이고요. 제대로 된 수 개념 학습은 위 내용을 배운(學) 다음 충분히 익히는(習) 것입니다. 이때 '충분히'란 '3'이라는 숫자를 봤을 때 '뭔지 모르겠지만 ●●● 만큼' 임을 쉽게 떠올릴 수 있는 정도를 뜻합니다. 안타까운 것은, 많은 아이들이 1~9 수 개념 학습에서 '습(習)'을 충분히 하지 않은 상태에서 더하기 단계로 넘어간다는 것입니다. 그러면 숫자를 봤을 때 해당하는 양이 바로 떠오르지 않기 때문에 손가락을 사용하려 합니다. 그러다가 부모님께 지적을 받게 되고요. T.T

이 시기 수학 학습의 또 다른 사례는 더하기입니다. 수학 학습에서 가장 기초이면서 학습의 첫 단계에 해당하는 것이 '개념 학습'입니다. 이는 초등학교 수학뿐만 아니라 중학교와 고등학교 수학도 똑같습니다. 수학 학습의 가장 기초이면서 수학 학습의 첫 단계에 해당하기 때문에 '개념 학습'이 제대로 되어 있지 않으면 수학을 잘 할 수가 없습니다. 그만큼 개념 학습이 중요한데요. 더하기도 마찬가지입니다. 더하기의 개념 학습이란 "우리가 '더하기'라고 부르는 이 기호(+)의 의미는 무엇일까? +는 뭐 하라는 걸까?"라는 질문의 답을 이해하는 것인데요. 답은 3가지입니다.

[더하기(+)의 3가지 개념]

☑ 더하기(+)의 앞에 있는 것과 뒤에 있는 것을 모두 모은 다음 전체 수를 세서 구해요.

☑ 더하기(+)의 앞에 있는 것에 뒤에 있는 것을 하나씩 이어 세어 전체 수를 구해요.

☑ 더하기(+)의 앞에 있는 것과 뒤에 있는 것 중 큰 수를 찾고, 작은 수를 이어 세어 전체 수를 구해요.

이 3가지 개념을 충분히 배우고 익히는 것이 더하기(+)의 개념 학습을 제대로 하는 것인데요. 5세에게는 많이 어렵고요. 6세도 세 번째 개념은 쉽지 않고요. 7세는 해 볼만 합니다. 더하기(+) 개념 학습 후에는 '3+2=', '5+4=', '2+6=' 등과 같은 덧셈 문제를 풀면서 계산력을 훈련해야 하는데요. 이것이 연산이고요. 본격적인 수학 학습의 시작이라고 할 수 있습니다. 그래서 6세도 쉽지는 않고요. 7세라면 할 만 합니다.

그리고 연산의 학습 목표는 4가지입니다. '계산력, 계산 속도, 여러 가지 방법 계산, 계산 방법 설명'인데요. 계산력 훈련과 계산 속도 훈련은 꾸준히 하는 수밖에 없습니다. 그에 비해 여러 가지 방법 계산과 계산 방법 설명은 연산의 각 단계마다 몇 번씩만 해 보면 되는데요. 여러 가지 계산 방법으로는 '10만들기', '10끼리 더하고 1끼리 더하기, 5단위로 나눠서 더하기' 등이 있습니다. 이 방법들을 적용해서 몇 번만 해 보면 다른 문제들도 어렵지 않게 여러 가지 방법으로 계산할 수 있게 됩니다.

1. 계산을 정확히 할 수 있다.
2. 계산을 느리지 않게 할 수 있다.
3. 여러 가지 방법으로 계산할 수 있다.
4. 계산 방법을 설명할 수 있다.

위 학습 목표를 보면 우리 부모 때와 다른 점을 2가지 찾을 수 있는데요. 하나는 '여러 가지 방법으로 계산하기'이고요. 다른 하나는 '계산 방법 설명하기'입니다. 이것이 수학의 달라진 면 중 하나인데요. 아래 내용은 초등학교 2학년 때 배우는 내용입니다.

[초등학교 2학년 수학 내용 사례]

57+28을 여러 가지 방법으로 계산하여 보시오.
계산한 방법을 설명해 보시오.

안타깝게도 초등학교 2학년 때 이 내용이 나오면 아이들도 힘들어 하고 지도하는 선생님도 힘들어 하십니다. 심지어 "선생님! 꼭 여러 가지 방법으로 계산해야 해요? 그냥 답만 구하면 안 되나요?"라고 말 하는 아이들도 있습니다. 그런데 수학 선진국의 경우에는 답만 구하는 계산보다 여러 가지 방법으로 계산하는 것을 더 중요하게 여깁니다. 여러 가지 방법으로 계산하고 설명하는 것이 수학적 사고력뿐만 아니라 문제 해결력과 표현력 훈련에 더 효과적이기 때문입니다. 물론 우리나라의 교육 현실을 무시할 수는 없기에 우리나라에서 연산의 학습 목표는 위와 같이 4가지로 정해야 합니다. 그런데 많은 아이들이 1번과 2번에 해당하는 연산만 하고 있고요. 심지어 2번의 경우에는 빨리 계산하는 연습을 지나치게 많이 하면서 본격적인 수학 학습을 시작하는 7세 전후부터 수학을 싫어하게 만드는 경우가 많습니다.

이제 본격적으로 수학 학습을 시작할 수 있는 7세 때 어떤 수학 학습을 해야 하는지 정리해 보겠습니다.

[7세 때 해야 하는 수학 학습 내용]

- ☑ 1~5까지 개념 학습 제대로 하기 (學 제대로 + 習 충분히)
- ☑ 6~9까지 개념 학습 제대로 하기 (學 제대로 + 習 충분히)
- ☑ 0의 개념 학습 제대로 하기 (學 제대로 + 習 충분히)
- ☑ 더하기(+)의 개념 학습 제대로 하기 (學 제대로 + 習 충분히)
- ☑ 빼기(−)의 개념 학습 제대로 하기 (學 제대로 + 習 충분히)
- ☑ 두 수의 합이 9 이하인 덧셈 학습 제대로 하기 (4가지 목표)
- ☑ 한 자리 수 뺄셈 학습 제대로 하기 (4가지 목표)

위 수학 학습 내용 중 특히 개념 학습에 대해서는 〈우리 아이 수학 고수 만들기〉 책의 'Part Ⅲ 초등학교 1~2학년 개념·원리 정복하기' 부분에 자세히 정리해 놓았습니다. 꼭 읽어 보시기 바라고요. 위 수학 학습 내용은 모두 초등학교 1학년 때 배우는 내용입니다. 그런데 왜 7세 때 학습해야 할까요? 7세 때에는 어느 정도까지 학습해야 할까요? 7세 전인 5~6세 때에는 무엇을 얼마나 해야 할까요?

위 내용을 7세 때 학습해야 하는 이유는 학교 진도가 빠르게 나가기 때문입니다. 0~9까지의 개념 학습, 더하기(+)와 빼기(−)의 개념 학습, 연산의 4가지 학습 목표 달성은 모두 충분히 익히는(熟) 과정이 필요합니다. 그런데 7세 때까지 전혀 대비하지 않은 상태에서 초등학교 1학년이 되면 빠르게 나가는 진도를 따라가는 것이 쉽지 않습니다. 그래서 7세 때 어느 정도는 대비를 하는 것이 좋습니다. "미리 학습하고 초등학교에 입학하면 수업 내용이 다 아는 것이라 집중하지 않을 거 같은데요?"라고 말씀하시는 분도 계신데요. 수학 학습에서는 '자신감'이 중요합니다. 특히 초등학교 저학년은 어린 시기이기 때문에 더더욱 '수학에 대한 자신감'이 중요합니다. 초등학교에 입학했는데 낯선 내용도 아니고, 선생님의 설명도 대부분 알아들을 수 있고, 문제도 잘 풀고, 친구들에게 알려주기도 하면서 '수학 잘 하는 아이'로 인정받으면 '나는 수학을 잘 하는구나'라는 자신감을 갖게 됩니다. 그리고 이 자신감이 생겨야 난이도가 좀 높은 문제도 금방 포기하지 않고 도전해 보려는 태도도 생길 수 있습니다. 그리고 자세한 내용은 뒤에서 다루겠지만, 우리나라의 교육 현실 상 수학은 선행을 하는 것이 유리하기 때문에 심하지 않은 선행 측면에서도 위 내용을 7세 때 어느 정도 해 두는 것이 좋습니다. 즉, 7세 때 수학을 한다면 위 내용이 1순위인 셈입니다.

다만 7세 때 위 내용을 완벽하게 학습해야 하는 것은 아닙니다. 초등 1학년 때 또 학습하기 때문인데요. 0~9까지의 개념 학습과 더하기(+)와 빼기(−)의 개념 학습은 충분히 하는 것이 좋고요. 덧셈과 뺄셈은 너무 느리지 않게만 해도 괜찮습니다. '느리지 않게'가 아니라 '너무 느리지 않게'입니다. 이 정도의 기준으로 내 아이에 맞는 학습량과 난이도와 진행 속도를 찾아내면 자연스럽게 학습 능력과 학습 습관도 길러지게 됩니다. 그럼 7세 전인 5~6세 때에는 무엇을 얼마나 해야 할까요?

　5~6세 때에는 철저히 아이를 기준으로 판단해야 합니다. 아이에게 큰 부담을 주지 않는 선에서 할 수 있는 만큼만 시도해 보는 거죠. 아이에 따라 1~5까지 개념 학습을 제대로 하는 데 1개월이 걸릴 수도 있고, 3개월이 걸릴 수도 있습니다. 어떤 아이는 5세 때 더하기(+) 개념 학습도 할 수 있고, 어떤 아이는 6세 후반이 되어야 가능할 수도 있습니다. 왜냐하면, 5~6세는 아직 두정엽이 빠르게 발달하지 않기 때문에 두정엽보다는 타고난 '수리–논리 지능'의 영향을 더 많이 받습니다. 즉, 부모를 닮아 '수리–논리 지능'이 높은 아이라면 6세나 5세 때에도 어느 정도 수학 학습이 가능할 수도 있고요. 먼 친척의 누군가를 닮아 '수리–논리 지능'이 높지 않은 아이라면 6세 때에도 더하기(+)나 빼기(–)의 개념 학습을 어려워 할 수도 있습니다. 이는 아이 탓이 아니기 때문에 부모는 먼저 욕심을 내려놓은 상태에서 '내 아이의 타고난 수학 학습 능력 파악하기'를 목표로 차분하게 이런 저런 시도를 하는 것이 좋습니다. 유치~초등 저학년 시기 때 부모의 중요한 역할 중 하나가 '내 아이의 정체 파악'입니다. 따라서 이 시기에는 수학을 빨리 잘 하게 하는 것보다 훨씬 중요한 것이 아이의 눈높이를 예측해 보고 이런 저런 시도를 다양하게 해 보면서 내 아이의 정체를 정확히 파악하려 노력하는 것입니다. 그래야 본격적으로 학습이 시작되는 초등 3학년 때 최대한 시행착오를 줄일 수 있습니다.

　앞에서 언급했듯이 유전자가 학습에 끼치는 영향은 20% 정도입니다. 다만 6세까지는 두정엽이 빠르게 발달하지 않기 때문에 유전자의 영향이 더 큰데요. 수학 학습은 7세부터 시작해서 고등학교 3학년까지 13년 동안 해야 합니다. 그리고 7세~고등학교 3학년의 13년 수학 학습은 '유전자 20% + 제대로 열심히 80%'입니다. 불변의 진리가 있죠. 노력하지 않는 천재는 노력하는 사람을 이길 수 없고, 노력만

하는 사람은 즐기며 노력하는 사람을 이길 수 없습니다. 그래서 49개월~7세 때 수학에서 가장 중요한 것은 '수학에 대한 자신감과 긍정적인 태도 형성'입니다. 옆집 아이보다 더 빨리 더 잘 하게 하는 것보다 내 아이에 맞게 적절히 친절하게 하는 것이 현명한 선택이며, 수학을 시작할 때(7세 전후)부터 수학을 싫어하게 만드는 시행착오는 절대 겪지 마시기를 진심으로 당부 드립니다. ^.^

위 학습 외에도 7세 때 많은 부모님들이 고민하는 수학 학습이 더 있습니다. 놀이·교구 수학과 사고력 수학인데요. 놀이·교구 수학은 보편적인 학습보다 더 쉽고 재미있을 것입니다. 이때 중요한 것은 방법보다 내용입니다. 쉽고 재미있는 놀이·교구 수학이라고 할지라도 '수 개념, 자릿값 개념, 더하기와 빼기 개념' 등을 제대로 다루지 못한다면 수학 학습을 제대로 했다고 할 수 없습니다. 따라서 '놀이·교구 수학을 통해 개념도 학습하고 사고력도 길러준다.'라는 말만 듣고 선택하는 것보다는 기초 개념 학습이 프로그램 안에 잘 녹아 있는지를 확인해야 합니다. 그리고 이 시기에 사고력 수학은 '꼭 해야 하는 것'은 아니지만 '할 수 있으면 하면 좋은 것'으로 생각하고 진행 여부를 결정해야 합니다. 이 시기에 꼭 해야 하는 것은 개념 학습이고요. 사고력 수학은 좀 더 다양한 수학 경험을 통해 수학적 사고력의 폭을 넓혀 주는 효과를 볼 수 있습니다. 단, 7세 전이라면 놀이 수학, 교구 수학, 사고력 수학을 통해 반드시 개념 학습을 해야 하는 것은 아닙니다. 만약 개념 학습 '학습'보다는 '다양한 수학 경험'에만 의미를 두고 진행해도 괜찮고요. 그럴 경우라면 더더욱 중요한 것은 '학습'이 아니라 '즐거움'입니다. 따라서 '재미'를 1순위에 두고 교재나 프로그램을 선택하는 것이 현명한 코치입니다.

이 시기의 수학의 우선순위는 이렇게 정리할 수 있습니다.

☑ 1순위 : 개념 수학

☑ 2순위 : 놀이·교구 수학 또는 사고력 수학

단, 놀이·교구 수학 또는 사고력 수학 프로그램에 개념 학습을 잘 녹여 놓았다면 함께 진행하는 것도 좋은 선택입니다. 그리고 5~6세의 경우 진행 가능한 개념 학습과 연산 수준을 정한 후, 그 외에 수학 활동은 다양한 경험으로만 의미를 두는 것이 좋습니다.

그래서 아래의 체크 사항을 통해 놀이·교구 수학 또는 사고력 수학 진행 여부를 검토해 보시기 바랍니다. 일주일에 1~2회 정도, 1회 30분 정도 진행을 전제로 아래 체크 사항을 모두 만족할 경우에는 적극적으로 활용하는 것도 좋은 선택입니다.

[놀이·교구, 사고력 수학 진행 여부 체크 포인트]

☑ 1순위인 개념 수학은 잘 진행하고 있는가?

☑ 사고력 수학을 아이가 좋아하고 잘 하는가?

☑ 사고력 수학까지 포함했을 때 내 아이가 충분히 소화할 수 있는 학습량인가?

☑ 사고력 수학이 현재 꼭 해야 하는 다른 영역에 지장을 주지는 않는가?

(예 : 독서, 영어, 예체능과 다양한 체험, 놀기 등)

다시 한번 강조합니다. 이 시기에는 '수학에 대한 긍정적인 태도 형성'이 가장 중요합니다. 부모의 앞선 마음 때문에 수학을 지나치게 많이 할 경우, 정작 본격적으로 수학 달리기를 해야 하는 초등 3학년이 되기도 전에 과도한 수학 학습에 지쳐 쓰러지는 경우가 적지 않습니다. 이 시기는 아직 어리고 여린 시기입니다. 수학 학습의 승부처도 아니고요. 그냥 내 아이에 맞게 차근차근 탄탄하게 잘 쌓아 가면 되는 때입니다. 이를 위해서는 부모님의 세심한 관찰과 차분한 배려가 중요합니다.

6 초등학교 1~2학년 때 수학은 이렇게

초등학교 1~2학년 때 과목은 국어, 수학, 통합교과 3과목입니다. 즉, 수학은 초등학교 1학년 때부터 시작되는데요. 수학은 벽돌쌓기이기 때문에 각 학년마다 제대로 탄탄하게 학습해야 합니다. 그렇다면 초등학교 1~2학년 수학을 제대로 학습할 때의 핵심은 무엇일까요?

[초등학교 1~2학년 수학 학습의 핵심]

1. 초등학교 수학의 5가지 영역 중 '수와 연산' 영역이 가장 중요해요. 수와 연산 영역 학습에 빈틈이 생기지 않는지 잘 체크해야 해요.

2. 내 아이의 수학 학습 실력을 알아내야 해요. 2~3가지 문제집으로 현재 아이의 수학 실력을 다양하게 체크해야 해요.

3. 7세 수학이 학습 능력과 학습 습관을 기르는 기초 과정이었다면 초등학교 1~2학년 때에는 학습 능력과 학습 습관을 본격적으로 길러야 해요.

4. 서술형 주관식 문제 해결력의 기초를 다져야 해요. 기초를 다지는 시기이기 때문에 당장의 점수보다는 꾸준히 연습하는 게 중요해요.

초등학교 1~2학년 수학 학습의 첫 번째 핵심은 '수와 연산 영역 잘 하기'입니다. 초등 수학의 5가지 영역 중 '수와 연산' 영역은 초등학교 1학년 1학기 때부터 본격적으로 시작됩니다. 수 개념 학습도 시작하고, 자릿값 이해의 첫 관문인 10(십)의 개념도 나옵니다. 더하기(+)와 빼기(−) 개념도 나오고, 연산(계산)도 시작됩니다. 모두 기초 과정이면서 다음 과정의 디딤돌이기 때문에 하나하나 제대로 학습해야 하고요. 3가지 측면에서 아이의 수학 학습이 제대로 진행되는지 확인해야 합니다.

☑ 첫째, 개념 학습을 제대로 하고 있는가?

☑ 둘째, 연산을 제대로 하고 있는가?

☑ 셋째, 문제 해결력을 충분히 기르고 있는가?

제대로 학습하기 위해서 그리고 제대로 학습하는지 확인하기 위해서 교과서 외에 2종류의 문제집을 선택해서 학교 수업과는 별도로 진행해야 하는데요. 하나는 연산 연습을 위한 문제집이고요. 다른 하나는 개념 학습과 문제 해결력 훈련을 위한 문제집입니다. 연산 연습을 위한 문제집으로는 연산 학습지, 연산 문제집, 계산법 문제집 등이 있으며, 개념 학습과 문제 해결력 훈련을 위한 문제집으로는 여러 출판사에서 만든 학기별 문제집이 있습니다. 예를 들어 천재교육, 두산동아, 미래엔, 디딤돌 등의 출판사에서 만든 초등학교 1학년 1학기 수학 문제집들이 이에 해당합니다.

연산 연습을 위한 문제집을 선택할 때의 기준은 '내 아이'입니다. 친절한 도움이 필요한 아이라면 사탕이나 사과 등의 구체물 그림이 있는 문제집이 좋고요. 비교적 빠르게 이해하는 아이라면 수식 문제가 많은 문제집이 좋습니다. 그리고 비교적 정확하게 계산하면서 느리지 않게 계산한다면 그 단계의 연산 연습을 계속 하는 것보다는 다음 단계 연산으로 빨리 넘어가는 것이 좋습니다. 예를 들어 두 수의 합이 9 이하인 한 자리 수 덧셈(5+3=)을 잘 한다면 바로 10(십) 개념 학습과 두 수의 합이 10(십)인 연산(7+3=) 단계로 넘어가는 거죠.

[Q] 초1 아이입니다. 수학은 연산학습지만 하고 있는데요. 다른 것도 해야 하나요?

[A] 다른 것도 해야 합니다. 연산학습지를 한다는 것은 초등학교 수학의 5가지 영역 중 '수와 연산' 영역 학습만 하는 것이고요. '수와 연산' 영역 학습에서 계산력 기르기만 하고 있는 상태입니다. 수학은 계산력이 아니라 문제 해결력에서 승부가 납니다. 따라서 수와 연산 영역에서 문제 해결력 기르기도 해야 하고요. 초등 1학년 교과서에는 '수와 연산' 영역만 있는 것이 아니라 다른 영역도 나오기 때문에 다른 영역에 대한 학습도 진행해야 합니다.

개념 학습과 문제 해결력 훈련을 위한 문제집은 한 학기에 두 권 푸는 것을 목표로 진행해 보는데요. 아이에 따라 1학년 1학기에는 한 권만 풀고, 2학기부터 두 권 풀기에 도전하는 것이 좋을 수도 있습니다. 2학년 때부터 두 권 풀기에 도전해야 할 수도 있고요.

개념 학습과 문제 해결력 훈련을 위한 문제집을 선택할 때에도 기준은 '내 아이'인데요. 현재 내 아이의 수학 실력에 맞는 난이도의 문제집을 선택하는 것이 매우 중요합니다. 학습물 출판사 중 D 출판사에서 만든 초등학교 3학년 1학기 수학 문제집은 총 8가지입니다. 한 출판사에서 만들었고요. 모두 초등 3학년 1학기 수학 내용을 다룬 문제집인데 6가지나 됩니다. 무엇이 다를까요? 난이도가 다른데요. 초등학교 3~6학년 수학 문제집의 난이도는 '상상, 중상, 중중, 중하, 하하' 5단계로 구분할 수 있습니다. 초등학교 1~2학년 때에는 '상, 중, 하' 3단계로 구분하고요. 그리고 문제집 선택에서 핵심은 '어느 출판사 문제집으로 할 것인가?'가 아니라 '어느 난이도의 문제집으로 할 것인가?'입니다.

[Q] 초2 아이입니다. 수학은 종합학습지로 하고 있는데요. 그걸로 충분할까요? 가끔 심화 문제가 나오는데 어려워해요.

[A] 말씀하신 종합학습지는 난이도 중하로 생각됩니다. 현재 아이가 난이도 중상 이상을 풀 수 없다면 이 학습지를 제대로 하는 데 집중해야 합니다. 하지만 아이가 난이도 중상의 문제도 풀 수 있는 아이라면 추가로 중상 난이도의 문제집을 더 진행해야 합니다. 가끔 나오는 심화 문제를 어려워하는 이유는, 주로 중하 난이도의 문제만 풀다가 갑자기 상 난이도의 문제가 나오기 때문일 것입니다. 난이도 중 또는 중상의 문제들을 충분히 풀어본 다음에 심화 문제에 도전해야 하는데 그 과정이 생략된 거죠. 종합학습지 문제는 심화 문제 빼고 거의 다 푼다고 하셨죠? 그러면 난이도 중중 또는 중상의 문제집 풀기에 충분히 도전해 볼만 하고요. 그 과정을 거쳐야 전국 기준으로 상위권의 실력을 갖출 수 있습니다.

초등학교 1~2학년 수학 학습의 두 번째 핵심은 '내 아이의 수학 학습 실력 알아내기'입니다. 초등학교 1~2학년 시기는 아이의 수학 실력을 아직 충분히 파악하지 못한 시기입니다. 그래서 1학년 1학기부터 내 아이에게 맞는 난이도의 문제집 (문제 해결력 훈련용)을 고르는 것이 어렵게 느껴집니다. 당연한 과정이고요. 당연히 2~3가지 문제집을 통해 실력 파악하는 과정을 겪어야 합니다. 그래서 문제집을 잘 선택하기 위해 너무 많은 고민을 하는 것보다는 7세 때까지 아이가 보여 준 모습을 참고 대충 한 권을 선택한 후 빨리 시작해 보는 것이 좋습니다.

문제집(문제 해결력 훈련용)의 난이도는 해당 출판사의 홈페이지를 통해 확인하거나 직접 출판사에 전화를 걸어 확인할 수 있고요. 네이버 행공신 블로그의 '문제집 비교분석' 코너에 여러 출판사의 수학 문제집을 난이도별로 정리해 놓았습니다.

☑ 행공신 블로그 : https://blog.naver.com/jnanna89

그리고 각 단원별 실력 문제의 정답률이 70~80% 정도인 문제집이 적정 문제집입니다. 초등학교 수학은 보통 한 학기에 6개 대단원으로 되어 있고요. 문제집은 각 대난원마다 [개념 설명 – 기초 문제 – 유형 문제 – 실력 문제 – 단원평가 문제] 단계로 구성되어 있습니다. (문제집에 따라 다소 다를 수 있습니다.) 이때 내 아이에게 맞는 문제집이란 기초 문제와 유형 문제는 거의 다 풀 수 있으면서 실력 문제 부분의 정답률이 70~80% 정도인 문제집입니다. 물론 아이가 쉽게 느끼는 단원과 좀 어렵게 느끼는 단원의 실력 문제 정답률은 조금 차이가 있을 수 있지만, 거의 모든 단원의 실력 문제 정답률이 90~100%라면 그 문제집보다는 한 단계 어려운 문제집으로 바꾸는 것이 좋고요. 반대로 실력 문제의 정답률이 50~60% 이하라면 더 쉬운 문제집으로 바꾸는 것이 좋습니다. 그리고 특정 단원의 정답률만 낮게 나온다면 한 단계 아래 난이도 또는 비슷한 난이도의 문제집에서 해당 단원만 추가로 풀어보게 하는 것이 좋습니다.

[A] 만약 가장 낮은 난이도의 문제집을 선택했는데 정답률이 50~60% 수준이라면 교과서 학습 상태부터 다시 체크해야 하고요. 익힘책 문제도 다시 풀어봐야 합니다. 그리고 개념 학습과 문제 해결력 훈련을 위한 문제집은 학기 당 한 권만 진행하고요. 한 권을 천천히 그리고 각 문제마다 제대로 풀어보는 데 집중해야 합니다. 기초(교과서와 익힘책)가 약한 상태에서는 가장 쉬운 문제집이라도 어렵게 느낄 수 있습니다. 기초를 다시 다지면서 한 문제 한 문제 제대로 푸는 경험이 쌓여야 실력도 늘고 자신감도 높일 수 있습니다. 무엇보다 중요한 것은 "괜찮아. 기초부터 차근차근 쌓으면 얼마든지 잘 할 수 있어."라는 부모님의 격려와 응원입니다. ^.^

초등학교 1~2학년 수학 학습의 세 번째 핵심은 '학습 능력과 학습 습관 기르기'입니다. 초등학교 1~2학년 수학 학습에서 가장 중요한 것은 '자신감'이고요. 그 다음으로 중요한 것이 '습관'입니다. 그 다음이 '능력'이며, 그 다음이 '점수'입니다. 자신감이 생기면 자꾸 하게 되고, 자꾸 하면 습관이 생기고, 습관이 생기면 능력이 발달하고, 능력이 발달하면 점수가 올라갑니다. 그리고 이때의 '습관'은 수학 학습에만 한정된 것이 아니라 모든 과목 학습에 적용되는 습관입니다. 앞에서 언급했듯이 1~2학년 때 교과목은 국어, 수학, 통합교과 3과목입니다. 이 중 '학습 습관(공부 습관)'을 기를 수 있는 과목이 수학입니다. 즉, 초등학교 1~2학년 때 수학으로 학습 습관을 잘 기르면 3학년 때 시작되는 사회와 과학 등 다른 과목 학습에도 큰 도움이 됩니다. 수학 한 과목만 대비하는 것이 아닌 셈입니다.

당연한 이야기이지만 학습 습관을 들이려면 수학을 자주 그리고 꾸준히 해야 합니다. 아래 3가지 경우 중 하나를 선택해서 진행해 보고, 진행 과정을 보면서 아이에 맞게 변화를 주어야 하는데요.

[수학 꾸준히 하기 사례]

☑️ 일주일 중 5회 진행 (월~금, 주말과 공휴일 제외)
☑️ 일주일 중 3회 진행 (예를 들면 월, 수, 금)
☑️ 일주일 중 2회 진행 (예를 들면 월, 목 또는 화, 금)

한 학기에 문제 해결력 훈련용 문제집 두 권 진행을 목표로 했을 때 초등학교 1~2학년이라면 주 2회나 3회를 추천하고요. 3학년 이상부터는 주 3회나 5회를 추천합니다. 그리고 1학년의 학습 시간은 1회 당 30~40분 정도가 적당한데요. 20~30분 동안 문제를 풀게 한 다음, 10~15분 동안 채점과 틀린 문제 다시 풀어보기를 진행합니다. 1학년이 학습에 나름 집중할 수 있는 시간은 20~30분 정도가 한계입니다. 따라서 20~30분 정도 학습한 후, 채점하는 2~3분 동안 잠시 쉬었다가 5~15분 정도 틀린 문제만 다시 풀어보는 것이 적당합니다. 만약 문제를 많이 틀려 15분만으로는 다시 풀어볼 수 없다면 문제집의 난이도를 체크해 봐야 하고요. 난이도가 높지 않는데도 많이 틀렸다면 수학뿐만 아니라 모든 학습량이 적절한지를 체크해 봐야 합니다. 아이가 학습에 지쳐서 집중도가 급격히 떨어진 것일 수도 있습니다. 그리고 2학년의 학습 시간은 1회 당 40분~1시간 정도가 적당하고요. 1회 학습 시간만 다를 뿐 초등 1학년과 동일하게 문제 풀고, 채점하고(아이는 잠시 휴식), 틀린 문제 다시 풀어보는 방식으로 진행합니다.

위 기준을 참고로 해서 아이에 맞게 학습 시간에 약간의 변화를 주며 진행했는데 한 학기에 문제집 두 권을 다 풀지 못할 경우 두 번째 문제집에 있는 문제를 다 풀지 않는 것도 괜찮습니다. 두 번째 문제집에서 각 단원마다 제일 앞쪽에 있는 쉬운 문제는, 이미 첫 번째 문제집에서 그보다 더 어려운 문제를 풀어봤기 때문에 다 풀어볼 필요는 없으며, 짝수번 문제 또는 홀수번 문제만 풀어보면서 시간을 효율적으로 사용하는 것이 좋습니다. 그리고 문제집 두 권을 동시에 진행하는 방법과 첫 번째 문제집을 먼저 진행한 다음 두 번째 문제집을 진행하는 방법 중 하나를 선택해서 진행해야 하는데요. 두 가지 방법을 모두 적용해 보고 더 효율적이라고 판단되는 방법을 결정하는 것이 좋습니다. 개인적으로는 첫 번째 방법을 더 선호하지만 아이에 따라서는 두 번째 방법이 더 적합할 수도 있습니다. 그리고 반드시 아래와 같이 해야 하는 것은 아니지만 하나의 사례로 참고해 보시기 바랍니다.

[초등학교 1~2학년 수학 문제집 진행 사례]

1. 2월부터 1학기 첫 번째 문제집 풀기를 시작합니다.
2. 2월부터 4월 중·하순까지 약 2개월 반 동안 첫 번째 문제집을 끝냅니다.
3. 4월 말까지 첫 번째 문제집에서 틀렸던 문제들만 다시 풀어보게 합니다.
4. 5월부터 1학기 두 번째 문제집 풀기를 시작합니다.
5. 5월부터 7월 중·하순까지 약 2개월 반 동안 두 번째 문제집을 끝냅니다.

6. 7월 말까지 두 번째 문제집에서 틀렸던 문제들만 다시 풀어보게 합니다.

7. 8월부터 2학기 첫 번째 문제집 풀기를 시작합니다.

8. 8월부터 10월 중·하순까지 약 2개월 반 동안 첫 번째 문제집을 끝냅니다.

9. 10월 말까지 첫 번째 문제집에서 틀렸던 문제들만 다시 풀어보게 합니다.

10. 11월부터 1학기 두 번째 문제집 풀기를 시작합니다.

11. 11월부터 다음 해 1월 중·하순까지 약 2개월 반 동안 두 번째 문제집을 끝냅니다.

12. 1월 말까지 두 번째 문제집에서 틀렸던 문제들만 다시 풀어보게 합니다.

기본이든 실력이든 심화든 학기별 수학 문제집은 각 단원마다 앞쪽에 개념 학습이 들어 있습니다. 설명의 친절한 정도와 딸린 문제의 난이도에 약간 차이가 있을 뿐입니다. 그래서 위 사례와 같이 진행할 경우 아이는 한 학기 수학 공부를 세 번 경험하게 됩니다. 2월부터 첫 번째 문제집 학습을 시작하면 3월 초가 되었을 때 2개 단원 정도를 진행한 상태인데요. 3월 초에 학교 수업이 시작되면서 학교에서 1단원부터 복습하게 됩니다. 그리고 5월에 두 번째 문제집 학습을 시작하면 1단원부터 다시 한번 학습하게 됩니다. 아이 입장에서는 개념 학습을 3회 한 셈이 되고요. 난이도 하부터 중상까지 다양한 난이도와 다양한 유형의 문제를 풀어보게 됩니다. 이처럼 수학 학습을 꾸준히 진행하면 자연스럽게 학습 능력이 향상되고 학습 습관이 자리를 잡게 됩니다.

만약 두 번째 문제집까지 진행했는데 다음 학기 문제집 진행 전까지 몇 주 여유가 생기면 두 번째 문제집과 난이도가 비슷하거나 좀 어려운 문제집에서 실력 문제 부분만 더 풀어보는 것도 좋습니다.

[Q] 초등학교 저학년 때부터 꼭 그렇게(위와 같이) 해야 하나요? 미리 예습을 하면 학교 수업 시간에 집중하지 않을 거 같은데요.

[A] 선택의 문제입니다. 다만 우리나라의 교육 현실 하에서 초·중·고 모두 좋은 수학 성적을 얻고자 한다면 위와 같이 해야 가능성을 높일 수 있습니다. 우선, 예습을 전혀 하지 않은 상태에서 초등학교에 입학하면 빠르게 나아가는 진도를 제대로 따라가기 어렵습니다. 설사 교과서 학습 진도는 따라간다고 하더라도, 앞에서 언급했듯이 우리나라의 교육 현실 상 교과서 학습만으로는 고등학교 때 좋은 성적을 내기 어렵습니다. 교과서 학습을 기본으로 하면서 전국 기준으로 문제 해결력을 더 끌어올려야 하는데요. 이를 위해서는 1~2학년 때부터 어느 정도의 예습도 하고, 아이에게 적합한 난이도의 문제를 충분히 풀어보면서 문제 해결력을 탄탄하게 다져 두어야 합니다. 그러면 수업 시간이 다소 지루하게 느껴질 수는 있지만 수업 내용을 거의 알아듣기 때문에 수학이 만만하게 느껴질 수 있으며, 학교에서 접하는 문제는 대부분 풀 수 있기 때문에 같은 반 아이들 중에서 수학을 잘 하는 아이로 불릴 수 있습니다. 가장 좋은 사례는 반에서 수학 도우미 역할을 하는 것입니다. 아이들이 가장 많이 배울 때는 또래 아이에게 설명해 줄 때입니다. 설명을 할 수 있다는 것은 그 내용을 완전히 자기 것으로 만들었다는 뜻이기 때문입니다. 따라서 수학 도우미 역할은 자신감 향상, 수학에 대한 긍정적 태도, 거의 완벽한 복습의 효과까지 볼 수 있습니다. 물론 예습을 거의 하지 않았는데 잘 하는

244

아이들도 있습니다. 하지만 그건 극소수의 예외이고요. 극소수의 예외를
일반화시키는 것은 일반화의 오류에 해당합니다.

초등학교 1~2학년 수학 학습의 네 번째 핵심은 '서술형 주관식 문제 해결력의 기초 다지기'입니다. 이때 주의해야 할 사항 중 하나가 서술형 주관식 문제 연습 방법입니다. 서술형 주관식 문제는 대부분의 아이들이 초·중·고 내내 가장 부담스러워하는 문제입니다. 아래 문제는 초등학교 2학년 서술형 주관식 문제 사례입니다. 전국 기준으로 봤을 때 난이도 상의 문제이며, 이 문제를 풀 수 있는 아이들은 많지 않을 것입니다. 그리고 이 문제를 풀지 못하는 대부분의 아이들은 계산을 하지 못해서 틀리는 것이 아니라 문제의 의미 파악을 하지 못해서 또는 의미 파악은 하더라도 어떻게 해야 할지 몰라서 틀릴 것입니다. 어쨌든 초등학교 2학년 때에는 이 정도 난이도의 문제를 풀지 못하더라도 초등학교 3학년이라면 이 정도 문제는 풀 수 있어야 전국 기준으로도 수학을 잘 하는 편에 속할 수 있고요. 수학 선행도 가능해집니다.

[초등학교 2학년 서술형 주관식 문제 사례]

버스 안에 사람들이 타고 있었습니다. 다음 정류장에서 5명이 더 탔습니다. 그 다음 정류장에서 8명이 내렸고, 버스 안에는 10명이 남았습니다. 처음에 버스에 타고 있던 사람은 몇 명인가요? 풀이 과정과 답을 쓰세요.

이처럼 서술형 주관식 문제는 답만 구하는 것이 아니라 그 답을 구하게 된 과정까지 글 또는 수식으로 쓰는 문제이며, 초등학교 1학년부터 서술형 주관식 문제가 출제되기도 합니다. 서술형 주관식 문제는, 문제 자체의 난이도가 높지 않더라도 풀이 과정을 써야 하는 것 때문에 어렵게 느껴집니다. 가뜩이나 어려운데다 점수 비중도 작지 않기 때문에 1학년 때부터 서술형 주관식 문제는 아이뿐만 아니라 부모님까지 곤란하게 만드는데요. 서술형 주관식 문제는 어떻게 연습해야 할까요?

우선 문제 해결력부터 길러야 합니다. 해당 단원의 개념과 원리 학습부터 제대로 탄탄히 한 다음에 난이도 하인 서술형 주관식 문제, 난이도 중인 서술형 주관식 문제, 난이도 상인 서술형 주관식 문제를 단계별로 차근차근 풀어봐야 하고요. 또 하나! 논리적으로 설명하는 능력도 길러야 하는데요. 논리적 설명은 말로 할 수도 있고, 글로 쓸 수도 있습니다. 그리고 글보다는 말로 설명하는 것이 더 쉽습니다. 특히 1~2학년 시기(아이에 따라서는 초등학교 3학년까지도)는 쓰기 자체가 어려운 때입니다. 손가락에 힘도 많이 줘야 하고요. 한 글자 한 글자 똑바로 쓰는 것도 신경 써야 하고요. 맞춤법도 신경 써야 하고요. 어떤 어휘를 사용할지, 어떤 내용을 먼저 쓸지 등도 생각해야 합니다. 이처럼 1~2학년에게 쓰기는 신경 써야 할 것이 너무 많은 것이기 때문에 그 자체가 싫은 때입니다. 따라서 이 시기에는 서술형 주관식 문제 연습을 쓰기가 아닌 말하기로 하는 것이 좋습니다. 한 단원에 한 문제 정도만 써 보게 하고, 대부분의 문제는 풀이 과정을 말로 설명하게 해야 합니다. 항상 소수의 예외는 있지만 대부분 특히 남자 아이들은 이렇게 해야 그나마 해 보려 할 것입니다. 그리고 이 시기에는 서술형 주관식 문제의 점수보다 서술형 주관식 문제를 풀기 위해 생각도 해 보고, 말로 표현도 해 보는 경험을 꾸준히 하는 것이 훨씬 더 중요합니다.

7 초등학교 3~4학년 때 수학은 이렇게

초등학교 1~2학년 때 학교 교과목은 국어, 수학, 통합교과 3과목뿐이지만 3학년이 되면 과목 수가 늘어납니다. 국어와 수학은 계속 이어지고요. 통합교과가 세분화되어 사회, 과학, 음악, 미술, 체육이 등장하고 영어도 시작됩니다. 그래서 부담감이 커지는데요. 초등학교 3~4학년 때 1순위는 영어이기 때문에 영어에 가장 많은 시간을 투자해야 하고요. 수학은 자기 학년 제대로 탄탄하게 하는 것에 집중해야 합니다. 이 시기는 영어가 1순위이고, 수학이 2순위인 셈이죠.

수학이 2순위라고는 하지만 이때 순위는 투자하는 시간의 양이 두 번째로 많다는 뜻일 뿐이고요. 이 시기 때 수학 학습이 앞으로의 수학 실력을 좌우한다고 해도 과언이 아닙니다. 왜 그럴까요? 우선 이 시기는 아이가 '학습'이라는 것을 제대로 할 수 있는 시기입니다. 1~2학년은 아직 어린 시기임에 비해 이 시기는 학습 경험, 배경지식, 뇌 발달, 사고력 등 학습을 하는 데 필요한 여러 요소들이 어느 정도 성장한 때입니다. 그러면서 아직은 부모의 말에 대체로 순종적인 때이기도 합니다. 이에 비해 초등학교 5학년이 되면 여자 아이들부터 시작해서 사춘기의 조짐이 보이기 시작하고, 자기주장도 강해집니다. 그리고 3학년 때부터 초등 수학의 전 영역에서 본격적인 학습이 시작되기 때문에 이 시기에 수학 학습 능력을 충분히 다지지 못하면 그 이후에 따라잡기가 매우 어렵게 됩니다. 물론 불가능한 것은 아닙니다. 단, 5학년 아이가 수학을 어려워하면 4학년 수학을 다시 해야 하고요. 4학년 수학도 어려워한다면 3학년 수학을 다시 해야 합니다. 그런데 수학 학습에 어려움을 느끼는 아이들 중 대부분이 여전히 자기 학년 수학을 붙잡고 있고요. 그래서 수학 학원에 보내도 실력이 늘지 않는 것입니다. 그렇다면 초등학교 3~4학년 수학을 제대로 학습할 때의 핵심은 무엇일까요?

[초등학교 3~4학년 수학 학습의 핵심]

1. 초등학교 수학의 5가지 영역 중 수와 연산 영역은 난이도가 올라가고, 도형과 측정 영역은 본격적인 학습이 시작됩니다. 그래서 전체적으로 난이도가 갑자기 올라가는 느낌이 드는데요. 그럴수록 각 영역별로 개념과 원리 학습이 잘 진행되는지부터 체크해야 합니다.

2. 초등학교 3~4학년 때는 수학을 통해 학습 능력과 학습 습관을 자리 잡게 하는 시기입니다. 성공하면 5~6학년 때에도 상위권을 유지할 수 있는 힘이 생기지만, 실패하면 5학년 때 성적이 떨어질 수 있으며 최악의 경우 공부를 멀리하게 될 수도 있습니다.

3. 극소수의 수학 영재를 제외하고 대부분의 아이들은 수학 영재반 또는 수학 경시대회(올림피아드) 도전 여부를 이 시기에 판단해야 합니다. 난이도가 높은 문제를 푸는 아이도 가능성이 있고요. 문제집 해설과는 다르게 자신만의 방법으로 문제를 해결하는 아이들의 가능성이 더 높은 편입니다.

초등학교 3~4학년 수학 학습의 첫 번째 핵심은 '각 영역별로 개념과 원리 학습 제대로 하기'입니다. 물론 1~2학년 때에도 개념과 원리 학습을 제대로 하는 것이 기본 중 기본이기는 한데요. 1~2학년 때에는 개념과 원리 학습이 수와 연산 영역 위주로 한정되기 때문에 학습량도 적으며, 십(10)과 자릿값을 빼면 난이도도 높지 않은 편입니다. 이에 비해 3~4학년 때에는 수와 연산 영역뿐만 아니라 도형, 측정, 자료와 가능성 영역 등 거의 모든 영역에서 본격적으로 개념과 원리 학습이 시작되기 때문에 학습량도 많고 난이도도 만만치 않게 느껴집니다. 하지만 그럴수록 개념 학습 하나 하나를 제대로 해야 합니다. 그래야 문제 해결력도 잘 기를 수 있고, 결정적으로 문제 해결 과정을 설명할 수 있게 됩니다. 급한 마음에 대충 넘어가는 순간 벽돌 쌓기에 구멍이 생긴다는 것을 꼭 기억하시기 바랍니다.

〈초등학교 3~4학년 수학의 주요 개념과 원리〉

영역	주요 개념과 원리
수와 연산	만, 억, 조, 나누기의 2가지 개념, 몫, 나머지, 곱셈과 나눗셈의 관계, 분수, 분자, 분모, 진분수, 가분수, 대분수, 분수의 덧셈과 뺄셈 원리, 소수, 소수의 덧셈과 뺄셈 원리
도형	직선, 선분, 반직선, 각, 직각, 각도, 1도, 예각, 둔각, 수직, 수선, 평행, 원, 원의 중심, 반지름, 지름, 이등변삼각형, 정삼각형, 직각삼각형, 예각삼각형, 둔각삼각형, 직사각형, 정사각형, 사다리꼴, 평행사변형, 마름모, 평면도형의 성질, 다각형, 정다각형
측정	길이, 1mm, 1cm, 1km, 길이 단위 간의 관계, 부피, 들이, 1mL, 1L, 무게, 1g, 1kg, 1t
자료와 가능성	그림그래프, 막대그래프, 변량, 꺾은선그래프

예를 들어 도형의 넓이를 구하는 문제 중에는 '이등변삼각형은 두 변의 길이가 같은 삼각형이다.'라는 이등변삼각형의 개념을 이용해야 풀 수 있는 문제가 나오고요. 도형의 각을 구하는 문제 중에는 '이등변삼각형은 두 밑각의 크기가 같다.'라는 이등변삼각형의 성질을 이용해야 풀 수 있는 문제도 나옵니다. 그래서 초등학교 3~4학년 때 수학을 잘 하려면 가장 먼저 위 표의 개념과 원리를 제대로 학습해야 하고요. 이를 바탕으로 난이도 하의 문제를, 그 다음 난이도 중의 문제를, 그 다음 난이도 상의 문제를 충분히 풀어 봐야 합니다. 각각의 개념과 원리에 대해서는

〈우리 아이 수학 고수 만들기〉 책의 Part Ⅲ 내용 중 '초등학교 3~4학년 개념·원리 정복하기' 부분에 자세히 정리해 놓았습니다. 개념과 원리 학습을 할 때 아이가 직접 읽어보게 하시기 바랍니다.

초등학교 3~4학년 수학 학습의 두 번째 핵심은 '학습 능력과 학습 습관 자리 잡게 하기'이고요. 이를 위해 한 학기 당 문제집 2권 이상을 진행해야 합니다. 초등학교 1~2학년 시기도 한 학기에 문제집 2권 풀기가 목표이기는 했지만, 1~2학년은 수학 학습의 시작 단계이기 때문에 무조건 2권을 풀게 하는 것보다는 아이에 따라 1권만 풀면서 수학 학습 능력을 서서히 끌어올려야 할 수도 있고, 무엇보다 아이의 정체를 파악하는 게 더 중요한 시기였다고 한다면, 초등학교 3~4학년은 수학 실력도 쌓으면서 학습 능력과 학습 습관을 자리 잡게 하는 것이 가장 중요한 시기입니다. 그래서 1~2학년 때와는 달리 최소한 학기 당 문제집 2권 정도는 풀어봐야 하고요. 만약 2권을 모두 풀었는데 시간 여유가 생기면 한 권 더 선택해서 진행하는 것도 괜찮은 방법입니다. 일단 내 아이의 수학 학습이 제대로 진행되는지를 3가지 측면에서 확인해야 하는 것은 1~2학년 때와 동일하고요.

☑ 첫째, 개념 학습을 제대로 하고 있는가?

☑ 둘째, 연산을 제대로 하고 있는가?

☑ 셋째, 문제 해결력을 충분히 기르고 있는가?

연산 연습은 계속 진행하면서 이와 별도로 학기마다 개념 학습과 문제 해결력 훈련을 위한 문제집을 2권 이상 진행합니다. 연산 연습을 위한 문제집 선택과 단계 선택의 기준은 여전히 '내 아이'이고요. 연산 진도는 최소한 학교 진도보다 늦지 않아야 합니다.

개념 학습과 문제 해결력 훈련을 위해 2권의 문제집을 선택할 때 난이도 구분은

5단계(상상, 중상, 중중, 중하, 하하)로 하는 것이 좋습니다. 앞에서 언급했듯이 학습물 출판사 중 D 출판사에서 만든 초등학교 3학년 1학기 수학 문제집은 총 6가지입니다. 모두 초등 3학년 1학기 수학 내용을 다룬 문제집이며, 차이점은 개념 설명이 자세한 정도와 문제의 난이도 차이입니다. 이처럼 초등학교 3학년부터는 같은 학기 문제집이라도 5단계 난이도로 세분화할 수 있으며, 아이의 문제집을 선택할 때에는 츨판사보다 난이도를 보고 선택해야 합니다. 그리고 3학년 1학기의 첫 번째 문제집은 2학년 2학기 때 마지막으로 푼 문제집의 난이도를 기준으로 선택해야 합니다.

2학년 2학기 마지막 문제집 난이도	3학년 1학기 첫 번째 문제집 난이도
난이도 상 문제집	난이도 중 문제집
난이도 중 문제집 잘 푼 경우	난이도 중 문제집
난이도 중 문제집 힘들어 한 경우	난이도 중하 문제집
난이도 하 문제집	난이도 하 문제집

문제집(문제 해결력 훈련용)의 난이도는 해당 출판사의 홈페이지를 통해 확인하거나 직접 출판사에 전화를 걸어 확인할 수 있고요. 네이버 행공신 블로그의 '문제집 비교분석' 코너에 여러 출판사의 수학 문제집을 난이도별로 정리해 놓았습니다.

☑ 행공신 블로그 : https://blog.naver.com/jnanna89

2학년 2학기 때 난이도 상 수준의 문제집을 풀었다고 하더라도 3학년 1학기의 첫 번째 문제집은 난이도 중급인 문제집을 선택하는 것이 좋습니다. 왜냐하면 2학년 수학에 비해 3학년 수학이 난이도도 높고 학습량도 많기 때문입니다. 이는 4학년과 5학년도 마찬가지입니다. 만약 2학년 2학기 때 난이도 중급인 문제집을 잘 풀지 못했다면 3학년 1학기 첫 번째 문제집의 난이도는 중하 또는 하가 좋으며, 2

학년 2학기 때 난이도 하의 문제집도 잘 풀지 못했다면 2학년 2학기를 다시 복습한 다음 3학년 1학기를 진행하는 것이 좋습니다.

그리고 각 단원별 실력 문제의 정답률이 70~80% 정도인 문제집이 적정 문제집입니다. 앞에서 언급했듯이 초등학교 수학은 보통 한 학기에 6개 대단원으로 되어 있고요. 문제집은 보통 각 대단원마다 [개념 설명 – 기초 문제 – 유형 문제 – 실력 문제 – 단원평가 문제] 단계로 구성되어 있습니다. (문제집에 따라 다소 다를 수 있습니다.) 이때 내 아이에게 맞는 문제집이란 기초 문제와 유형 문제는 거의 다 풀 수 있으면서 실력 문제 부분의 정답률은 70~80% 정도인 문제집입니다. 물론 아이가 쉽게 느끼는 단원과 좀 어렵게 느끼는 단원의 실력 문제 정답률은 조금 차이가 있을 수 있지만, 거의 모든 단원의 실력 문제 정답률이 90~100%라면 그 문제집보다는 한 단계 어려운 문제집으로 바꾸는 것이 좋고요. 반대로 실력 문제의 정답률이 50~60% 이하라면 더 쉬운 문제집으로 바꾸는 것이 좋습니다.

3학년 1학기 첫 번째 문제집으로 난이도 하를 풀었다면 두 번째 문제집은 난이도 중을, 난이도 중하를 그럭저럭 풀었다면 두 번째는 난이도 중을, 난이도 중하를 잘 풀었다면 두 번째는 난이도 중상을, 난이도 중을 그럭저럭 풀었다면 두 번째는 난이도 중상을, 난이도 중을 아주 잘 풀었다면 두 번째는 난이도 상을 진행해 봅니다. 3학년 1학기와 2학기를 이와 같이 진행해 보면 4학년 때부터는 문제집 선택이 좀 더 명확해질 것입니다.

[Q] 초3 아이입니다. 초2까지 수학은 학습지만 하고 문제집은 따로 풀리지 않았는데요. 3학년부터는 문제집도 풀려야 할까요?

[A] 초2까지 진행한 수학 학습지가 연산 학습지였다면 빨리 문제집을 풀려봐야 합니다. 초2 수학에서 좀 헤맸다면 난이도 하 문제집을, 초2 수학을 비교적 잘 했다면 난이도 중하 문제집을 빨리 풀려 보세요. 그러면서 현재 아이의 수학 학습 능력부터 최대한 빨리 파악해야 합니다. 아이가 잘 풀면 난이도를 한 단계 올려서 1권 더 풀게 하고요. 아니면 같은 난이도의 문제집을 1권 더 풀어보는 것이 좋습니다. 그리고 초2까지 진행한 수학 학습지가 수학 교과서 전체를 다룬 학습지였다면 그 학습지의 난이도가 5단계 난이도 중 어느 정도에 해당하는지를 확인하고, 아이가 그 학습지를 어느 정도로 풀어냈는지를 분석해서 추가로 진행할 문제집의 난이도를 정해야 합니다. 만약 학습지의 난이도가 중하 또는 중급이면서 대체로 잘 풀었다면 첫 번째 문제집은 난이도 중으로, 학습지를 좀 버거워했다면 첫 번째 문제집은 난이도 중하로 진행해 보는 것이 좋습니다. 중요한 것은 전국단위 기준으로 아이의 실력을 빨리 파악하는 것입니다.

앞에서 언급했듯이 학습 능력을 기르고 학습 습관을 들이려면 수학을 자주 그리고 꾸준히 해야 하는데요. 3~4학년 때에는 아래 2가지 경우 중 하나를 선택해서 진행해 보고, 진행 과정을 보면서 아이에 맞게 변화를 주는 것이 좋습니다.

[3~4학년 수학 꾸준히 하기 사례]

☑ 일주일 중 5회 진행 (월~금, 주말과 공휴일 제외)
☑ 일주일 중 3회 진행 (예를 들면 월, 수, 금)

한 학기에 문제 해결력 훈련용 문제집 두 권 진행을 목표로 했을 때 초등 3학년이라면 주 3회를 추천하고요. 초등 4학년이라면 주 5회도 고려해 보시기 바랍니다. 그리고 3학년의 학습 시간은 1회 당 1시간 정도가 적당한데요. 40분 동안 문제를 풀게 한 다음, 20분 동안 채점과 틀린 문제 다시 풀어보기를 진행합니다. 초등 3학년이라면 40분 정도는 학습에 집중할 수 있습니다. 따라서 40분 정도 학습한 후, 채점하는 5분 동안 잠시 쉬었다가 5~15분 정도 틀린 문제만 다시 풀어보는 것이 적당합니다. 만약 문제를 많이 틀려 15분만으로는 다시 풀어볼 수 없다면 문제집의 난이도를 체크해 봐야 하고요. 난이도가 크게 높지 않았는데도 많이 틀렸다면 수학뿐만 아니라 모든 학습량이 적절한지를 체크해 봐야 합니다. 그리고 초등 4학년의 학습 시간은 주 3회 진행 기준으로 1회 당 1시간 30분 내외가 적당하고요. 1회 학습 시간만 다를 뿐 3학년과 동일하게 문제 풀고, 채점하고(아이는 잠시 휴식), 틀린 문제 다시 풀어보는 방식으로 진행합니다.

[Q] 문제집을 풀 때 틀린 문제는 어느 정도까지 다시 풀어야 하나요? 오답노트를 꼭 만들어야 하나요?

[A] 틀린 문제에 대한 대처 방법은 '어떤 문제인가'에 따라 달라지며, 아이의 현재 수학 실력을 파악하고 있어야 적절히 대처할 수 있습니다. 일단 틀린 문제를 읽어 보세요. 아이가 충분히 풀 수 있는 문제로 생각되면 아무런 힌트 없이 그냥 다시 풀어보게 하세요. 좀 까다로운 문제라면 힌트만 주고 다시 풀어보게 하세요. 꽤 어려운 문제라면 함께 풀어보거나 뒤쪽의 해설을 읽어보게 하세요. 해설을 읽고 이해하는 것도 공부입니다. 만

약 지나치게 어려운 문제로 생각되면 그냥 넘어가세요. 오답노트에도 포함시키기 마시고요. 틀린 문제는, 틀렸을 때 한 번 이해하고 넘어갑니다. 그리고 해당 문제집 풀기가 끝나면 앞에서부터 틀린 문제만 다시 풀어보게 합니다. 아마 절반은 또 틀릴 것입니다. 그러면 그때 다시 한번 이해하고 넘어갑니다. 그 다음에는 또 풀지 않게 합니다. 문제집 끝내고 다시 풀었는데 또 틀렸다고 하더라도 1년 후 위 학년 공부하면서 자연스럽게 그 문제를 풀 수 있는 문제 해결력이 길러지기 때문입니다. 틀린 문제만 따로 오답노트에 기록하는 것도 방법이고, 문제집에 표시만 잘 해 두는 것도 방법입니다.

아이에 맞게 학습 시간에 약간의 변화를 주며 진행했는데 한 학기에 문제집 두 권을 다 풀지 못할 경우 두 번째 문제집에 있는 문제를 다 풀지 않는 것도 괜찮습니다. 두 번째 문제집에서 각 단원마다 제일 앞쪽에 있는 쉬운 문제는, 이미 첫 번째 문제집에서 그보다 더 어려운 문제를 풀어봤기 때문에 다 풀어볼 필요는 없으며, 짝수번 문제 또는 홀수번 문제만 풀어보면서 시간을 효율적으로 사용하는 것이 좋습니다.

반대로 문제집 두 권을 빨리 풀었다면 한 권 더 진행해 보는데요. 난이도는 한 단계 더 높이고요. 쉬운 문제와 너무 어려운 문제는 넘어가는 것이 좋습니다. 난이도 상급의 심화 문제집의 경우 단원의 마지막 부분에 경시대회 문제가 나오기도 하는데요. 그 문제를 반드시 풀어 볼 필요는 없습니다. 아이가 원할 경우에만 진행해 보세요.

다음은 초등학교 3~4학년 수학 문제집 진행 사례입니다. 반드시 아래와 같이 해야 하는 것은 아니지만 하나의 사례로 참고해 보시기 바랍니다.

[초등학교 3~4학년 수학 문제집 진행 사례]

1. 2월부터 1학기 첫 번째 문제집 풀기를 시작합니다.

2. 2월부터 4월 중·하순까지 약 2개월 반 동안 첫 번째 문제집을 끝냅니다.

3. 4월 말까지 첫 번째 문제집에서 틀렸던 문제들만 다시 풀어보게 합니다.

4. 5월부터 1학기 두 번째 문제집 풀기를 시작합니다.

5. 5월부터 7월 중·하순까지 약 2개월 반 동안 두 번째 문제집을 끝냅니다.

6. 7월 말까지 두 번째 문제집에서 틀렸던 문제들만 다시 풀어보게 합니다.

7. 8월부터 2학기 첫 번째 문제집 풀기를 시작합니다.

8. 8월부터 10월 중·하순까지 약 2개월 반 동안 첫 번째 문제집을 끝냅니다.

9. 10월 말까지 첫 번째 문제집에서 틀렸던 문제들만 다시 풀어보게 합니다.

10. 11월부터 1학기 두 번째 문제집 풀기를 시작합니다.

11. 11월부터 다음 해 1월 중·하순까지 약 2개월 반 동안 두 번째 문제집을 끝냅니다.

12. 1월 말까지 두 번째 문제집에서 틀렸던 문제들만 다시 풀어보게 합니다.

기본이든 실력이든 심화든 모든 수학 학기 문제집은 각 단원마다 앞쪽에 개념 학습이 들어 있습니다. 설명의 친절한 정도와 딸린 문제의 난이도에 약간 차이가 있을 뿐입니다. 그래서 위 사례와 같이 진행할 경우 아이는 한 학기 수학 공부를 세 번 경험하게 됩니다. 2월부터 첫 번째 문제집 학습을 시작하면 3월 초가 되었을 때 2개 단원 정도를 진행한 상태인데요. 3월 초에 학교 수업이 시작되면서 학교에서 1단원부터 복습하게 됩니다. 그리고 5월에 두 번째 문제집 학습을 시작하면 1단원부터 다시 한번 학습하게 됩니다. 아이 입장에서는 개념 학습을 3회 한 셈이 되고요. 난이도 하부터 중상까지 다양한 난이도와 다양한 유형의 문제를 풀어보게 됩니다. 이처럼 수학 학습을 꾸준히 진행하면 자연스럽게 학습 능력이 향상되고 학습 습관이 자리를 잡게 됩니다.

초등학교 3~4학년 수학 학습의 세 번째 핵심은 '수학 영재반 또는 수학 경시대회 도전 여부 판단'입니다. 수학 경시대회(올림피아드)의 의미에 대해서는 앞쪽에서 정리를 했었는데요. 수학 경시대회 문제는 학교 시험뿐만 아니라 전국 단위 기준 난이도 상급의 내신 문제보다도 어렵게 느껴지는 문제입니다. 따라서 수학 경시대회에서 좋은 성적을 거두려면 별도로 경시대회 대비반 학원 수업을 받아야 하고요. 경시대회 기출 문제와 유사 문제를 충분히 풀어봐야 합니다. 만약 충분한 대비 없이 경험에 의미만 두고 경시대회에 나갈 경우 아이 입장에서는 생전 받아보지도 못한 점수를 받게 될 수도 있습니다. 그조차 폭넓은 경험으로 생각한다면, 그건 각자의 선택의 문제이고요. 어쨌든 수학 경시대회에서 좋은 성적을 얻고자 한다면 별도의 시간과 노력을 충분히 들여야 하고요. 문제의 난이도는 상당히 높은 편이기 때문에 수학 경시대회는 '하면 좋은 것'이 아니라 '할 수 있는 아이들이 하면 좋은 것'입니다. 이때 '할 수 있는 아이들'이란 최소한 3~4학년 수학 문제집 중 난이도 상급의 문제집을 무난히 풀 수 있는 아이들입니다.

수학 영재반은 학교 영재반, 교육청 영재반, 대학 영재반 등이 있습니다. 초등학생은 보통 4~6학년 때 참여하는 편인데요. 교육청이나 대학 영재반에 참여하려면 별도의 장소에 주기적으로 찾아가서 정해진 시간만큼 학습도 해야 하고, 중간

중간에 과제 수행에도 참여해야 합니다. 그러면서 학년 때마다 전국 기준으로 내신 실력도 쌓아야 하고요. 즉, 수학 학습을 더 많이 해야 한다는 뜻이고요. 이것이 가능하려면 수학을 잘 하고 좋아해야 합니다. 좋아하는 것은 둘째 치고 초등학교 5~6학년 때 영재반에 갈 정도가 되려면 초등학교 3~4학년 때 난이도 상급의 문제집은 무난히 풀 수 있어야 합니다. 따라서 수학 경시대회 또는 수학 영재반에 도전하고자 한다면 먼저 초등학교 3~4학년 수학부터 잘 하는 데 집중하는 것이 좋습니다. 물론 극소수의 예외는 있습니다. 어릴 때부터 증상을 드러내는 수학 영재들인데요. 수학 영재라면 초등학교 3~4학년 때 교과 수학을 진행하면서 사고력 수학을 병행하거나 3~4학년 수학 경시대회에 도전해 보는 것도 고민해 볼만 합니다. 다만 일부 극소수 아이들의 이야기이고요. 대부분의 아이들은 초등학교 3~4학년 수학 제대로 하는 것도 쉽지 않습니다.

[Q] 초등학교 고학년 때 영재반을 하면 좋다고 하는데요. 수학을 잘 하면 영재반을 하는 게 좋을까요?

[A] 초등학교 영재반은 '엄마의 자랑꺼리'를 위해서가 아니라 '아이에게 의미 있는 경험'을 위해서 해야 합니다. 아이에게 의미 있는 경험이 되려면 재미있어야 하고, 재미있으려면 잘 해야 합니다. 그래서 '하면 좋다'는 전혀 중요하지 않고요. 아이의 실력과 관심으로 판단해야 합니다. 그리고 실력이 되더라도 관심이 적으면 굳이 무리해서 진행할 필요는 없습니다. 초등학교 영재반을 하면 어떤 점이 좋을까요? 중학교 내신 실력과 직결되지는 않습니다. 초등학교 학교생활기록부는 대학 입시 때 보지 않기

때문에 대입 수시 스펙으로도 큰 도움이 되지 않습니다. 영재반이 좋은 점은 학교에서 경험할 수 없는 학습 경험을 할 수 있다는 것과, 해당 과목에 대해 더 폭넓은 경험을 할 수 있다는 것 그리고 해당 과목과 관련된 진로 결정에 참고 사항이 될 수 있다는 점입니다. 물론 이것만으로도 작지 않은 의미인데요. 역시나 필수 조건은 잘 하고 좋아해야 한다는 점입니다.

초등학교 3~4학년 때 서술형 주관식 문제는 어떻게 연습해야 할까요? 앞에서 언급했듯이 서술형 주관식 문제는 대부분의 아이들이 초·중·고 내내 가장 부담스러워하는 문제이고요. 답만 구하는 문제가 아니라 그 답을 구하게 된 과정까지 글 또는 수식으로 쓰는 문제입니다. 그리고 수와 연산 영역뿐만 아니라 도형과 측정 영역에서도 서술형 주관식 문제가 본격적으로 출제되기 때문에 체감하는 난이도는 더 높아집니다.

우선 초등학교 3학년 1학기 때에는 서술형 주관식 문제 대비법을 아이마다 다르게 진행해야 합니다. 초등학교 3학년은, 어른 기준으로는 초등학교 중학년이지만 아이에 따라서는 초등학교 저학년에 가까운 경우도 있습니다. 대체로 남자 아이들이 그런 편이고요. 여자 아이들 중에도 일부는 2학년에 가깝습니다. 그래서 3학년 1학기까지는 서술형 주관식 문제를 풀 때 글로 쓰는 것이 아니라 말로 설명하게 하는 것이 좋은 아이들도 있습니다. 내 아이가 어떤 경우에 속하는지를 잘 판단해서 진행해야 하고요.

초등학교 3학년 2학기가 되면 대부분의 아이들이 초등학교 중학년이 됩니다. 손가락 힘도 충분히 길러졌고, 쓰기에도 좀 익숙해 졌고, 사고력도 좀 길러진 상태입니다. 그래서 기초 준비는 된 상태인데요. 잘 하고 못 하고는 문제 해결력과 표현력과 차분함에 달려 있습니다. 일단 아무리 3학년 2학기라고 하더라도 그 동안의 수학 학습이 제대로 진행되지 않았다면 서술형 주관식 문제는 둘째 치고 답만 구하는 것도 어려워 할 것입니다. 그런 아이라면 서술형 주관식 문제 대비가 중요한 게 아니라 수학 학습 능력 자체를 다시 탄탄하게 다져야 하고요. 서술형 주관식 문제 대비는 당분간 내려놓아야 합니다.

수학 문제 해결력은 괜찮은데 표현력이 안타까운 아이들도 있습니다. 이 아이들은 '알기는 아는 데 뭐라고 해야 하나. 답답하다.' 상태인데요. 문제 풀이 과정을 한 번에 다 설명하는 것보다는, 정보 단위 또는 문장 단위로 끊어서 한 번에 하나 씩 차근차근 설명해 보게 해야 합니다. 이런 아이들은 어느 정도의 연습량이 쌓여야 좋아질 수 있습니다.

수학 잘 하는 남자 아이들 중에는 급한 성향 때문에 서술형 주관식 문제에서 감점을 당하는 아이들도 있습니다. 차분함이 아쉬운 아이라고 할 수도 있고요. 쓰기를 귀찮게 여기는 아이로 볼 수도 있는데요. 이는 능력이 아니라 태도의 문제이기 때문에 '서술형 주관식 문제의 답을 잘 써야겠다.'라는 마음이 생겨야 해결됩니다. 만약 성적이나 등수에 욕심이 있는, 승부욕이 강한 아이라면 초등학교 고학년만 되도 그런 마음이 생기지만 대체로 그리고 특히 남자 아이들은 고학년이 되어도 계속 귀찮아하는 편입니다. 그러면서 마음속으로는 '내 수학 실력은 이 점수보다는 더 높아. 귀찮아서 대충 쓸 뿐이야.'라고 생각하고요. 다행스러운 것은 대학 수시 입시 때 초등학교 성적은 영향을 끼치지 않는다는 점입니다. 그래서 이 문제 때문에 아이를 심하게 다그칠 필요는 없고요. 대신 '당근(선물)'을 통해 서술형 주관식 문제를 자기 실력대로 써 보는 경험을 하게 할 필요는 있습니다. 그래야 아이의 실력을 제대로 확인할 수 있고요. 아이도 100점 맞는 경험을 자꾸 해 봐야 합니다. 100점은, 맞아 본 아이들이 자꾸 맞습니다.

8 초등학교 5~6학년 때 수학은 이렇게

초등학교 5~6학년은 초등학교 고학년 시기입니다. 성장이 빠른 아이들은 중학생 티도 나고요. 빠른 여자 아이들은 5학년 때부터 사춘기의 조짐이 나타나기도 합니다. 몸도 마음도 사고력도 꽤 성장했으며 나름의 자기 판단 기준도 생기는 때입니다. 엄마의 지시에 비교적 잘 따르던 순종적인 시기는 지났으며, 본격적인 사춘기 진입 직전 또는 시작 시기이기 때문에 반항심이 무럭무럭 자랍니다. 그래서 일빙직인 지시는 좋은 방법이 아니고요. 이 때부터는 학습을 진행할 때 아이와 함께 공유하고 의논하고 결정하면서 진행해야 합니다.

아이와 함께 의논하며 결정해야 하는 또 다른 이유가 있습니다. 바로 '학습 전략' 때문입니다. 초등학교 4학년까지가 자기 학년 수학 공부 제대로 하는 것에 초집중하면서 학습 능력과 학습 습관을 기르는 데 주력하는 시기라면, 초등학교 5학년부터는 5학년 수학 학습 수준을 판단 근거로 해서 이후의 수학 학습 전략을 잘 세워야 합니다. 그런데 학습의 주체는 아이이기 때문에 주체인 아이가 자신의 수학 학습 전략(나는 수학 공부를 왜 이렇게 해야 하나!)에 대해 명확히 인지해야 전략이 실천으로 이어질 수 있습니다. 즉, 이 시기 수학 학습을 한 문장으로 정리하면 다음과 같습니다.

☑️ 초등학교 5학년 수학 학습 수준을 근거로 해서 전략을 세워 진행한다. 단, 아이와 함께!

이 시기 1순위는 학년마다 다른데요. 초등학교 5학년 때 1순위는 영어와 수학이고, 초등학교 6학년 때 1순위는 수학입니다. 그래서 5학년 때에는 영어와 수학 2과목에 적절히 시간 배분을 해야 하는데요. 영어 대비가 충분히 된 아이라면서 5학년 때부터 수학을 1순위에 두고요. 아니라면 5학년까지는 영어에 더 비중을 두어야 합니다. 그렇더라도 수학 선행을 진행하고자 한다면 5학년 방학 때라도 수학 학습 시간을 대폭 늘려야 합니다. 수학 선행에 대해서는 뒤쪽에 자세히 정리해 놓았습니다.

그렇다면 초등학교 5~6학년 수학을 제대로 학습할 때의 핵심은 무엇일까요?

[초등학교 5~6학년 수학 학습의 핵심]

1. 아이의 수학 학습 능력을 최대한 객관적으로 평가해야 합니다. 수학 학습 능력 평가 기준은 5학년 때 푸는 문제집의 난이도와 학원의 진단 테스트를 근거로 합니다.

2. 객관적으로 평가한 수학 학습 능력을 기준으로 해서 아이의 수학 선행 전략을 세우고 실천해야 합니다.

3. 수학 영재반 또는 수학 경시대회(올림피아드) 도전 여부를 신중하면서도 빠르게 결정하고, 도전할 경우 의미 있게 진행해야 합니다. 의미 있는 진행에 대해서는 초등학교 3~4학년 부분을 참고하세요.

초등학교 5~6학년 수학 학습의 첫 번째 핵심은 '내 아이의 수학 학습 능력 객관적으로 평가하기'입니다. 이때 평가는 초등학교 5학년 수학 학습 과정과 결과로 평가해야 합니다. 물론 초등학교 1~4학년 때에도 내 아이의 수학 학습 능력은 지속적으로 평가해야 합니다. 그런데 평가의 목표는 시기마다 차이가 있습니다.

〈초등학교 시기별 수학 학습 능력 평가 목표〉

🔍 초등학교 1~2학년 평가 목표

'타고난 수학 능력과 성향, 수학 능력 발달 속도를 파악하기 위해서 (너는 누구니? 아빠 닮았니? 엄마 닮았니? 너는 노력파니? 전략가 스타일이니?)

🔍 초등학교 3~4학년 평가 목표

내 아이에 맞게 수학 학습 능력과 수학 학습 습관을 기르기 위해서 (첫 번째 문제집 난이도는 어떤 것이 좋을까? 다음 학기에는 난이도 조절을 해야 할까?)

🔍 초등학교 5학년 평가 목표

중·고등학교 수학 실력 예상, 수학 선행 속도 판단, 진로 결정의 근거 중 하나 마련 (전국 기준 너의 수학 실력은 어느 정도? 수학 선행을 어느 정도의 속도로 어디까지 하는 게 좋을까?)

즉, 초등학교 4학년까지는 매 해 자기 학년 수학 학습 제대로 하는 것이 중요했다면, 초등학교 5학년부터는 중·고등학교뿐만 아니라 대학 입시까지 고려하며 수학 학습을 진행해야 하고요. 이를 위해 초등학교 5학년 수학 학습 과정을 지켜봐야 합니다. 왜 초등학교 6학년이 아니라 5학년일까요?

첫 번째 이유는 초등학교 1~6학년 수학 중에서 5학년 수학이 가장 어렵게 느껴지기 때문입니다. 수와 연산 영역에 나오는 개념만 비교해 봐도 금방 알 수 있습니다.

영역	수와 연산 영역 주요 개념과 원리
초등 3~4학년	만, 억, 조, 나누기의 2가지 개념, 몫, 나머지, 곱셈과 나눗셈의 관계, 분수, 분자, 분모, 진분수, 가분수, 대분수, 분수의 덧셈과 뺄셈 원리, 소수, 소수의 덧셈과 뺄셈 원리
초등 5학년	약수, 배수, 공약수, 최대공약수, 공배수, 최소공배수, 약분, 기약분수, 분모가 다른 분수의 덧셈과 뺄셈, 분수의 곱셈, 분수 곱셈과 나눗셈, 소수 곱셈과 나눗셈, 반올림

위 표를 보면 초등학교 3~4학년 2년 동안에 다루는 개념에 비해 초등학교 5학년 1년 동안 다루는 개념이 양도 많고 난이도도 높은 편입니다. 예를 들어 초등학교 3~4학년 때 나오는 분수의 덧셈은 분모가 같은 분수의 덧셈이고요. 분모는 그대로 두고 분자끼리만 더하면 됩니다.

$$\frac{1}{3} + \frac{1}{3} = \frac{1+1}{3} = \frac{2}{3}$$

이에 비해 초등학교 5학년 때 나오는 분수 덧셈은 '분모가 다른 분수의 덧셈'이고요. 이 덧셈은 분모를 같게 해 줘야 합니다. 즉, 통분해야 합니다. 더 어렵죠.

$$\frac{1}{2} + \frac{1}{3} = \frac{3}{6} + \frac{2}{6} = \frac{5}{6}$$

게다가 요즘 수학은 통분하는 요령만 익히지 않으며, '통분이 무엇인지'와 '왜 통분을 해야 하는지'까지 설명할 수 있어야 합니다. 원래 수학은 그렇게 해야 하는 건데요. 우리 부모들은 요령만 익히는 이상한 수학을 했던 것입니다. 어쨌든 초등학교 1~6학년 수학 중에는 5학년 수학이 가장 어렵게 느껴지기 때문에 초등학교 때 내 아이의 수학 실력은 5학년 수학 실력으로 판단해야 합니다.

초등학교 5학년 때 수학 실력을 판단해야 하는 두 번째 이유는 수학 선행 때문입니다. 초등학교 6학년 때에는 그 전에 수학 실력 판단을 끝낸 상태에서 선행에 집중하고 있어야 합니다. 수학 선행을 42.195km 마라톤 경주로 친다면 출발점을 지나 10km 지점까지가 초등학교 6학년에 해당합니다. 그런데 5학년 때 수학 실력을 제대로 판단하지 못하면, 6학년 되었을 때 다른 아이들은 10km 지점을 향해 선행 달리기를 열심히 하고 있는데 우리 아이는 수학 선행에 대한 작전과 계획을 세우지 못해 출발조차 하지 못했거나 작전 없이 무조건 달리고 있을 수 있습니다. 실제로 많은 아이들이 의미 없는 선행을 많이 하고 있고요. 내 아이가 의미 없는 선행을 하고 있다는 사실조차 모르는 경우가 매우 많습니다.

물론 아이에 따라서는 수학 선행 자체를 하지 말아야 힐 수도 있습니다. 그런 경우라면 계속 자기 학년 수학 학습 제대로 하는 것에 집중해야 합니다. 하지만 수학 선행을 하면 대입 수시 대비에 유리한 것이 현실이기 때문에 일단 수학 선행에 대해서는 적극적으로 검토하는 것이 좋고요. 선행에 대한 최종 판단은 초등학교 5학년 수학 실력을 근거로 판단하는 것이 좋습니다.

[Q] 현실도 중요하지만 너무 현실에 끌려가는 건 아닐까요? 수학 선행 꼭 해야 할까요?

[A] 선택의 문제이기는 한데요. 수학 선행 안 했다고 실패라고 볼 수는 없습

니다. 서연고 못 갔다고 실패라고 볼 수 없는 것처럼요. 다만 한 가지 확실한 것은, 수학 선행을 잘 했을 때 사교육 시장에서 말 하는 좋은 대학 또는 괜찮은 대학 진학에 유리한 것은 객관적 사실입니다. 중학교 때 전교 1등 수준으로 공부 잘 하는 남자 아이가 있었습니다. 의미 있는 수학 선행도 가능한 아이였고요. 그런데 부모님의 교육관은 '선행하지 말고 그 학년 때 공교육 위주로 최선을 다 하자.'였습니다. 그래서 고등학교 입학 전까지도 수학 선행을 하지 않았습니다. 그 아이는 어떻게 되었을까요? 고등학교 입학 후 아이는 공부의 절반 이상을 수학에 매달려야 했고요. 그렇게 했는데도 중학교 때만큼의 성적을 받지 못했습니다. 그 아이의 부모님은, 선행을 할 수 있었는데 하지 않은 것을 후회하셨고요. 이상(가치관)과 현실(입시제도) 사이에서 어떤 선택을 하느냐는 각자의 몫인데요. 선택 이전에 아이와 함께 충분히 의논하고 함께 고민하는 과정이 더 중요하다고 생각됩니다.

어쨌든 내 아이의 수학 학습 능력 평가는 초등학교 5학년 때 해야 하는데요. 평가 근거는 문제집의 난이도와 학원 평가 테스트라고 했습니다. 그리고 앞에서 3~6학년 때에는 문제집 난이도를 5단계로 구분하자고 했습니다. 난이도 '상상, 중상, 중중, 중하, 하하'로요. 이제 확인해야 할 것은 5학년 1학기와 2학기 때 푼 문제집의 난이도입니다.

5학년 때에도 한 학기에 문제집은 두 권 이상 풀게 하고요. 학기 당 두 권을 풀었다면 각 학기 때 푼 두 번째 문제집의 난이도로 아이의 수학 학습 능력을 평가해야 합니다. 만약 두 번째 문제집으로 난이도 상상의 문제집을 잘 풀었다면 전국 기준 상위 5% 이내의 실력일 가능성이 높고요. 최소한 상위 10% 이내의 실력을 갖추고 있다고 봐도 무방합니다. 만약 난이도 중상 정도의 문제집을 풀어낸 아이라면 전국 기준 상위 20%는 거의 확실하고요. 자기주도 방식으로 공부한 아이라면 10% 이내로 진입하는 것도 가능하며, 그 중 소수의 아이들은 고등학교 때 5% 이내까지 진입할 수도 있습니다. 이처럼 내 아이의 전국 단위 실력은 아이가 푼 수학 문제집의 난이도로 가늠해 볼 수 있습니다.

그리고 학원의 진단 테스트로도 아이의 수학 학습 능력을 평가해 볼 수 있는데요. 학원(사교육)은 무조건 배척할 필요도 없고, 무조건 의지하는 것도 좋지 않습니다. 부모의 상황과 아이의 실력에 맞게 잘 활용하는 것이 중요한데요. 사교육을 활용하는 괜찮은 방법 중 하나가 진단 테스트입니다. 다만, 초등학교 1~2학년 때뿐만 아니라 3~4학년 때에도 한 두 번의 진단 테스트만으로는 아이의 수학 실력을 파악하는 것이 쉽지 않습니다. 테스트 자체에 익숙하지 않아서 또는 지나치게 긴장을 해서 실력 발휘를 제대로 못했을 수도 있고요. 아직은 수학 실력의 변동성이 크기 때문입니다. 그래서 학원의 진단 테스트 결과는 초등학교 5~6학년 또는 빨라야 4학년 때부터 의미 있게 받아들이는 것이 좋고요. 초등학교 5학년(빠르면 4학년)부터는 한 해에 두 번 정도 학원에서 수학 진단 테스트를 받아보는 게 좋습니다. 단, 학원에서 아이의 테스트 결과를 놓고 이런 저런 분석을 할 때에는 학원의 의견을 100% 그대로 수용하지 말고 또 하나의 참고 자료로 생각해야 합니다. 즉, 지금까지 아이가 보여 준 수학 학습 능력을 중요 판단 근거로 하면서 학원의 진단 테스트 결과는 확인 차원으로 활용하시기 바랍니다. 그래서 두 근거 자료의 차이가 클 경우에는 다른 학원을 통해 한번 더 점검하는 것이 좋습니다.

[Q] 주변을 보면 수학 학원에 많이 다니던데요. 수학 학원은 언제부터 가는 게 좋을까요?

[A] 교과서나 수학 문제집에는 각 단원마다 개념 설명이 되어 있습니다. 그 부분을 아이가 읽었을 때 대체로 잘 이해하는 편이라면 아직은 학원에 갈 필요가 없습니다. 아이가 개념 설명을 잘 이해했다면 그 옆에 있는 기초 문제는 잘 풀 것입니다. 여전히 학원에 갈 필요 없고요. 다음 단계 문제인 유형 연습 문제도 적절히 잘 풀면 여전히 학원에 갈 필요가 없습니다. 그 단원의 실력 문제도 절반 이상 맞힌다면 조금 더 혼자 공부해 볼 필요가 있습니다. 반대로 유형 문제는 둘째 치고 개념 이해와 기초 문제부터 어려워한다면 누군가의 도움이 필요한 상태이기 때문에 학원도 고려해 봐야 합니다. 다만, 이런 경우라면 아이의 수학 학습이 제대로 이뤄지는지를 꼼꼼히 챙길 수 있는 소그룹 학원 또는 공부방 방식이 더 좋을 수 있습니다. 다수의 아이들을 대상으로 한 강의 위주의 수업이라면 그 반의 중상위권의 아이들만 따라갈 수 있기 때문입니다. 어쨌든 학원에 가야 하는 때는, 아이 스스로 공부하거나 누군가로부터 약간의 도움을 받으며 공부하는 것이 불가능할 정도로 수학이 어렵게 느껴질 때입니다. 이런 점검 과정 없이 일단 학원부터 보내는 것은, 자칫 수학 학습을 스스로 하면서 자기주도 학습 능력을 기를 수 있는 기회 자체를 빼앗는 것이 될 수 있습니다.

초등학교 5학년 때 아이가 푼 수학 문제집과 학원의 진단 테스트를 근거로 아이의 수학 학습 능력을 평가했다면 그 다음 해야 할 일은 아이에게 맞는 수학 선행 전략을 세우고 실천하는 것인데요. 수학 선행 전략에서 가장 중요한 것은 '선행 학습의 속도(범위)'입니다. 즉, 내 아이에게 맞는 수학 선행 속도(범위)를 잘 정하는 것이 초등학교 5~6학년 수학 학습의 두 번째 핵심입니다.

우리나라 교육과 입시제도 하에서는 수학 선행을 하면 유리한 것이 사실입니다. 그리고 실제로 많은 아이들이 수학 선행을 하고 있고요. 그럼에도 불구하고 중·고등학교 때 수학을 잘 하는 아이들이 예전보다 더 많아졌다는 이야기는 어디에서도 들을 수 없습니다. 왜냐하면 '수학 선행을 하면 유리하다.'라는 이유만으로 '내 아이에게 적합한 선행 속도'는 충분히 고려하지 않은 채 무리하게 선행을 진행하기 때문입니다. 이런 시행착오를 겪지 않으려면 수학 선행을 진행하기 전에 먼저 내 아이에게 맞는 선행 속도를 잘 선택해야 합니다.

간혹 학교 진도보다 빠르게 학습하는 것을 모두 선행으로 보는 분도 계신데요. 초등학년 6학년이 중학교 수학 학습을 하는 경우를 선행으로 봅니다. 즉, 자기 학년보다 위의 학년 수학을 학습하는 것이 선행이고요. 학교 진도보다 좀 빠르게 학습하는 것이 예습으로 봅니다. 예를 들어 초등학교 6학년이 되는 해의 1월 또는 2월에 6학년 1학기 수학 학습을 하는 것은 선행이 아니라 예습으로 보는 거죠.

물론 이 기준은 주관적인 기준이고요. 공식적으로 정해진 기준은 아닙니다. 다만, '선행'에 대한 막연한 거부감 때문에 학교 진도보다 한 두달 먼저 학습하는 것도 선행으로 보고 불편하게 생각하는 분들도 계신데요. 예습은 초등 1학년 때부터 가급적 추천하는 편이고요. 선행은 '언제'보다 중요한 것이 '가능한가?'라고 생각합니다.

수학 선행 속도는 총 4가지로 구분할 수 있습니다. 물론 이 4가지 경우만 있는 건 아니지만 일단 4가지 선행 속도 중 1가지를 선택한 후 아이에 맞게 적절히 조절하는 것이 좋은데요.

[4가지 수학 선행 속도]

☑ 첫 번째 속도는 초등학생 때 중학교 수학뿐만 아니라 고등학교 수학까지 선행하는 경우입니다. 이 속도가 가능한 아이들은 이과 성향 아이들 중 극상위권에 해당하는 극소수의 아이들입니다.

☑ 두 번째 속도는 고등학교에 입학하기 전에 고등학교 2학년 수학까지 선행하는 경우입니다. 이 속도가 가능한 아이들은 이과 성향 아이들 중 상위권에 해당하는 소수의 아이들입니다.

☑ 세 번째 속도는 고등학교에 입학하기 전에 고등학교 1학년 수학까지 선행하는 경우입니다. 이 속도가 가능한 아이들은 이과 성향 중상위권과 문과 성향 상위권에 해당하는 아이들입니다.

☑ 네 번째 속도는 수학 선행을 하지 않는 경우입니다. 선행을 할 수 없기 때문이고요. 이과 성향 하위권과 문과 성향 중하위권 아이들이 이 경우에 속할 수 있습니다.

내 아이가 위 4가지 선행 속도 중 어느 경우에 해당하는지를 판단하는 근거는 '초등학교 5학년 때 아이가 푼 수학 문제집의 난이도와 학원의 진단 테스트 결과'인데요. 앞에서 언급한 것처럼 학원의 진단 테스트는 학원에 따라 차이가 있을 수 있기 때문에 수학 문제집의 난이도를 근거로 1차 판단을 한 다음 학원의 진단 테스트는 1차 판단에 대한 최종 확인용으로 활용하는 것이 좋습니다. 단, 첫 번째 속도(초등학생 때 고등학교 수학까지 선행하는 속도)의 경우는 초등학교 5학년 때가 아니라 그 전에 판단할 수 있는데요. 초등학교 저학년이나 중학년 때에도 수학 문제 푸는 것을 게임이나 놀이처럼 즐기고, 난이도가 높은 문제도 쉽게 포기하지 않고 도전하는 아이들입니다. 이 아이들은 어린 나이임에도 꽤 어려운 문제를 풀어내고요. 수학의 기초 개념과 원리 정도는 쉽게 이해하고 깨우칩니다. 그리고 문제를 푸는 방식도 독창적일 때가 많습니다. 수학만큼은 천재로 생각되는 아이들인데요. 이 아이들은 첫 번째 속도가 가능한 아이들이기 때문에 초등학교 5학년 이전에 여러 가지 증상을 통해 확인할 수 있습니다.

두 번째 속도(고등학교 입학 전에 고2 수학까지 선행하는 속도)는 초등학교 5학년 때 난이도가 상상인 수학 문제집을 풀어내는 아이라면 도전해 볼만한 속도입니다. 단, 이 속도로 선행하는 것이 가능할 수도 있고 아닐 수도 있습니다. 그리고 이 속도가 가능한 아이더라도 목표로 하는 진로가 이공계열이 아닌 인문학 계열이라면 굳이 고등학교 2학년 수학 모두를 선행할 필요는 없습니다.

세 번째 속도(고등학교 입학 전에 고1 수학까지 선행하는 속도)는 초등학교 5학년 때 난이도가 중상인 수학 문제집을 풀어내는 아이라면 도전해 볼만한 속도입니다. 난이도 중중인 문제집은 충분히 풀지만 난이도 상상인 문제집은 좀 버거워하는 아이의 경우인데요. 지금처럼 수시 학생부 전형 위주로 대학에 간다면, 일단 고1 수학까지는 선행을 한 후에 고등학교 입학 후 고1 1년 동안 수시 학생부로 대학에 도전해 볼 필요가 있습니다. 어차피 본격적인 수능 공부는 고1 이후에 하기 때문에 고1까지는 선발 인원이 훨씬 많은 학생부에 도전해 보는 것이 좋습니다.

네 번째 속도(수학 선행을 하지 않는 경우)는 초등학교 5학년 때 난이도 중중인 수학 문제집을 버거워하는 아이들에게 해당하는 속도입니다. 이 아이들은 선행이 불가능한 아이들이며, 의미 없는 선행에 시간과 노력을 허비할 것이 아니라 자기 학년 수학 공부에만 집중하는 것이 좋습니다. 왜 그럴까요?

많은 아이들이 수학 선행을 하지만 의미 없는 선행을 하는 아이들이 많습니다. 즉, 선행도 의미 있게 해야 고등학교 때 효과를 볼 수 있는데요. 의미 있는 선행이란 최소한 난이도 중중 이상까지는 문제집을 풀어보는 것입니다. 예를 들어 초등학교 6학년 때 중학교 1학년 수학 선행을 할 경우 중1 개념서(난이도 하)만 푸는 것이 아니라 실전서(난이도 중)까지는 풀어야 선행을 좀 했다고 볼 수 있고요. 가능하면 심화서(난이도 상)까지 풀어야 선행을 제대로 했다고 볼 수 있습니다. 반대로 초등학교 6학년 때 중 1-1 개념서(난이도 하)와 중 1-2 개념서(난이도 하)만 풀었을 경우에는 선행 학습의 효과를 보기 어렵습니다.

그래서 네 번째 속도에 해당하는 아이들은 선행을 하는 것이 어렵습니다. 의미 있는 선행은 최소한 난이도 중중 이상까지는 문제집을 풀어보는 것인데요. 자기 학년의 난이도 중중 문제집을 버거워한다면 위 학년의 난이도 중상 문제집을 푸는 것은 거의 불가능하기 때문에 의미 있는 선행을 할 수 없는 거죠. 이처럼 선행할 수 없는 5학년 아이라면 의미 없는 수학 선행에 시간과 노력을 허비할 것이 아니라 5학년 수학 학습이라도 제대로 하는 것에 집중해야 하고요. 필요하면 4학년 수학 복습도 병행해야 합니다. 즉, 아래 학년 복습과 5학년 학습에 집중하면서 수학 학습 능력 자체를 다지는 데 집중해야 합니다. 그래야 6학년 또는 중학교 때 선행할 수 있는 기회가 올 수도 있습니다.

[Q] 수학을 꼭 잘 해야 하나요?

[A] '고등학교 때 공부의 절반은 수학이다.'라고 말 할 정도로 우리나라에서 는 수학 학습에 많은 시간과 노력을 들여야 합니다. 우리나라 교육의 현 실이고요. 교육과정과 입시 시스템이 바뀌지 않으면 현실도 바뀌지 않 습니다. 다만, 수학을 반드시 잘 해야 하는 것은 아닙니다. 수학이 좀 약 하더라도 다른 과목에 특별한 재능을 보인다면 그에 맞는 길도 얼마든지 찾아갈 수 있습니다. 안타까운 것은, 수포자(수학 포기자)가 되는 것입니 다. 수포자는 '수학을 잘 하지 않는 수준'이 아니라 '아예 포기한 수준'인 데요. 수포자가 되면 선택의 폭이 매우 좁아집니다. 그래서 수학 선행을 할 정도로 수학을 잘 하지는 않더라도 최소한 수포자는 되지 않아야 하 고요. 위 4가지 속도 중 네 번째 속도만큼은 할 수 있어야 합니다. 그래 서 초등학교 4학년까지는 선행이 중요한 것이 아니라 자기 학년 학습 제 대로 하는 것이 훨씬 중요합니다.

이제 내 아이를 바라봐야 합니다. 아이가 초등학교 1~2학년인데 수학 문제 푸 는 것에는 그다지 관심이 없고 팽이를 열심히 돌리고 있다면 일단 첫 번째 속도는 기억에서 지우는 것이 좋습니다. 그렇다고 해서 아쉬워할 필요도 없습니다. 만약 첫 번째 속도의 가능성이 보인다면, 일반적이고 보편적인 수학 학습 방법이나 프 로그램을 적용할 수 없는 아이이기 때문에 어떻게 코치해 줄 것인지를 개별적으로 알아봐야 하고요. 그 길 또한 만만치 않은 길입니다. 더 좋다기보다는 다름으로 봐 야 합니다. 이렇게 4가지 속도를 기준에 놓고 내 아이를 바라보며 매 시기마다 현 명하게 선택하고 집중해야 내 아이에게 맞는 선행 속도대로 진행할 수 있고, 내 아이에게 맞는 수학 고수의 길도 찾게 될 것입니다. 그러지 않으면 자칫 중요한 초등 수학 시기에 큰 시행착오를 겪을 수 있고요. 실제로 전체 아이들 중 40% 가까이가 큰 시행착오를 겪는 듯 합니다.

대입이 수시 학생부 선발 위주로 변하면서 수학 선행의 중요성이 널리 퍼졌는데요. 그 중요성을 지나치게 강조하는 측면도 있습니다. 예를 들어 수학 선행은 무조건 초등학교 3~4학년 때부터는 시작해야 한다는 주장인데요. 앞에서도 강조했듯이 의미 있는 선행은 난이도 중중 이상의 문제집을 풀어보는 것입니다. 따라서 초등학교 3학년 아이가 4학년 선행을 한다면 4학년 수학 문제집 중에서 난이도 중중 이상의 문제집까지는 풀어봐야 하고요. 그러려면 자기 학년 문제집 중에서는 최소한 난이도 중상 이상의 문제집은 거뜬히 풀 수 있어야 합니다. 그래야 자기 학년의 전국 기준 문제 해결력이 상급 이상으로 길러질 수 있고요. 그래야 의미 있는 선행도 가능하게 됩니다. 그런데 초등학교 3~4학년은 자기 학년 수학을 통해 학습 능력을 본격적으로 끌어올리면서 동시에 탄탄히 다지는 시기이기 때문에 이 때 의미 있는 선행까지 할 수 있는 아이들은 소수입니다. 따라서 수학 선행의 중요성만을 가지고 무조건 선행을 시작하는 것보다는 내 아이의 실력을 객관적으로 평가해서 선행 진행 여부를 잘 결정해야 합니다. 자칫 선행을 어설프게 진행할 경우, 수학 학습 능력도 제대로 훈련하지 못하면서 선행 효과도 볼 수 없게 되기 때문입니다.

초등학교 5~6학년 수학 학습의 세 번째 핵심은 '수학 영재반 또는 수학 경시대회(올림피아드) 도전 여부를 현명하게 결정하기'입니다. 대학 입시를 기준으로 했을 때 수학에서 1순위는 고등학교 내신 수학이며, 중학교와 초등학교 때 내신 실력이 탄탄해야 고등학교 내신도 잘 받을 수 있습니다. 따라서 초등학교 수학도 1순위는 내신 수학입니다. 다만, 초등학교 내신은 학교 시험을 의미하는 것이 아니라 전국 단위 기준으로 내신 문제 해결력을 상위권까지 훈련하는 것을 뜻합니다. 이를 위해 초등학교 내내 수학 학습을 꾸준히 그리고 탄탄하게 진행해야 합니다.

그런데 수학 영재반을 한다고 해서 내신 수학이 해결되는 것은 아닙니다. 수학 경시대회(올림피아드)도 내신 수학을 해결해 주지 않습니다. 즉, 수학 영재반 또는 수학 경시대회(올림피아드)에 도전한다는 것은 1순위인 내신 수학을 진행하면서 추가로 수학과 관련해서 무언가를 더 한다는 뜻입니다. 수학에 더 많은 시간과 노력과 비용을 들인다는 거죠. 그럼에도 불구하고 초등학교 때 의 수학 영재반과 수학 경시대회(올림피아드)는 대학 입시에 직접적인 영향을 끼치지는 못합니다. 대학 입시에서는 초등학교 때 학생부(학교생활기록부)를 참고하지 않기도 하고요. 다니는 고등학교 내에서 열린 경시대회(올림피아드)에 참여한 이력과 수상 실적은 학생부(학교생활기록부)에 기록할 수 있지만 재학 중인 고등학교가 아닌 다른 곳(교외)에서의 수상 실적은 학생부에 기록할 수 없기 때문입니다.

게다가 5학년 때에는 자기 학년 수학 학습 제대로 하는 것도 하면서 가능하면 수학 선행을 대비해서 진도를 빨리 나가야 하고, 6학년 때에는 수학 선행을 위해 수학 학습량을 최대한 늘려야 합니다. 이를 위해 학기 중에는 하루에 2~3시간 이상, 주말이나 방학 중에서는 하루에 4~5시간 이상 수학 학습만 해야 합니다. 이 상태에서 영재반이나 경시대회를 추가로 진행할 경우 수학 학습 시간이 지나치게 많아지면서 꾸준한 실력을 유지해야 하는 국어와 영어 그리고 시험 때는 공부를 해야 하는 사회나 과학 같은 타 과목 학습에 부담을 줄 수도 있습니다.

수학 영재반 또는 수학 경시대회와 관련해서 반드시 피해야 하는 시행착오는 '엄마를 위한 영재반과 경시대회 참가'입니다. 관심 없는 아이를 설득해서 영재반을 시작합니다. 주변에 널리 자랑을 했죠. 그런데 부담을 느낀 아이가 거부 반응을 보입니다. 이미 곳곳에 자랑한 부모는 계속 아이를 설득하려 합니다. 그러다 학업 전체를 거부하게 됩니다. 이 경우가 최악의 시행착오입니다. 즉, 이 시기에 수학 영재반 또는 수학 경시대회(올림피아드) 대비를 병행하는 것은 몇 가지 조건을 만족시킬 경우에만 하는 것이 좋습니다.

[초등학교 5~6학년 수학 영재반 또는 경시대회 점검 사항]

☑ 1순위인 내신 수학 학습을 제대로 그리고 충분히 진행하고 있는가?
☑ 수학 학습을 추가로 더 해도 될 만큼 수학 학습에 대해 긍정적인가?
☑ 수학 학습을 추가로 진행해도 다른 영역 학습에 큰 지장을 주지 않는가?
☑ 내신 수학보다 더 어려운 경시대회 준비도 할 수 있을 만큼 수학을 잘 하는가?

수학 경시대회(올림피아드)의 경우 시험 난이도는 대신 문제집의 난이도 상상보다 더 어렵게 느껴질 수 있으며, 경시대회에 도전하여 입상을 목표로 한다면 적지 않은 시간과 노력을 들여야 합니다. 경시대회 대비 학원도 다니는 것이 좋고요. 이전까지의 기출문제와 예상문제도 충분히 풀어봐야 합니다. 즉, 어려운 수학 학습을 꽤 많이 해야 한다는 거죠. 그래서 경시대회를 고민한다면 위 4가지 점검 사항을 냉정하게 검토해 볼 필요가 있습니다.

물론 항상 극소수의 예외는 있고요. 대표적인 예외는 영재고등학교 진학을 목표로 하는 아이들입니다. 이 아이들의 경우에는 수학 경시대회 대비 학습이 영재고 진학에도 도움이 될 수 있고, 영재고 입학 후 수학 학습에도 도움이 될 수 있습니다. 단, 이 예외는 영재고에 들어가는 극소수 아이들에 해당하기 때문에 "우리 아이는 수학 경시대회 준비한 덕분에 영재고 가서도 도움이 많이 되었어요."라는 옆집 영재고 학부모 한 분의 이야기만을 듣고 수학 경시대회를 대비하면 자칫 일반화의 오류를 범할 수 있습니다.

한 가지 예외를 더 들어보겠습니다. 타고난 수학적 재능은 아주 뛰어난 편인데 학교 공부나 내신 수학 문제집 푸는 것에는 흥미를 보이지 않는 아이가 있었습니다. 사고력 수학은 그나마 좀 재미있어 했고요. 그 아이를 설득해서 대학 수학 영재반에 보냈는데 그 경험이 아이의 생각을 바꿔 놓았습니다. 수학적 재능이 워낙 뛰어난 편이라 학교 수업이나 수학 문제집은 따분하게 느끼던 아이가 수학 영재반을 통해 수학을 탐구하는 재미를 알게 되었고요. 이 경험이 계기가 되어 수학과 진학을 목표로 내신 공부도 열심히 하게 되었습니다. 다만 역시나 소수의 이야기입니다.

초등학교 5학년은 1세~12세(초5) 공부 적기의 마지막 해입니다. 그리고 초등학교 5~6학년은 공부에도 전략을 적용해야 하는 시기입니다. 대입을 바로 준비하는 것은 아니지만 가능한 수학 선행을 진행해야 하고요. 중·고등 대비 영어 문법도 진행해야 하고요. 영재고, 특목고 과고, 특목고 외고, 자사고, 자공고, 일반고, 예고, 특성화고, 마이스터고 등 여러 고등학교 중 어느 그룹의 고등학교에 진학할 것인지에 대한 고민도 시작해야 합니다. 그러면서 5~6학년 때 처음 만나는 한국사 공부도 제대로 해야 합니다. 이처럼 학습량도 많아지면서 학습 전략도 시작되는 시기인데다 그분(사춘기)과의 만남이 시작되기도 합니다. 그래서 이 시기의 핵심 중 하나는 수학 영재반 또는 수학 경시대회 진행 여부를 현명하게 그리고 빨리 판단하는 것입니다. 그 중심은 역시나 '내 아이는 어떤 아이인가?'입니다.

1세~12세 때 사회, 이것만은 꼭!

PART 08

1 사회의 우선순위 선택 기준

우리나라에서 의미 있게 공부 잘 하려면 각 과목별로 '그 과목의 본질, 뇌 발달 과정, 우리나라의 교육 현실' 측면을 살펴봐야 합니다. 우선 사회의 본질 측면에서 살펴보겠습니다. 사회를 공부하는 가장 근본적인 이유는 내가 살아갈 공간을 이해하기 위함이고요. 공간에 대한 이해가 필요한 이유는 잘 살기 위해서입니다. 이는 과학도 마찬가지인데요. 예를 들어 여러 가지 사회 제도 중 법 제도에 대해 잘 알지 못하면 피해를 보거나 심하면 목숨을 잃을 수도 있습니다. 횡단보도 신호등이 빨간색일 때에는 길을 건너지 말아야 하는데 이 제도를 모르고 건너면 벌금을 물수도 있고 심지어 교통사고를 당해 사망할 수도 있죠. 따라서 '사회'라는 공간에서 잘 살기 위한 출발점은 사회를 잘 이해하는 것이고요. 이런 본질적인 측면에서 봤을 때 사회 학습을 잘 한다는 것은 단순히 암기하는 것이 아니라 충분히 이해하고, 이해한 내용을 설명까지 할 수 있어야 합니다. 법이 무엇인지 그리고 왜 필요한지 이해하고 설명할 수 있어야 하는 거죠.

그리고 사회는 본질적으로 '콘텐츠'라고 할 수 있습니다. 이에 비해 국어와 영어는 '수단(도구)'이라고 할 수 있고요. 즉, 수단인 언어(국어, 영어)에 담는 콘텐츠 중 하나가 사회입니다. 물론 콘텐츠(사회)와 수단(국어, 영어)은 둘 다 중요합니다. 콘텐츠가 뛰어나도 수단을 잘 쓸 줄 모르면 나만 아는 콘텐츠가 될 것이고요. 수단을 잘 쓰더라도 콘텐츠가 약하면 가치를 높일 수 없으니까요. 이처럼 콘텐츠와 수단 둘 다 중요함에도 불구하고 많은 아이들이 수단(국어, 영어)을 잘 쓰는 데에는 많은 시간과 노력을 들이지만 콘텐츠를 쌓는 것에는 시간과 노력을 적게 들이는 편이고요. 그나마 들이는 시간과 노력도 단순 암기 방식으로 허비하는 경우가 허다합니다. 따라서 사회를 단순히 암기하는 과목으로 인지하는 것은 사회의 본질을 제대로 이해하지 못한 것이 됩니다.

그 다음 뇌 발달 측면에서 봤을 때 사회 학습이 가능한 시기는 5~6세 즈음이기는 하지만 학습할 수 있는 내용은 상당히 제한적이고요. 7세~초등학교 2학년 때 학습 가능한 내용이 좀 확장되기는 하지만 '사회'라는 과목을 본격적으로 학습할 수 있는 때는 초등학교 3학년부터입니다. 그 이유는 다음과 같습니다.

> 🔖 5~7세
>
> 사고 대상이 구체적이어야 논리적 사고를 할 수 있는 시기 ⇒ 사회 학습 가능함. 단, 학습 가능한 내용은 매우 제한적임
>
> 🔖 초등학교 1~2학년
>
> 여전히 사고 대상이 구체적이어야 논리적 사고를 잘 할 수 있는 시기 ⇒ 학습 가능 영역이 확장되기는 하지만 본격적인 학습은 어려움
>
> 🔖 초등학교 3학년 이후
>
> 사고 대상이 추상적이어도 논리적 사고가 가능한 시기 ⇒ 본격적인 사회 학습이 가능함. 사회 과목이 본격적으로 시작됨. 고장에서 세계로 확장됨.

그래서 5~7세 누리과정에서는 구체적인 활동 위주로 사회를 접하게 되고요. 초등학교 1~2학년 통합교과 내에서도 구체적인 활동 위주로 사회를 접하게 됩니다. 그리고 초등학교 3학년부터 '사회' 과목이 본격적으로 시작됩니다. 그런데 사회는

수학이나 영어와 다른 점이 있습니다.

　수학은 보통 6~7세 즈음에 학습을 시작합니다. 그래서 유치~초등 저학년 때 수학을 어떻게 학습했느냐에 따라 3학년 때부터 실력 차이가 벌어집니다. 영어는 수학보다 더 일찍 시작하죠. 그래서 영어는 초등학교 2학년만 되어도 실력 차이가 나기 시작합니다. 그런데 사회는, 초등학교 2학년까지도 다 함께 사회 학습을 별로 하지 않습니다. 그러면 3학년 때 사회 실력이 비슷해야 하는데요. 의외로 3학년 때부터 실력 차이가 납니다. 즉, 2학년까지 사회 학습을 많이 하지는 않지만 그와 관계없이 2학년까지 사회 영역과 관련된 경험을 어떻게 했느냐에 따라 3학년 사회가 쉽거나 만만해질 수도 있고 반대일 수도 있습니다. 그래서 5세~초등학교 2학년 시기라고 하더라도, 공부는 아니더라도, 뇌 발달 단계에 맞게 적절한 사회 경험을 쌓는 것이 중요한데요. 이에 대해서는 뒤쪽에 시기별로 정리해 놓았습니다.

　마지막으로 우리나라의 사회 교육 현실을 살펴봐야 하는데요. 간단합니다. 좋은 대학 진학을 목표로 한다는 전제 하에 어떤 사회 시험이 중요한지, 어느 정도 난이도로 문제가 출제되는지를 살펴봐야 합니다. 앞에서 언급했듯이 현재 대학 입시 제도에서는 고등학교 내신(학교 중·기말 고사 + 수행평가) 시험이 가장 중요하며 그 다음으로 수능 시험이 중요합니다. 그래서 사회 교육 현실을 기준으로 했을 때 가장 중요한 것은 학교 내신 성적을 잘 받는 것입니다. 그런데 이를 위해서는 서술형 주관식 문제의 답을 잘 써야 하고, 수행평가 때 발표 잘 하고, 보고서도 잘 써야 합니다. 즉, 이해를 바탕으로 해서 잘 설명하고 잘 써야합니다. 그리고 그 기본 내용은 교과서에 담겨 있습니다. 그래서 사회 학습에서 가장 기초이자 기본이 '교과서 학습 제대로 하기'인 것입니다. 여기까지 살펴보면 유아~초등 때 사회 학습을 어떻게 해야 하는지 정리할 수 있는데요.

첫째, 교과서 학습을 제대로 해야 합니다. 그러면 '본질'과 '현실'을 모두 충족시킬 수 있습니다. 본질적으로 사회는 내가 살아갈 공간을 이해하는 과목이라고 했습니다. 그리고 이를 위해 만든 교재 중 가장 체계적인 교재가 교과서입니다. 따라서 교과서를 제대로 학습하면 자연스럽게 내가 살아갈 공간을 잘 이해하게 됩니다. 그리고 현실적으로 사회 성적을 잘 받으려면 설명과 쓰기를 잘 해야 하는데요. 그 출발점이 교과서 내용을 제대로 이해하고 설명하는 것입니다. 그래서 사회 학습에서 가장 중요한 것은 교과서를 제대로 학습하는 것입니다. 우리 부모 때처럼 전과나 문제집에 있는 요점 정리를 단순 암기하는 것은 효과도 낮고 의미도 없습니다.

둘째, 학습 영역을 시기별로 확장시켜 줘야 하는데요. 확장의 기준은 난이도이고요. 난이도의 기준은 '구체적인가? 추상적인가?'입니다. 예를 들어 정치보다는 지리가 더 쉽고요, 경제보다는 문화가 더 쉽습니다. 정치나 경제보다 지리와 문화가 더 구체적이기 때문입니다. 민주주의(정치)보다 고원(지리)이 더 구체적이고, 이자(경제)보다는 한복(문화)이 더 구체적이죠. 따라서 구체적인 것으로 논리적 사고를 시작하는 5~6세 때에는 여러 가지 사회 영역 중에서 구체적인 내용이 많은 영역 위주로 접하는 것이 좋고요. 7세~초등학교 2학년 시기에는 영역을 서서히 확장시키더라도 내용은 구체적이어야 합니다. 그리고 초등학교 3학년부터는 영역 확장과 함께 내용도 추상적인 것까지 접하게 해야 합니다. 이 때 중요한 것은 어휘의 개념을 제대로 학습하는 것입니다. 사회 교과 학습에서 어휘의 개념 이해는 기본 중 기본이라고 할 수 있습니다.

셋째, 책과 문제집을 적절히 활용해야 합니다. 사회 과목도 책을 많이 본 아이들이 유리합니다. 단, 책만 많이 보면 70~80점 정도는 받을 수 있지만 90~100점은 받기 어렵습니다. 문제집도 적절히 활용해야 하는데요. 일단 5세부터 초등학교 2학년까지는 책 위주로 진행하는 것이 좋고요. 사회 과목이 본격적으로 등장하는 초등학교 3학년부터 문제집을 활용하는 것이 좋습니다.

2 1세~4세 때 사회는 이렇게

사회는 '지리, 일반사회, 문화, 정치, 경제, 역사, 윤리, 철학' 등으로 세분화할 수 있습니다. 그리고 1세~4세 아이가 지리, 일반사회, 문화 등을 학습하는 것은 불가능합니다. 그럴 준비가 전혀 되어 있지 않기 때문에 이 시기에는 사회 학습을 고민할 필요가 없습니다. 그보다는 기본 생활 습관과 인성, 사회성을 기르는 데 집중해야 합니다. 물론 1개월~24개월은 기본 생활 습관 위주로 생각해야 할 때이고요.

인간이 사회 학습을 해야 하는 이유는, 사회적 동물이기 때문입니다. 혼자 살지 않고 사회를 이루며 함께 살기 때문에 내가 살아갈 사회에 대해 학습해야 하며, 인간 사회는 상당히 복잡해서 학습해야 할 것이 상당히 많습니다. 하지만 1세~3세는 '사회나 우리'보다 '나'를 주로 생각하는 시기입니다. 사실 5세까지도 인간은 '우리'보다는 '나' 중심으로 생각합니다. 그래서 이 시기 아이는 사회를 학습할 준비가 전혀 되어 있지 않습니다. 그런데 학습할 것이 많다는 이유만으로 급하게 무리해서 사회 학습을 진행하는 것은 그다지 효율이지 않은 선택입니다. 다만, 사회생활(유치원)이 본격적으로 시작되는 5세 전인 3세~4세 때에는 기본 생활 습관, 인성,

사회성 정도는 학습해 두는 것이 좋고요. 이 때 학습은 이해하고 설명하는 학습이 아니라 직접 또는 간접적으로 경험해 보는 것을 뜻합니다.

3세~4세 때 기본 생활 습관, 인성, 사회성 학습을 할 때에는 염두에 두어야 할 것이 3가지 있습니다. 첫째, 너무 완벽하게 할 필요는 없습니다. 마트에서 자기가 원하는 장난감을 사주지 않는다고 바닥에 누어 떼를 쓰는 아이들이 있습니다. 어찌 보면 우리가 아닌 '나'만 생각하는 시기에 보여줄 수 있는 지극히 정상적인 모습입니다. 그리고 때와 상황에 따라서는 참고 기다릴 줄 알아야 한다는 것을 차차 배우면 되는 거죠. 그런데 '나'만 생각하는 성향이 매우 강한 시기여서 몇 번의 학습만으로는 인내심과 판단력이 길러지지 않습니다. 충분한 반복 학습과 시간이 필요하다는 거죠. 바닥에 누어 떼를 쓰는 횟수가 줄어드는 것이 중요한 시기입니다.

둘째, 옛날 기준으로 학습하지 말아야 합니다. 양보가 미덕이었던 때는 옛날입니다. 이제는 자존감이 양보보다 더 중요한 때이고요. 건강한 자존감을 바탕으로 한 양보가 바람직한 양보입니다. 놀이터에서 그네를 타고 있는데 또래 친구가 타고 싶어 합니다. 무조건 양보하는 것은 옛날 기준입니다. 우선 아이의 마음을 확인해야 합니다. 계속 타고 싶은 마음이 크다면 친구에게 "조금만 더 타고 양보해 줄게. 기다려 줘."라고 해야 하고요. 충분히 탔다고 느껴진다면 기분 좋게 양보하는 거죠. 그래서 아이의 마음을 먼저 확인해야 하고, 아이에게도 그 기준을 알려줘야 합니다.

셋째, 일관성을 가져야 합니다. 바닥에 누어 떼를 썼을 때 엄마는 사주지 않지만 아빠는 사줍니다. 그러면 '참고 기다릴 줄 알아야 한다.'가 아니라 '아빠가 있을 때 떼를 써야 한다.'가 됩니다. 이 시기는 아직 '나'만 생각하는 성향이 강한 때라고 했습니다. 그래서 몇 번의 학습만으로는 습관, 인성, 사회성이 자리 잡지 못하고요.

비슷한 상황에서 많은 반복 학습이 필요합니다. 그런데 일관성이 없으면 아이 입장에서는 헷갈릴 수밖에 없습니다.

그리고 이 시기에 가장 좋은 사회 학습 수단은 책과 경험입니다. 이 시기 아이들이 볼만한 생활 습관, 인성, 사회성 영역의 책을 골라 재미있게 읽어주면 간접 경험의 효과를 볼 수 있고요. 일상생활에서 비슷한 상황이 되었을 때 반복 학습이 되도록 일관성을 가지고 아이를 이끌어 주면 직접 경험의 효과를 볼 수 있습니다. 단, 앞에서 언급했듯이 완벽한 학습보다는 차츰 나아지는지에 초점을 맞춰야 하고요. 변화하는 사회에 맞는 기준을 적용해야 합니다. 그래서 이 영역의 책은, 10년된 책보다는 가급적 최근에 만들어진 책이 더 적합할 수 있고요. 오래된 책이라도 최근 기준을 적용해서 새롭게 개편한 책이라면 괜찮을 수 있습니다.

3 5세~7세 때 사회는 이렇게

사회는 내가 살아갈 공간을 이해하는 과목이라고 했습니다. 그런데 공간을 이해하는 데 필요한 기본적인 능력 중 하나가 '논리적 사고력'입니다. 열대우림 지역은 덥고 비가 많이 내려 땅이 습한 편입니다. 그래서 집 바닥과 땅 사이에 공간을 두어 짓거나 나무 위에 집을 지었습니다. 우리나라 농촌 지역은 논농사를 많이 지어 볏짚을 쉽게 구할 수 있었습니다. 그래서 짚으로 지붕을 만든 초가집을 많이 지었습니다. 이처럼 공간을 이해할 때에는 인과(원인과 결과) 관계에 해당하는 내용이 많고요. 인과 관계를 이해할 때에는 논리적으로 사고해야 합니다. 그런데 논리적 사고가 가능한 시기는 일반적으로 5세입니다. 그래서 사회 학습의 시작 시기도 5

세로 보는 것이 좋고요. 역시나 가장 좋은 학습 수단은 책과 경험입니다. 그리고 5세~7세 때에는 '누리과정'이라는 매우 유용한 학습 프로그램이 있기 때문에 누리과정, 책, 가족과 함께 하는 즐거운 경험만 잘 활용하면 이 시기에 필요한 사회 학습은 충분히 이뤄질 수 있습니다.

단, 5세 때 사회 학습은 2가지 요소를 고려해야 하는데요. 하나는 논리적 사고에 익숙하지 않은 나이라는 점이고요. 다른 하나는 논리적 사고의 대상이 구체적이어야 한다는 점입니다. 요리나 수영처럼 '하는 것'은 처음부터 잘 할 수 없습니다. 시간과 노력과 경험이 쌓이면서 점점 더 잘 하게 되죠. 논리적 사고도 '하는 것'이기 때문에 처음부터 잘 할 수는 없고요. 과정이 필요합니다. 그래서 5세 때 학습하는 사회는 그 내용이 복잡하지 않고 단순하면서 구체적이어야 합니다. 그래야 논리적으로 사고할 수 있고, 그러한 경험이 쌓여야 점점 더 잘 학습하게 됩니다. 그래서 사회 학습을 할 수 있기는 하지만, 학습 가능한 내용이 제한적입니다.

예를 들어 5세 아이도 소방차가 무엇인지는 학습할 수 있습니다. 불을 끄는 일을 하는 차죠. 소방차가 불을 끄는 모습을 촬영한 사진이나 동영상만 봐도 금방 학습할 수 있습니다. 하지만 소방법은 추상적이서 학습할 수 없습니다. 한복이 무엇인지도 학습 가능합니다. 실제 한복을 보여주면서 옛날 우리나라 사람들이 입었던 옷이라고 알려주면 되죠. 하지만 신분에 따라 입는 옷이 달랐다는 건 학습할 수 없습니다. 신분이 추상적이면서 어려운 개념이기 때문입니다.

그래서 5~6세 때에는 단순하면서도 구체적인 사회 내용을 담은 사회책을 잘 골라야 합니다. 이 시기 아이들도 어렵지 않게 인지하고 이해할 수 있는 내용이어야 하고요. 정보의 양보다는 정보의 난이도가 훨씬 중요한 때입니다. 그리고 관련된 체험을 병행하면 훨씬 큰 효과를 볼 수 있습니다. 옛날 농촌에 대한 책을 봤다면 짚 체험을 하는 게 좋고요. 김치에 대한 책을 봤다면 김치 만들기 체험을 하는 게 좋습니다. 소방서나 소방차에 대해 학습했다면 소방서 견학을 가는 것이 좋습니다. 이처럼 5세~6세 때에는 아이들에게 어렵지 않은 내용을 위주로 학습하면서 책(간접 경험)과 체험(직접 경험)을 병행하는 게 좋고요. 그런 기준으로 봤을 때 정치, 경제, 역사, 윤리보다는 지리, 일반사회, 문화 등에서 학습 대상을 찾는 것이 좋습니다. 물론 정치, 경제, 역사, 윤리 영역의 책이면서 5~6세 아이들의 눈높이를 잘 맞춘 책이라면 적극적으로 선택해야 하지만 그런 책이 많지는 않습니다.

이에 비해 7세는 좀 다른데요. 유치원 누리과정과의 연계독서를 진행하면 좀 더 체계적인 학습이 이루어집니다. 다음은 누리과정에서 다루는 사회 내용을 간단히 정리한 것입니다.

🖇 **누리과정에서 다루는 사회 내용**

- 우리 동네 : 집의 형태, 자기 집 주소, 유치원 위치, 우리 동네의 지리적 특성, 우리 동네의 자연적 특성, 동네 이름과 유래, 동네의 크고 작은 변화, 지역사회의 주요 기관

- 다양한 직업 : 동네 지도, 동네 사람들의 다양한 직업, 함께 살아가기 위해 노력하는 일, 가족의 직업, 장래 희망, 여러 기관(은행, 우체국, 시장, 경찰서)

- 돈의 쓰임새 : 돈의 쓰임, 물건의 값과 돈의 단위, 생산 및 구입 과정, 물건을 사고파는 과정, 소유의 개념(나의 물건, 우리 반 모두의 물건, 사회 공동체의 것), 절약하는 습관, 계획된 소비

- 우리나라를 상징하는 것 : 나라 이름, 태극기, 애국가, 무궁화, 각 상징의 의미와 상징에 대한 예절, 국가의 존재, 우리나라의 분단 현실, 남북통일, 새터민, 이산가족

- 우리나라의 전통, 역사, 문화 : 전래 동화, 전래 동요, 전통 음식, 전통 놀이, 전통 가옥, 전통 예절, 국악, 민속 춤, 민속화, 한복, 주요 문화재, 설, 추석, 단오

- 우리나라에 대한 자부심 : 자랑스러운 한국인, 우수한 우리 문화, 우리나라의 자랑거리(선박, IT, 영화나 드라마, 대중가요), 박물관, 미술관

- 세계 여러 나라 : 올림픽, 월드컵, 스포츠 정신과 태도, 세계 평화를 위한 상호 협력, 서로 도우며 살아가야 하는 세계

- 다양한 인종과 문화 : 세계 여러 나라의 집, 음식, 의상, 노래, 춤, 놀이, 자연환경, 생활 모습, 풍습, 다양한 민족, 다양한 인종, 다문화, 다양성

- 정직 : 정직과 솔직함의 긍정적 효과, 거짓과 부정의 영향과 피해

- 배려 : 타인에 대한 배려, 공감 능력, 사회적 약자

- 옳고 그름 : 옳고 그름의 판단 기준(과정과 본래의 의도), 다수결의 원칙, 소수자 존중, 민주 시민의 자질

- 예절 : 예의를 갖추어 행동하는 것의 중요성, 동방예의지국

- 약속, 공공 규칙 : 약속, 규칙, 공공 규칙, 법, 준법

"누리과정 연계독서를 꼭 해야 하나요?"라는 질문을 받기도 하는데요. 꼭 해야 하는 것은 아닙니다. 이 시기에 아이에게 맞는 사회책을 찾는 것은 꼭 해야 하지

만 누리과정 연계독서까지 꼭 해야 하는 것은 아닙니다. 5세~7세 때 적절한 사회 책을 많이 접하면 그 과정을 통해 사회 텍스트 읽기 능력도 길러지고, 사회 영역에 대한 배경지식도 쌓이기 때문에 굳이 연계독서를 하지 않더라도 사회 과목 학습에 필요한 기초 능력은 충분히 길러집니다. 다만, 어차피 사회책을 접해야 한다면, 기왕이면 5세~7세 교육과정인 누리과정과 연계해서 독서를 진행하는 것이 조금 더 좋기 때문에 가급적 연계독서를 진행하시라고 추천하는 편입니다. 아이 입장에서는 유치원 사회 활동 시간에 미리 책에서 접한 내용을 만나면 더 적극적으로 활동에 참여하게 되고요. 부모 입장에서는 '어떤 책을 고를 것인가?'에 대한 구체적인 기준이나 주제가 생기기 때문에 고민의 양을 줄일 수 있습니다. 단, 연계독서를 하면 좋다고 하더라도 가장 중요한 것은 '내 아이에게 맞는 책'입니다. 누리과정 연계독서를 강조한 책 중에는 일반적으로 5세~7세 아이가 보기에 어려운 책도 있습니다.

[Q] 누리과정의 중요 내용 전부를 7세 때 반드시 학습해야 하나요?

[A] 아닙니다. 초등학교 1~2학년 때 학습할 기회가 있기 때문에 7세 때 모든 내용을 반드시 학습할 필요는 없습니다. 그리고 중요한 내용 중에는 분단, 민족, 공동 소유 등과 같이 7세에게는 이해 자체가 어려운 내용도 있습니다. 그래서 굳이 모든 내용을 학습할 필요도 없고 완벽하게 학습할 필요도 없습니다. 다만 위 내용들은 누리과정 때 나오고, 초등학교 1~2학년 통합교과에 또 나오고, 초등학교 3학년 이후 사회 과목에 또 나오기 때문에 '완벽하게'는 아니더라도 처음 나오는 유치 때부터 어느 정도 접

해 두는 것이 이후 통합교과와 초등 사회 과목 학습 때 도움이 될 것입니다. 어쨌든 이 시기에 사회 학습에서 가장 중요한 것은 '완벽하게'가 아니라 '쉽게'입니다.

---

4 초등학교 1학년~2학년 때 사회는 이렇게

초등학교 때 사회 과목은 3학년부터 시작됩니다. 즉, 본격적인 사회 과목 학습은 초등학교 3학년부터이고요. 초등학교 1~2학년 때는 아직 사회 학습을 본격적으로 시작할 수 없는 시기입니다. 하지만 초등학교 1~2학년은 3학년 직전 시기이기 때문에 사전 대비는 해야 합니다. '초등학교 3학년 중 가장 많은 아이들이 어려워하는 과목은 사회다.'라는 이야기는 2가지 사실을 알려줍니다. 하나는 '초등학교 1~2학년 때 사회 과목 대비를 어느 정도는 해야 한다.'이고요. 다른 하나는 '그런데 많은 아이들이 초등학교 1~2학년 때 사회 과목 대비를 적절히 하지 않은 상태에서 3학년을 맞이한다.'는 사실입니다.

역시나 가장 효과적인 대비 방법은 책과 경험입니다. 초등학교 1~2학년 때 사회 영역의 책을 폭넓게 많이 읽은 아이라면 자연스럽게 3학년 사회 대비 효과도 볼 수 있습니다. 사회 관련 체험도 많이 했다면 3학년뿐만 아니라 4학년 사회도 별 어려움 없이 학습할 것입니다. 그런데 현실적으로 쉬운 일이 아닙니다. 그래서 좀 더 효율적인 대비법을 찾아야 하는데요. 7세 때 누리과정 연계독서가 좋은 방법이라면 초등학교 1~2학년 때에는 통합교과 연계독서가 좋은 방법이고요. 초등학교 2학년 때에는 통합교과와 함께 3~4학년 사회 연계 독서까지 병행하는 것이 좋습니다.

초등학교 1~2학년 때 과목은 국어, 수학, 통합교과 3과목이고요. 통합교과는 사회, 과학, 음악, 미술, 체육 등을 모아 놓은 과목입니다. 그래서 통합교과 내용 중 사회 내용을 가지고 연계독서를 진행하면 통합교과 사회 영역 대비도 되면서 자연스럽게 3학년 사회를 위한 대비 효과도 볼 수 있습니다. 이는 과학도 마찬가지이고요.

통합교과 연계독서의 핵심은 2가지입니다. 첫째, 통합교과 사회 내용과 잘 연계된 책을 선택할 것. 둘째, 초등학교 1~2학년인 내 아이의 읽기 능력에 알맞은 책을 선택할 것. 이 2가지 핵심 사항을 모두 만족시키는 책을 선택해야 통합교과 대비와 초등학교 3학년 사회 대비 효과를 모두 볼 수 있는데요. 통합교과서에서 다루는 사회 주제는 다음과 같습니다.

학년	학기	통합교과서 내 사회 주제
1학년	1학기	학교, 가족
	2학기	이웃, 추석, 우리나라
2학년	1학기	나, 집
	2학기	동네, 세계

그리고 각 통합교과서에 들어 있는 사회 내용은 다음과 같습니다. 교과서 내용 모두를 정리한 것이 아니라 학교 수업을 할 때 배경지식이나 사전 경험이 필요한 사회 내용 위주로 정리했습니다.

[1학년 1학기 : 학교, 가족]

☑ 학교생활과 관련된 기본적인 내용이 나옵니다. 학교란 어떤 곳인지, 교실과 운동장은 어떤 곳인지, 학교 내에는 어떤 곳들이 있는지(교무실, 양호실, 행정실, 음악실, 도서관, 식당 등), 학교에서 지켜야 할 약속은 어떤 것들인지 등에 대해 배웁니다.

☑ 가족 구성원(할아버지, 할머니, 아빠, 엄마, 동생, 이모, 외삼촌, 고모, 사촌 동생 등), 친척을 부르는 말, 가족 행사(결혼식, 돌잔치 등), 가족이나 친척 사이에 지켜야 할 예절, 다양한 가족의 형태

1학년 1학기 통합교과서 내용 중 일부는 사회 학습을 위한 내용이라기보다는 1학년 신입생을 위한 학교생활 가이드로 보입니다. 그래서 연계독서를 크게 강조할 필요는 없어 보이고요. 교무실, 행정실 등의 어휘에 대한 학습이 중요한 것도 아닙니다. 그보다는 '초등학교'라는 새로운 사회 공간에서 생활할 때 일어날 수 있는 문제와 관련해서 책을 통해 간접 체험을 하면 좋습니다. 예를 들어 친구와의 다툼을 소재로 한 생활동화나 작은 거짓말이 큰 문제가 될 수 있다는 내용이 담긴 창작동화 등을 보면 낯선 학교생활에 작지 않은 도움이 될 것입니다.

체험과 관련해서는 한 가지 주의할 점이 있는데요. 체험의 1차 목표를 배경지식 습득에 두지 말아야 한다는 것입니다. 그럼 체험의 1차 목표는 무엇일까요? 바로 '가족과 함께 하는 즐거운 추억 쌓기'입니다. 그리고 이 목표는 초등학교 고학년까지도 계속 적용됩니다. 그래서 체험에는 가급적 아이가 직접 해 보는 프로그램이 있어야 하고요. 아이 입장에서 재미 또는 흥미를 느낄 수 있는 체험이어야 합니다.

그래야 부모 입장에서 중요하게 여기는 배경지식 습득도 가능해집니다.

[1학년 2학기 : 이웃, 추석, 우리나라]

☑ 다양한 이웃, 옛날 사람들이 이웃들과 함께했던 곳(결혼식 잔칫날, 단오, 빨래
  터), 서로 돕는 이웃(학교, 은행, 경찰서, 소방서 등), 옛날에는 이웃과 어떤 일
  을 함께 했을까?(타작, 씨름, 장터), 추석과 설날 비교, 추석 준비(벌초, 추석
  빔, 추석 음식, 한복), 성묘, 농악, 풍물놀이 악기, 추석놀이(투호, 비사치기, 강
  강술래)

☑ 전통 놀이, 한복, 전통 음식(갈비찜, 삼계탕, 김치, 비빔밥, 잡채), 우리 그릇,
  전통 집(기와집, 초가집), 전통 문양, 태극기, 애국가, 무궁화, 우리나라 소개
  (한글, 첨성대, 태권도, 불고기 등), 남한과 북한, 한민족, 통일

[2학년 1학기 : 나, 집]

☑ 내가 자라 온 과정, 내 마음(감정) 표현하기, 주인으로서 나는 내가 어떤 사람이
  되고 싶은지 생각하기(친절한 사람, 약속을 잘 지키는 사람, 의지가 강한 사람,
  부드러운 사람 등), 미래의 나의 모습(나의 꿈)

☑ 다양한 가족, 다양한 집의 모양(지와집, 초가집, 아파트, 빌라, 단독주택, 전원
  주택 등), 가족 구성원의 역할, 주변 가족의 다양한 생활 모습, 달라도 소중해요
  (다문화와 다양성 인정)

개인과 개인이 모여 사회를 이룹니다. 이는 개개인이 건강해야 사회도 건강할

수 있다는 뜻이고요. 이때 건강은 육체적 건강뿐만 아니라 정신적 건강을 의미하기도 합니다. 그래서 어찌 보면, 사회 학습의 출발점은 '나'에 대한 학습이라고 볼 수 있습니다. 대표적인 철학자 소크라테스의 '너 자신을 알라'도 비슷한 맥락으로 해석할 수 있고요. 그래서 초등학교 2학년 1학기 통합교과서에 나오는 '나' 부분이 단순하게만 보이지 않습니다.

[2학년 2학기 : 동네, 세계]

☑ 동네 모습(경찰서, 미용실, 빵집, 놀이터, 꽃집, 병원, 우체국, 주민센터, 문구점 등), 동네 모습 그림 그리기, 동네 사람들이 하는 일(다양한 직업), 여러 가지 직업 체험, 동네를 위해 할 수 있는 일(질서 지킴이 활동, 동네 일손 돕기, 경로당 공연, 동네 청소 등)

☑ 세계 지도, 가고 싶은 나라와 그 나라의 국기, 다른 나라의 대표적인 명절이나 풍습·예절, 다른 나라의 기후, 다른 나라의 전통 의상, 세계 여러 나라의 인사 방법, 다른 나라 집(통나무집, 잔디 지붕 집, 물 위 집, 기와집, 얼음집, 둥근 천막집, 마른 풀 지붕 집), 다른 나라의 음식, 다른 나라 친구를 만났을 때 지켜야 할 일, 다른 나라 친구와 어울릴 때의 바른 태도(다양성 인정, 친절 등), 다른 나라의 춤과 노래

'동네 모습'은 3학년 때 배우는 '고장 사람들의 생활모습' 전 단계이고요. 동네 모습 그림 그리기는 3학년 때 배우는 지도의 전 단계입니다. 위 교과 내용을 참고로 해서 초등학교 1~2학년 때 통합교과 연계독서를 진행하면 통합교과 수업 대비도 되면서 3학년 사회 과목 대비도 될 것입니다. 그러면서 국어의 비문학 독해 연습 효과도 볼 수 있습니다. 그리고 책 읽기와 함께 연관된 체험까지 병행한다면 가

장 효율적인 사회 학습이 될 것입니다. 초등학교 1~2학년 때에는, 사회 학습지나 문제집 푸는 것보다는 독서와 체험이 훨씬 의미 있는 사회 학습입니다.

[Q] 초등학교 1~2학년 때부터 전 과목 학습 습관을 들이는 것이 필요한가요?

[A] 초등학교 1~2학년 때부터 서서히 학습 습관을 들이는 것은 필요합니다. 가능하면 7세 때부터 학습 습관 들이기를 시작하는 것도 괜찮습니다. 그런데 초등학교 1~2학년 때부터 굳이 전 과목으로 해야 할까요? 만약 질문에서 언급한 '학습 습관'이 '무언가를 암기하고 문제를 푸는 습관'을 뜻한다면, 전 과목 진행은 대부분의 아이에게 부담일 것입니다. 단, 수학은 예외입니다. 수학은 초등학교 1학년 때부터 개념과 원리를 이해하고 기억하고 문제를 풀면서 문제 해결력을 훈련하는 과목입니다. 따라서 공부 방식(이해+암기+문제풀기)의 습관 들이기는 수학으로만 하는 것이 좋고요. 굳이 하나 더 한다면 국어 정도만 추가하는 것이 좋습니다. 대신 사회와 과학은 독서와 체험만 잘 해도 충분히 대비할 수 있으며, 독서와 체험이 공부 방식보다 훨씬 효과적인 때입니다. 만약 초등학교 1~2학년 때부터 사회와 과학까지 공부 방식으로 진행한다면 대부분의 아이들은 '나는 초등학교 1학년 때부터 공부를 많이 하는구나.'라고 생각할 것입니다.

위에서 초등학교 2학년 때에는 3~4학년 사회 연계독서도 병행하는 것이 좋다고 했습니다. 3~4학년 사회 교과서 핵심 내용은 아래쪽에 정리해 놓았고요. 그 내용을 참고로 해서 2학년 때 내 아이에게 맞는 사회책을 잘 골라서 읽게 하는 것이 좋습니다.

5 초등학교 3학년~4학년 때 사회는 이렇게

초등학교 3학년이 되면 과목 수가 늘어납니다. 국어와 수학은 계속 이어지고, 통합교과가 사회, 과학, 음악, 미술, 체육 등으로 세분화되고 영어도 시작되는데요. 초등학교 3~4학년 때 1순위는 영어이기 때문에 영어에 가장 많은 시간을 투자해야 하고요. 수학은 자기 학년 제대로 탄탄하게 하는 것에 집중해야 합니다. 이 시기는 영어가 1순위이고, 독서와 수학이 2순위인 셈입니다. 이 상황에서 사회는 어떻게 해야 할까요?

3학년부터 시작되는 사회 과목의 교과서 내용을 살펴보면 크게 3가지 종류로 구분할 수 있습니다.

🔎 초등학교 사회 교과서 내용 구분

– 이미 아는 내용 : **농촌에서는 주로 농사를 짓습니다.**

– 이해할 수 있는 내용 : **예전에 사람들이 말에게 죽을 끓여 먹인 곳이라고 해서 '말죽거리'라고 불렀습니다.**

– 무조건 암기해야 하는 내용 : **지역 특산물로는 이천 도자기, 횡성 한우, 천안 호두, 충주 사과, 상주 곶감, 전주 한지, 순창 고추장, 안동 탈춤, 밀양 사과, 기장 미역, 통영 나전 칠기 등이 있습니다.**

그런데 '이미 아는 내용' 중에는 대부분의 아이들이 아는 내용도 있지만, 어떤 내용은 아이에 따라 아는 내용일 수도 있고 암기해야 하는 내용일 수도 있습니다. 예를 들어 '농촌에서는 주로 농사를 짓는다.'는 대부분의 아이들이 아는 내용입니다. 하지만 '어촌에서는 농사도 짓고 물고기도 잡는데 이를 반농반어(半農半漁)라고 한다.'는 아는 아이도 있고 암기해야 하는 아이도 있습니다. 이를 통해 사회 학습 능력이 좋은 아이, 중간인 아이, 안타까운 아이의 차이점을 알 수 있는데요.

> ⚓ 초등학교 사회 학습 능력의 차이점
>
> - 학습 능력이 좋은 아이 : 사회에 대한 배경지식이 많고, 사회 현상에 대한 이해력이 좋으며, 암기력도 좋은 아이
> - 학습 능력이 중간인 아이 : 사회 배경지식의 양, 사회 현상에 대한 이해력, 암기력 중 일부만 좋은 아이
> - 학습 능력이 안타까운 아이 : 사회 배경지식의 양, 사회 현상에 대한 이해력, 암기력 모두 안타까운 아이

즉, 사회 학습을 잘 하려면 배경지식도 어느 정도 가지고 있어야 하고, 사회 현상에 대한 이해력도 좋아야 하며, 암기 능력도 일정 수준 이상 갖추고 있어야 합니다. 수학 성적이 배경지식이나 암기력보다는 이해력과 문제 해결력에 의해 좌우된다면 사회 성적은 배경지식, 이해력, 암기력에 의해 좌우되는 건데요. 사회의 배경지식, 이해력, 암기력에 대해 좀 더 자세히 알아보겠습니다.

방금 언급했듯이 사회 성적을 좌우하는 첫 번째 요소는 배경지식입니다. '아는 만큼 보인다.'라고 하죠. 그러면, 아는 만큼 들릴 건데요. 사회 수업 시간에 교과서를 보니 절반 이상은 이미 아는 내용입니다. 선생님이 설명하는 내용도 절반 이상

은 아는 내용이어서 공부는 나머지 절반만 하면 됩니다. 이러면 사회 학습에 대한 부담이 크지 않습니다. 선생님의 설명도 어렵지 않게 느껴지고요. '어? 사회는 어렵지 않네. 수업 시간에 집중해서 들으면 잘 할 수 있겠다.'라는 생각이 들면 사회는 쉬워집니다. 그래서 사회 학습을 잘 하려면 우선 배경지식을 어느 정도 가지고 있어야 합니다. 단, 이 당위성만 가지고 사회 과목이 시작되기 전 학년인 초등학교 2학년 아이에게 사회를 공부처럼 시키는 것은 효과적인 방법이 아닙니다. 초등학교 2학년은 책 많이 보면서 수학과 영어 꾸준히 하면서 예체능 1~2개 하면서 학교 숙제 하면서 놀기에도 바쁜 때거든요. 그런데 사회 공부까지 하라고 하면 효율도 떨어지고, 집중력도 떨어지기 때문에 배경지식도 잘 습득되지 않습니다.

그래서! 초등학교 2학년 때에는 사회와 과학 영역 책 읽기 비중을 높여야 합니다. 초등학교 2학년 때의 1순위는 독서라고 했습니다. 1순위인 독서를 진행할 때 사회책 비중을 높이면 독서 효과와 사회 배경지식 습득 효과 두 가지를 모두 잡을 수 있는 거죠. 3학년 때에도 독서에서 사회책의 비중은 높게 유지해야 하고요. 단, 이 때 정말 중요한 것이 '책 선택'입니다. 초등학교 3~4학년 사회 교과서와 연계된 책이면 좋기는 하지만 더 중요한 것은 '내 아이가 편하게, 쉽게, 만만하게 볼 수 있는 책'이어야 하고요. 책 한 권을 통해 배경지식 하나만 얻게 되더라도 '아는 재미(인지적 재미)'를 느낄 수 있는 책이어야 합니다. 그래야 사회 영역 책을 자꾸 보게 되고요. 그래야 배경지식을 의미 있게 쌓을 수 있습니다.

[Q] 교과 연계 독서란 어느 정도까지의 연계를 뜻하는 건가요?

[A] 초등학교 사회 교과서에 '혼천의'가 나옵니다. 그러면 반드시 '혼천의'를

다룬 책을 읽어야 할까요? 그건 아닙니다. 구체적인 사례 하나 하나까지 연계 독서를 하면 물론 좋기는 하지만, 더 중요한 것은 큰 주제와 관련된 연계 독서를 하는 것입니다. 즉, '혼천의'가 아니라 '문화유산'을 다룬 책을 찾아야 합니다. 예를 들어 문화유산을 다룬 책 2권을 찾았습니다. 한 권은 '혼천의'가 나오고, 다른 한 권은 '혼천의'가 없습니다. 그런데 '혼천의'가 나오는 책은 어렵습니다. 그러면 '혼천의'가 나오지 않더라도 쉬운 책을 선택해야 합니다. '문화유산이 무엇인지?'에 대한 이해를 해 보는 경험이 중요하고요. 그 다음 이런 저런 문화유산으로 확장시켜 나가는 것이 좋습니다.

사회책뿐만 아니라 일반적인 책 선택의 기준에 대해서는 〈우리 아이 독서 고수 만들기〉 책에 자세히 정리해 놓았습니다. 꼭 참고해 보시고요. 다음은 초등학교 3~4학년 사회 교과서에 나오는 중요 키워드들입니다. 이 키워드를 주제나 핵심 정보로 다룬 책 중에서 완성도가 높은 책은 꼭 선택하시기 바랍니다.

🖋 초등학교 3학년 사회 교과서의 중요 키워드

- 고장의 주요 장소 : **전통 시장, 대형 할인점, 버스 터미널, 주민센터, 도청, 소방서, 생태 공원, 우리 고장 그림 그리기**
- 지도 : **그림지도, 인공위성, 디지털 영상 지도, 백지도, 백지도 그리기**
- 고장 이야기 : **문화유산, 자연환경, 지명, 종로, 포은대로(정몽주), 서빙**

300

고동, 피맛골, 탄천, 안성맞춤, 두물머리, 얼음골, 기와말, 말죽거리, 우리 고장의 옛이야기 조사하기

- 고장의 문화유산 : 다보탑, 석가탑, 몽룡실, 혼천의, 경주 동궁과 월지, 성덕 대왕 신종, 가야금 병창, 전통장, 향교, 첨성대, 누비, 탈춤, 불국사, 석굴암, 화랑도, 우리 고장의 문화유산 조사하기

- 교통수단의 발달과 사회 변화 : 가마, 말, 뗏목, 소달구지, 돛단배, 당나귀, 전차, 증기선, 비행기, 승용차, 버스, 트럭, 비행기, 전철, 배, 자전거, 여객선 터미널, 택배, 기차역, 공항, 주유소, 휴게소, 직업, 모노레일, 지프 택시, 경운기, 케이블카, 갯배, 카페리, 자율 주행 자동차, 전기 자동차

- 통신 수단의 발달과 사회 변화 : 서찰, 방, 봉수, 신호 연, 새, 북, 편지, 휴대 전화, 텔레비전, 길도우미(네비게이션), 무선 인터넷, 음성 인식, 자동 위치 알림

- 환경과 생활 : 자연환경(산, 들, 하천, 바다, 눈, 비, 바람, 기온, 우박), 인문 환경(논, 밭, 과수원, 다리, 도로, 공장, 항구, 조선소), 등산로, 도로, 생활용수, 공업용수, 염전, 기후, 기온, 강수량, 계절, 계절에 따른 생활모습, 농촌 사람들이 하는 일, 도시 사람들이 하는 일, 산지촌 사람들이 하는 일, 어촌 사람들이 하는 일, 다양한 여가 생활(등산, 낚시, 박물관 관람, 영화 감상), 우리 고장 사람들이 즐기는 여가 생활 조사하기

- 의식주 : 의(옷), 식(음식), 주(집), 계절에 따른 의생활, 세계 각 고장의 날씨에 따른 의생활(사우디아라비아 사막, 베트남 열대우림, 캐나다 극지방, 페루 고원), 고장의 자연환경에 맞게 발달한 식생활(평양냉면, 서산 어리굴젓, 전주 비빔밥, 영월 감자 옹심이, 안동 간고등어, 제주 옥돔구이), 세계 여러 고장의 자연환경에 맞는 식생활(열대 과일, 회, 치즈), 아

파트, 연립 주택, 단독 주택, 옛날 집(터돋움집, 우데기집, 너와집), 러시아 이즈바, 터키 동굴집

- 옛날 생활 도구 : 주먹도끼, 빗살무늬 토기, 동물의 뼈로 만든 낚시 도구, 청동 방울, 비파형 동검, 거친무늬 청동 거울, 제사장, 철로 만든 농사 도구와 무기

- 도구의 발달 : 돌괭이 ⇒ 철로 만든 괭이, 반달 돌칼 ⇒ 철로 만든 낫, 쟁기 ⇒ 트랙터, 탈곡기 ⇒ 콤바인, 토기 ⇒ 시루 ⇒ 가마솥 ⇒ 전기밥솥, 가락바퀴 ⇒ 베틀 ⇒ 방직기와 재봉틀

- 집의 변화 : 동굴이나 바위 그늘 ⇒ 움집 ⇒ 귀틀집 ⇒ 초가집 ⇒ 기와집 ⇒ 아파트, 온돌

- 세시 풍속 : 풍속, 세시 풍속, 명절, 추석, 설날, 정월대보름, 한식, 단오, 삼복, 동지, 중양절, 세시 풍속 때 하는 일, 세시 풍속 놀이, 세시 풍속 음식, 세시 풍속 때 입는 옷, 옛날과 오늘날의 세시 풍속 비교

- 가족의 구성과 역할 변화 : 옛날과 오늘날의 결혼 풍습 비교, 옛날과 오늘날의 가족 형태 비교(확대 가족, 핵가족), 가족 구성원의 역할 변화와 바람직한 역할, 다양한 가족 형태

초등학교 3학년 사회에 구석기 시대, 신석기 시대, 청동기 시대 내용이 나오는 이유는 5학년 2학기 사회(한국사)가 고조선부터 6.25 전쟁까지 다루기 때문입니다. 3학년 사회가 더 어려워진 셈입니다.

- 지도 : 위성 사진, 지도, 방위, 방위표, 기호, 범례, 축척, 등고선, 다양한 지도(약도, 길도우미, 지하철 노선도, 학교 안내도, 관광 안내도)

- 중심지 : 고장의 중심지(군청, 구청, 시장, 버스 터미널), 중심지의 역할과 특징, 산업의 중심지(공장), 행정의 중심지(도청, 교육청), 상업의 중심지(대형 할인점, 백화점), 관광의 중심지(박물관, 유적지)

- 문화유산 : 문화유산 조사 방법, 유형 문화재(석탑, 건축물, 책), 무형 문화재(예술 활동, 기술), 문화유산 답사하기(고창 선운사 답사), 우리 지역의 문화유산 답사하기, 문화유산 소개 자료 만들기, 문화유산 보호 방법

- 역사적 인물 : 역사적 인물 조사 계획 세우기, 조사하고 소개 자료 만들기

- 공공 기관 : 공공 기관이란, 우체국, 보건소, 주민 센터, 도서관, 경찰서, 소방서, 교육청, 행복 실은 이동 보건소, 찾아가는 시민 사랑방, 공공 기관의 역할, 공공 기관 견학하기(계획서, 보고서 작성)

- 지역 문제 : 교통 혼잡 문제, 소음 문제, 환경 오염 문제, 시설 부족 문제, 주택 노후화 문제, 안전 문제, 지역 문제 해결 방법(대화와 타협, 다수결의 원칙)

- 주민 참여 : 공청회에 참여하기, 주민 회의에 참여하기, 시도청 누립에 의견 올리기, 서명 운동 하기, 시민 단체 활동, 주민 투표, 주민 참여의 바람직한 태도

- 촌락과 도시 : 농촌-농업, 어촌-어업, 산지촌-임업, 촌락, 촌락의 모습 조사하기, 도시의 특징, 도시의 모습 조사, 촌락과 도시의 공통점과 차이점, 촌락과 도시의 문제를 해결하기 위한 노력

- 함께 발전하는 촌락과 도시 : 교류, 촌락 생활 체험(인절미 만들기, 고구마 캐기, 소금 만들기, 치즈 만들기), 다양한 지역 축제, 도시와 촌락의 교류(직거래 장터, 여가 생활 교류, 지역 축제 교류, 자매결연이나 봉사)

- 현명한 선택(경제) : 희소성, 한정된 자원, 선택의 문제 발생, 현명한 선택의 필요성과 중요성, 현명한 선택을 하는 방법

- 생산과 소비 : 생산, 소비, 생산 활동(필요한 것을 자연에서 얻는 활동, 필요한 것을 만드는 활동, 생활을 편리하고 즐겁게 해 주는 활동), 현명한 소비 생활 방법

- 교류 : 다양한 원산지, 경제적 교류, 다양한 경제적 교류(개인과 기업, 기업과 지역, 지역과 지역, 국가와 국가), 대중 매체를 이용한 경제적 교류(인터넷, 스마트폰, 홈 쇼핑), 대형 시장을 이용한 경제적 교류(전통 시장, 대형 할인점, 도소매 시장), 지역 간 대표 자원의 경제적 교류, 다양한 문화 활동과 함께하는 경제적 교류, 촌락과 도시의 생산물에 따른 경제적 교류, 다양한 지역의 대표 상품(특산물, 특산물 지도)

- 사회 변화 : 저출산으로 인한 변화, 고령화로 인한 변화, 정보화로 인한 변화, 정보화 사회의 문제점과 해결 방안, 세계화가 우리 생활에 미친 영향양한 가족 형태

- 다양한 문화 : 문화란, 다양한 문화(의식주), 편견, 차별(장애, 남녀, 나이, 임신, 출산), 편견과 차별을 해결할 방법

사회 성적을 좌우하는 두 번째 요소는 이해력입니다. 첫 번째 요소인 배경지식은 독서로 해결하는 것이 가장 효과적인데요. 두 번째 요소인 이해력도 독서로 해

결하는 것이 가장 효과적입니다. '이해'는 '아는 것'이 아니라 '하는 것'이고요. '하는 것'은 자꾸 해 봐야 잘 하게 됩니다. 즉, 사회 학습을 할 때 이해를 잘 하려면 사회를 이해하는 경험을 자꾸 해 봐야 한다는 거죠. 그런데 독서는 '이해하는 것'입니다. 사회책을 읽으면서 그 책에 담겨 있는 사회 내용을 읽고 이해하는 것이 독서입니다. 만약 유치 때부터 초등학교 2학년까지 사회 영역의 책을 꾸준히 본 아이라면 3학년이 되기 전에 이미 사회를 이해하는 경험을 많이 한 상태입니다. 그러면 사회 수업 시간에 생소한 내용이 나오더라도 이미 사회를 많이 이해해 봤기 때문에 관련 배경지식만 갖추고 있으면 어렵지 않게 이해할 수 있습니다. 이것이 단순 암기 공부와의 차이점입니다. 단순 암기는 '이해'하는 과정이 없기 때문에 배경지식 습득의 효과만 있을 뿐 이해력까지 길러주지는 않거든요. 습득한 배경지식도 그리 오래 가지 않고요.

사회 성적을 좌우하는 세 번째 요소는 암기력인데요. 암기력까지 독서로 길러지지는 않습니다. 암기력은 '타고남, 의지, 효율적인 암기법'에 의해 결정됩니다. 선천적으로 암기력이 좋은 아이와 그렇지 않은 아이들이 있습니다. 암기력이 좋은 아이는 1~2번만 학습해도 금방 기억하지만 그렇지 않은 아이는 3~4번 학습을 해야 기억할 수 있습니다. 저도 후자의 경우였고요. 그래서 암기할 내용이 많은 과목은 싫어했습니다. 어쨌든 암기력은 타고나는 것이기 때문에 그냥 받아들여야 합니다. 대신 타고난 것이 학습 능력 전체에 미치는 영향은 20% 이내일 뿐이고요. '타고남'보다는 '의지'와 '효율적인 암기법'이 훨씬 중요합니다.

학습 중에 대표적으로 재미없는 학습이 단순 암기와 단순 계산입니다. 그래서 암기를 하려면 상당한 의지력을 발휘해야 하고요. 타고난 암기력이 좋지 않은 경우에는 그만큼 더 큰 의지력을 발휘해야 합니다. "시험을 잘 보려면 암기도 잘 해야 해. 그러니까 열심히 외워!"라고 요구하는 것은 당위성만 가지고 아이를 압박하는 것이며, 압박하더라도 효과는 미미한 편입니다. 그보다는 학습에 대한 큰 그림 하에서 차근차근 진행하는 것이 좋은데요. 우선 학습을 꾸준히 해 보는 경험이 필요합니다. 무언가를 읽고 이해하는 노력, 알게 된 것을 기억하려는 노력을 해 본 아이들이 암기도 잘 할 수 있습니다. 그리고 의지력을 발휘할 동기도 필요합니다. '시험을 잘 봐야겠다.'라는 동기는 가장 좋은 동기이지만 소수의 아이들에게 생기는 동기이고요. '부모님을 기쁘게 해 드리기 위해서'라는 동기도 나쁘지는 않습니다. 다만 이 경우에는 전체적인 학습량에 무리가 가지 않도록 잘 체크해야 합니다. 학습 목표를 달성했을 때 아이가 원하는 것을 해 주는 것도 괜찮은 방법인데요. 이 경우에는 결과에 대한 보상이 아니라 노력한 과정에 대한 보상임을 강조해야 합니다.

암기에서 가장 중요한 것은 효율적인 암기법입니다. 암기법 중 가장 안타까운 방법이 단순 반복 암기이고요. 그보다는 효율적인 암기법이 있습니다. 첫 번째 방법은 연상법입니다. 예를 들어 임진왜란 때 이순신 장군이 치른 전투 중에서 학익진 전법을 사용한 전투는 한산도 대첩인데요. 학익진과 한산도 모두 'ㅎ'이 들어갑니다. 이와 같은 연상법은 암기해야 할 내용이 많아질 경우 한계에 부딪치기 때문에 암기가 잘 되지 않거나 반드시 암기해야 하는 내용에만 적용하는 것이 좋습니다.

두 번째 방법은 회독입니다. 영어 문법 학습은 이 방법을 사용하는 것이 좋은데요. 문법책 첫 페이지부터 완벽하게 암기하는 것이 아니라 하나의 문법책을 최소 3회에서 5회 이상 반복해서 보는 것입니다. 처음에는 거의 암기하지 않고 끝까지 빠르게 강의를 들어 보고요. 2회차 때부터 서서히 암기할 양을 늘려가면서 여러 번 반복해서 보는 것인데요. 이 방법은 동영상 강의를 활용할 수 있을 때 효과를 볼 수 있습니다.

세 번째 방법은 '이해하고 암기하고 설명하기'인데요. 예를 하나 들어 보겠습니다.

[이해하고 암기하고 설명하기 사례]

벼농사를 지으려면 물이 많이 필요합니다. 그리고 모내기를 할 때에는 논에 물을 가득 담아놓아야 합니다. 그래서 평평한 땅이 넓게 펼쳐져 있고 강이 흐르는 평야 지역에서는 벼농사를 많이 지었고, 벼농사를 많이 지은 농촌에서는 농사 후 많이 생기는 볏짚을 이용해 초가집을 지었습니다.

위 사례처럼 인과 관계에 해당하는 내용은 먼저 내용 이해를 한 다음에 암기를 하고, 암기한 다음에 설명해 보면 거의 완벽하게 암기할 수 있습니다. 설명을 할 때에는 처음부터 잘 하려고 하는 것보다는 2~3번 설명하는 과정을 거치는 것이 더 좋습니다. 어느 정도 학습이 되었다고 생각되었을 때 일단 설명을 해 보면 생각처럼 잘 학습된 내용과 그렇지 않은 내용을 구분할 수 있습니다. 그러면 아쉬운 부분만 추가로 학습하면 되기 때문에 학습의 효율성을 높일 수 있고요. 이 과정이 서술형 주관식 문장제 문제 해결 능력을 기르는 과정이기도 합니다.

이제 초등학교 3~4학년 때 사회 학습을 잘 할 수 있는 방법을 정리해 보겠습니다.

[효과적인 초등학교 3~4학년 사회 학습법]

1. 초등학교 2~3학년 때 사회 영역 책을 많이 읽어 기초 배경지식을 습득하고 사회 정보를 이해하는 능력을 길러야 합니다. ⇒ 이미 아는 내용이 많아짐

2. 이해할 수 있는 내용은 단순 암기가 아니라 '이해하고 암기하고 설명하기' 방식으로 학습해야 합니다. ⇒ 아는 내용이 더 많아짐

3. 무조건 암기해야 하는 내용은 '연상법'과 '회독' 방식을 적용해서 최대한 열심히 암기해야 합니다. ⇒ 당위성보다는 동기가 중요

즉, 초등학교 2학년 전까지 책과 경험을 통해 사회를 어느 정도 접한 다음, 3~4학년 때 위와 같이 사회 학습을 진행하는 것이 현재 상황에서 가장 효율적인 사회 학습법입니다.

[Q] 사회도 문제집을 풀어봐야 하나요?

[A] 사회 문제집을 푸는 목적은 2가지입니다. 첫째는 현재 아이의 사회 학습 능력과 상태를 진단하기 위해서이고요. 둘째는 시험 문제 유형에 익숙해지기 위해서입니다. 사회 학습을 얼마나 할 것인지, 어떻게 할 것인지에 대한 판단 근거 중 중요한 것이 현재 내 아이의 실력과 상태입니다. 이를 학교 시험만으로 평가하지 않고 문제집에 있는 문제까지 풀려보면 좀 더 객관적인 정보를 얻을 수 있을 것입니다. 그리고 사회책만 많이 본 아이들은 시험에서 80점 이상 맞는 것이 쉽지 않습니다. 시험 문제에 익숙하

지 않기 때문인데요. '기왕 공부하는 거 점수도 잘 받아 보자!'라고 결정했다면 사회 문제집을 풀어보는 것이 좋습니다.

----

6 초등학교 5학년~6학년 때 사회는 이렇게

초등학교 5학년은 2차 좌절기입니다. 1차 좌절기인 초등 3학년을 무사히 통과한 50%의 아이들 중에서 약 30% 정도가 2차 좌절기 때 좌절하게 되고요. 그러면서 초등 5학년 이후로 '8 : 2'의 법칙이 시작됩니다. 초등학교 5학년을 지나면서 상위권 20%와 중하위권 80%로 나뉘는 거죠. 그리고 상위권 20% 중에서 3차 좌절기인 '중2 사춘기'와 4차 좌절기인 '고등 남친여친'까지 무사히 통과한 아이들이 전국 기준 최상위권을 유지하게 되고요. 2차 좌절기 때 중하권이 된 80% 아이들의 대부분은 학원에 가지만 그 아이들 중 80%는 학원에 전기세를 내러 다닌다고 합니다.

초등 5학년을 2차 좌절기로 만드는 주요 과목은 수학과 사회입니다. 이때 사회는 한국사를 뜻하는데요. 초등학교 5학년과 6학년 사회 교과서에는 초등 사회와 초등 한국사가 함께 나옵니다. 물론 초등학교 3~4학년 때에도 '문화재' 같은 한국사 내용이 있지만 본격적인 한국사는 초등학교 5~6학년 때 만나게 되는데요. 초등 한국사는 뒤쪽 'Part 10'에서 별도로 다루었고요. 여기에서는 사회 영역만 정리했습니다.

초등학교 5~6학년 사회를 한 문장으로 정리하면 '진짜 사회가 시작된다.'입니다. 즉, 부모가 경험하고 기억하는 사회는 초등학교 5학년 때 시작됩니다. 정보가 많고, 암기해야 할 것이 많고, 어려운 어휘가 많이 나옵니다. 5학년 사회의 수준이 어느 정도인지는 아래 어휘만 봐도 대충 짐작할 수 있는데요.

[초등학교 5학년 사회의 어휘 수준]

국토, 위선, 경선, 위도, 북위, 남위, 경도, 본초 자오선, 동경, 서경, 대륙, 해양, 주권, 영토, 영해, 영공, 함경산맥, 낭림산맥, 태백산맥, 소백산맥, 행정 구역, 특별시, 특별자치시, 광역시, 도, 특별자치도, 저위도, 중위도, 고위도, 지구 온난화, 작물, 등온선, 강수량, 저수지, 터돋움집, 우데기, 설피, 기후, 자연재해, 황사, 가뭄, 폭설, 한파, 폭염, 홍수, 태풍, 인구 구성, 인구 분포, 인구 밀도, 산업화, 산업, 공업, 중화학 공업, 소비 시장, 서비스업, 운송업, 첨단 산업, 섬유, 패션, 원료, 물류 등

5~6학년 사회를 만만하게 공부하는 아이는 어떤 아이일까요? 반대로 5~6학년 사회를 어려워하는 아이는 어떤 아이일까요? 아래 문장으로 구분해 보겠습니다.

'우리 국토는 아시아 대륙의 동쪽에 위치한 반도이다.'

사회가 만만한 아이에게 위 문장은 '읽으면 아는 내용'일 것입니다. 반대로 사회가 어려운 아이에게 위 문장은 '이해하려고 하면 이해할 것이 너무 많아서 차라리 단순 암기하려 하는데 잘 외워지지 않는 내용'일 것입니다.

🔍 이해해야 할 내용

– '국토'란? : 한 나라의 땅

– '국토'가 왜 '한 나라의 땅'인가? : 나라 국(國), 땅 토(土)이니까

– '아시아'란? : 지구의 북쪽에 있으며, 크기가 가장 크고 인구가 가장 많은 대륙

– '대륙'이란? : 지구의 땅 중에서 넓이가 매우 넓은 땅. 아시아, 유럽, 아프리카, 북아메리카, 남아메리카, 오스트레일리아, 남극 등

– 우리나라는 왜 아시아 대륙의 동쪽에 있다고 하나? : 지도상에서는 오른쪽이 동쪽인데, 아시아 대륙을 보면 우리나라는 동쪽에 있음

– '반도'란? : 육지가 바다에 길게 돌출하여 삼면이 바다로 둘러싸여 있는 땅

– 그런 모양의 땅을 왜 '반도'라고 부르나? : 절반 반(半), 섬 도(島)이니까

– 그게 무슨 소리인가? : 때리고 싶다... T.T

그렇다면 초등학교 5~6학년 때 사회 공부를 잘 하는 아이는 어떤 아이일까요? 초등학교 3~4학년 때 사회 실력이 '배경지식, 이해력, 암기력'에 의해 결정되었다면, 초등학교 5~6학년은 좀 다른데요.

첫째, 초등학교 3~4학년 사회 공부를 제대로 한 아이입니다. 3~4학년 때 지도 공부를 제대로 한 거죠. 그래서 지도상에서 위쪽이 북쪽, 아래쪽이 남쪽, 오른쪽이 동쪽, 왼쪽이 서쪽이라는 것을 알고 있습니다. 둘째, 1~4학년 때 독서와 여러 과목 공부를 제대로 하면서 어휘의 의미 추론 능력과 이해 능력을 잘 훈련한 아이입니다. 그래서 '국토 ⇒ 나라 국 + 땅 토 ⇒ 한 나라의 땅'을 쉽게 추론하거나 이해

하는 거죠. 반도도 마찬가지입니다. '반도 ⇒ 절반 반 + 섬 도 ⇒ 절반만 섬인 땅 ⇒ 삼면만 바다로 둘러싸여 있는 땅'을 어렵지 않게 추론하거나 이해하는 것입니다. '그러면 한자도 해야 하나?'라고 생각할 수 있는데요. 한자에 대해서는 'Part 11'에 정리해 놓았고요. 셋째, 배경지식이 받쳐주는 아이입니다. 세계지도를 본 적이 있고요. 세계에는 여러 대륙과 여러 나라가 있다는 것을 알고 있고요. 몇몇 나라에 대해서는 간단한 설명도 가능한 아이입니다. 아마도 초등학교 2~4학년 때 세계문화 책을 봤거나 관련 수업이나 체험을 했거나 세계여행을 다녀왔을 것입니다. 이 중 일반적인 방법이 세계문화 책을 읽는 것입니다. 단, 세계사가 아니라 세계문화여야 합니다. 강의 때에도 "초등 때 세계사는 급하지 않습니다. 하지만 3~5학년 때 세계문화는 보는 것이 좋습니다."라고 말씀 드리고 있고요.

초등학교 5학년 사회 수준의 문장을 몇 가지 더 보겠습니다.

📌 초등학교 5학년 사회

- 위도 : 적도를 기준으로 북쪽은 북위, 남쪽은 남위라고 하며, 각각 90도로 나누어 북쪽과 남쪽의 위치를 나타낸다.
- 한 나라의 영역은 그 나라의 주권이 미치는 범위를 말하며 영토, 영해, 영공으로 이루어진다.
- 사람들은 갯벌에서 해산물이나 소금을 채취하기도 하고, 갯벌을 간척해 농경지나 공업용지로 사용하기도 한다.
- 교통망의 발달로 신속한 물자 이동이 가능해져 다양한 산업이 성장하면서 더욱 많은 도시가 생겨났다.

- 우리 사회에서는 국가, 지방 자치 단체, 시민 등의 사회 구성원들이 인권 보장을 위해 많은 노력을 하고 있다.
- 헌법에는 대한민국 국민이 누려야 할 권리와 지켜야 할 의무를 담고 있다.
- 헌법이 보장하는 기본권에는 평등권, 자유권, 참정권, 청구권, 사회권 등이 있다.

만약 "초등학교 5~6학년 사회는 공부할 내용이 많은가요?"라고 질문하신다면 "그건 아이에 따라 다릅니다."라고 대답할 수밖에 없습니다. 3~4학년 때 사회 공부를 제대로 했고, 어휘의 의미 추론 능력이 좋으면서 관련 배경지식도 갖추고 있는 아이라면 5~6학년 사회에서 공부할 내용이 아주 많은 것은 아닙니다. 하지만 반대의 경우라면, 너무 많게 느껴져 시도할 엄두조차 나지 않을 수도 있습니다. 그래서 초등학교 5~6학년 사회 공부법은 아이마다 다른데요. 우선 초등학교 5~6학년이 공부 큰 그림에서 어떤 시기인지부터 살펴보고요. 큰 그림 하에서 준비가 잘 되어 있는 아이, 준비가 좀 부족한 아이, 준비가 되어 있지 않은 아이로 구분해서 정리해 보았습니다.

일반적으로 초등학교 5학년은 수학과 영어가 1순위이고요. 초등학교 6학년은 수학이 1순위, 영어가 2순위인 때입니다. 그래서 사회 공부에 많은 시간을 들일 수 없습니다. 이런 상황 하에서 아이별 공부법은 다음과 같습니다. 단, 일반적인 기준이므로 내 아이에 맞게 적절히 수정해야 합니다.

– 준비가 잘 되어 있는 아이 : 예습보다는 복습이 중요합니다. 기본은 교과서 읽기입니다. 교과서를 읽으면서 텍스트, 사진, 그림 정보를 해석해야 하는데요. 대체로 어렵지 않게 잘 읽을 것입니다. 그 다음 문제집으로 요점 복습도 하고, 사회 시험 문제 푸는 능력도 훈련합니다. 대부분의 교과서 내용을 혼자 공부할 수 있습니다.

– 준비가 좀 부족한 아이 : 혼자서 공부할 수 없는, 이해가 잘 되지 않는 내용은 미리 예습을 하거나 학교 수업 때 선생님의 도움을 받아 이해해야 합니다. 그 다음 복습으로 교과서 읽기를 하고 문제집을 활용해야 합니다.

– 준비가 되어 있지 않은 아이 : 당장의 시험 성적보다는 사회 공부를 제대로 해 보는 경험이 중요합니다. 스스로 학습은 어렵기 때문에 인터넷 강의의 도움을 받는 것이 좋고요. 교과서 내용 중 일부만 공부하게 되더라도 제대로 충분히 이해하고 암기하는 경험을 해야 합니다. 인터넷 강의로 예습하고, 학교 수업 때 한번 더 설명을 들은 다음, 이해한 부분은 교과서 읽기로 복습하고 문제집에 있는 문제를 풀어봐야 합니다.

대입 수시 전형은 학생부(학교생활기록부)로 대학에 가는 전형이라고 해도 과언이 아닙니다. 그런데 대입 수시 전형에서는 고등학교 때 학생부만 보기 때문에 초등학교 때 학생부에 기록되는 사회 과목 성적이 대학 입시에 직접적인 영향을 주는 것은 아닙니다. 그래서 좋은 대학에 가려면 초등학교 때 사회 시험을 반드시 90점 이상 맞아야 하는 것은 아닙니다. 다만 공부는 잘 해 본 아이가 계속 잘 할 가능성이 높기 때문에 초등학교 때 일부라도 사회 공부를 제대로 해 보는 경험은 분명 큰 의미가 있습니다. 따라서 아이에 맞게 사회 공부 방법을 잘 정한 다음 '시험 점수'보다는 '의미 있는 사회 공부 경험하기'에 목표를 두고 진행하는 것이 현명한 코치일 것입니다.

끝으로 고등학교 사회 과목을 살펴보겠습니다. 2015 개정교육과정 때 문·이과 통합이 이루어지면서 고등학교 사회 영역의 과목에 변화가 생겼는데요. 고등학교 사회 과목이 어떻게 달라졌는지 아래 표에 정리해 놓았고요. 중요한 것은 방향성입니다. 교육과정이 바뀔 때마다 아래 과목에도 변화가 생길 수 있습니다. 그리고 아직까지는 교육 현장의 한계로 인해 개설한 모든 과목 학습이 원활히 이루어지지 못하는 것 또한 현실입니다. 그런데 모든 일에는 과도기가 있습니다. 처음부터 완벽한 것은 없죠. 그래서 중요한 것은 큰 흐름과 방향성입니다. 우리나라 사회 교육이 어떤 곳을 향해 가고 있는지 느껴보시기 바랍니다.

〈문·이과 통합에 따라 달라진 고등학교 사회 교과목〉

공통과목	일반선택	진로선택
통합사회	한국지리, 세계지리, 세계사, 동아시아사, 경제, 정치와 법, 사회문화, 생활과 윤리, 윤리와 사상	여행지리, 사회문제 탐구, 고전과 윤리

* 고등학교 1학년 때에는 공통과목 1과목만 배우고, 2~3학년 때에는 일반선택과 진로선택 과목 중에서 자신이 선택한 과목만 배웁니다.

1세~12세 때 과학, 이것만은 꼭!

PART 09

1 과학의 우선순위 선택 기준

우리나라에서 의미 있게 공부 잘 하려면 각 과목별로 '그 과목의 본질, 뇌 발달 과정, 우리나라의 교육 현실' 측면을 살펴봐야 합니다. 우선 과학의 본질 측면에서 살펴보겠습니다. 과학을 공부하는 가장 근본적인 이유는 사회와 마찬가지로 내가 살아갈 공간을 이해하기 위함이고요. 공간에 대한 이해가 필요한 이유는 잘 살기 위해서입니다. 예를 들어 플러그가 꽂혀 있는 가전제품을 잡고 물속에 담그면 전기에 감전되어 크게 다치거나 심하면 목숨을 잃을 수도 있습니다. 서해안 갯벌에서 썰물 때 너무 멀리 나가는 것도 위험합니다. 발이 푹푹 빠지는 갯벌의 경우 걷는 속도가 느린 것에 비해 밀물 때가 되어 다시 들어오는 바닷물의 속도는 빠르기 때문입니다. 이처럼 내가 살아갈 공간에서 잘 살기 위해서는 그 공간에서 일어나는 다양한 과학 현상을 잘 이해해야 합니다. 이런 본질적인 측면에서 봤을 때 과학 학습을 잘 한다는 것은 단순히 암기하는 것이 아니라 충분히 이해하고, 이해한 내용을 설명까지 할 수 있어야 합니다. 전기가 무엇인지 그리고 도움이 되는 때는 언제이고 위험한 때는 언제인지 설명할 수 있어야 하는 거죠.

그리고 과학도 사회처럼 본질적으로는 '콘텐츠'라고 할 수 있습니다. 즉, 수단인 언어(국어, 영어)에 담는 콘텐츠 중 하나가 과학입니다. 물론 사회 때 말 한 것처럼 콘텐츠와 수단은 둘 다 중요합니다. 안타까운 것은, 둘 다 중요한데 많은 아이들이 수단에만 시간과 노력을 많이 들이는 것입니다. 그나마 콘텐츠인 과학 학습에 들이는 시간과 노력도 단순 암기 방식으로 허비하는 경우가 많고요. 따라서 사회처럼 과학도 단순히 암기하는 과목으로 인지하는 것은 과학의 본질을 제대로 이해하지 못한 것이며, 과학과 사회는 초중고 때 주요 과목일 뿐만 아니라 평생 잘 살기 위해서 제대로 이해해야 하는 중요한 대상이자 삶의 질을 높이는 데 필요한 핵심 콘텐츠에 해당합니다.

그 다음 뇌 발달 측면에서 봤을 때 과학 학습이 가능한 시기는 사회처럼 5~6세 즈음입니다. 그런데 학습할 수 있는 내용의 범위는 사회보다 넓은 편입니다. 왜냐하면 직접 볼 수 있거나 만질 수 있거나 어렵지 않게 인지할 수 있는 구체적인 대상이 많기 때문입니다. 동식물만 해도 매우 많은 개체들을 학습할 수 있고요. 물, 얼음, 비, 눈, 낮, 밤, 태양, 달, 별, 불, 연소, 자석, 철, 소금 등 일상생활 속에서도 다양한 학습 대상을 만날 수 있습니다. 그래서 유아~초등 저학년 대상의 책에는 사회보다 과학책이 더 많은 편입니다. 단, 5~6세 때에는 간단한 인과 관계 이해는 가능하지만 개념과 원리를 정확히 이해하는 것은 어렵고요. 쉬운 원리 이해는 초등학교 1~2학년 정도에 시작하는 것이 좋습니다. 그리고 '과학'이라는 과목을 본격적으로 학습하는 때는 사회처럼 초등학교 3학년부터입니다.

📌 5~7세

사고 대상이 구체적이어야 논리적 사고를 할 수 있는 시기 ⇒ 과학 학습 가능함. 학습의 대상이 사회보다는 넓은 편임. 구체적이면서 단순한 인과 관계 이해는 가능함

📌 초등학교 1~2학년

여전히 사고 대상이 구체적이어야 논리적 사고를 잘 할 수 있는 시기 ⇒ 과학 원리 중 난이도가 낮은 것은 학습 가능함

📌 초등학교 3학년 이후

사고 대상이 추상적이어도 논리적 사고가 가능한 시기 ⇒ 과학 과목이 본격적으로 시작됨. 물리학, 화학, 생명과학, 지구과학 4개 영역별로 학습 시작

일단 5~7세 누리과정과 초등학교 1~2학년 통합교과서에서는 과학의 세부 영역 중 주로 자연 영역이 많이 나옵니다. 이 시기 아이들의 입장에서 봤을 때 가장 빨리 접하게 되고, 가장 친근하게 느껴지고, 가장 구체적으로 느껴지는 것들이기 때문입니다. 그러다가 초등학교 3학년부터 물리학, 화학, 생명과학, 지구과학 4개 영역 학습이 시작됩니다.

마지막으로 우리나라의 과학 교육 현실을 살펴봐야 하는데요. 간단합니다. 좋은 대학 진학을 목표로 한다는 전제 하에 어떤 과학 시험이 중요한지, 어느 정도 난이도로 문제가 출제되는지를 살펴봐야 하고요. 사회와 마찬가지로 현재 대학 입시 제도에서는 고등학교 내신(학교 중·기말 고사 + 수행평가) 시험이 가장 중요하며 그 다음으로 수능 시험이 중요합니다. 그래서 과학 교육 현실을 기준으로 했을 때 가장 중요한 것은 학교 내신 성적을 잘 받는 것입니다. 그런데 이를 위해서는 서술형 주관식 문제의 답을 잘 써야 하고, 수행평가 때 발표 잘 하고, 보고서도 잘 써야 합니다. 즉, 이해를 바탕으로 해서 잘 설명하고 잘 써야합니다. 그리고 학습해야 할 기본 내용은 역시나 교과서입니다. 그래서 과학 학습에서도 가장 기초이자 기본이 '교과서 학습 제대로 하기'인 것입니다. 여기까지 살펴보면 유아~초등 때 과학 학습을 어떻게 해야 하는지 정리할 수 있는데요.

첫째, 교과서 학습을 제대로 해야 합니다. 그러면 '본질'과 '현실'을 모두 충족시

킬 수 있습니다. 본질적으로 과학도 사회처럼 내가 살아갈 공간을 이해하는 과목이라고 했습니다. 그리고 이를 위해 만든 교재 중 가장 체계적인 교재가 교과서입니다. 따라서 교과서를 제대로 학습하면 자연스럽게 내가 살아갈 공간을 잘 이해하게 됩니다. 그리고 현실적으로 과학 성적을 잘 받으려면 설명과 쓰기를 잘 해야 하는데요. 그 출발점이 교과서 내용을 제대로 이해하고 설명하는 것입니다. 그래서 과학 학습에서 가장 중요한 것은 교과서를 제대로 학습하는 것입니다. 우리 부모 때처럼 전과나 문제집에 있는 요점 정리를 단순 암기하는 것은 효과도 낮고 의미도 없습니다.

둘째, 학습 영역을 시기별로 확장시켜 줘야 하는데요. 확장의 기준은 난이도이고요. 난이도의 기준은 사회와 마찬가지로 '구체적인가? 추상적인가?'입니다. 예를 들어 유아부터 초등 저학년 아이들에게는 물리학보다 생명과학이 더 쉽습니다. 생명과학에 나오는 동물과 식물이 물리학에 나오는 중력이나 에너지보다 더 구체적이기 때문입니다. 그리고 같은 화학이라도 물질의 상태 변화가 화학 변화보다 더 쉽습니다.

☑ 물질의 상태 변화 사례 : 고체(얼음) ⇔ 액체(물)

☑ 물질의 화학 변화 사례 : 물 → 산소 + 수소

따라서 구체적인 것으로만 논리적 사고를 할 수 있는 5세~초등 2학년 때에는 과학책을 선택하거나 과학 실험을 할 경우 다루는 과학 정보가 구체적인지 또는 구체적인 사례를 잘 제시했는지 등을 반드시 확인해야 합니다. 특히 과학 실험의 경우, 실험을 통해 알고자 하는 과학 정보가 추상적이거나 복잡하거나 어려우면 아이는 재미있게 했지만 그냥 재미만 있었던 시간이 될 수 있습니다.

그리고 초등학교 3학년부터는 추상적인 내용으로도 학습을 확장시켜야 하는데요. 이 때 중요한 것이 어휘의 개념을 제대로 학습하는 것입니다. 과학도 사회처럼 어휘의 개념 이해가 학습의 기본 중 기본이라고 할 수 있습니다. 예를 들어 '에너지'는 과학에서 매우 중요한 어휘입니다. 그런데 '에너지'가 무엇인지 제대로 이해하는 것은 매우 어렵고요. '에너지'의 개념을 제대로 이해하지 못하면 이후에 나오는 열에너지, 빛에너지, 전기 에너지, 위치 에너지, 운동 에너지 등과 에너지 보존의 법칙, 에너지의 변환 등에 대해서도 제대로 학습하기 어렵습니다.

셋째, 책과 문제집을 적절히 활용해야 합니다. 과학도 사회처럼 책을 많이 본 아이들이 유리합니다. 단, 책만 많이 보면 70~80점 정도는 받을 수 있지만 90~100점은 받기 어렵습니다. 문제집도 적절히 활용해야 하는데요. 일단 5세부터 초등학교 2학년까지는 책 위주로 진행하는 것이 좋고요. 과학 과목이 본격적으로 등장하는 초등학교 3학년부터 문제집을 활용하는 것이 좋습니다.

2 1세~4세 때 과학은 이렇게

과학은 크게 '물리학, 화학, 생명과학, 지구과학' 4개 영역으로 구분할 수 있습니다. 그리고 0세~4세 아이가 물리학, 화학, 생명과학, 지구과학 등을 학습하는 것은 불가능합니다. 그럴 준비가 전혀 되어 있지 않기 때문에 이 시기에는 과학 학습을 고민할 필요가 없습니다. 그보다는 직관적 인지를 통해 가장 기본적인 과학 지식을 습득하는 것에 집중해야 합니다.

가장 기본적인 과학 지식이란 주로 건강한 삶과 관련된 것들입니다. 예를 들어 생일 축하 케이크 초에 불을 붙였을 때 그 불을 손가락으로 집으면 화상을 입게 된다는 과학적 사실을 아는 것입니다. 불에는 열에너지가 많이 있습니다. 열에너지가 많기 때문에 온도가 높고요. 열에너지는 온도가 높은 것에서 낮은 것으로 이동합니다. 만약 손가락을 불에 대면 불에 있는 열에너지가 손가락으로 이동해서 손가락에 열에너지가 많아지고요. 그러면 손가락의 온도가 올라갑니다. 그리고 손가락을 이루고 있는 세포는 온도가 지나치게 높으면 죽게 됩니다. 이것이 화상입니다.

물론 0세~4세 아이에게 이 과정을 모두 이해시킬 필요는 전혀 없습니다. 하지만 '뜨거운(열에너지가 많아서 온도가 높은) 불에 손가락(불보다 온도가 낮은)를 대면 다친다(화상).'라는 과학 지식은 반드시 알아야 할 지식입니다. 비슷한 사례로 전기밥솥에서 나오는 증기가 있습니다. 전기밥솥에서 나오는 증기의 온도는 끓고 있는 물의 온도인 100도보다 더 높습니다. 그래서 증기는 가까이 다가가지 말아야 할 대상 중 하나입니다. 그 외에도 '왜 양치를 해야 하는지, 왜 외출 후에는 손을 깨끗이 씻어야 하는지' 등 건강한 삶을 위해 기본적으로 알아야 할 과학 지식이 많이 있습니다.

그리고 3세~4세 때에는 '나' 외에 다른 사물이나 생물의 개체 인지를 하면 좋은데요. 가장 기본적인 인지 대상은 주변 생활에서 볼 수 있는 것들입니다. 개, 고양이, 꽃, 나무 같은 동식물과 개미, 거미, 나비, 잠자리 같은 곤충도 있고요. 물, 얼음, 철, 플라스틱 같은 물질과 해, 달 같은 거시적 개체도 있습니다. 그리고 낮, 밤, 바람 같은 다소 추상적인 인지 대상도 있습니다. 낮과 밤을 인지할 때에는 '낮은 태양이 지평선 위로 올라와서 머리 위를 지나 지평선 아래로 질 때까지의 시간' 또는 '지구의 자전으로 인해 생기는 현상'과 같이 학습적으로 인지하는 것은 불가능하고요. 그보다는 '환하면 낮, 어두우면 밤'처럼 단순하게 직관적으로 인지하는 것이 좋습니다. 그리고 개, 고양이, 개미, 거미를 인지할 때에도 '이렇게 생긴 건 개, 저렇게 생긴 건 거미'처럼 직관적으로 인지하는 것이 좋습니다.

역시나 이 시기에 직관적 인지를 통해 가장 기본적인 과학 지식을 습득하고 주변의 여러 개체를 인지하는 가장 효과적인 방법은 독서와 체험인데요. 책을 선택할 때 과학 정보를 지나치게 자세히 설명해 놓았거나 추상 명사를 많이 사용한 책은 가급적 피하는 것이 좋습니다. 아이에 따라서는 그런 책을 읽어주는 시도 자체는 해 볼만 하지만 아이가 관심을 보이지 않으면 바로 멈추고 눈높이에 맞는 책을 읽어주는 것이 좋습니다. 이 시기뿐만 아니라 초등학교 2학년까지도 과학책 선택에서 가장 중요한 것은 '재미있는 책, 보기 편한 책, 만만한 책'입니다. 부모의 욕심 또는 조급함으로 인해 자꾸 어려운 책을 읽어주려 하면 책 자체에 대해 흥미를 잃고 '책은 재미없고 어려운 것'이라는 부정적 태도만 갖게 될 수도 있습니다.

이 시기뿐만 아니라 초등학교 저학년까지도 책의 효과를 높여주는 것이 체험입니다. 개미를 알게 해 주는 책을 읽어 주었다면 밖에 나가 직접 살아 있는 개미를 보고 관찰하는 체험을 하는 것이 좋고요. 체험을 더욱 풍성하게 해 주는 것이 책이기 때문에 책과 체험을 적절히 병행하는 것이 중요한 때입니다.

3 5세~7세 때 과학은 이렇게

과학도 사회처럼 내가 살아갈 공간을 이해하는 과목이라고 했습니다. 그리고 공간을 이해하는 데 필요한 기본적인 능력 중 하나가 '논리적 사고력'이라고 했습니다. 지구상에서 모든 것은 위에서 아래로 떨어집니다. 정확하게는 지구를 향해 이동합니다. 왜냐하면 지구가 강한 힘으로 잡아당기기 때문입니다. 모든 물체는 다른 물체를 당기는 힘을 가지고 있습니다. 공도 지구를 당기고, 지구도 공을 당깁니다. 이를 '만유인력의 법칙'이라고 합니다. 그런데 높은 곳에서 공을 놓으면 공은 지구를 향해 이동하지만 지구는 공을 향해서 이동하지 않습니다. 왜냐하면 '만유인력'의 크기는 질량에 비례하기 때문입니다. 즉, 지구의 질량이 공의 질량보다 훨씬 크기 때문에 지구의 인력도 공의 인력보다 훨씬 큰 거죠. 그리고 두 인력의 차이가 너무 커서 공만 지구를 향해 이동하는 것입니다.

이처럼 과학 현상은 인과(원인과 결과) 관계에 해당하는 내용이 많고요. 인과 관계를 이해할 때에는 논리적으로 사고해야 합니다. 그런데 논리적 사고가 가능한 시기는 일반적으로 5세입니다. 그래서 과학 학습의 시작 시기도 5세부터로 보는 것이 좋은데요. 5세~7세 때 가장 유용한 과학 학습 수단도 책과 체험입니다. 그리고 5세~7세 때에는 '누리과정'이라는 학습 프로그램이 있기 때문에 누리과정, 책, 가족과 함께 하는 즐거운 체험만 잘 활용하면 이 시기에 필요한 과학 학습은 충분히 이뤄질 수 있습니다.

단, 5세~6세 때 과학 학습도 사회 학습처럼 2가지 요소를 고려해야 하는데요. 하나는 논리적 사고를 할 수 있기는 하지만 아직 익숙하지 않다는 점이고요. 다른 하나는 논리적 사고의 대상이 구체적이어야 한다는 점입니다. 그래서 5세~6세 때 접하는 과학은 복잡하지 않고 단순해야 합니다. 또한 학습 내용이 구체적이어야 합니다. 단순하면서 구체적이어야 논리적으로 사고할 수 있고, 그러한 경험이 쌓여야 논리적 사고를 점점 더 잘 하게 됩니다. 다행히 과학은 사회보다 구체적인 대상이나 소재가 풍부한 편입니다. 그래서 5세~6세 아이들을 대상으로 한 과학책이 사회책보다 더 많아 책 선택의 폭이 넓은 편입니다.

다만, 같은 5세~6세에게 똑같은 책을 보여주더라도 이야기를 좋아하는 아이와 새로운 사실을 아는 것을 좋아하는 아이의 반응이 서로 다를 수 있습니다. 새로운 사실을 알게 될 때 느끼는 재미를 '인지적 재미'라고 하는데요. 이야기를 좋아하는 아이라면 정보는 적더라도 동화 같은 책을 선택하는 것이 좋고요. 인지적 재미를 잘 느끼는 아이라면 동화가 아니더라도 과학 정보를 쉽게 이해시켜주는 책을 선택하는 것이 좋습니다. 그리고 책과 관련된 체험을 병행하면 훨씬 큰 효과를 볼 수 있습니다.

이처럼 5세~6세 때에는 아이들에게 어렵지 않은 내용을 위주로 학습하면서 책(간접 경험)과 체험(직접 경험)을 병행하는 게 좋고요. 그런 기준으로 봤을 때 물리학, 화학, 지구과학보다는 생명과학 분야에서 학습 대상을 찾는 것이 좋습니다. 이에 비해 7세는 좀 다른데요. 7세 때에는 사회처럼 과학도 유치원 누리과정과의 연계독서를 진행하면 좀 더 체계적인 학습이 이루어집니다. 다음은 누리과정에서 다루는 과학 내용을 간단히 정리한 것입니다.

> 🔑 누리과정에서 다루는 과학 내용
>
> – 물체와 물질 : 주변의 여러 가지 물체와 물질의 기본 특성, 물체와 물질을 여러 가지 방법으로 변화시켜 보기
>
> – 생명체와 자연환경 : 관심 있는 동식물의 특성과 성장 과정, 나와 다른 사람의 출생과 성장, 생명체의 소중함, 생명체가 살아가기에 좋은 환경
>
> – 자연현상 : 돌, 물, 흙 등 자연물의 특성과 변화, 낮과 밤, 계절의 변화와 규칙성

4 초등학교 1학년~2학년 때 과학은 이렇게

초등학교 때에는 과학도 사회처럼 3학년부터 시작됩니다. 즉, 사회와 과학 과목 학습이 본격적으로 시작되는 것은 초등학교 3학년부터인 거죠. 하지만 사회와 달리 과학은 초등학교 1~2학년 때에도 본격적으로 시작할 수 있습니다. 초등학교에서는 과학이 사회보다 더 쉽기 때문입니다. 물론 과학의 모든 내용이 그렇다는 것도 아니고, 아이에 따라서는 사회보다 과학을 더 까다롭게 여기는 경우도 있습니다. 다만 대체로 보면, 초등학교 때에는 사회보다 과학이 더 쉬운 편입니다. 그래서 아이에 따라서는 초등학교 1학년 때 물리학, 화학, 생명과학, 지구과학 4개 영역을 모두 다룬 책에 도전해 볼 수도 있고요. 과학실험교실을 다니는 것도 검토해 볼만 합니다. 물론 꼭 해야 하는 것은 아닙니다. 하지만 초등학교 2학년 때에는 3학년 과학을 대비하여 과학책 읽는 비중을 높이는 것이 좋습니다. 어쨌든 초등학교 1~2학년 때 과학책을 폭넓게 많이 읽은 아이라면 자연스럽게 3학년 과학 대비 효과도 볼 수 있고요. 과학 관련 체험도 많이 했다면 3학년뿐만 아니라 4학년 과학도 별 어려움 없이 학습할 것입니다.

그리고 과학도 사회처럼 초등학교 1~2학년 때 통합교과 연계독서를 하면 좋기는 한데요. 사회와는 다른 점이 있습니다. 과학은 크게 물리학, 화학, 생명과학, 지구과학 4개 영역으로 구분합니다. 그리고 초등학교 3학년부터 교과서를 통해 4개 영역을 고르게 학습합니다. 그런데 초등학교 1~2학년 통합교과에서 다루는 과학은 생명과학 위주로 되어 있습니다.

학년	학기	통합교과서 내 과학 주제
1학년	1학기	봄, 여름
	2학기	가을, 겨울
2학년	1학기	봄, 여름
	2학기	가을, 겨울

[1학년 1학기 : 봄, 여름]

☑ 봄에 볼 수 있는 동물과 식물(나비, 제비, 벌, 곰, 뱀, 진달래, 개구리 등), 생명의 소중함, 씨앗(봉숭아, 상추, 옥수수, 나팔꽃, 고추, 샐비어, 분꽃 등), 새싹, 꽃, 나무

☑ 여름 날씨의 특징, 에너지 절약, 비, 태풍

[1학년 2학기 : 가을, 겨울]

☑ 가을의 모습(단풍잎, 은행잎, 국화, 여치, 사마귀, 잠자리, 도토리, 코스모스, 메뚜기 등), 낙엽, 열매

☑ 겨울 날씨의 특징, 눈, 얼음, 감기

☑ 겨울과 봄의 날씨 비교, 봄 날씨의 특징(황사 등)

☑ 여름의 모습(사슴벌레, 잠자리, 개미, 거미, 매미 등), 여러 가지 나뭇잎, 물가에 사는 생물(수련, 개구리밥, 부레옥잠, 우렁이, 물거미, 게아재비, 물방개, 장구애비, 소금쟁이, 물잠자리, 물자라, 납자루, 왕잠자리 애벌레 등), 올챙이와 개구리

[2학년 2학기 : 가을, 겨울]

☑ 가을 날씨의 특징, 가을철 열매(밤, 사과, 배, 감, 도토리, 대추 등), 열매와 씨, 단풍과 낙엽

☑ 겨울잠을 자는 동물(개구리, 다람쥐, 뱀, 고슴도치, 너구리, 남생이 등), 알이나 번데기로 겨울을 나는 곤충(사마귀, 호랑나비), 깊은 물속에서 겨울을 나는 물고기(쏘가리), 겨울눈, 여름에 볼 수 있는 새(물총새, 백로, 왜가리, 원앙, 흰뺨검둥오리, 해오라기, 꿩, 노랑할미새), 겨울에 볼 수 있는 새(딱새, 고니, 청둥오리, 흰뺨검둥오리, 원앙, 따오기, 참새, 까치, 꿩)

즉, 초등학교 1~2학년 때에는 생명과학 위주로 배우다가 3학년부터 물리학, 화학, 생명과학, 지구과학 4개 영역이 본격적으로 시작되는 건데요. 그래서 초등학교 1~2학년 때 통합교과 연계독서를 하더라도 당장의 학교 수업에는 도움이 될 수 있지만 3~4학년 대비의 효과는 생명과학 영역에서만 볼 수 있습니다. 그래서

초등학교 1~2학년, 특히 2학년 때에는 책이나 체험을 통해 과학의 4개 영역을 모두 접해 둘 필요가 있고요. 과학책을 폭넓게 많이 본다면 괜찮지만 그렇지 않다면 초등학교 3~4학년 연계독서를 하는 것이 좋습니다. 초등학교 3~4학년 교과 내용은 뒤쪽에 정리해 놓았습니다.

초등학교 1~2학년 때 과학 연계독서의 핵심도 2가지입니다. 첫째, 초등학교 3~4학년 과학 내용과 잘 연계된 책을 선택할 것. 둘째, 초등학교 1~2학년인 내 아이의 읽기 능력에 알맞은 책을 선택할 것. 이 2가지 핵심 사항을 모두 만족시키는 책을 선택해야 하는데요. 일단 연계성만 보면 '자연관찰'이 가장 먼저 떠오릅니다. 1~2학년 통합교과와 3~4학년 생명과학 영역에 모두 연계되기 때문인데요. 다만 실패 확률이 높은 책 중 하나가 자연관찰입니다. 그래서 책 선택을 잘 해야 하는데요. 〈우리 아이 독서 고수 만들기〉 책의 Part Ⅱ에 책 선택의 기준을 정리해 놓았습니다. 자연관찰 책 선택 기준도 있으니 참고해 보시기 바랍니다.

[Q] 초등학교 1~2학년 때 과학실험 수업을 꼭 받아야 하나요?

[A] 초등학교 3학년 교과서를 보면 과학만 2권입니다. 과학 교과서와 실험 관찰 교과서인데요. 이것만 보면 과학실험 수업이 중요하게 느껴질 수도 있고, 초등학교 1~2학년 때 과학실험을 대비해야 할 것처럼 느껴지기도 합니다. 물론 미리 경험해 두면 좋기는 하죠. 하지만 꼭 해야 하는 것은 아닙니다. 과학의 실험에 해당하는 것이 사회에서는 '탐구 활동'입니다. '우리 고장의 옛이야기 조사하기'가 대표적인 탐구 활동 사례인데요. 과학은 실험 교과서가 따로 있고요. 사회는 탐구 활동이 사회 교과서 안에

들어 있습니다. 즉, 교과서가 따로 되어 있다는 것만으로 더 중요하다고 볼 수는 없습니다. 만약 과학에서 실험이 전체 1순위에 해당할 정도로 중요하다고 한다면 사회에서 탐구 활동도 전체 1순위에 해당할 정도로 중요하다고 봐야 하고요. 그러면 독서나 영어, 수학보다도 과학 실험과 탐구 활동을 더 중요하게 여겨야 합니다. 하지만 그런 경우는 거의 없고요. 독서, 국어, 영어, 수학을 더 중요하게 여깁니다. 왜냐하면 과학 실험과 사회 탐구 활동을 잘 하려면 먼저 언어 능력(특히 읽기 능력)과 기본적인 사고 능력을 갖춰야 하는데요. 유치~초등학교 2학년 시기에는 이 능력들을 독서, 국어, 수학 등으로 길러야 하기 때문입니다. 그래서 과학 실험이나 사회 탐구 활동은, 하면 좋기는 하지만 꼭 해야 하는 것은 아니고요. 역시나 3가지 조건을 모두 충족시키면 선택해도 괜찮습니다. 3가지 조건이란 '첫째, 아이가 좋아하는가? 둘째, 더 중요한 1순위 진행에 지장이 없는가? 셋째, 경제적으로 부담이 없는가?'입니다.

5 초등학교 3학년~4학년 때 과학은 이렇게

초등학교에서 본격적인 학습이 시작되는 때는 3학년입니다. 그래서 사회와 과학 과목도 등장하고요. 과학의 경우 1~2학년 때는 통합교과 내에서 주로 생명과학 영역 위주로 다루다가 3학년부터 물리학, 화학, 생명과학, 지구과학 영역을 모두 학습하게 됩니다. 그리고 실험 관찰 교과서도 등장하고요. 여기까지 보면 과학과 관련해서 무언가를 꼭 해야 할 것처럼 느껴지는데요. 과학보다 순위가 더 높은 것이 있습니다. 바로 영어, 수학, 독서입니다. 초등학교 3~4학년 때 1순위는 영어이기 때문에 영어에 가장 많은 시간을 투자해야 하고요. 수학은 자기 학년 제대로 탄탄하게 하는 것에 집중해야 합니다. 이 시기는 영어가 1순위이고, 독서와 수학이 2순위인 셈입니다. 이 상황에서 과학은 어떻게 해야 할까요?

과학도 사회처럼 교과서 내용을 크게 3가지 종류로 구분할 수 있습니다.

> 🔍 초등학교 과학 교과서 내용 구분
>
> – 이미 아는 내용 : 철로 된 물체는 자석에 붙습니다.
> – 이해할 수 있는 내용 : 자석은 철을 끌어당기는 성질이 있습니다. 그래서 철로 된 물체는 자석에 붙습니다.
> – 무조건 암기해야 하는 내용 : 자석의 N극은 항상 북쪽을 가리키고, S극은 항상 남쪽을 가리킵니다. 자석의 이런 성질을 이용해 만든 도구가 나침반입니다.

그리고 초등학교 과학 학습 능력에 차이가 나는 이유는 사회와 비슷합니다. 왜냐하면 본질적으로 사회와 과학은 똑같이 '공간을 이해하는 과목'이기 때문입니다. '사회는 문과, 과학은 이과'라는 구분하는 것은 1900년대 방식이고요. 21세기 4차 산업혁명 사회에는 적합하지 않은 기준입니다. 물론 다른 점도 있습니다. 제가 보기에 가장 큰 차이점은 '사회는 인간이 관여하고, 과학은 인간이 관여하지 않는다.'로 생각되는데요. 어쨌든 사회와 과학은 똑같이 공간을 다루는 과목입니다.

즉, 과학 학습을 잘 하려면 배경지식도 어느 정도 가지고 있어야 하고, 과학 현상에 대한 이해 능력도 좋아야 하며, 암기 능력도 일정 수준 이상 갖추고 있어야 합니다. 그런데 초등학교 3~4학년 과학은 크게 부담스럽지 않습니다. 왜냐하면 교과서에 다루는 과학 내용이 많지 않기 때문입니다.

<초등학교 3학년 1학기 과학 교과서 내용>

🔍 물질의 성질

– 물체를 만드는 재료를 물질이라고 한다. (금속, 플라스틱, 나무, 고무, 밀가루, 유리, 종이, 섬유, 가죽 등)

– 금속의 성질 : **광택이 있고, 단단하다.**

– 플라스틱의 성질 : **금속보다 가볍고, 다양한 모양으로 만들기 쉽다.**

- 나무의 성질 : 금속보다 가볍고, 고유한 향과 무늬가 있다.

- 고무의 성질 : 쉽게 구부러지고, 늘어났다가 다시 돌아오며, 잘 미끄러지지 않는다.

- 여러 가지 물질을 사용한 물체 : 물체의 기능에 알맞은 물질을 선택하여 만든다. (자전거의 손잡이, 몸체, 안장, 타이어, 체인)

- 한 가지 물질을 사용한 물체 : 종류가 같은 물체라도 그 물체를 이루고 있는 물질에 따라 좋은 점이 서로 다르다. 상황에 알맞게 골라서 사용할 수 있다. (금속 컵, 플라스틱 컵, 유리컵, 도자기 컵, 종이컵)

- 서로 다른 물질을 섞으면 섞기 전에 각 물질이 가지고 있던 색깔, 손으로 만졌을 때의 느낌 등의 성질이 변하기도 한다.

🔍 동물의 한살이 --

- 동물에 따라 암수의 생김새와 역할이 다양하다.

- 생김새 : 사자는 암수의 생김새가 다르다. 개는 암수의 생김새가 비슷하다.

- 역할 : 제비는 암수가 함께 알과 새끼를 돌본다. 곰은 암컷이 새끼를 돌본다. 가시고기는 수컷이 알을 돌본다. 거북은 암수 모두 알을 돌보지 않는다.

- 배추흰나비의 한살이 : 번데기 단계가 있는 완전 탈바꿈을 한다. (알 → 애벌레 → 번데기 → 어른벌레)

- 알을 낳는 동물의 한살이 : 알에서 부화한 병아리는 모이를 먹고 자라면서 솜털이 깃털로 바뀐다. 다 자라면 암컷이 알을 낳을 수 있다. (알 → 병아리 → 큰 병아리 → 다 자란 닭)

334

- 새끼를 낳는 동물의 한살이 : 강아지는 어미젖을 먹고 자라며, 이빨이 나면 먹이를 씹어 먹는다. 다 자라면 짝짓기를 하여 암컷이 새끼를 낳는다. (갓 태어난 강아지 → 큰 강아지 → 다 자란 개)

자석의 이용

- 철로 된 물체는 자석에 붙는다.

- 자석의 극은 두 개이며, 막대자석의 극은 양쪽 끝부분에 있다.

- 자석은 같은 극끼리는 서로 밀어 내고 다른 극끼리는 서로 끌어당긴다.

- 물에 띄운 자석과 나침반 바늘은 북쪽과 남쪽을 가리킨다.

- 자석 주위에 놓인 나침반 바늘은 자석의 극을 가리킨다.

- 자석의 성질을 이용하면 우리 생활에 편리한 여러 가지 도구를 만들 수 있다. (자석 클립 통, 자석 걸고리, 자석을 이용한 스마트폰 거치대, 자석 필통)

지구의 모습

- 지구는 둥근 공 모양이고, 지구 표면에는 산, 들, 강, 호수, 바다 등이 있다.

- 달은 둥근 공 모양이고, 달 표면에는 달의 바다라고 불리는 어두운 부분, 크고 작은 충돌 구덩이 등이 있다.

- 지구는 바다가 육지보다 더 넓다.

- 바닷물은 짠맛이 나는 소금 등 여러 가지 물질이 많이 녹아 있어서 사람들이 마시기에 적당하지 않다.

- 지구에는 공기가 있어 생물이 살 수 있다.

- 사람들은 다양한 방법으로 공기를 이용하고 있다. (연날리기, 물놀이 때 튜브 사용)

- 지구와 달의 공통점과 차이점

구분	지구	달
공통점	둥근 공 모양이다. 표면에 돌이 있다.	
차이점	물과 공기가 있다. 생물이 살기에 알맞은 온도이다. 생물이 살 수 있다.	물과 공기가 없다. 생물이 살기에 알맞은 온도가 아니다. 생물이 살 수 있다.

위 내용은 교과서가 바뀔 때마다 달라지지만 큰 변화가 생기지는 않습니다. 핵심은 과학 정보의 난이도와 분량인데요. 앞에서 1~2학년 때 과학을 대비하는 가장 좋은 방법이 독서라고 했습니다. 과학책을 다양하게 많이 읽으면 가장 좋고요. 3~4학년 과학 교과 내용에 대한 연계독서도 괜찮은 방법이라고 했습니다. 왜냐하면 3~4학년 과학 교과 내용의 난이도가 그리 높지 않고, 분량도 대체로 많지 않기 때문입니다. 즉, 3~4학년 과학 수업 전에 관련 내용을 책이나 체험으로 접해보기도 했고, 그러면서 관련 배경지식도 좀 생겼고, 그러면서 이미 아는 내용이 적지 않고, 그 과정을 통해 과학 정보를 이해하는 능력도 훈련이 되어, 수업 시간에 선생님의 설명이 어렵지 않게 느껴지면 3~4학년 과학은 비교적 무난하게 학습할 수 있습니다. 그래서! 초등학교 1~2학년 때 독서를 어떻게 했느냐에 따라 3~4학년 사회와 과학이 쉽게 느껴질 수도 있고 그 반대일 수도 있는 것입니다(4학년 교과 내용 중 생명과학 영역은 암기할 내용이 좀 많아집니다. 그래서 4학년은 3학년보

다 암기력의 영향이 더 커집니다.).

　앞에서 사회 성적을 좌우하는 세 가지 요소는 '배경지식, 이해력, 암기력'이라고 했습니다. 이는 과학도 마찬가지입니다. 가급적 초등학교 1~2학년 때, 특히 2학년 때 과학 영역 독서와 체험을 통해 어느 정도 배경지식을 습득해야 하고요. 그 과정을 통해 과학 정보를 이해하는 능력을 좀 기르고요. 3~4학년 과학 학습이 시작되면 사회 파트에서 정리한 3가지 암기법을 활용해서 열심히 암기해야 합니다. 그러면 과학을 잘 하게 됩니다. 반대로 '배경지식, 이해력, 암기력' 세 가지 요소 중 한 가지가 약하면 좀 부담스럽게 느껴지고요. 두 가지가 약하면 꽤 부담스럽게 느껴지고요. 세 가지 모두 약하면 어렵게 느껴지면서 과학이 싫어질 것입니다. 그래서 현재 아이가 초등학교 3학년 이상이라면 내 아이의 과학 학습 능력 상태부터 파악해야 합니다. 그래야 내 아이에 맞는 과학 학습 방법과 분량과 난이도를 정할 수 있습니다.

[효과적인 초등학교 3~4학년 과학 학습법]

1. 초등학교 2~3학년 때 과학 영역 책을 많이 읽어 기초 배경지식을 습득하고 과학 정보를 이해하는 능력을 길러야 합니다. ⇒ 이미 아는 내용이 많아짐

2. 이해할 수 있는 내용은 단순 암기가 아니라 '이해하고 암기하고 설명하기' 방식으로 학습해야 합니다. ⇒ 아는 내용이 더 많아짐

3. 무조건 암기해야 하는 내용은 '연상법'과 '회독' 방식을 적용해서 최대한 열심히 암기해야 합니다. ⇒ 당위성보다는 동기가 중요

그리고 실제 3~4학년이 되어 과학 수업이 시작되면 2가지를 기억하고 실천할

필요가 있습니다. 이는 사회도 마찬가지인데요. 첫째, 과학 공부를 할 때 '설명하기'를 해 봐야 합니다. 지식은 '아는 지식'과 '안다고 착각하는 지식'으로 나눌 수 있습니다. 학교 수업, 인터넷 동영상 강의(인강), 학원 강의를 들을 때 선생님이 설명을 잘 하시면 대부분 이해가 됩니다. 그리고 이해한 내용 중 일부는 바로 장기 기억 공간에 저장되기도 합니다. 하지만 대부분의 정보는 며칠 지나면 기억에서 사라집니다. 이것이 '안다고 착각하는 지식'입니다. 그래서 복습이 중요하고요. 이는 혼자 학습할 때도 마찬가지입니다. 교과서나 참고서를 읽고 이해하고 암기하더라도 학습한 모든 내용이 바로 장기 기억 공간에 저장되지는 않습니다. 그런데 학습하는 순간에는 다 아는 것처럼 느껴집니다.

그럼 '아는 지식'과 '안다고 착각하는 지식'은 어떻게 구분할 수 있을까요? 방법은 간단합니다. 설명을 해 보면 쉽게 구분할 수 있습니다. 그래서 과학 학습을 할 때 읽고 이해하고 암기까지 했다면 반드시 설명해 보기를 해야 하고요. 그 과정을 통해 더 학습해야 할 부분을 찾아낼 수 있고, 학습한 내용을 정리 정돈할 수 있으며, 서술형 주관식 문제 대비 능력도 기를 수 있습니다.

둘째, 구조적으로 학습하는 것이 좋은데요. 예를 들어 보겠습니다. 먼저 3학년 1학기 과학 교과서 내용 중 '동물의 한살이'에 대한 내용입니다.

🔑 동물의 한살이

- 동물에 따라 암수의 생김새와 역할이 다양하다.
  - 생김새 : 사자는 암수의 생김새가 다르다. 개는 암수의 생김새가 비슷하다.

- 역할 : 제비는 암수가 함께 알과 새끼를 돌본다. 곰은 암컷이 새끼를 돌본다. 가시고기는 수컷이 알을 돌본다. 거북은 암수 모두 알을 돌보지 않는다.

- 배추흰나비의 한살이 : 번데기 단계가 있는 완전 탈바꿈을 한다. (알 → 애벌레 → 번데기 → 어른벌레)

- 알을 낳는 동물의 한살이 : 알에서 부화한 병아리는 모이를 먹고 자라면서 솜털이 깃털로 바뀐다. 다 자라면 암컷이 알을 낳을 수 있다. (알 → 병아리 → 큰 병아리 → 다 자란 닭)

- 새끼를 낳는 동물의 한살이 : 강아지는 어미젖을 먹고 자라며, 이빨이 나면 먹이를 씹어 먹는다. 다 자라면 짝짓기를 하여 암컷이 새끼를 낳는다. (갓 태어난 강아지 → 큰 강아지 → 다 자란 개)

위 내용을 간단히 구조화시키면 다음과 같습니다. 단, 구조화 모양은 정답이 정해져 있지 않습니다. 아래 모양보다 더 체계적인 구조화 모양이 있을 수 있고요. 아래 구조화 모양은 여러 가지 사례 중 하나일 뿐입니다.

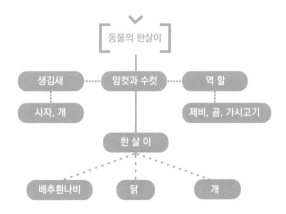

즉, 동물의 한살이에 대해 학습할 때 위와 같이 학습 내용을 구조화하면 더 체계적으로 학습할 수 있고, 체계적으로 기억할 수 있고, 체계적으로 설명할 수 있게 됩니다. 이러한 구조화 작업을 제일 먼저 한 다음 세부 내용을 학습할 수도 있고, 세부 내용 개별 학습을 먼저 한 다음 정리 단계에서 구조화 작업을 할 수도 있습니다. 어느 것을 먼저 하든 중요한 것은 빨리 해 보는 것이고요. 몇 번 해 본 다음 아이에게 더 편한 순서대로 진행하면 좋은데요. 저는 먼저 개별 학습을 한 후 정리 단계에서 구조화 작업을 하는 편입니다.

그런데 구조화 작업 자체가 쉽지 않은 작업입니다. 만약 구조화 자체가 부담스럽게 느껴진다면 목차를 활용하는 것도 효과적인 방법입니다. 각 단원별로 세부 내용 학습을 한 다음 목차만 보면서 학습한 내용을 설명해 보는 건데요. 목차를 보면 책 내용을 대략 파악할 수도 있고요. 전국 극상위권 아이들의 경우 목차를 암기하는 아이들도 있습니다. 이는 목차가 내용 요약 또는 주제나 소재 요약의 기능을 하기 때문입니다.

초등학교 3학년 2학기와 4학년 과학 교과서 내용은 다음과 같습니다. 분량과 난이도를 다시 한번 파악해 보시고요. 연계독서를 위해 책 선정을 할 때 활용하시기 바랍니다.

<초등학교 3학년 2학기 과학 교과서 내용>

🔑 동물의 생활

- 동물의 특징에 따른 분류 : 날개가 있는 것과 없는 것, 다리가 있는 것과 없는 것, 물속에서 살 수 있는 것과 없는 것

- 땅에서 사는 동물 : 다리가 있는 동물은 걷거나 뛰어다니고 다리가 없는 동물은 기어 다닌다. 사막에는 사막여우, 낙타, 도마뱀 등 다양한 동물이 산다.

- 물에서 사는 동물 : 붕어와 같은 물고기는 지느러미가 있어 헤엄을 친다. 다슬기나 전복은 물속에서 기어 다닌다.

- 날아다니는 동물 : 박새와 같은 새나 잠자리와 같은 곤충은 날개가 있어 날아다닌다.

- 우리 생활에서 동물의 특징을 활용한 예 : 문어 빨판의 특징을 활용한 칫솔걸이, 수리 발의 특징을 활용한 집게 차

🔖 지표의 변화 --

- 흙이 만들어지는 과정 : 바위나 돌이 작게 부서진 알갱이와 생물이 썩어 생긴 물질들이 섞여서 흙이 된다.

- 운동장 흙과 화단 흙 : 운동장 흙은 알갱이의 크기가 크고, 물이 빠르게 빠진다. 화단 흙은 알갱이의 크기가 작고, 부식물이 많아 식물이 잘 자란다. (부식물 : 식물의 뿌리나 죽은 곤충, 나뭇잎 조각 등이 썩은 것)

- 흐르는 물은 땅 표면을 어떻게 변화시킬까?
  흐르는 물은 바위나 돌, 흙 등을 깎아 낮은 곳으로 운반해 쌓아 놓는다.
  ★ 침식 작용 : 흐르는 물에 의해 지표의 바위나 돌, 흙 등이 깎여 나가는 것이다.
  ★ 퇴적 작용 : 흐르는 물에 의해 운반된 돌이나 흙이 쌓이는 것이다.

- 강 주변의 모습(강 주변의 지형)

  ★ 강 상류 : 침식 작용이 활발해 지표를 깎는다.

＊ 강 하류 : 퇴적 작용이 활발해 물질이 쌓인다.

강 주변 모습은 흐르는 물의 작용으로 오랜 시간에 걸쳐 조금씩 변한다.

– 바닷가 주변의 모습(바닷가 주변의 지형)

침식 작용이 만든 지형 : 바위에 구멍을 뚫거나 가파른 절벽을 만든다.

퇴적 작용이 만든 지형 : 모래 해변이나 갯벌을 만든다.

바닷가 지형은 바닷물의 작용으로 오랜 시간에 걸쳐 조금씩 변한다.

물질의 상태

– 고체의 성질 : 담는 그릇이 바뀌어도 모양과 부피가 일정한 물질의 상태이다. 나무, 플라스틱 등 (부피 : 물질이 차지하는 공간의 크기)

– 액체의 성질 : 담는 그릇에 따라 모양은 변하지만 부피는 변하지 않는 물질의 상태이다. 물, 주스 등

– 기체의 성질 : 공간을 차지하며, 다른 곳으로 이동할 수 있고, 무게가 있다. 담는 그릇에 따라 모양과 부피가 변하고 담긴 그릇을 항상 가득 채우는 물질의 상태이다. 공기 등

소리의 성질

– 물체에서 소리가 날 때의 공통점 : 물체가 떨린다. (스피커 등)

– 소리는 공기, 철, 물 등과 같이 여러 가지 물질을 통해 전달된다.

– 소리의 세기 : 큰 소리와 작은 소리로 나뉜다. 작은북을 약하게 치면 북이 작게 떨리면서 좁쌀이 낮게 튀어 오른다(작은 소리)

- 소리의 높낮이 : 높은 소리와 낮은 소리로 나뉜다. 실로폰은 음판의 길이에 따라 소리의 높낮이가 달라진다.

- 소리가 물체에 부딪치면 반사된다.

- 소음을 줄이는 방법 : 소음을 일으키는 원인을 없애거나 소리의 전달을 막는다. 또 소리의 반사를 이용해 소음을 줄일 수 있다(도로 방음벽 설치).

<초등학교 4학년 1학기 과학 교과서 내용>

🔖 지층과 화석

- 지층은 자갈, 모래, 진흙 등으로 이루어진 암석들이 층을 이루고 있는 것이다. (수평인 지층, 끊어진 지층, 휘어진 지층)

- 지층이 만들어져 발견되는 과정

  ① 물이 운반한 자갈, 모래, 진흙 등이 쌓인다.
  ② 자갈, 모래, 진흙 등이 계속 쌓이면 먼저 쌓인 것들이 눌린다.
  ③ 오랜 시간이 지나면 단단한 지층이 만들어진다.
  ④ 지층은 땅 위로 솟아오른 뒤 깎여서 보인다.

- 물이 운반한 자갈, 모래, 진흙 등의 퇴적물이 굳어져 만들어진 암석을 퇴적암이라고 한다. 대부분의 지층은 퇴적암으로 이루어져 있다.

- 퇴적암 : 이암, 사암, 역암 등

  ★ 이암 : 진흙과 같이 작은 알갱이로 되어 있다.

★ 사암 : 주로 모래로 되어 있다.

　　★ 역암 : 주로 자갈, 모래 등으로 되어 있다.

– 퇴적암이 만들어지는 과정 : 퇴적물은 그 위에 쌓이는 퇴적물이 누르는 힘 때문에 알갱이 사이의 공간이 좁아지고, 녹아 있는 여러 가지 물질이 알갱이들을 서로 붙여 단단한 퇴적암이 된다.

– 화석 : 옛날에 살았던 생물의 몸체와 생물이 생활한 흔적이 남아 있는 것

– 화석이 만들어져 발견되는 과정

　① 죽은 생물이나 나뭇잎 등이 호수나 바다의 바닥으로 운반된다.

　② 그 위에 퇴적물이 두껍게 쌓인다.

　③ 퇴적물이 계속 쌓여 지층이 만들어지고 그 속에 묻힌 생물이 화석이 된다.

　④ 지층이 높게 솟아오른 뒤 깎인다.

　⑤ 지층이 더 많이 깎여 화석이 드러난다.

– 화석의 이용

　화석을 이용하여 옛날에 살았던 생물의 생김새와 생활 모습, 화석이 발견된 지역의 당시 환경을 짐작할 수 있다.

　화석은 지층이 쌓인 시기를 알려 주고, 석탄, 석유와 같은 화석 연료는 우리 생활에서 유용하게 이용된다.

🔎 식물의 한살이 --

– 강낭콩의 한살이 : 씨 → 싹이 튼다. → 잎과 줄기가 자란다. → 꽃이 피고 열매를 맺는다. → 씨

– 씨가 싹 터서 자라는 데 필요한 조건 : 적당한 양의 물, 적당한 온도, 빛

- 꽃과 열매 : 식물이 자라면 꽃이 피고, 꽃이 지면 열매가 생깁니다. 그리고 열매 속에는 씨가 들어 있습니다. 씨에서 다시 싹이 트고 자라 열매를 맺습니다.

- 한해살이 식물 : 한 해 동안 씨가 싹 터서 자라며, 꽃이 피고 열매를 맺어 씨를 만들고 일생을 마친다. (예 : 벼)

- 벼의 한살이 : 씨 → 싹이 튼다. → 잎과 줄기가 자란다. → 꽃이 핀다. → 열매를 맺어 씨를 만든다.

- 여러해살이 식물 : 여러 해 동안 살면서 한살이의 일부를 반복한다. (예 : 감나무)

- 감나무의 한살이 : ① 잎과 줄기가 자란다. → ② 몇 년 동안 적당한 크기의 나무로 자란다. → ③ 잎과 줄기가 자란다. → ④ 꽃이 핀다. → ⑤ 꽃이 지고 열매를 맺는다. → ⑥ 열매가 자란다. → ⑦ 겨울을 보낸다. → ⑧ 이듬해 봄에 새순이 나온다. → ③~⑧ 과정 여러 해 반복

🖋 물체의 무게

- 무게 : 지구가 물체를 끌어당기는 힘의 크기. 단위는 g중, kg중, N 등

- 저울 : 물체의 무게를 쉽고 정확하게 측정할 수 있도록 만든 도구, 물체의 무게를 정확하게 알기 위해 저울을 사용한다.

- 우리 생활에서 물체의 무게를 측정하는 예

상품의 무게에 따라 가격을 다르게 정할 때
정해진 무게의 재료를 사용해 상품을 만들 때
태권도나 유도 등과 같은 운동 경기에서 선수들의 몸무게에 따라 체급을 나눌 때

– 용수철저울 : 용수철의 성질을 이용한 저울

용수철에 걸어 놓은 추의 무게가 일정하게 늘어나면, 용수철의 길이도 일정하게 늘어난다.

용수철저울로 물체의 무게를 측정할 때에는 용수철저울의 고리에 물체를 걸어 놓은 다음, 표시 자가 가리키는 눈금의 숫자를 단위와 같이 읽는다.

– 수평 잡기의 원리

무게가 같은 물체는 각각의 물체를 받침점으로부터 같은 거리에 놓아야 나무판자가 수평을 잡을 수 있다.

무게가 다른 물체는 무거운 물체를 가벼운 물체보다 받침점에 가까이 놓아야 나무판자가 수평을 잡을 수 있다.

– 양팔저울

양팔저울은 수평 잡기의 원리를 이용한 저울이다.

양팔저울로 여러 가지 물체의 무게를 비교하려면 두 물체를 저울접시 양쪽에 각각 올려놓고 저울대가 어느 쪽으로 기울었는지 관찰하거나 무게가 일정한 물체를 사용해 비교한다.

🔍 혼합물의 분리 --

– 혼합물 : 두 가지 이상의 물질이 성질이 변하지 않은 채 서로 섞여 있는 것

김밥 : 김, 밥, 단무지, 달걀, 당근, 시금치 등 여러 가지 재료로 만든다.

팥빙수 : 과일, 팥, 얼음 등 여러 가지 재료로 만든다.

- 혼합물을 분리하면 좋은 점 : 원하는 물질을 얻을 수 있고, 이를 우리 생활의 필요한 곳에 이용할 수 있다.
- 혼합물의 분리 방법

콩, 팥, 좁쌀의 혼합물 : 알갱이의 크기가 다른 고체 혼합물은 체를 사용하여 분리할 수 있다.

플라스틱 구슬과 철 구슬의 혼합물 : 철로 된 물질이 섞여 있는 혼합물은 철이 자석에 붙는 성질을 이용하여 분리할 수 있다.

소금과 모래의 혼합물 : 거름 장치와 증발 장치로 분리할 수 있다.

<초등학교 4학년 2학기 과학 교과서 내용>

🌿 식물의 생활

- 식물은 잎의 전체적인 모양, 끝 모양, 가장자리 모양 등 잎의 생김새에 따라 분류할 수 있다.
- 잎의 생김새 : 잎몸, 잎자루, 잎맥(잎에서 선처럼 보이는 것)
- 들이나 산에 사는 식물

대부분 땅에 뿌리를 내리며, 줄기와 잎이 잘 구분된다.

풀은 대부분 한해살이 식물이지만 나무는 모두 여러해살이 식물이다.

- 강이나 연못에 사는 식물

속에 잠겨서 사는 식물 : 줄기가 물의 흐름에 따라 잘 휜다. 물수세미, 나사말, 검정말 등

물에 떠서 사는 식물 : 수염처럼 생긴 뿌리가 물속으로 뻗어 있다. 개구리밥, 물상추, 부레옥잠 등

잎이 물에 떠 있는 식물 : 잎과 꽃이 물 위에 떠 있고, 뿌리가 물속의 땅에 있다. 수련, 가래, 마름 등

잎이 물 위로 높이 자라는 식물 : 뿌리는 물속이나 물가의 땅에 있다. 연꽃, 부들, 창포 등

- 사막에 사는 식물 : 선인장의 굵은 줄기는 물을 저장할 수 있고, 가시 모양의 잎은 동물로부터 선인장을 보호한다. 사막에 사는 식물로는 기둥선인장, 용설란, 금호선인장, 바오바브나무 등이 있다.

- 식물은 사는 곳에 따라 생김새와 생활 방식이 다르다.

- 우리 생활에서 식물의 특징을 활용한 예

단풍나무 열매의 생김새를 활용한 날개가 하나인 선풍기

연꽃잎의 특징을 활용한 물이 스며들지 않는 옷

🖈 물의 상태 변화 --

- 물이 얼면 부피는 늘어나고, 얼음이 녹으면 부피는 줄어든다.

- 물이 얼면 무게는 변하지 않고, 얼음이 녹아도 무게는 변하지 않는다.

- 물이 증발하거나 끓으면 수증기로 변해 공기 중으로 흩어진다.

구분	증발	끓음
공통점	물이 수증기로 상태가 변한다.	
차이점	물 표면에서 물이 수증기로 상태가 변한다. 물의 양이 매우 천천히 줄어든다.	물 표면과 물속에서 물이 수증기로 상태가 변한다. 증발할 때보다 물의 양이 빠르게 줄어든다.
예	과일이 마르는 것 빨래가 마르는 것	국을 끓이는 것 찻물을 끓이는 것

– 차가운 컵 표면에서의 변화

시간이 지나면 차가운 주스가 든 플라스틱 컵 표면에 물방울이 맺힌다.
처음과 비교해 컵의 무게가 늘어난다.
공기 중의 수증기가 응결해 물이 된다.

– 우리 생활에서 물의 상태가 변하는 예

물이 얼음이 되는 상태 변화 : 한겨울에 물이 얼어 수도 계량기가 파손, 얼음 작품 만들기, 스키장에서 인공 눈 만들기

물이 수증기가 되는 상태 변화 : 식품 건조기로 음식 재료 말리기, 물을 끓여 음식 찌기, 스팀다리미로 옷 다리기

그림자와 거울

– 그림자가 생기는 까닭

물체에 빛을 비추면 물체 뒤쪽에 그림자가 생긴다.

직진하는 빛이 물체를 통과하지 못하면 물체 모양과 비슷한 그림자가 물체의 뒤쪽에 있는 스크린에 생긴다.

- 그림자의 크기 변화시키기

물체와 스크린은 그대로 두고 손전등을 물체에 가깝게 하면 그림자의 크기는 커진다.

물체와 스크린은 그대로 두고 손전등을 물체에서 멀게 하면 그림자의 크기는 작아진다.

- 거울의 성질

빛이 나아가다가 거울에 부딪치면 거울에서 빛이 반사되어 나온다.

거울에 비친 물체의 모습은 실제 물체와 색깔이 같다.

거울에 비친 물체의 모습은 상하는 바뀌어 보이지 않지만 좌우는 바뀌어 보인다.

- 우리 생활에서 거울의 이용 : 세면대 거울, 자동차 뒷거울, 무용실 거울, 미용실 거울, 옷 가게 거울, 승강기 안 거울

화산과 지진

- 화산 : 마그마가 분출하여 생긴 지형, 땅속 깊은 곳에서 암석이 녹은 것을 마그마라고 한다.

- 화산 활동으로 나오는 물질 : 기체인 화산 가스, 액체인 용암, 고체인 화산재와 화산 암석 조각 등

- 현무암과 화강암

구분	현무암	화강암
색깔	어두운색	밝은색
알갱이 크기	맨눈으로 구별하기 어려울 정도로 매우 작다.	맨눈으로 구별할 정도로 크다.

- 화산 활동은 우리 생활에 피해를 주기도 한다(산불). 하지만 이로운 점도 있다(온천).

- 지진 : 땅이 지구 내부에서 작용하는 힘을 오랫동안 받아 끊어지면서 흔들리는 것을 지진이라고 한다.

- 지진이 발생했을 때 대처법

  지진으로 흔들릴 때 : 학교에서는 책상 밑으로 들어가 머리를 보호한다.

  흔들림이 멈추었을 때 : 건물에서는 승강기 대신 계단을 이용한다. 학교에서는 선생님의 지시에 따라 신속하게 대피한다.

🔍 물의 여행

- 물의 순환 : 물이 상태를 바꾸면서 육지, 바다, 공기 중, 생명체 등 여러 곳을 끊임없이 돌고 도는 과정

  물은 증발, 응결 과정 등을 거쳐 상태가 변하면서 이동한다.

  물은 순환하지만 지구 전체 물의 양은 변하지 않는다.

- 물의 다양한 이용 사례 : 물건 만들 때, 지표면의 모양 변화, 생선 보관, 설거지 및 청소, 전기 생산, 생명 유지, 농작물 재배 등

- 물은 식물이나 동물의 몸속을 순환하면서 생명을 유지시킨다.

– 물 부족 현상의 원인

비가 적게 내리고, 너무 더워서 물이 빨리 증발한다.
인구가 증가해 물 이용량이 늘어난다.
장이 많아져서 물 이용량과 폐수도 늘어난다.
물을 아껴 쓰지 않는다.

– 물 부족 현상의 해결 방법 : 양치할 때 컵 사용하기, 기름기 있는 그릇은 휴지로 닦고 설거지하기, 빗물을 모아 화단을 가꾸거나 청소할 때 이용하기, 샤워 시간 줄이기

이처럼 초등학교 4학년 과학은 3학년 과학에 비해 상대적으로는 학습 분량이 좀 많지만 절대적으로 많은 것은 아니며, 난이도도 높지 않기 때문에 부담감을 가질 필요는 없습니다. 중요한 것은 제대로 학습해 보는 것입니다.

[Q] 초등학교 3~4학년 과학 실험 학습은 어떻게 해야 하나요?

[A] 본질만 고려한다면, 모든 아이들이 과학 실험 학습을 제대로 경험해 봐야 합니다. 그런데 현실까지 고려하면, 좀 애매합니다. 과학은 가장 효과적인 학습 방법이 실험입니다. 실험을 통해 원리나 법칙을 확인하고 이해해서 지식으로 기억하는 것이 가장 효과적입니다. 다만, 현실적으로 초등 때까지는 과학이 1순위가 아니어서, 과학에 너무 많은 시간과 노력을 들이면 시기별 1순위에 영향을 줄 수 있습니다. 현재 과학 과목에 대한

평가 방식도 이 고민을 애매하게 만드는 이유 중 하나입니다. 만약 과학 과목 평가에서 실험에 대한 평가 비중이 무시할 수 없을 정도이면서 실험에 대한 평가 기준이 지식 확인보다 실험 수행 능력 위주라면, 과학 실험을 제대로 해 보는 경험을 충분히 하면서 실험 수행 능력을 훈련하는 것이 중요해집니다. 하지만 아직은 학교 시험이 지식 확인 위주이기 때문에 과학 실험을 별도로 진행하는 것이 '애매하다'라고 말씀드린 것입니다. 결국 과학 실험에 대한 평가도 지필고사 객관식 또는 주관식 문제로 하는 한 그 대비법도 과학 실험과 관련된 교과 내용을 잘 기억하는 방식이 될 수밖에 없습니다. 예를 들어 해당 실험의 목표를 잘 기억하고, 해당 실험을 진행하는 방법을 잘 기억하고, 해당 실험의 결과를 어떻게 해석해야 하는지를 잘 기억하면 과학 실험과 관련된 시험도 잘 볼 수 있습니다. 그래서 초등학교 3~4학년 때 과학 실험 부분을 학습하는 효과적인 방법, 현실적 한계까지 고려한 효과적인 방법은 해당 실험에 대해 잘 이해하고 암기하는 것입니다. 단, 항상 예외는 있습니다. 아이가 과학을 너무 좋아하고, 실험을 통해 과학에 대한 이해도를 높이는 것을 즐기고, 과학자가 장래 희망이라면(진지하게), 성적보다는 진로적성이 더 중요하기 때문에, 과학 실험을 제대로 경험하는 것이 국영수보다 더 중요합니다. 따라서 먼저 내 아이에 대해 정확히 파악한 다음에 어떻게 할 것인가를 결정하는 것이 현명한 판단일 것입니다.

6 초등학교 5학년~6학년 때 과학은 이렇게

초등학교 5~6학년 사회와 과학을 비교해 보면 사회가 과학보다 더 어렵게 느껴집니다. 5~6학년 사회는 3~4학년 사회에 비해 학습양도 많아지고 난이도도 높아집니다. 게다가 한국사까지 등장하고요. 그에 비해 5~6학년 과학은 3~4학년 과학에 비해 학습량이 좀 많아지기는 하지만 사회만큼 많아지는 것은 아니고요. 난이도도 사회만큼 크게 높아지지는 않습니다. 그래서 3~4학년 때 과학 학습을 제대로 했다면 5~6학년 과학에서 갑자기 어려움을 느끼지는 않을 것입니다.

[초등학교 5~6학년 과학의 어휘 수준]

온도, 알코올 온도계, 고체에서 열의 이동, 전도, 액체에서 열의 이동, 대류, 태양계, 행성, 천체, 수성, 금성, 지구, 화성, 목성, 토성, 천왕성, 해왕성, 혜성, 별과 별자리, 북두칠성, 작은곰자리, 카시오페이아자리, 북극성, 북극성 찾기, 용질, 용매, 용해, 용액, 용해되는 양, 용액의 진하기, 균류(곰팡이, 버섯), 원생생물(짚신벌레, 해캄), 세균, 지구의 자전, 지구의 공전, 계절별 별자리, 초승달, 상현달, 보름달, 하현달, 그믐달, 산소, 이산화 탄소, 석회수, 압력과 온도 변화에 따른 기체의 변화, 공기, 질소, 식물 세포, 세포벽, 세포막, 씨를 퍼뜨리는 방법, 꽃(암술, 수술, 꽃잎, 꽃받침, 꽃가루받이), 열매, 잎, 줄기, 뿌리, 빛과 렌즈, 프리즘, 빛의 굴절, 돋보기와 간이 사진기, 볼록 렌즈

다만, 5~6학년 과학은 3~4학년 과학에 비해 '이해하고 암기하기'가 더 중요해집니다. 예를 들어 '태양계는 태양, 행성, 위성, 소행성, 혜성 등으로 구성된다.'라

는 내용을 학습할 경우 무조건 외우려고 하면 헷갈리기도 하고 암기해야 할 내용
도 많아지게 됩니다. 예를 들어 보겠습니다. 지구는 행성이고, 달은 위성입니다.
어떤 것을 행성이라고 하고, 어떤 것을 위성이라고 할까요?

> 🔍 행성과 위성
>
> – 행성 : 태양의 주위를 도는 둥근 천체. 수성, 금성, 지구, 화성, 목성, 토
>   성, 천왕성, 해왕성
> – 위성 : 행성의 주위를 도는 천체. 달 등

이때 행성(行星)은 '다닐 행(行) + 별 성(星)'이고, 위성(衛星)은 '지킬 위(衛)
+ 별 성(星)'입니다. 수성, 금성, 지구처럼 태양 주위를 크게 빙 돌아다니는(다닐
행 行) 천체는 행성이고요. 달처럼 행성(지구) 주위를 돌면서 행성(지구)을 지켜주
는(지킬 위 衛) 천체는 위성입니다. 이렇게 학습하면 행성과 위성의 개념을 쉽게
알 수 있고요. 소행성이 무엇인지도 금방 알 수 있습니다. 지구처럼 태양의 주위를
도는데 크기가 작은 행성이 소행성이죠. 그리고 인공위성이 무엇인지도 쉽게 알
수 있습니다.

☑ 소행성 : 화성과 목성 사이에 있으며, 태양의 주위를 도는 작은 행성. 무수
    히 많이 있으며, 대부분 반지름이 50km 이하이다.

예를 하나 더 들어 보겠습니다. 물에 소금을 넣고 잘 섞으면 소금이 녹습니다.
이처럼 어떤 물질(소금)이 다른 물질(물)에 녹아 골고루 섞이는 현상을 용해라고
합니다. 그런데 일반적으로 물의 온도가 높을수록 소금이 많이 용해됩니다. 왜 그

럴까요? 용해란 소금 알갱이가 물 알갱이 사이로 들어가는 것입니다. 그런데 물의 온도가 높아지면 물 알갱이 사이의 공간이 커지기 때문에 그 사이로 들어갈 수 있는 소금 알갱이의 양이 많아집니다. 그래서 물의 온도가 높을수록 소금이 많이 용해됩니다.

이처럼 초등학교 5~6학년 과학은 '이해하고 암기하기'를 잘 해서 학습의 효율성을 높이는 것이 중요합니다. 그래서 새로운 어휘가 나오면 그 어휘가 어떤 한자로 되어 있는지를 찾아보고, 한자의 뜻을 적용해서 어휘의 개념을 이해하는 것도 좋은 학습 방법 중 하나입니다.

🖈 한자의 뜻을 적용해서 어휘의 개념 이해하기

"" 소금과 설탕이 물에 녹는 것처럼 어떤 물질이 다른 물질에 녹아 골고루 섞이는 현상을 용해라고 합니다. 그리고 소금물이나 설탕물처럼 녹는 물질이 녹이는 물질에 골고루 섞여 있는 물질을 용액이라고 합니다. 이때 소금이나 설탕처럼 녹는 물질을 용질이라고 하고, 물처럼 녹이는 물질을 용매라고 합니다.

– 용해 : 녹을 용(溶) + 풀 해(解)

– 용액 : 녹을 용(溶) + 진액 액(液)

– 용질 : 녹을 용(溶) + 바탕, 품질 질(質)

– 용매 : 녹을 용(溶) + 중개, 안내 매(媒)

이제 초등학교 5~6학년 때 과학 공부를 잘 할 수 있는 조건을 정리해 보겠습니

다. 첫째, 초등학교 3~4학년 때 과학 공부를 제대로 해 봐야 합니다. 그래야 5~6학년 과학을 무조건 암기하려 하지 않을 것입니다. 둘째, 배경지식과 어휘력이 어느 정도 준비되어 있어야 합니다. 산소와 이산화 탄소가 무엇인지 아는 아이와 그렇지 않은 아이가 느끼는 5~6학년 과학의 난이도는 차이가 작지 않을 것입니다. 셋째, 과학 내용을 이해하는 능력과 암기력도 어느 정도 받쳐 줘야 합니다. 그래야 높아진 난이도와 늘어난 학습량을 소화할 수 있습니다. 이 3가지 조건을 기준으로 해서 아이별 5~6학년 과학 학습법을 정리해 보았습니다.

앞에서 말했듯이 일반적으로 초등학교 5학년은 수학과 영어가 1순위이고요. 초등학교 6학년은 수학이 1순위, 영어가 2순위인 때입니다. 그래서 과학 학습에 많은 시간을 들일 수 없습니다. 이런 상황 하에서 아이별 학습법은 다음과 같습니다. 단, 일반적인 기준이므로 개별 아이에 맞게 적절히 수정해야 합니다.

🔍 아이별 초등학교 5~6학년 과학 학습법

- 준비가 잘 되어 있는 아이 : 수업 시간에 집중만 잘 한다면 굳이 예습할 필요가 없으며, 수업 내용을 잘 필기하면 매번 복습할 필요도 없습니다. 단원평가 전에만 교과서 중심으로 복습하고 문제집에 있는 단원평가 문제 정도만 풀어 봐도 80~90점은 어렵지 않게 받습니다.

- 세 번째 조건만 아쉬운 아이(이해 능력과 암기력) : 수업 내용 중에서 어렵게 느껴진 부분만 복습을 진행하고요. 나머지 부분은 위 1번과 동일한 방법으로 학습합니다.

- 3가지 조건 중 한 가지만 괜찮은 아이 : 5학년 1학기 동안에는 간단한 예

습과 성실한 복습을 진행해 봅니다. 예습은, 교과서 내용 중 핵심 어휘의 개념 학습 정도만 진행하고요. 대신 복습은, 수업 시간에 배운 내용을 설명해 봅니다. 그렇게 1학기 정도 학습한 후 2학기부터는 과학 학습 능력의 향상 정도에 따라 학습량을 서서히 줄여 줍니다.

– 3가지 조건 모두 아쉬운 아이 : 교과 내용 모두를 제대로 학습하는 것은 어렵습니다. 1개 내지 2개 단원만이라도 제대로 해 보는 것이 좋고요. 단원 선택에서 1순위는 아이의 흥미인데요. 흥미를 느끼는 단원이 없다면 암기할 것이 많은 생명과학보다는 화학이나 물리학 단원이 더 좋을 수 있습니다.

앞에서 몇 번 언급했듯이 대입 수시 전형에서는 고등학교 때 학생부만 보기 때문에 초등학교 때 학생부에 기록되는 과학 과목 성적이 대학 입시에 직접적인 영향을 주는 것은 아닙니다. 하지만 공부는 잘 해 본 아이가 계속 잘 할 가능성이 높기 때문에 초등학교 때 과학 공부를 제대로 해 보는 경험은 분명 큰 의미가 있습니다. 따라서 아이에 맞게 학습 분량을 정한 다음 '시험 점수'보다는 '의미 있는 과학 공부 경험하기'에 목표를 두고 진행하는 것이 현실 가능하면서도 효과적인 과학 학습법입니다.

끝으로 고등학교 과학 과목을 살펴보겠습니다. 2015 개정교육과정 때 문·이과 통합이 이루어지면서 고등학교 과학 영역의 과목에 변화가 생겼는데요. 고등학교 과학 과목이 어떻게 달라졌는지 아래 표에 정리해 놓았고요. 중요한 것은 방향성입니다. 교육과정이 바뀔 때마다 아래 과목에도 변화가 생길 수 있습니다. 그리고 아직까지는 교육 현장의 한계로 인해 개설한 모든 과목 학습이 원활히 이루어지지 못하는 것 또한 현실입니다. 그런데 모든 일에는 과도기가 있습니다. 처음부터 완벽한 것은 없죠. 그래서 중요한 것은 큰 흐름과 방향성입니다. 우리나라 과학 교육이 어떤 곳을 향해 가고 있는지 느껴보시기 바랍니다.

〈문·이과 통합에 따라 달라진 고등학교 과학 교과목〉

공통과목	일반선택	진로선택
통합과학, 과학탐구실험	물리학 I , 화학 I , 생명과학 I , 지구과학 I	물리학 II , 화학 II , 생명과학 II , 지구과학 II , 과학사, 생활과 과학, 융합과학

* 고등학교 1학년 때에는 통합과학과 과학탐구실험만 배웁니다.

1세~12세 때 역사, 이것만은 꼭!

PART 10

1 역사의 우선순위 선택 기준

우리나라에서 의미 있게 공부 잘 하려면 각 과목별로 3가지 측면에서 살펴봐야 합니다. 첫째는 그 과목의 본질, 둘째는 뇌 발달 과정, 셋째는 우리나라의 교육 현실인데요. 역사도 마찬가지입니다.

우선 역사의 본질 측면에서 살펴봐야 하는데요. 역사 학습이 필요한 여러 가지 본질적인 이유 중 '현명함과 통찰력' 하나만 잘 이해해도 그 중요성을 쉽게 알 수 있습니다. 역사 공부를 통해 현명함과 통찰력을 갖추는 것을 다르게 표현하면 '과거를 알면 현재를 이해할 수 있고 미래를 예측할 수 있다.'라고 말 할 수도 있습니다. 그리고 그에 대한 대표적인 사례 중 하나가 '명절 증후군'입니다.

우리나라 최대 명절은 설날과 추석입니다. 두 명절 모두 각자 바쁘게 지내던 가족들이 오랜만에 한 자리에 모여 관계를 돈독히 하는 날입니다. 그런데 관계가 돈독해지는 것이 아니라 크고 작은 다툼과 갈등 때문에 사이가 멀어지거나 심하면 관계 자체를 끊어버리는 일까지 발생하곤 합니다. 이러한 현상을 단적으로 보여주는 키워드가 '명절 증후군'입니다. 왜 우리 나라 최대의 명절날이 이렇게 되었을까요?

명절 증후군이 생긴 이유는, 명절 때 여자는 일 하는데 남자는 쉬기 때문입니다. 함께 일 하고 함께 놀았다면 명절 증후군이 생기지 않았을 것입니다. "왜 남자는 쉬기만 하나요?"라고 물으면 딱히 이유를 말 하지 못합니다. 그냥 원래 그런 것처럼 행동합니다. 그렇다면 우리나라는 고조선 때부터 그랬을까요? 구석기 시대 때부터 그랬을까요? 만약 구석기 시대부터 그랬다면 "원래 그런 거다."라는 주장이 틀린 것만은 아닙니다. 하지만 원래부터 그런 것은 아닙니다.

구석기 시대에는 항상 모두 일을 해야 했습니다. 남자는 주로 사냥을, 여자는 주로 채집과 가족 돌보기를 했습니다. 청동기와 철기 시대에도 항상 모두 일을 했습니다. 남자는 사냥하거나 싸우거나 농사를 지었고, 여자는 농사, 채집, 가족 돌보기를 했습니다. 고조선, 삼국, 고려 시대에도 하는 일에 변화가 생겼을 뿐 함께 일하는 것은 똑같았습니다. 명절이나 절기 때에도 명절 증후군이 생길 정도로 일방적으로 여자만 일 하지는 않았습니다. 그런데 조선 시대에 들어서면서 남녀평등에 큰 차이가 생겨났습니다. 예를 들어 고려 시대에는 족보에 딸과 사위의 이름도 기록했지만 조선 시대에는 딸과 사위의 이름은 기록하지 않았고요. 고려 시대에는 부모님의 재산을 나눌 때 아들과 딸을 구분하지 않고 비슷하게 나누었지만 조선 시대에는 아들이 주로 가지게 되었습니다. 시집간 딸은 가족이 아니라 남이라고 부를 정도로 남녀차별이 심해진 것입니다. 그리고 이 차별은 유교를 대중화시키는 과정에서 생겨난 문제점입니다. 조선 시대에 유교를 사회 이념으로 받아들이면서 발전한 면도 있지만 발전만 한 것은 아니었던 거죠. 이는 유교 자체의 한계라고 보기는 어렵고요. 원래 모든 사회 현상에는 장단점이 있기 마련입니다.

본질적으로 인간은 나이나 성별, 직업이나 종교 등 그 어떤 조건과 상관없이 모두 평등한 존재입니다. 따라서 차별이 심해졌다는 것은 발전이 아니라 퇴보한 것이고요. 퇴보는 계승할 것이 아니라 개선해야 할 것입니다. 그리고 명절 증후군을 없애기 위해 여자들이 싸울 대상은 남녀차별을 부추기는 사회적 인식과 그 인식을 강화시키는 문화이며, 이 싸움에 남자도 여자 편에 서서 함께 싸워야 합니다. 왜냐하면 그 싸움은 이미 시작되었고, 장기적으로는 퇴보가 아니라 발전하는 쪽으로 가기 때문입니다. 즉, 남자가 함께 싸우는 것은 여자를 위함이 아니라 남자 자신을 위한 것입니다. 남녀를 떠나 발전이 아닌 퇴보를 선택하는 것은 어리석은 선택이니까요. 이것이 명절 증후군을 현명하게 그리고 통찰력 있게 바라보는 것입니다. 이 사례 하나만 보더라도 역사 공부가 본질적으로 왜 중요한지를 쉽게 이해할 수 있습니다. 따라서 역사 공부와 관련해서 가장 먼저 해야 할 것은, 역사를 '단순 암기 과목이 아니라 현명함과 통찰력을 길러주는 과목'으로 인지하는 것입니다.

그 다음 뇌 발달 측면에서 봤을 때 역사 학습이 가능한 시기는 7세 즈음이기는 하지만 학습할 수 있는 내용은 상당히 제한적이며, 초등학교 5학년까지 학습 범위를 단계적으로 넓혀가야 합니다. 그리고 학습 범위를 단계적으로 넓힐 때의 기준은 '시기별 역사의식 발달 단계'입니다.

〈시기별 역사의식 발달 단계〉

시기	역사의식
6~7세	그냥 이야기를 좋아하며, 옛날(과거)과 오늘날(현재)을 잘 구분하지 못함
초등 1~2학년	여전히 이야기를 좋아하며, 막연하게 '옛날(과거)'이라는 것을 느낌
초등 3학년	옛날과 오늘날을 비교하고 차이를 구별하는 것이 가능함
초등 4학년	역사적 사실을 시간 흐름을 통해 이해할 수 있음
초등 5학년	역사적 사실에 대한 상호 인과관계를 이해할 수 있음
초등 6학년	역사의 발전을 시대별로 종합적으로 이해할 수 있음

즉, 역사 학습 대상(책, 교재, 프로그램 등)을 선택할 때 위 역사의식 발달 단계에 따라 선택하는 것이 좋고요. 학습 대상을 확장할 때에도 위 발달 단계에 맞게 확장시키는 것이 좋습니다. 다만, 위 기준은 일반적인 기준이기 때문에 내 아이에 맞게 적절히 적용하는 것이 중요합니다. 극소수의 아이지만 초등학교 2학년 때부터 4학년이나 5학년 단계의 역사의식이 가능한 아이들도 있고요. 역사에 대한 관심이 커서 역사의식이 1년 정도 빠르게 발달하는 아이도 있기 때문입니다.

마지막으로 우리나라의 역사 교육 현실을 살펴봐야 하는데요. 우리 부모 때 주요 과목은 '국영수사과'였습니다. 국어, 영어, 수학, 사회, 과학까지 총 5과목이었죠. 그런데 지금 그리고 앞으로는 '국영수사과한'이 주요 과목입니다. 한국사가 주요 과목에 추가된 것이 현실입니다. 앞에서 언급했듯이 현재 대학 입시 제도에서는 고등학교 내신(학교 중·기말 고사 + 수행평가) 시험이 가장 중요하며 그 다음으로 수능 시험이 중요합니다. 그래서 한국사에서는 고등학교 때 한국사 내신 성적이 가장 중요하고요. 그 다음 중요한 시험이 수능 한국사 시험입니다. 물론 대학 입시를 수시 학생부 전형이 아니라 수능으로 도전하고자 한다면 학교 내신 시험보다 수능 시험이 더 중요할 것입니다. 하지만 학교 내신 시험을 어려워한다면 수능 한국사 시험도 만만하지 않을 것입니다. 따라서 초등학교와 중학교까지는 학교 내신 시험을 1순위에 두고 학습을 하는 것이 좋습니다.

그리고 역사는 크게 한국사와 세계사로 구분할 수 있는데요. 초등학교 때에는 한국사 제대로 학습하는 것도 결코 쉽지 않습니다. 그래서 세계사는 굳이 서두를 필요가 없고요. 잘 되지도 않습니다. 단, 세계문화는 초등학교 때 접하는 것이 좋은데요. 세계 영역이 초등의 정규 과목이 아니기 때문에 공부보다는 책이나 체험으로 접하는 것이 훨씬 좋습니다.

그리고 상위권 아이들의 경우 국영수보다 한국사 때문에 애를 먹는 경우가 많은데요. 대부분의 상위권 아이들은 어릴 때부터 국영수 학습을 꾸준히 해 왔기 때문에 4학년에서 5학년이 되었다고 해서 국영수 때문에 갑자기 어려움을 겪지는 않습니다. 그런데 5학년 때 등장하는 한국사는 사회나 과학에 비해 내용도 많고, 어휘도 어렵고, 난이도가 높은 개념들이 많이 나오기 때문에 상위권 아이들 중에도 한국사를 어렵게 느끼는 아이들이 적지 않으며, 이 현상은 중학교와 고등학교 때에도 비슷하게 나타납니다. 그래서 한국사가 처음 나오는 초등학교 5학년 때 제대로 학습해 두어야 중학교와 고등학교 때 부담감을 조금이라도 줄일 수 있습니다.

어쨌든 역사 교육 현실을 기준으로 했을 때 가장 중요한 것은 한국사 학교 내신 성적을 잘 받는 것입니다. 세계사가 아니라 한국사입니다. 그리고 학교 내신 성적을 잘 받는다는 것은 객관식 문제뿐만 아니라 서술형 주관식 문제의 답도 잘 써야 하고, 수행평가도 잘 해야 합니다. 즉, 이해를 바탕으로 해서 잘 설명하고 잘 써야 합니다. 그리고 그 기본 내용은 역시나 교과서에 담겨 있습니다. 그래서 한국사 학습에서 가장 기초이자 기본이 '교과서 학습 제대로 하기'인 것입니다. 이제 유치~초등 때 역사 학습을 어떻게 할 것인가에 대해 정리해 보겠습니다.

첫째, 1순위는 '한국사 학교 시험 대비 잘 하기'입니다. 세계사가 아니라 한국사입니다. 이를 위해서는 우선 교과서 학습부터 제대로 해야 하는데요. 이때 제대로란 '이해를 바탕으로 해서 잘 설명하고 잘 쓸 수 있게 학습하는 것'이고요. 초등학교 때 제대로 해야 중학교와 고등학교 한국사 학습에도 도움이 되고, 현명함과 통찰력을 길러주는 한국사로 발전시킬 수도 있습니다. 우리 부모 때처럼 전과나 문제집에 있는 요점 정리를 단순 암기하는 것은 당장 서술형 주관식 문제 대비가 되지 않기 때문에 학습 효과가 낮으며, 중학교와 고등학교 학습에도 거의 도움이 되지 않습니다. 당연히 현명함과 통찰력을 길러주는 한국사는 느껴볼 수도 없습니다.

둘째, 학습 영역을 시기별로 확장시켜 줘야 하는데요. 확장의 기준은 '역사의식 발달 단계'입니다. 이 단계에 맞춰 6세~7세 때에는 인물이야기, 초등학교 1~2학년 때에는 역사이야기, 3학년 때에는 생활·문화·과학사, 4학년 때에는 쉬운 정치사, 5학년 때에는 초등 한국사 교과서 연계 독서 등을 진행하는 것이 좋습니다. 시

기별 한국사 책 선택에 대해서는 〈우리 아이 독서 고수 만들기〉에 정리해 놓았고
요. 직접 선택했던 한국사 책 목록도 간단히 제시해 놓았습니다.

2 5세~7세 때 역사는 이렇게

일단 6세까지는 역사 학습을 할 수 없습니다. 혹시 아이가 관심을 보이면, 시도
는 해 볼 수 있지만 거의 대부분 소화하지 못하기 때문에 굳이 서두를 필요가 없습
니다. 역사는 과학뿐만 아니라 사회보다도 어렵습니다. 왜냐하면 사회나 과학에
비해 시간에 대한 고려를 훨씬 많이 해야 하기 때문입니다. 역사는 '사회 현상에 대
해 학습한 것'이라고 말 할 수 있습니다. 그런데 역사 학습의 대상을 보면 현재보다
과거 사회가 훨씬 많습니다. 그 과거도 한 가지가 아니라 여러 가지입니다. 최근
과거도 있고, 좀 오래 된 과거도 있고, 아주 많이 오래 된 과거도 있습니다. 그리고
'오래되었다'는 기준도 명확하지 않습니다. 그래서 6세까지는 역사 학습을 한다는
것이 거의 불가능합니다.

다만, 5~6세 때 도전해 볼만한 것이 있기는 한데요. 옛이야기를 읽어주는 것입
니다. 대표적인 것이 전래죠. 전래의 배경은 옛날 사회입니다. 그래서 전래 같은
옛이야기를 읽어주면 자연스럽게 옛날 사회생활을 간접 체험하게 됩니다. 물론 고
구려 사람들의 생활 모습이나 고려, 조선 시대의 생활 문화 수준은 아닙니다. 그
냥 막연하게 우리나라 옛날 사람들의 생활 모습을 단편적으로 알게 되는 거죠. 그
리고 그림을 통해서 옛날 의식주 문화를 조금 접할 수 있고요. 역시나 이때 중요한
것은, 읽어주는 책이 재미있어야 합니다. '어떤 책이 생활문화 정보가 많은가?'를

기준으로 책을 선택할 것이 아니라 '어떤 책이 재미있는 옛이야기인가?'를 기준으로 책을 선택해야 합니다.

7세는 5~6세와 비슷하기는 하지만 범위를 조금 확장시킬 수 있는데요. 우리나라를 대표하는 인물이나 문화재를 다룬 책을 시도해 볼만 하고요. 인물, 문화재와 관련된 체험 또는 옛날 생활문화를 경험할 수 있는 체험도 좋습니다. 물론 7세까지는 옛날과 오늘날을 잘 구분하지 못합니다. 그래서 굳이 옛날과 오늘날을 명확하게 구분시킬 필요도 없습니다. 그냥 '언제인지는 모르지만 예전에는 이런 것을 했어. 이런 것을 먹었어. 이런 것이 있었어. 이런 사람이 있었어.' 정도로 옛날과 오늘날을 구분하고요. 핵심은 해당 내용을 재미있게 접해 보는 것입니다.

예전에 아이 7살 때 박물관에 나들이 갔다가 한지 체험을 경험한 적이 있습니다. 프로그램 중에는 한지를 만드는 체험도 있었고요. 먹물로 한지에 그림을 그리는 체험도 있었습니다. 그리고 특이하게도 창포물에 머리를 감는 체험도 있었습니다. 역시나 아이는 박물관을 둘러보는 것보다는 한지 체험과 창포물 체험을 더 좋아했고요. 즐거운 체험이었기에 꽤 오래 기억했습니다. 그리고 '옛날에는 창포물로 머리를 감기도 했는데 요즘은 샴푸로 머리를 감는다.'는 사실은 몇 년 후에 구분해 냈습니다.

인물을 다룬 책을 선택할 때에는 위인전 스타일보다는 사람 이야기 스타일이 적합합니다. 위인전 스타일이란 업적과 교훈 중심의 책을 뜻하고요. 사람 이야기 스타일이란 업적이나 교훈 위주가 아니라 그 인물에 대한 여러 에피소드를 동화처럼 재미있게 엮은 책을 뜻합니다. 유치원 누리과정에는 단군, 세종대왕, 이순신, 유관순, 광개토대왕, 신사임당, 김구, 문익점 등이 나오는데요. 이 인물들 중에서 이해하기 쉬운 인물은 이순신, 광개토대왕, 문익점 등이고요. 이해하기 어려운 인물은 유관순, 신사임당, 김구 등입니다. 따라서 누리과정에 나온다는 이유만으로 책을 선택할 것이 아니라 아이의 눈높이에 맞는 책인지를 잘 살펴봐야 하고요. 이해하기 어려운 인물인 유관순, 신사임당, 김구를 다룬 책은 더 꼼꼼하게 살펴봐야 합니다. 그렇게 하면서 기왕이면 누리과정에도 나오는 인물책을 선택하는 것이 좋습니다.

[Q] 유치 때에도 반드시 한국사 학습을 해야 하나요?

[A] 유치 때 반드시 한국사 학습을 해야 하는 것은 아닙니다. 단, 유치 때 반드시 해야 하는 것은 폭넓은 독서와 경험이 이뤄질 수 있도록 최선을 다하는 것입니다. 그래서 유치 때 옛이야기 책을 보고 인물, 문화재, 생활문화를 다룬 책이나 체험을 하는 것은 한국사 학습이라기보다는 폭넓은 독서와 다양한 경험의 일부분으로 보는 것이 좋습니다. 그래서 아이의 눈높이에 맞는 책, 아이가 즐겁게 할 수 있는 체험이 중요하다고 강조하는 것이고요. '누리과정에 나오니까 미리 접하게 하는 것'이 핵심은 아닙니다.

3 초등학교 1학년~2학년 때 역사는 이렇게

초등학교 역사는 3학년 때부터 시작되며, 한국사만 배웁니다. 단, 한국사 과목이 시작되는 것이 아니라 한국사 내용 중 일부가 나오는 것이고요. 세계사는 나오지 않습니다. 우리나라가 과거부터 현재까지 정치, 경세, 사회, 문화, 과학 각 영역별로 어떻게 변해왔고 왜 그렇게 변해왔는지를 학습하는 것도 쉽지 않은데, 세계 여러 나라의 역사를 학습한다는 것은 거의 불가능에 가깝습니다. 그래서 가끔 초등 저학년이나 중학년 학부모님이 "세계사 대비는 어떻게 해야 하나요?"라고 질문하시면 "한국사 대비 잘 하는 것이 세계사 대비의 기초입니다."라고 말씀 드립니다. 단, 세계문화는 예외인데요. 세계문화에 대해서는 초등학교 3~4학년 부분에 정리해 놓았습니다. 아! 본격적인 세계문화는 아니지만 세계 여러 나라의 옛이야기나 아이들 이야기, 쉬운 세계 인물 이야기, 쉬운 세계 문화재 이야기 등은 아이에 따라서는 1~2학년 때에도 도전해 볼만 합니다.

어쨌든 초등 때 역사 학습은 한국사에 집중하는 것이 좋은데요. 초등 한국사 학습은 3~4학년 때와 5~6학년 때로 구분하는 것이 좋고요. 1~2학년은 한국사를 맛보는 시기라고 할 수 있습니다.

초등시기	핵심 내용
1~2학년	한국사 맛보기 "옛날에 이런 일들이 있었구나!"
3~4학년	생활사, 문화사, 과학사 위주 학습 "옛날에는 이런 것들이 있었구나!"
5~6학년	정치사 집중 학습, 교과 연계 학습 "우리나라 역사는 이렇구나!"

따라서 1~2학년 때부터 한국사 학습의 비중을 높일 필요는 없으며, 유치 때처럼 폭넓은 독서와 다양한 경험 중 일부로 바라보는 것이 좋습니다. 대신 유치 때보다는 조금 더 한국사 느낌이 드는 책을 선택해 볼만 한데요. 대표적인 책이 삼국유

사, 삼국사기입니다. 출판 시장에서는 '유사사기'라고 부르기도 합니다.

앞에서 초등학교 1~2학년 때에는 막연하게나마 '옛날(과거)'이라는 것을 느낄 수 있다고 했습니다. '막연하게'이기 때문에 시대별 구분은 어렵지만 '느낄 수 있다.'이기 때문에 옛날과 오늘날로 구분하는 것은 가능합니다. 따라서 개별 소재로 접근하거나 역사적 사건들을 시간 순서대로 따라가 보는 정도가 적당합니다. 예를 들어 삼국 시대 화랑을 소재로 한 책은 시도해 볼만 한데요. '화랑은 삼국 시대에 있었던 제도이고, 이런 저런 목적과 특징이 있다.'를 알게 하는 책보다는 '어느 시대인지는 모르지만 옛날에 화랑이라는 모임이 있었는데, 그 모임에 속한 아이들은 씩씩하고 용감하게 자라났구나.'를 알게 하는 책이 1~2학년에게 적합한 책입니다. 유사사기 책을 선택할 때에도 이와 유사한 기준으로 선택해야 합니다.

유사사기를 1~2학년 때 시도해 볼만한 이유는 옛이야기처럼 느껴질 수 있기 때문입니다. 삼국유사는 주로 신라의 불교, 탑, 불상, 고승들의 행적, 신앙과 관련된 설화, 효행과 선행에 대한 미담 등을 기록한 책인데요. 고려 때 일연이 썼고요. 삼국사기는 고려 때 김부식 등이 삼국시대와 통일신라 시대에 대해 쓴 역사서입니다. 그리고 '유사사기'라고 부르는 책은 삼국유사와 삼국사기에서 소재를 가져와 아이들 눈높이에 맞게 옛이야기처럼 편집해서 만든 책입니다. 그래서 유사사기는 옛이야기처럼 느끼지만 책에서 다룬 소재나 주요 내용은 삼국시대와 통일신라 시대에 대한 것이기 때문에 한국사 영역의 책이라고 말 할 수 있습니다.

어쨌든 초등학교 1~2학년도 아직 본격적인 한국사 학습이 불가능하기 때문에 유사사기 독서도 유치 때처럼 폭넓은 독서 중 일부로 바야 하고요. 유사사기를 읽었다고 해서 삼국시대와 통일신라 시대에 대해 어느 정도 학습한 것으로 여기지 않아야 합니다. 따라서 유사사기 책 선택을 할 때에도 삼국시대와 통일신라 시대의 주요 인물과 사건을 어느 정도나 다루었는지를 보기 전에 '내 아이의 읽기 수준이나 성향에 맞는 책인지'를 먼저 살펴봐야 합니다.

유사사기 외에도 '화랑' 같은 구체적인 소재를 다룬 책 또는 김유신 같은 특정 인물을 다룬 책도 1~2학년 시기에 볼만한 한국사 책이고요. 구체적인 소재나 인물에 대한 체험이나 견학 등도 함께 병행하면 좋습니다. 예를 들어 신석기 시대에 아이들은 어떤 생활을 했는지를 다룬 책을 읽은 다음 빗살무늬 토기를 만들어 보고 사용해 보는 체험을 하면 좋고요. 이순신 장군 이야기책을 읽은 다음 거북선 모형 탐방을 하면 좋습니다. 이처럼 1~2학년 아이들도 어렵지 않게 이해할 수 있는 아주 구체적인 소재를 책이나 체험으로 만나보는 것은 초등학교 저학년 때에도 충분히 할 수 있는 바람직한 한국사 학습입니다. 단, 한번 더 강조합니다. 이 시기에 한국사 학습을 굳이 많이 할 필요는 없습니다. 이 시기는 한국사 학습의 양보다 질이 더 중요한 때입니다.

[Q] 초등학교 1~2학년 때 역사 체험 교실에 다니는 것은 어떨까요?

[A] 다양한 체험 측면에서 보면 괜찮아 보이지만, 초등학교 1~2학년 시기를 생각하면 효과가 어느 정도나 있을지 의문이 생기는데요. 대체로 1~2학년 때 역사 체험 교실은 좀 빠른 편입니다. 우선 1~2학년도 어렵지 않게 느낄 수 있는 역사 소재가 그리 많지 않습니다. 그리고 지도 교사 분들의 설명을 이해하는 능력도 아직 충분히 훈련되지 않은 때이고요. 관련 배경지식도 충분하지 않은 때입니다. 게다가 흥미나 재미가 떨어지면 금방 집중력이 흐트러지는 시기이기 때문에 이 시기 아이들에게 알맞은 역사

체험 프로그램을 개발하는 것 자체가 매우 어렵고 제한적입니다. 물론 이런 한계를 극복해 낸 역사 체험 프로그램이 있다면 1~2학년에게도 좋을 수 있지만요. 그래서 초등학교 1~2학년 때 한국사 학습은 양보다 질이라고 강조한 것이고요. 체험도 재미 위주이면서 간단한 경험 정도로만 생각하는 것이 좋습니다. 대신 초등학교 3~4학년 때에는 충분히 검토해 볼만 합니다. 단 그 전에 아이가 한국사 독서와 체험을 어느 정도 경험한 상태여야 의미와 효과를 모두 볼 수 있습니다.

4 초등학교 3학년~4학년 때 역사는 이렇게

초등학교 3~4학년 때 역사 학습은 한국사와 세계문화 두 영역을 살펴봐야 합니다. 우선 이 시기 한국사 학습을 한 문장으로 정리하면 '3~4학년 사회 대비 겸 5학년 한국사 생활·문화·과학사 대비하기'입니다. 물론 역사를 좋아해서 역사 분야 독서를 폭넓게 하는 아이라면 이 문장을 의식할 필요는 없지만 그런 아이들은 소수이고요. 3~4학년은 영어 노출 최대한 많이 하면서 수학 자기 학년 제대로 하는 것이 1순위인 때여서 그리고 그렇게 하는 것만으로도 많은 시간과 노력을 소비하기 때문에 실질적으로 한국사에 많은 시간을 할애할 수 없습니다. 그래서 이 시기에는 한국사 학습을 적절히 진행해야 하는데요. 이를 한 문장으로 표현한 것이 '3~4학년 사회 대비 겸 5학년 한국사 생활·문화·과학사 대비하기'입니다.

우선 3~4학년 사회 교과에 나오거나 나올 수 있는 한국사 내용을 키워드로 정리해 보았습니다.

[초등학교 3학년 사회 내 한국사 키워드]

☑ 고장 이야기 : 문화유산, 자연환경, 지명, 종로, 포은대로(정몽주), 서빙고동,
피맛골, 탄천, 안성맞춤, 두물머리, 얼음골, 기와말, 말죽거리, 우리 고장의 옛
이야기 조사하기

☑ 고장의 문화유산 : 다보탑, 석가탑, 몽룡실, 혼천의, 경주 동궁과 월지, 성덕
대왕 신종, 가야금 병창, 전통장, 향교, 첨성대, 누비, 탈춤, 불국사, 석굴암, 화
랑도, 우리 고장의 문화유산 조사하기

☑ 옛날 생활 도구 : 주먹도끼, 빗살무늬 토기, 동물의 뼈로 만든 낚시 도구, 청동
방울, 비파형 동검, 거친무늬 청동 거울, 제사장, 철로 만든 농사 도구와 무기

☑ 세시 풍속 : 풍속, 세시 풍속, 명절, 추석, 설날, 정월대보름, 한식, 단오, 삼복,
동지, 중양절, 세시 풍속 때 하는 일, 세시 풍속 놀이, 세시 풍속 음식, 세시 풍
속 때 입는 옷, 옛날과 오늘날의 세시 풍속 비교

[초등학교 4학년 사회 내 한국사 키워드]

☑ 문화유산 : 문화유산 조사 방법, 유형 문화재(석탑, 건축물, 책), 무형 문화재
(예술 활동, 기술), 문화유산 답사하기(고창 선운사 답사), 우리 지역의 문화유
산 답사하기, 문화유산 소개 자료 만들기, 문화유산 보호 방법

☑ 역사적 인물 : 역사적 인물 조사 계획 세우기, 조사하고 소개 자료 만들기

한국사 내용은 편의상 크게 두 영역으로 구분할 수 있습니다. 하나는 정치사, 다른 하나는 생활·문화·과학사인데요. 고조선 건국, 신라의 삼국 통일, 고려 때 몽골의 침략, 조선 때 임진왜란 등은 정치사에 해당하고요. 시대별 사람들의 생활모습, 불국사와 석굴암, 혼천의와 측우기 등은 생활·문화·과학사에 해당합니다.

그런데 '한국사'라는 과목은 초등학교 5학년 2학기 때 시작되지만 일부 내용은 3~4학년 사회에 등장하고요. 3~4학년 사회 교과에서 다루는 한국사는 대부분 생활·문화·과학사 내용입니다. 그래서 이 시기에는 한국사 영역 중 생활·문화·과학사에 대해 학습할 필요가 있고요. 그러면 3~4학년 사회 대비 겸 5학년 2학기 때 시작되는 한국사 대비 효과까지 볼 수 있습니다.

이렇게 학습하는 것이 더 효과적인 이유는 시기별 역사의식 발달 단계 때문입니다. 초등학교 3~6학년 때 역사의식 발달 단계를 다시 보여드리겠습니다.

〈초등학교 3~6학년 역사의식 발달 단계〉

초등 3학년	옛날과 오늘날을 비교하고 차이를 구별하는 것이 가능함
초등 4학년	역사적 사실을 시간 흐름을 통해 이해할 수 있음
초등 5학년	역사적 사실에 대한 상호 인과관계를 이해할 수 있음
초등 6학년	역사의 발전을 시대별로 종합적으로 이해할 수 있음

역사에서 정치사 영역 학습의 기본은 시대 흐름을 잘 파악하는 것입니다. 그리고 시대 흐름을 잘 파악하려면 중요 사건에 대한 상호 인과관계를 잘 이해해야 합니다. 예를 들어 고려가 끝나고 조선이 세워진 사건은 아무 이유 없이 어느 날 갑자기 일어나지 않았습니다. 고려가 끝난 이유가 있고 조선이 세워진 이유가 있습니다. 그 이유를 이해하면서 고려 말과 조선 초를 이해하는 것과, 이유를 이해하는 과정은 생략한 채 "고려 다음은 조선, 조선을 건국한 인물은 이성계"라고 단순

암기하는 것과는 엄청난 차이가 있죠. 그런데 이렇게 역사적 사실의 상호 인과관계를 이해할 수 있는 때는 초등학교 5학년, 빠르면 4학년입니다. 그래서 초등학교 3~4학년 때 정치사 영역 학습은 어려운 것입니다. 물론 항상 예외는 있습니다. 3~4학년 아이들도 어렵지 않게 이해할 수 있을 정도로 쉽게 만든 정치사 책 또는 수업 또는 방송 프로그램이라면 가능할 수 있고요. 그것이 가능하려면 어떤 사건을 다룰 것인지를 잘 선택해야 하고, 해당하는 인과관계를 정말 쉽게 제시해야 합니다.

어쨌든 일반적으로는 3~4학년 때 정치사 학습은 어렵기 때문에 3~4학년 사회 교과서에서도 정치사는 거의 다루지 않고 있고요. 정치사가 아닌 생활·문화·과학사는 생각보다 많이 다루고 있습니다. 왜 그럴까요? 그 이유도 역사의식 발달 단계를 보면 쉽게 알 수 있는데요. 3학년은 옛날과 오늘날을 비교하고 차이를 구별하는 것이 가능하고, 4학년은 역사적 사실을 시간 흐름을 통해 이해할 수 있기 때문입니다. 즉, 3~4학년 때의 역사의식 발달 단계 때 정치사 학습은 어렵지만 생활·문화·과학사 학습은 가능하다는 거죠. 예를 들어 보겠습니다.

우리나라의 대표적인 불교 문화재로 불국사, 석가탑, 다보탑이 있습니다. 불국사는 한자로 '불교 불(佛), 나라 국(國), 절 사(寺)'입니다. 한자의 뜻 그대로 불국사는 불교 나라를 형상화한 절입니다. 그리고 불국사에 있는 석가탑, 다보탑과 관련해서는 이런 이야기가 전해져 오고 있습니다. 아! 불교에서 부처님은 한 분이 아니라 여러 분이라고 합니다.

어느 날 여러 부처님 중 한 분인 석가모니께서 사람들에게 불교에 대한 이야기를 해 주고 있었습니다. 좋은 이야기를 해 주시니까 당연히 많은 사람들이 기쁘게 듣고 있었고요. 이 모습을 보던 '다보'라는 부처님이 '나도 얘기 잘 해 줄 수 있는데

~'라고 생각하셨나봅니다. 석가모니께서 이야기를 하는 곳에 나타나셨거든요. 그런데 그냥 나타난 게 아니라 탑 모양으로 땅에서 솟아 올라왔다고 합니다. 신라에서는 불국사를 만들 때 이 이야기를 탑으로 표현했고요. 불국사 안에 석가탑과 다보탑을 나란히 세워 놓았다고 합니다. 불국사는 '불교 나라'를 표현한 절이라고 했습니다. 당연히 여러 부처님을 소개하고 싶었겠죠. 그리고 석가탑과 다보탑이라는 두 탑을 만들었습니다. 즉, 석가탑은 석가모니 부처님을, 다보탑은 다보 부처님을 상징하는 거죠.

물론 생활·문화·과학사에도 인과관계 이해는 있습니다. 하지만 정치사만큼 어렵게 느껴지지는 않고요. 옛이야기처럼 느껴지는 내용도 많이 있습니다. 그래서 3~4학년 때 한국사 학습은 생활·문화·과학사 위주로 진행하는 것이 좋습니다. 사회 교과서에 나오기도 하고요. 5학년 때 한국사의 학습 분량이 워낙 많기 때문에 생활·문화·과학사 부분을 미리 해 놓는 것이 좋기 때문입니다.

학습 방법으로는 역시나 책과 체험이 좋고요. 관련 동영상이나 다큐멘터리를 보는 것도 좋습니다. 〈우리 아이 독서 고수 만들기〉 책에 제 아이 3~4학년 때 읽힌 한국사 책 목록을 간단히 제시해 놓았습니다. 참고해 보시고요. 그 이후에도 괜찮은 책들이 나왔을 것입니다. 〈우독고〉에 소개한 책을 보면서 책 선택의 기준을 정하신 후 새로 나온 책들도 검토해 보시기 바랍니다.

그리고 생활·문화·과학사는 유적과 유물이 많이 나오기 때문에 어떤 면에서는 책보다 체험(역사 탐방)이 더 효과적일 수 있는데요. 이때 중요한 것은 '아이가 얼마나 적극적으로 참여하는가?'이고요. 교사의 역량과 교재의 완성도가 매우 중요합니다. 교사의 해설이 쉽고 재미있어야 하고요. 교재도 글쓰기가 많은 것보다는 핵심 내용이 쉽게 그리고 오래 기억될 수 있는 구성이어야 합니다. 그래서 많은 정보를 다루는 교재는 욕심이 과한 교재로 볼 수도 있습니다.

이 시기 역사 학습에서 살펴봐야 할 두 번째 영역은 세계문화입니다. 세계사가 아니라 세계문화입니다. 그 이유는 이미 앞에서 정리했는데요. 세계사도 정치사와 생활·문화·과학사로 구분할 수 있고, 이 시기는 생활·문화·과학사 학습이 가능한 시기입니다. 따라서 세계에 대한 학습도 역사가 아닌 문화는 가능한 거죠. 그렇다면 3~4학년 때 세계문화 학습을 꼭 해야 할까요? 물론 아닙니다. 세계문화보다는 한국사의 생활·문화·과학사가 더 우선이죠. 다만, 5학년 1학기 사회 과목 때문에 늦어도 4학년 2학기 즈음에는 좀 접해 둘 필요가 있습니다.

[초등학교 5학년 1학기 사회 내 세계 관련 키워드]

국토, 위선, 경선, 위도, 북위, 남위, 경도, 본초 자오선, 동경, 서경, 대륙, 해양, 주권, 영토, 영해, 영공저위도, 중위도, 고위도, 지구 온난화, 산업화, 산업, 공업, 중화학 공업, 소비 시장, 서비스업, 운송업

위 키워드를 봤을 때 5학년 1학기 사회 과목의 교과 연계만 고려하면 대충 이 정도만 알아도 충분히 보이는데요.

☑ 세계에는 넓은 바다(대양)도 있고 넓은 땅(대륙)도 있다.

☑ 세계에는 여러 민족, 여러 인종, 여러 나라가 있다.

☑ 세계는 지역에 따라 기후와 지형이 다르며, 발달한 산업과 문화도 다르다.

☑ 세계 여러 나라는 함께 활발히 교류하며 살아가고 있다.

위 내용을 잘 이해하는 데 도움이 될 수 있는 몇 가지 사례들만 알아도 5학년 1

학기 사회 과목의 세계 영역 대비로 충분해 보입니다. 즉, 세계에 대해 전혀 알지 못하면 5학년 사회 학습 때 문제가 생길 수 있지만 위에서 정리한 내용 정도만 알면 별 문제는 없을 것입니다. 다만, 이 시기 세계문화 학습은 교과 연계를 떠나 중요한 의미를 가지고 있는데요. 첫째는 통찰력의 기초를 다져 주고요. 둘째는 다양성을 인정하는 가치관 형성에 도움이 됩니다.

4차 산업혁명 사회에서는 배경지식의 양보다 통찰력이 훨씬 중요합니다. 필요한 정보는 잠깐의 검색으로 쉽게 얻을 수 있지만 통찰력은 쉽게 얻을 수 없기 때문인데요. 통찰력이란 '어떤 사물이나 현상을 예리한 관찰력으로 꿰뚫어 보는 능력'입니다. 꿰뚫어 본다는 것은 제대로 잘 파악한다는 것이죠. 예를 들어 우리나라 교육 과정과 시험 제도를 제대로 꿰뚫어 보고 있다면 공포 마케팅에 당하지도 않을 거고요. 아이 공부와 관련해서 시행착오도 별로 겪지 않을 것입니다. 그리고 교육뿐만 아니라 사회 전체에 대해 통찰력을 갖추는 것이 중요하고요.

그런데 앞으로의 사회는 세계 여러 나라 간에 주고받는 영향력이 점점 더 커지기 때문에 통찰력을 기를 때에도 '나라'보다는 '세계'라는 큰 틀에서 바라봐야 합니다. 그리고 '세계'를 바라볼 때에도 수많은 다양한 생각과 현상들을 폭넓게 수용할 수 있어야 합니다. 그러기 위해서는 먼저 '세계가 있고, 세계란 어떤 것이다.'부터 이해해야 하고요. 다양한 생각과 현상들을 '틀림'이 아니라 '다름'으로 받아들이는 경험을 해야 합니다. 그리고 이를 위한 효과적인 소재가 '세계문화'입니다. 그래서 초등학교 3~4학년 시기에 '세계문화'라는 소재를 학습하면서 '세계'에 대해 지식을 쌓고 바람직한 태도(다양성 인정)를 기르는 것은 교과 연계 여부와 관계없이 중요한 의미를 가지고 있습니다. 그렇다면 초등학교 3~4학년 때 세계문화 학습은 어떻게 하는 것이 좋을까요?

세계문화는 사회 영역에 해당하고요. 효과적인 학습 방법은 독서와 체험입니다. 그런데 세계문화 체험을 위해 세계 여행을 다니는 것은 거의 불가능하죠. 대신 국내에서 열리는 다양한 다문화 체험을 활용하는 것이 좋습니다. 세계문화와 관련된 동영상이나 다큐멘터리를 활용하는 것도 유용한 방법이고요. 이때 체험은 '공부'가 아닌 '가족 나들이'로 접근해야 합니다. 그래야 부모도 아이도 즐겁게 경험할 수 있습니다. 그리고 이 시기에 세계문화 전집을 읽는 것도 좋은 방법입니다. "3학년 되니까 책 읽을 시간이 없어요."라고 말씀하신다면 덜 중요한 것 때문에 더 중요한 것을 놓치고 있는 것입니다. 물론 이 시기는 영어와 수학이 독서보다 더 중요하기는 하지만 그렇더라도 독서 자체를 아예 멈추는 것은 현명한 선택이 아닙니다. 대신 독서에 투자하는 시간은 줄여야 하죠. 그래서 하루에 한 권 또는 2~3일에 한 권을 보더라도 꾸준한 독서 진행이 중요하고요. 이때 책 선택 목록 중 일부로 세계문화를 포함시키면 자연스럽게 세계문화 학습 효과를 볼 수 있습니다. 그리고 가능하면 초한지와 삼국지도 포함시키는 것이 좋습니다. 초한지와 삼국지에 대해서는 뒤쪽에 정리해 놓았습니다.

그래서! 국어, 영어, 수학보다 먼저 해야 할 것이 읽기 능력을 기르고 읽기 습관을 잡는 것입니다. 그래야! 초등학교 3~4학년 때에도 편하게 독서를 진행할 수 있기 때문입니다. 〈우리 아이 독서 고수 만들기〉 책을 통해 독서가 얼마나 많은 것들을 해결해 주는지를 명확하게 이해하시기 바랍니다. 그래야 덜 중요한 것 때문에 더 중요한 것이 밀리지 않을 수 있으니까요. 그리고 4학년 때 시대 순서대로 주요 인물과 사건을 다룬 통사책을 가볍게 봐 두면 좋습니다. 4학년은 역사적 사실을 시간 흐름을 통해 이해할 수 있는 시기이기 때문에 도전해 볼 수는 있고요. 다만 역사적 사실의 상호 인과관계를 이해하는 것은 어려운 때여서 최대한 쉬운 통사책을 선택하는 것이 중요합니다.

[A] 생활·문화·과학사를 시간 순서대로 학습해야 하는 시기는 초등학교 5학년부터가 좋습니다. 그 전까지는 굳이 시간 순서대로 할 필요가 없고요. 시간 순서보다 훨씬 중요한 것이 각각의 내용을 제대로 학습하는 것입니다. 예를 들어 고려 시대 문화재인 팔만대장경과 직지심체요절의 경우, 팔만대장경이 직지심체요절보다 먼저 만들어진 문화재입니다. 그런데 제대로 학습한다고 할 때 가장 중요한 것은 '팔만대장경과 직지심체요절이 왜 유명한가?'입니다. 직지심체요절은 왜 유명할까요? 금속 활자로 인쇄한 책 중에서 가장 오래 된 책이기 때문입니다. 그런데 제대로 학습한다는 것은 여기까지를 뜻하지 않습니다. '금속 활자로 인쇄한 책 중에서 가장 오래 됐다는 것이 왜 중요한가요?'까지 해야 제대로 학습한 것입니다. 이는 금속 활자가 인쇄술에 끼친 영향을 이해해야 알 수 있는 것이고요. 어쨌든, 생활·문화·과학사 학습에서 중요한 것은 각각에 대해 제대로 학습하는 것이고요. 제대로 학습해야 나중에 시간 순서대로 학습할 때에도 훨씬 효율적으로 할 수 있게 됩니다.

5 초등학교 5학년~6학년 때 역사는 이렇게

초등학교 5~6학년 때 역사 학습은 한국사와 중국사 두 영역을 살펴봐야 합니다. 우선, 이 시기 한국사 학습을 한 문장으로 정리하면 '한국사 교과서 학습, 처음부터 제대로 하기'입니다. 앞에서 언급했듯이 이제 주요 과목은 '국영수사과' 5과목이 아니라 '국영수사과한' 6과목입니다. 그리고 한국사도 다른 주요 과목처럼 초등 때 나오고 중등 때 또 나오고 고등 때 또 나옵니다. 그런데 상위권 아이들조차도 한국사 학습을 매우 부담스럽게 느낍니다.

국영수는 어려서부터 거의 매일 꾸준히 하기 때문에, 제대로만 잘 진행하면 초등 5학년이 되었을 때 어느 정도 탄탄한 실력을 갖추게 됩니다. 그에 비해 '사과한(사회, 과학, 한국사)'은 국영수만큼 꾸준히 학습하는 과목이 아니고, 꾸준히 학습하지 말아야 하는 과목입니다. 사과한까지 꾸준히 학습하라고 하면, 아마 대부분의 아이들이 학습 자체를 거부할 테니까요. 그래서 '사과한'은 독서와 체험으로 기초 학습을 진행하다가 때가 되었을 때 집중적으로 학습해야 하는데요. 초등 때에는 한국사가 사회나 과학에 대해 상대적으로 학습량도 많고 난이도도 높습니다. 중학교와 고등학교 때에도 비슷하고요. 그래서 초등학교 5학년을 2차 좌절기로 만든 과목 중 하나가 한국사인 것입니다.

이제는 필수 과목이 된 한국사. 초등, 중등, 고등 때 모두 등장하는 한국사. 상위권 아이들도 부담스럽게 느끼는 한국사. 그 한국사와 첫 번째 승부를 내야 하는 시기가 초등 5학년입니다. 피할 수 없다면 제대로 해야죠. 그래서 초등학교 5~6학년 때 한국사 학습을 한 문장으로 정리하면 '한국사 교과서 학습, 처음부터 제대로 하기'입니다. 그리고 제대로 하기 위해서는 먼저 정체 파악부터 제대로 해야 합니다. 초등학교 때 등장하는 한국사의 특징은 무엇일까요?

[초등학교 5학년 한국사의 특징]

- ☑ 5학년 2학기~6학년 1학기 동안 배움
- ☑ '정치사 : 생활·문화·과학사' 비율이 거의 5 : 5 정도임
- ☑ 분량도 많고 진도도 빠르게 나가기 때문에 사전 대비가 중요함
- ☑ 교과서는 정보 나열 방식이어서 수업 시간 집중이 중요함
- ☑ 교과서 내용 전부를 수업하기 어려움

초등 한국사는 5학년 때 시작됩니다. 그런데 5학년 1학기부터가 아니라 2학기부터 시작됩니다. 예전에는 5학년 1학기와 2학기 동안 배웠는데요. 몇 년 전에 교과서가 바뀌면서 5학년 2학기와 6학년 1학기 동안 배우게 되었습니다. 그래서 5학년 1학기 동안 더 대비할 여유가 있다고 볼 수도 있지만, 그만큼 어렵기 때문에 한 학기 더 늦게 배운다고 볼 수도 있습니다.

앞에서 한국사 내용은 크게 정치사와 생활·문화·과학사 두 영역으로 나눌 수 있다고 했는데요. 초등학교 한국사 교과서에서 다루는 비중은 거의 반반에 가깝습니다. 그래서 '역사는 정치사!'라고 생각하면 생활·문화·과학사 영역 학습에서 어려움을 겪을 수 있습니다.

그리고 역사는 구석기 시대부터 현대 사회까지를 다루는 과목인데요. 초등 한국사도 마찬가지입니다. 그래서 수업 내용이 많습니다. 특히 요즘 한국사는 근·현대사를 중요하게 다루기 때문에 그 전 시대들에 대한 수업이 빠르게 진행되는데요. 5학년 2학기 한 학기 동안 배우는 내용이 고조선, 삼국과 가야, 통일 신라 시대, 후삼국 시대, 고려 시대, 조선 시대, 근대사, 일제의 침략과 광복, 대한민국 정

부 수립과 6.25 전쟁까지입니다. 게다가 각 시대별 정치사와 생활·문화·과학사를 함께 배우고요. 그래서 잘 대비하지 않으면 '뭘 많이 하기는 했는데 뭘 했는지 잘 모르는 상태'에서 시험을 보게 될 수도 있습니다.

게다가 교과서는 정보 나열 방식이어서 교과서만 보면 이해가 되지 않습니다. 예를 들어 교과서에 '영조는 탕평책을 펼쳐 왕권을 강화하고 정치를 안정시키고자 했다.'라는 내용이 있는데요. '탕평책이 무엇인지, 영조가 왜 탕평책을 펼쳤는지, 탕평책이 왜 왕권을 강화시켜주는지'에 대한 자세한 설명은 없습니다. 그래서 한국사는 특히 수업 시간에 집중하는 것이 매우 중요합니다.

수업 시간에 집중해야 하는 이유는 하나 더 있습니다. 제 아이가 초등학교 5학년 때 이렇게 말했습니다.

"아빠, 나는 한국사 수업 시간에는 절대 졸지 않아. 그래야 어디에서 시험 문제가 나오는지 알 수 있거든."

"선생님이 시험 문제를 알려주셔?"

"그게 아니고. 내용이 너무 많아서 선생님이 수업을 다 하실 수가 없어. 그러면 수업한 곳에서만 시험 문제나 나오거든. 특히 여러 번 강조하신 내용은 서술형 주관식 문제로 나올 확률이 높고."

"아~ 집중적으로 공부해야 할 내용이 파악되는구나."

"맞아. 예습과 복습보다 훨씬 더 중요한 게 수업 시간 집중이야. 일단 이해하는 데 도움이 되고, 집중적으로 공부해야 할 내용을 알게 되고. 그래서 남자 아이들이 안쓰러워."

"그건 왜?"

"남자 아이들이 대체로 집중을 안 하거든. 근데 집중하지 않으면 나중에 시험 공부할 때 다 해야 해. 그리고 이해를 하지 못했으니까 참고서에 의존하는데, 참고서 본다고 다 이해되는 것도 아니거든. 참고서는 문제 풀어보는 용도가 크고. 이해는 교과서와 선생님 설명으로 해야 하거든. 이해가 덜 된 부분은 쉬는 시간에 질문으로 해결하고."

위와 같은 상황이기 때문에 앞에서 '한국사 대비는 어릴 때부터 길게 그리고 탄탄하게 진행해야 합니다.'라고 강조했던 것입니다. 단, 역사의식 발달 단계에 맞게 해야 하고요. 대비하는 데 더 많은 시간과 노력을 들여야 하는 국영수에 큰 지장을 주지 않는 선에서 해야 합니다. 여기까지 살펴보면 아이별 한국사 대비법을 이렇게 정리할 수 있습니다.

🔎 아이별 초등학교 5~6학년 한국사 학습법

- 준비가 잘 되어 있는 아이 : 초등학교 5학년 1학기까지 독서와 체험을 통해 한국사 학습의 기초를 다진 아이입니다. 그래서 한국사 수업에 대한 이해도도 높은 편입니다. 이 경우 굳이 예습까지 할 필요는 없습니다. 수업 시간에 집중하면서 교과서 내용을 잘 이해하고요. 선생님이 수업한 부분, 강조한 부분, 설명한 내용 등을 잘 기록하고요. 집에 돌아와서 수업 내용을 한 번 읽어보기만 하고요. 시험 전에 다시 복습하고 문제집에 있는 문제를 풀어봅니다.

- 준비가 좀 부족한 아이 : 5학년 2학기 전까지 독서와 체험으로 한국사 학습을 좀 하기는 했지만 많이 하지는 않았습니다. 전반적인 학습 능력은 괜찮은 편입니다. 이 경우에도 예습보다는 수업 시간 집중과 복습이 더 효과적입니다. 예습은 혼자 하는 것이기 때문에 시간과 노력을 더 많이

들여야 합니다. 그보다는 적극적으로 선생님의 도움을 받는 것이 훨씬 효과적입니다. 특히 그날 수업 때 이해하지 못한 내용은 수업 시간 이후에라도 선생님의 도움을 받는 적극성이 필요합니다. 이후는 1번 아이와 동일하게 진행합니다.

- 준비가 되어 있지 않은 아이 : 5학년 2학기 한국사 수업이 시작되기 전에 한국사 수업을 받아보는 것이 좋습니다. 단, 반드시 아이에게 도움이 되는 수업이어야 합니다. '초등 한국사 방학 특강 2개월 완성'이라는 명칭만 보고 선택할 경우, 현재 아이의 한국사 학습 능력으로는 소화할 수 없는 수업일 수 있습니다. 완벽한 대비를 위한 수업이 아니라 학교 수업을 따라갈 수 있는 기초 능력 훈련을 위한 수업이어야 실질적인 효과를 볼 수 있습니다.

한국사도 넓은 의미에서는 사회 과목에 포함됩니다. 그래서 초등학교 한국사 교과서의 이름은 '한국사 5-2, 한국사 6-1'이 아니라 '사회 5-2, 사회 6-1'입니다. 즉, 초등 때 한국사 공부를 제대로 하는 방법은 사회와 마찬가지로 '이해하고 암기하고 설명하기'입니다. 그리고 그 방법의 첫 단계가 '이해하기'입니다. 잘 이해할 준비가 되어 있는 아이라면 수업 시간에 집중하는 것부터 시작하면 되지만, 그 반대의 아이라면 수업 내용을 이해할 수 있는 준비를 해야 합니다. 사교육을 통해서든, 다른 더 좋은 방법을 통해서든요.

초등학교 5~6학년 때 역사 학습과 관련해서 또 살펴봐야 할 영역이 중국사입니다. 고조선을 멸망시킨 나라가 중국이고요. 수·당 전쟁은 고구려와 중국의 전쟁이고요. 신라의 삼국 통일, 조선 때 병자호란 등도 중국과 관련이 있습니다. 이처럼 한국사 학습 때 중국이 자주 등장하기 때문에 중국에 대해 어느 정도 이해를 해 두면 좋은데요. '어느 정도'의 기준이 중요합니다.

물론 중국사 전체를 학습하면 좋지만 반드시 그렇게 할 필요는 없습니다. 대신 '중국이라는 나라가 있다. 중국도 여러 나라들이 세워졌다 사라지곤 했다. 우리보다 문물이 앞섰다. 우리나라를 기준으로 했을 때 대충 어디에 있다.' 정도는 알아야 하고요. 우리나라 역사뿐만 아니라 다른 나라 역사를 통해서도 통찰력을 기를 수 있기 때문에 교과 대비와 통찰력 측면에서 봤을 때 중국사 중에서 '초한지'와 '삼국지' 정도는 초등학교 때 읽는 것이 좋습니다.

초한지와 삼국지 독서는 초등 3~4학년 때에도 도전해 볼만 합니다. 단, 아이에 따라 다르고요. 5~6학년은, 책 선정만 잘 하면 초한지와 삼국지를 재미있게 볼 것입니다. 그러면 역사에 대한 관심도도 높일 수 있고요. 한국사 학습에 약간의 도움도 받을 수 있으며, 통찰력을 기르는 데에도 도움을 받을 수 있습니다. 초한지와 삼국지 중에는 초한지를 먼저 보는 것이 좋습니다. 삼국지보다 덜 복잡하고, 삼국지의 축소판 느낌도 들기 때문입니다. 그래서 부담이 덜한 초한지를 먼저 본 다음에 삼국지로 확장시키는 것을 추천하는 편입니다.

제 아이가 고등학교 1학년 때 한국사 시험 준비를 하면서 이렇게 말했습니다. "아빠, 중학교 때 한국사 책을 한 번 더 읽었어야 해. 그러면 지금(고1) 한국사 공부가 더 쉽게 느껴질 거 같아." 이처럼 전국 기준 최상위권 아이들도 한국사 학습은 부담스러워합니다. 그래서 일부 극소수의 '한국사를 사랑하는 아이들'을 제외한 다수의 아이들은 어릴 때부터 한국사 학습을 체계적으로 진행하는 것이 좋습니다. 그리고 가장 좋은 방법은 독서와 체험입니다. 단, 내 아이의 현재 읽기 능력과 학습 능력 그리고 역사의식 발달 단계를 충분히 고려해야 의미 있는 독서와 체험이 될 수 있습니다.

토론, 논술, 한자, 자기주도 학습, 철학 이것만은 꼭!

PART 11

1. 토론과 논술은 이렇게
2. 한자는 이렇게
3. 자기주도 학습은 이렇게
4. 철학은 이렇게

1 토론과 논술은 이렇게

여기까지 읽으셨다면 이제 3가지 고려 대상은 외우고 계시겠죠? '본질, 뇌 발달, 교육 현실' 3가지입니다. 토론과 논술에 대해서도 하나씩 살펴보겠습니다.

우선 본질입니다. 토론은 말하기, 논술은 쓰기입니다. 둘 다 Output입니다. 언어는 기본적으로 듣기, 말하기, 읽기, 쓰기입니다. 이 중 '듣기와 읽기'는 Input이고요. '말하기와 쓰기'는 Output입니다. 단순하게 표현해서 듣기와 읽기는 외부 정보를 내 안으로 받아들이는 것이고요. 말하기와 쓰기는 내 안의 정보를 외부로 내보내는 것입니다. 그런데 성인이 되기 전까지는 Input(듣기와 읽기)이 Output(말하기와 쓰기)보다 쉽습니다. 초등학생들 입장에서 봤을 때 설명을 듣는 것이 설명하는 것보다 더 쉽고, 글을 읽는 것이 글을 쓰는 것보다 더 쉽습니다. (설명을 들을 때 집중하지 않을 뿐이죠.) 따라서 듣기, 말하기, 읽기, 쓰기 능력을 훈련할 때에는 말하기보다 듣기를 먼저, 쓰기보다 읽기를 먼저 훈련해야 합니다.

그리고 아이의 학습과 관련해서 절대 잊지 말아야 할 것 중 하나가 'Input이 차고 넘칠수록 Output이 좋아진다.'입니다. 즉, 듣기와 읽기의 양이 차고 넘칠수록 말하기와 쓰기도 잘 하게 되는 건데요. 이때 듣기와 읽기는 같은 Input이지만 아이에게 끼치는 영향력은 큰 차이를 보입니다. 똑같은 내용인데 책을 읽어주면 쉽게 이해하지만 혼자 읽으라고 하면 부담스러워합니다. 문제집을 풀 때에도 문제를 읽어주면 쉽게 이해하지만 혼자 문제를 읽으면 어려워합니다. 읽어주는 것은 '듣기'이고, 혼자 읽는 것은 '읽기'입니다. 즉, 같은 Input이라도 '읽기'가 '듣기'보다 훨씬 어렵다는 것입니다. 훨씬 어려운 것을 많이 해서 잘 하게 된다는 것은, 그 과정에서 많은 것들이 훈련된다는 뜻이기도 하고요. 그래서! '읽기 능력이 아이의 평생 학습 능력을 좌우한다.'라는 표현까지 등장한 것입니다. 어쨌든 말하기(토론)와 쓰기(논술)을 잘 하려면 먼저 듣기와 읽기 경험을 충분히 쌓아야 하고요. 특히 읽기 능력을 충분히 훈련하는 것이 매우 중요합니다. 그래서 '독서'가 중요한 거죠.

다음은 뇌 발달입니다. 토론과 논술을 위해 반드시 갖추어야 하는 능력 중 하나가 '논리적 사고력'입니다. 토론과 논술의 핵심 기능은 '설명과 주장'입니다. 말 또는 글로 잘 이해시키고(설명) 잘 설득해야(주장) 토론과 논술을 잘 하는 것입니다. 그런데 잘 이해시키고 잘 설득하려면 원인과 결과, 근거와 주장 등을 체계적으로 조리 있게 잘 설명해야 하고요. 이를 위해서는 반드시 논리적 사고력이 잘 훈련되어 있어야 하며 이를 위해 고려해야 할 뇌 발달 단계 요소는 3가지입니다.

☑ 일반적으로 논리적 사고가 가능한 시기는 5세 즈음이다.

☑ 언어를 담당하고 있는 측두엽은 7세 때부터 빠르게 발달한다.

☑ 추상 개념으로도 논리적 사고를 하는 것은 10세 때부터 가능하다.

즉, 5세 즈음부터는 쉬운 설명문을 읽어 주면서 '논리적으로 이해하는 능력 훈련'을 시작하는 것이 좋고요. 7세 즈음부터는 설명문의 난이도와 분량을 서서히 높이는 것이 좋고요. 10세 전후로는 주장글 읽기 연습과 주장하기 연습도 해 보는 것이 좋습니다. 이에 대해서는 뒤쪽에서 각 시기별로 자세히 정리해 놓았습니다.

마지막으로 살펴볼 것은 우리나라의 교육 현실입니다. 우리나라 교육에서 토론과 논술은 어느 정도나 중요할까요? 십여 년 전에 초등 학부모 사이에서 독서논술 사교육 바람이 빠르게 번졌었습니다. '대학 잘 가려면 논술도 잘 해야 한다. 그런데 대입 논술은 워낙 어려워서 초등 때부터 꾸준히 대비해야 한다.'라는 주장이 퍼졌기 때문인데요. 대입에 '논술 전형'이 있었고, 점차 축소되기는 했지만 계속 논술로 일부 학생을 선발했기 때문에 이 주장이 설득력을 얻었습니다. 하지만 2018년에 발표한 '대입 제도 개편안'에서는 "대입 논술 전형을 축소 후 폐지하겠다."라고 선언했습니다. 즉, 이 개편안대로 바뀐다면 2018년 기준으로 초등학생과 유아~유치 아이들이 대학에 도전할 때에는 논술 전형이 존재하지 않게 됩니다. 그래서 2018년 기준으로 중·고등학생이 아니라면 이제 더 이상은 '대입 논술'을 생각하지 말아야 합니다. 그럼 앞으로는 논술을 할 필요가 없어진 걸까요? 그건 아닙니다.

앞에서 몇 번 언급했듯이 고등학교 때 중간고사, 기말고사, 수행평가 시험이 가장 중요한데요. 이 시험에 토론 능력과 논술 능력이 큰 영향을 끼치기 때문에 대입 논술 전형이 사라지더라도 토론과 논술은 신경을 써야 합니다. 단, 어느 정도 영향을 끼치는지를 정확히 파악해야 토론과 논술에 투자하는 시간과 노력을 효율적으로 정할 수 있습니다. 요즘 아이들은 해야 할 것이 정말 많거든요.

일단 고등학교 내신 시험 중 토론과 논술에 해당하는 것은 다음과 같습니다.

[고등학교 내신 시험 중 토론과 논술에 해당하는 것]

☑ 중간고사, 기말고사 시험에 출제되는 서술형 주관식 문제
☑ 수학 문제 해결 과정 논리적으로 서술하기 ⇒ 수행평가
☑ 도서 서평 쓰기, 독서 후 주제글 쓰기 ⇒ 주요 과목 수행평가
☑ 팀 단위 주제 토론, 팀 단위 과제 발표 ⇒ 주요 과목 수행평가

중간고사와 기말고사 시험에 서술형 주관식 문제가 출제되는 것은 전국 공통 사항이고, 초등부터 고등까지 전 학년 공통 사항입니다. 시험에서 서술형 주관식 문제가 차지하는 비중은 학교마다 차이가 있지만 출제가 된다는 사실은 거의 모든 학교의 공통 사항입니다. 그래서 서술형 주관식 문제를 잘 해결할 수 있을 정도의 쓰기 능력은 반드시 갖추어야 합니다. (수능 서술형, 논술형도 출제 예정)

그리고 수행평가는 학교마다, 선생님마다 다소 차이가 있는데요. 고등학교 때 수학 수행평가로 '문제 풀어보기'를 하는 학교들이 있습니다. 수학 중간·기말고사도 문제 풀기이고, 수학 수행평가도 문제 풀기인데요. 이때 수행평가 문제 풀기는 문제의 난이도가 더 높고요. 100% 서술형 주관식 문제입니다. 그래서 수학은 반드시 정답뿐만 아니라 정답을 구한 풀이 과정을 설명할 수 있어야 합니다.

국어와 영어 수행평가도 학교마다, 선생님마다 다소 차이가 있는데요. 책을 한 권 지정해 주면 그 책을 읽은 다음 서평을 쓰거나 그 책과 연관된 주제에 대해 글을 쓰는 수행평가가 있고요. 영어 수행평가의 경우 책은 영어책이지만 글은 한글로 쓰게 하기도 하고요. 어떤 학교는 영어책을 읽고 영어로 서평을 쓰게 하기도 합니다. 그래서 일반적인 읽기 능력과 쓰기 능력도 갖춰야 합니다. 또 다른 주요 과목인 사회, 과학, 한국사의 경우에는 서평 쓰기, 주제글 쓰기 외에도 팀 단위 토론이나 팀 단위 과제 발표 등의 수행평가를 진행하기도 합니다.

정리해 보면요. 서평 쓰기를 하기 위해서는 우선 잘 읽어야 합니다. 국어와 영어 시험을 잘 보려면 역시나 독해(읽기)를 잘 해야 하고요. 그리고 토론을 잘 하려면 듣기와 말하기를 잘 해야 합니다. 그리고 쓰기 능력은 중간·기말고사뿐만 아니라 각 과목 수행평가에 다 적용되는 능력입니다. 그래서 '고등학교 때 내신 성적을 잘 받으려면 듣기, 말하기, 읽기, 쓰기를 잘 해야 한다!'라는 결론에 도달하게 되고요. 그래서 토론과 논술은 예전보다 더 중요해졌습니다.

그런데! 난이도는 낮아졌습니다. 이것이 핵심입니다. 어쨌든 서술형 주관식 쓰기는 대입 논술보다 쉬운 쓰기이고요. 수행평가 쓰기도 대입 논술보다 쉬운 쓰기입니다. 게다가 각 과목 학습을 할 때 공부한 내용을 설명할 수 있으면 서술형 주관식도 웬만큼 쓸 수 있게 되고요. 그렇게 초등학교 때부터 각 과목 공부를 제대로 하면서 독서 꾸준히 하고, 각 과목 수행평가를 성실하게 수행하면, 가장 중요한 고등학교 때 서술형 주관식 문제, 수행평가 토론과 쓰기를 웬만큼 할 수 있게 됩니다. 즉, 예전 대입 논술 대비 때에는 내신 대비와 논술 대비를 따로 해야 했지만 지금의 수시 학생부 전형 대비는 내신 대비와 토론·논술 대비를 따로 할 필요가 없습니다. 단, 내신 공부를 제대로 해야 그 효과를 볼 수 있습니다.

[토론과 논술의 변화]

☑ 대비해야 할 시험 : 대입 논술 시험 ⇒ 서술형 주관식 문제, 수행평가 과제

☑ 훈련해야 할 능력 : 대입 논술 쓰기 능력 ⇒ 일반적인 듣기, 말하기, 읽기, 쓰기 능력

☑ 시험의 난이도 : 매우 어려움 ⇒ 충분히 해 볼만 함

☑ 대비 방법 : 대입 논술 별도 대비 ⇒ 각 과목 공부 제대로 하면 모두 대비됨

각 시기별로 독서와 과목별 공부를 어떻게 해야 하는지에 대해서는 앞쪽 내용을 참고하시고요. 토론과 논술 실전 연습에 대해서만 정리해 보았습니다. 독서는 토론과 논술의 기초 능력을 길러줍니다. 하지만 독서가 실전 능력까지 길러 주는 것

은 아닙니다. 토론과 논술의 실전 능력은 실제로 해 봐야 더 잘 하게 되는데요.

(1) 토론 실전 연습은 이렇게

　토론(말하기) 실전 연습은 3가지 방법으로 진행할 수 있습니다. 첫째는 독후활동으로, 둘째는 과목 공부와 서술형 주관식 문제로, 셋째는 토론 전문 사교육을 활용하는 것입니다. '독후활동은 어떻게 할 것인가.'에 대해서는 Part 5 독서와 국어 부분을 참고하시고요. 앞으로의 학습 방법은 '이해하고 암기하고 설명해 보기'라고 했습니다. 즉, 각 과목 공부를 할 때 설명해 보기를 하면 토론의 기초 능력이 훈련됩니다. 그리고 각 과목별로 서술형 주관식 문제를 풀어볼 때 먼저 말로 설명해 보게 한 다음에 쓰게 하는 것이 좋다고 했습니다. 이때 토론의 기초 능력이 또 훈련되게 됩니다. 단, 실제로 토론을 해 본 것은 아니기 때문에 실전 훈련이 충분히 되었다고 볼 수는 없습니다. 물론 독서량이 많고 각 과목 학습에서 설명하기를 잘 하는 아이라면 굳이 토론 관련 사교육을 하지 않아도 어느 정도 토론 능력을 갖추게 되고요. 많지는 않지만 학교 수행평가 때 경험하는 토론만으로도 일정 수준 이상의 토론 능력을 갖추게 됩니다.

　그래서 토론 전문 사교육을 적극 검토해야 하는 아이는, 잘 하는 아이보다는 조금 아쉬운 아이들입니다. 독서도 좀 했고 과목 공부도 괜찮게 하는데 발표나 설명, 토론은 부담스럽게 느끼는 아이들이죠. 이 아이들은 적절한 토론 전문 사교육을 통해 생각보다 큰 효과를 볼 수도 있습니다. 그리고 사교육 때문에 독서를 반강제적으로 꾸준히 하는 효과도 볼 수 있고요. 이때 중요한 것은 적절한 시점에 적절한 프로그램을 선택하는 것인데요.

　일반적으로 토론다운 토론이 가능한 시점은 초등학교 3학년 이후입니다. 정답을 말하거나 책 내용을 설명하는 말하기 연습만으로는 토론이라고 할 수 없죠. 물론 독서조차 제대로 진행되지 않아서 독서와 간단한 독후활동만이라도 안정적으로 진행해야 하는 상황이라면 토론까지 생각할 단계는 아니지만, 그런 경우라면 토론보다는 독서 중심의 사교육을 선택하는 것이 좋고요. 어떤 기준을 근거로 자신의 생각을 담아서 발표해야 토론이라고 할 수 있습니다. 그리고 나름의 기준을 가지고 자기 생각을 좀 길게 표현할 수 있는 때는 초등학교 3학년 이후입니다. "제 아이는 초등 저학년이지만 토론도 잘 하는데요."라고 말씀하시면, 그 집 아이 이야기이고요. 일반화시키지 말아야 합니다.

그리고 적절한 프로그램이란 내 아이가 토론에 적극적으로 참여할 수 있는 프로그램입니다. 이를 위해서는 토론 주제가 무엇인지, 사전 준비 과정은 체계적인지, 교사는 토론 진행을 매끄럽게 잘 하는지, 함께 토론하는 아이들의 토론 능력이 적절한지 등이 중요합니다. 우선 토론 주제와 사전 준비 과정은 그 프로그램의 완성도에 해당합니다. 그래서 토론 프로그램에 대한 꼼꼼한 검토가 필요한데요. 해당 프로그램의 교재를 잘 살펴봐야 하고요. 토론 전 준비 과정에 대해서도 구체적인 사례를 통해 잘 확인해야 합니다.

그리고 교사의 토론 진행 능력은 상당 부분 운에 달려 있기는 한데요. 가급적 아이들을 지도한 경험이 좀 있으면서 토론 수업의 교육적 의미를 잘 알고 계신 분이 좋습니다. 물론 경험이 적더라도 준비가 잘 되어 있는 분도 있고요. 아이의 토론 능력이 많이 부족하다면 교사와 1:1 수업으로 기초를 쌓은 후 그룹 토론으로 넘어가는 방식도 검토해 봐야 합니다. 물론 토론을 어느 정도 할 수 있다면 1:1 토론보다는 그룹 토론이 더 좋습니다.

마지막으로 함께 토론하는 아이들도 중요한데요. 말 잘 하는 여자 아이들 3명

팀에 내 아들을 보낼 것인지는 정말 신중히 검토해야 합니다. 초등학교 중학년까지는 자신감이 중요합니다. 그래서 토론 능력이 아주 좋은 아이들과 함께 하는 것이 반드시 좋은 것은 아닙니다. 반대의 경우도 좋은 것은 아니고요. 가급적 비슷한 나이에 비슷한 토론 능력을 갖춘 아이들과 함께 하는 것이 좋습니다.

앞에서 정리했듯이 토론이 중요하기는 하지만 초등 때 더 중요한 것은 각 과목별로 기초 학습 능력을 탄탄히 하는 것입니다. 아이가 각 과목 학습에 어려움을 느낀다면 토론 실전 능력을 훈련할 때가 아니라 각 과목 학습부터 제대로 하는 것에 집중해야 하고요. 반대의 경우라면 일주일에 1회 정도 적절한 토론 전문 사교육을 통해 토론 실전 능력을 훈련하는 것을 적극적으로 검토해 볼 필요가 있습니다.

(2) 논술 실전 연습은 이렇게

앞에서 언급했듯이 예전 논술은 대입 논술이 핵심이었지만 앞으로의 논술은 내신과 수능 쓰기 능력이 핵심입니다. 그래서 서술형 주관식 쓰기와 수행평가 쓰기를 목표로 해야 하는데요. 둘 다 대부분 논리적으로 서술하는 글쓰기이기 때문에 논술이라고 볼 수 있습니다. 이에 대해서는 앞쪽 국어편에서 자세히 정리했는데요. 중복되는 부분도 생략하지 않고 논술 차원에서 다시 정리해 보았습니다.

일단 읽기는 쓰기의 필요조건입니다. 만약 읽기가 쓰기의 충분조건이라면, 읽기를 잘 하면 자동으로 잘 쓰게 될 것입니다. 그런데 읽기는 쓰기의 충분조건이 아니라 필요조건입니다. 잘 쓰려면 읽기가 꼭 필요한데, 충분한 것은 아니기 때문에, 일단 잘 읽은 다음에 추가로 쓰기 연습을 해야 비로소 충분히 잘 쓰게 됩니다. 그래서 쓰기 연습을 별도로 좀 해야 하는데요.

초등학교 때 써야 할 것들로는 받아쓰기, 일기, 독서록, 독후감, 서술형 주관식 문제 정답, 수행평가 쓰기 등이 있습니다. 그런데 각각에 대해 생각할 때 반드시 함께 고려해야 하는 것이 '적절한 시기'입니다. 안타깝게도 대부분 '적절한 시기'는 고려하지 않고 잘 쓰게 하는 것에만 집중하기 때문에 쓰기 연습이 잘 진행되지 않기도 하고, 무엇보다 쓰기 때문에 독서, 국어, 영어, 수학 등을 싫어하게 만들기도 합니다. 하나씩 간단히 정리해 보았는데요.

받아쓰기는 충분한 연습만이 답입니다. 다만 그 전까지 읽기(독서)에 얼마나 노출되었느냐에 따라 금방 잘 하는 아이가 있고 꽤 오랫동안 애를 먹는 아이가 있습니다. 그래서 아이에 따라 충분한 연습에 해당하는 양이 다르고요. 만약 아이가 받아쓰기를 어려워하면 "초등학생이 받아쓰기도 잘 못하냐!"라고 나무랄 것이 아니라 그 동안 읽기를 꾸준히 진행했었는지부터 되돌아 봐야 합니다. 그리고 아이가 재미있게 본 그림책이 있으면 그 그림책 내용 중 일부를 보면서 따라 써 보는 연습을 간간히 하는 것이 좋습니다.

일기쓰기는 아이에 따라 목표를 다르게 잡는 것이 좋습니다. 물론 모든 아이들이 일기를 잘 쓰기 바랍니다. 성적을 떠나 좋은 글쓰기이니까요. 다만 현실적으로 성적에 큰 영향을 끼치는 것은 일기쓰기가 아니라 서술형 주관식 쓰기입니다. 그래서 서술형 주관식 쓰기는 모든 아이들이 잘 쓰는 것을 목표로 해야 하지만 일기쓰기는 내 아이가 쓸 수 있는 만큼을 목표로 하는 것이 더 좋습니다. 일단 일기쓰기에 가장 중요한 것은 글의 재료입니다. 예를 들어 놀이공원에서 즐겁게 하루를 보냈다면 일기에 쓸 재료가 많기 때문에 조금만 이끌어 주면 풍성한 일기를 쓸 수 있습니다. 언제, 어디서, 누구랑, 무엇을, 어떻게 했는지 그리고 재미있었던 것과 힘들었던 것, 가장 먼저 떠오르는 것 등만 써도 충분하니까요. 그런데 이런 날이 자주 있지는 않습니다. 아이 입장에서도 대부분의 날은 평범한 일상입니다. 그 상태에서 일기를 잘 쓰라고 하는 것은 무리한 요구일 수 있습니다. 만약 평범한 날에도 일기를 잘 쓰기 바란다면 쓰기 전에 충분한 대화를 나눠야 합니다. 아침, 점심, 오후, 저녁 시간대별로 무엇을 했고 어떤 기분이었는지 등을 구체적으로 이야기해 보게 하고요. 그 중에서 일부를 일기에 쓰게 해야 합니다. 이런 과정 없이 무조건 일기를 쓰라고 하는 것은 어린 아이일수록 부담감이 크게 느껴질 것입니다.

　독서록과 독후감 쓰기도 일기쓰기처럼 모든 아이들이 의미 있게 잘 쓰면 좋지만 역시나 현실적인 우선순위는 서술형 주관식 쓰기가 더 높습니다. 그래서 일기처럼 내 아이가 쓸 수 있는 만큼을 목표로 하는 것이 좋습니다. 그리고 가장 중요한 것도 일기와 마찬가지로 글의 재료입니다. 책을 재미있게 봤다면 글감이 생기지만 의무적으로 대충 봤다면 글감이 빈약할 것입니다. 그래서 책을 재미있게 보는 것이 독서록이나 독후감보다 훨씬 더 중요합니다. 그리고 독서록과 독후감 쓰기에 익숙하지 않은 아이라면 책을 재미있게 봤더라도 쓰기는 부담스러울 수 있습니다. 만약 내 아이가 독서록과 독후감 쓰기를 잘 하기 바란다면 역시나 쓰기 전에 충분한 대화를 나눠야 하는데요. 이에 대해서는 'Part 5 독서와 국어' 편의 '7세~초등 2학년' 부분에 정리해 놓았습니다. 그 내용을 참고하시기 바랍니다. 독서록 쓰기도 숙제라는 이유만으로 열심히 잘 쓸 것을 요구하는 것은 당위성만으로 무리한 요구를 하는 것입니다. 아이가 잘 쓸 수 있는 상황과 여건을 함께 마련해 주어야 하고요. 그렇게 노력하는 것이 부모에게 부담으로 느껴진다면 차라리 내려놓는 것이 더 현명할 수도 있습니다. 독서록과 독후감 쓰기보다 훨씬 더 중요한 것이 '재미있게 집중해서 읽기'이기 때문입니다.

　이제 모든 아이들이 잘 쓰기 위해 노력해야 하는 서술형 주관식 문제의 정답 쓰기입니다. 서술형 주관식 문제의 정답 쓰기는 초등학교 1학년 때부터 시작됩니다.

(초등학교 중에 단원평가 시험도 폐지한 학교는 예외이고요.) 1~2학년 때에는 3 과목 중 국어와 수학에서 서술형 주관식 문제가 나오고요. 3학년 이후부터는 국어, 영어, 수학, 사회, 과학 등에서 서술형 주관식 문제가 나오는데요. 훈련 방법은 저학년(1~2), 중학년(3~4), 고학년(5~6)으로 나누어 진행하는 것이 좋습니다.

우선 초등학교 저학년인 1~2학년 때에는 수학 서술형 주관식 문제 잘 쓰기가 중요합니다. 국어는 7세까지의 독서량이 꽤 되고 독후활동도 좀 한 상태라면 무리 없이 잘 대처할 것입니다. 하지만 반대의 경우라면 당분간 쓰기는 '이런 경우에는 이런 내용을 쓰는구나.'처럼 사례 익히는 정도만 하고요. 쓰기보다는 독서와 독후 활동에 집중해야 합니다. 그에 비해 수학은 아이의 실력과 관계없이 서술형 주관식 문제를 가지고 훈련을 해야 하고요. 이에 대해서는 'Part 7 수학편'의 '초등학교 1~2학년' 부분에 정리해 놓았습니다. 그 내용을 참고하시기 바랍니다.

그 다음, 초등학교 중학년인 3~4학년 때는 과목 수가 늘어납니다. 국어, 영어, 수학, 사회, 과학 등인데요. 선행되어야 할 것은 각 과목 공부 제대로 하는 것입니다. 수학은 계산 과정과 문제 해결 과정을 설명할 수 있어야 하고요. 사회와 과학은 '이해하고 암기하고 설명하기' 방식으로 학습해야 합니다. 그 다음 서술형 주관식 문제를 푸는 연습을 해야 하는데요. 학기마다 각 과목별로 문제집을 한 권씩 준비합니다. 수학은 학기 당 2권이고요. 영어는 아이의 실력에 따라서는 구입할 필요가 없을 수 있습니다. 그리고 문제집에 있는 서술형 주관식 문제를 풀어 보는데, 문제를 읽은 후 먼저 말로 설명해 보게 합니다. 설명을 잘 했다면 글로 쓰게 한 후 문제집에 있는 답안 사례와 비교해 보면서 보완할 점을 생각해 봅니다. 만약 설명이 많이 아쉽다면 바로 답안 사례를 보는 것이 아니라 교과서나 문제집에서 그 문제의 답에 해당하는 부분을 찾은 다음 그 내용을 보면서 다시 설명해 보게 합니다.

그 다음 답을 써 보고, 답안 사례와 비교해 보면서 보완할 점을 생각해 봅니다. 즉, 서술형 주관식 문제를 단순히 풀어보기만 하는 것이 아니라 문제를 활용해 또 한 번의 학습을 하는 것입니다. 그 과정을 통해 복습도 하고, 학습이 충분하지 않았던 부분을 찾아 보완도 하고, 서술형 주관식 문제 해결 능력도 훈련하게 됩니다.

초등학교 고학년인 5~6학년 때는 수학이 어려워지고 한국사가 등장합니다. 기본적인 서술형 주관식 문제 대비법은 3~4학년 때와 유사합니다. 각 과목 공부부터 제대로 해야 하고요. 문제집을 활용해서 서술형 주관식 문제 푸는 연습을 진행합니다. 추가로 해야 할 것은 주장글 읽기와 쓰기인데요. 앞에서 초3(10세) 전후로 주장글 읽기와 주장하기를 해 보면 좋다고 했습니다. 단, 아이가 가능할 경우에 한해서입니다. 그에 비해 5~6학년 때에는 주장글 읽기, 주장하기, 주장글 쓰기 연습을 꼭 해 볼 것을 추천합니다. 아이에 따라 난이도, 분량, 완성도 등은 조절이 필요하지만 경험하는 것 자체는 모든 아이들에게 적용됩니다. 자주는 아니지만 서술형 주관식 문제 중에서 주장을 쓰는 문제가 나오기도 하고요. 서서히 중등과 고등 수행평가 글쓰기도 준비해야 하기 때문입니다. 단, 완성도보다는 자꾸 해 보는 것이 중요합니다. 그러면서 일관된 기준(가치관)이 필요함도 느껴봐야 합니다.

2 한자는 이렇게

한자는 초등학교 때 교과목이 아닙니다. 그래서 진행 여부와 중요도를 판단하는 것이 쉽지 않은데요. 마찬가지로 '본질, 뇌 발달, 교육 현실' 3가지 측면에서 살펴보면 어느 정도 기준을 정할 수 있습니다.

우선 본질적으로 한자는 언어이면서 모국어가 아닌 외국어입니다. 언어이기 때문에 제대로 습득하고자 한다면 듣기, 말하기, 읽기, 쓰기 순서로 충분히 접해봐야 하는데요. 우리나라에서는 중국어를 영어만큼 중요하게 여기지는 않기 때문에 대부분 영어만큼 많이 하지 않습니다. 하지만 우리나라와 몇몇 나라들이 가지고 있는 '한자 문화권'이라는 특수성 때문에 한자는 또 다른 의미를 갖고 있습니다.

우리나라는 1442년까지 우리만의 고유한 문자가 없었습니다. 그래서 1443년에 훈민정음이 창제되기 전까지 한자를 사용해왔고요. 훈민정음 창제 후에도 상당 기간 동안 한자를 사용했습니다. 그로 인해 우리의 말과 글은 한자의 영향을 많이 받았고요. 즉, 한자는 본질적으로 언어이기도 하면서 언어라는 본질을 떠나 우리의 말과 글에 많은 영향을 끼친 외국어라는 특징도 가지고 있는 언어입니다. 그래서 한자는 습득의 대상인 하나의 언어로 볼 수도 있고, 언어 습득의 대상으로 보지는 않더라도 모국어(한국어) 습득을 잘 하기 위해 고려해야 할 대상으로 볼 수도 있는데요. 어느 경우로 바라볼 것인가에 따라 학습 목표와 방법이 달라집니다.

뇌 발달 측면에서 봤을 때 한자 학습을 시작하는 시기는 7세 즈음이 적당합니다. 이는 국어, 영어, 한자 모두 비슷한데요. 모두 언어이기 때문이죠. 단, 앞에서 언급했듯이 외국어 중 하나인 중국어 습득을 목표로 할 것인가 아니면 모국어(한국어) 습득을 잘 하기 위함인가에 따라 한자 학습 목표, 방법, 분량 등을 다르게 정해야 합니다.

마지막으로 살펴볼 것이 한자 교육 현실 측면인데요. 세계의 정치, 경제, 사회, 문화 등 거시적 관점에서 봤을 때 영어와 중국어 중 어느 것이 더 중요한가에 대해서는 이견이 있을 수 있습니다. 그리고 개개인의 상황과 삶의 목표, 장래 희망에 따라 영어가 더 중요할 수도 있고 중국어가 더 중요할 수도 있습니다. 하지만 우리나라의 초등, 중등, 고등 교육과정과 입시 제도를 기준으로 하면 중국어가 국어나 영어만큼 중요하지는 않습니다.

그런데 한자를 언어가 아닌 '한자 문화권' 측면에서 보면 이야기가 달라지는데요. 초등학교 때 '한자'라는 과목은 등장하지 않지만 국어, 수학, 사회, 과학, 한국사 등 거의 모든 주요 과목에 한자가 적지 않은 영향을 끼치기 때문이고요. 한자가 끼치는 영향력의 핵심은 어휘력입니다.

🔍 **3학년 수학 어휘 사례**

- 분수 : 나눌 분(分) + 셈 수(數) ⇒ 수를 나눈 것
- 진분수 : 참 진(眞) + 분수 ⇒ 진짜 분수
- 가분수 : 거짓 가(假) + 분수 ⇒ 가짜 분수

🔍 **3학년 사회 어휘 사례**

- 지도 : 땅 지(地) + 그림 도(圖) ⇒ 땅 그림
- 백지도 : 흰 백(白) + 지도 ⇒ 흰 지도(지도를 그릴 백지 상태 종이)
- 인공위성 : 사람 인(人) + 장인 공(工) + 지킬 위(衛) + 별 성(星) ⇒ 사람이 만든 위성

🔍 **3학년 과학 어휘 사례**

- 지표 : 땅 지(地) + 겉면 표(表) ⇒ 땅의 겉면
- 침식 : 잠길 침(浸) + 갉아 먹을 식(蝕) ⇒ (땅을) 갉아서 잠김
- 퇴적 : 쌓을 퇴(堆) + 쌓을 적(積) ⇒ 쌓고 또 쌓음

앞에서 몇 번 언급했듯이 제대로 학습한다는 것은 '이해하고 암기하고 설명해 보기'입니다. 그런데 이해를 잘 하려면 어휘력이 좋아야 하고요. 설명을 잘 하려면 어휘력이 좋아야 합니다. 어휘력은 쓰기에도 영향을 끼칩니다. 그런데 각 과목별 핵심 어휘 중 많은 수가 한자어이고요. 어휘 학습을 할 때 한자의 음과 뜻을 활용하면 훨씬 효과적으로 어휘력을 기를 수 있습니다. 따라서 한자는 초등학교 때 주요 과목은 아니지만 중국어 습득이 아니라 모국어 습득을 위해 학습하는 것이 좋고요. 이를 위한 학습 단계는 아래와 같이 진행하는 것이 좋습니다.

[어휘력을 위한 한자 학습 단계]

(1) 한자란 무엇이고 어떤 것들이 있는지 제대로 알기
(2) 우리말 중 한자어 어휘에 익숙해지기
(3) 한자를 적용하며 어휘력 기르기

한자의 음과 뜻을 활용해 어휘력을 기르는 방법을 단계별로 자세히 정리해 놓았는데요. 독서를 좀 했지만 어휘력이 충분히 훈련되지 못한 아이를 기준으로 정리했습니다. 따라서 정리한 내용을 참고로 해서 내 아이에게 맞는 적절한 학습 시기, 학습 분량, 진행 속도 등을 잘 결정하시기 바랍니다.

(1) 한자란 무엇이고 어떤 것들이 있는지 제대로 알기

한자를 활용해서 어휘력을 기르려면 먼저 '한자'가 무엇이고 어떤 것들이 있는지에 대해서 좀 알아야 하는데요. 중국 사람들은 한자를 만들 때 어떻게 만들었을까

요? 예를 들어 '七'이라는 한자가 있습니다. 이 한자는 '칠'이라고 읽고요. 의미는 '일곱'입니다. 중국 사람들은 '일곱'이라는 의미의 문자를 왜 '七' 모양으로 만들었을까요? '七'이라는 한자가 생기는 과정을 상상해 봤습니다.

"일곱을 뜻하는 한자를 만들어야 하는데. 어떤 모양으로 만들까? '셋'은 나뭇가지가 셋 있는 모양과 비슷하게 만들었는데, 나뭇가지가 일곱 있는 모양은 너무 복잡하고. 일곱인데 간단한 모양인 거, 뭐가 있을까. 아! 북두칠성! 북두칠성은 별의 수가 일곱이면서 모양이 간단하지." 이렇게 하늘에 떠 있는 일곱 개의 별 모양을 보고 '七'이라는 한자를 만든 거죠.

한자는 각각의 모양을 그렇게 만든 이유가 있습니다. 그리고 한자를 제대로 안다는 것은 각 한자의 모양을 그렇게 만든 이유를 이해하면서 음과 뜻을 익히는 것입니다. 우리 부모처럼 '일곱 칠, 일곱 칠, 일곱 칠... 열 번 말하면서 열 번 쓰기' 방식은 단순 무식 암기였을 뿐이죠. 한자 학습의 목적이 모국어 어휘력을 위한 것이라면 한자 학습을 어렵게 할 필요도 없고, 많이 할 필요도 없습니다. 일단 학습하기 쉬운 한자는 상형한자입니다. 어떤 것의 모양을 본떠 만든 한자인데요. '七'은 북두칠성 별자리 모양을, '木'은 땅 위에 서 있는 나무 모양을 본떠 만든 상형한자입니다. 지사한자 중 간단한 것들도 학습하기 좋은 한자입니다. '근본'을 뜻하는 한자는 '本'입니다. 그런데 '本'은 '木'에 뿌리를 표시한 것입니다. 즉, 나무의 근본은 뿌리이므로 '근본'을 뜻하는 한자는 나무(木)에 뿌리 표시를 해서 '本' 모양으로 만든 것입니다. 이처럼 처음에 한자를 학습할 때에는 '왜 한자를 그 모양으로 만들었는지'를 쉽게 이해할 수 있는 한자로 학습하는 것이 좋고요. 한자능력검정시험에서 쉬운 급수에 해당하는 한자들이 대체로 그런 한자들입니다.

예를 들어 '한국어문회'의 급수 시험 단계를 보면 가장 쉬운 시험이 8급 시험이고요. 7급Ⅱ, 7급, 6급Ⅱ, 6급, 5급Ⅱ, 5급, 4급Ⅱ, 4급, 3급Ⅱ, 3급, 2급, 1급, 특급Ⅱ, 특급 순으로 점점 어려워집니다. 8급에 해당하는 한자는 50자이고요. 대체로 상형한자가 많습니다. 7급Ⅱ에 해당하는 한자는 100자인데요. 그 중 50자는 8급 한자입니다. 즉, 8급 한자를 학습한 다음에 7급Ⅱ 한자를 학습하려 한다면 추가되는 50자만 학습하면 됩니다. 7급 한자는 150자인데요. 8급 50자와 7급Ⅱ 때 추가된 한자 50자에 새로 50자가 더 추가된 것입니다. 따라서 8급, 7급Ⅱ, 7급까지의 한자 수는 총 150자이고요. 이 150자 한자를 처음부터(8급부터) 제대로 학습하면 그리 어렵지 않게 바람직한 한자 학습을 경험할 수 있습니다. 그리고 학습 가능한 시기는 7세 즈음부터 초등학교 3학년 정도로 생각됩니다.

이처럼 한자는 쉽게 학습할 수 있는 한자를 가지고 '한자는 무엇이고 어떤 한자들이 있는지'부터 제대로 학습해야 하고요. 어휘력을 위한 학습이기 때문에 한자 하나하나를 반드시 쓸 수 있어야 하는 것은 아닙니다. 따라서 한자 학습을 할 때 써 보는 것은 '한자의 모양을 왜 그렇게 만들었는지' 이해한 다음, 이해한 내용을 복습하면서 그 모양대로 그려 보는 활동으로 생각하는 것이 좋고요. 그래서 굳이 많이 써 볼 필요는 없습니다.

[Q] 한자 학습을 하지 않으면 어휘력에 문제가 생기나요?

[A] 어휘력은 '아는 어휘가 어느 정도인가?'와 '모르는 어휘의 의미를 얼마나 잘 추론할 수 있나?'에 의해 결정됩니다. 책을 폭넓게 많이 본 아이라면 이 2가지 능력이 자연스럽게 갖춰집니다. 그래서 유치부터 초등 저학년 시기에 책을 많이 본 아이라면 굳이 어휘력을 위해 한자 학습까지 할 필

요는 없습니다. 다만, 이 경우라도 하더라도 5학년 사회와 과학, 특히 한국사에서는 난이도가 높은 어휘를 많이 만나게 됩니다. 그리고 중학교 때 한자를 만나기도 하고요. 그래서 책을 많이 본 아이라고 하더라도 초등 중학년 이후에는 한자의 음과 뜻을 활용해 어휘의 의미를 이해하는 경험은 해 보는 것이 좋고요. 중학교 입학 전에는 한문 과목 대비로 한자 학습을 좀 해 두는 것이 좋습니다.

------

(2) 우리말 중 한자어 어휘에 익숙해지기

우리말 어휘 중에 '자녀'라는 어휘가 있습니다. '자녀'란 무엇일까요? "자녀는 아들과 딸을 뜻하는 단어야."라고 어휘 학습을 하는 것보다는 "자녀에서 '자'는 '아들 자'이고, '녀'는 '여자(계집) 녀'란다. 그래서 자녀는 아들과 딸을 뜻해."라고 학습하는 것이 더 좋습니다. 그래서 한자 자체에 대한 학습과 함께 우리말 중 한자어를 한자로 분석하는 학습도 병행하는 것이 좋은데요. 예를 들어 한국어문회의 8급 한자 50자를 학습하면 다음과 같은 어휘 학습도 가능해집니다.

[8급 한자로 만들 수 있는 어휘 사례]

1일~10일, 1월~10월, 월~일, 부모, 형제, 자녀, 삼촌, 학생, 교실, 선생, 학교, 왕국, 국군, 한국, 국왕 등

'선생님'에서 '선생'은 '먼저 선(先) + 태어날 생(生)'입니다. 선생님은 '먼저 태

어나신 분'이네요. 먼저 태어나서 먼저 많은 일들을 겪었기 때문에 학생보다 더 많이 알고, 더 잘 알고, 더 현명하니까 선생님의 말씀을 잘 따라야 하는 거죠. 그리고 '국군'은 '나라 국(國) + 군사 군(軍)'입니다. 국군은 '나라를 지키는 군사'입니다.

이렇게 한자 자체에 대한 학습과 함께, 한자를 적용해서 어휘의 의미를 이해하는 학습을 병행하면 어휘력도 기를 수 있고, 어휘의 의미를 추론하는 능력도 기를 수 있습니다. 이를 위해 행공신에서 출간한 〈생활 속 8급 한자〉, 〈생활 속 7급 Ⅱ 한자〉, 〈생활 속 7급 한자〉 교재도 활용해 보시기 바랍니다.

[Q] 한자 급수 시험을 꼭 봐야 하나요?

[A] 만약 아이가 한자 학습을 좋아하고 한자 급수 시험에 큰 의미 부여를 한다면 당연히 급수 시험을 보는 것이 좋습니다. 하지만 그런 경우는 흔하지 않기 때문에 일단은 모국어의 어휘력을 위한 한자 학습 차원에서 급수 시험을 판단하는 것이 좋고요. 이 경우 한자 급수 시험은 '한자 학습을 꾸준히 하기 위한 동기 부여'의 역할로 생각해야 합니다. 한자는 초등 때 정규 과목이 아니기 때문에 영어나 수학처럼 늘 생각하지는 않게 됩니다. 그래서 한자 급수 시험이라는 구체적인 목표를 정하는 것이 꾸준한 진행에 도움이 될 수 있고요. 아이에게도 동기 부여가 될 수 있습니다. 단, 시험 보는 시점은 99% 이상 합격이 확실할 때 보는 것이 좋고요. 한자 급수 시험을 주관하는 단체(기관)의 홈페이지에서 기출문제를 다운받은 후 그 문제를 풀어보면서 합격 가능 여부를 미리 확인하는 것이 좋습니다. 급수 시험 시기는 보통 8급은 7~8세, 7급Ⅱ는 초등 1~2학년, 7급은 초등 2~3학년 정도가 적당해 보입니다.

(3) 한자를 적용하며 어휘력 기르기

한자 자체에 대한 학습도 제대로 좀 했고, 한자어 어휘에도 좀 익숙해지면 그 다음부터는 어휘 학습을 할 때 늘 한자를 활용해 보는 것이 좋습니다. 예를 들어 '동물, 식물'이라는 과학 어휘가 나왔을 때 사전적 의미를 무조건 암기하려 할 것이 아니라 각각 어떤 한자로 되어 있는지를 찾아보고, 한자의 음과 뜻을 적용해서 어휘의 의미를 되새겨보는 것이 훨씬 효과적인 어휘 습득 방법입니다.

☑ 동물 : 움직일 동(動) + 사물 물(物)

☑ 식물 : 심을 식(植) + 사물 물(物)

이렇게 보면 동물은 '사물 중 움직이는 것'이고요. 식물은 '사물 중 심어진 것'입니다. 물론 이 의미가 완벽한 의미는 아닙니다. 하지만 동물과 식물의 큰 차이점 중 하나가 '다른 곳으로 이동할 수 있느냐?'이기 때문에 움직일 수 있는 것과 (심어져서) 움직일 수 없는 것은 의미 이해의 핵심 내용이라고 볼 수 있습니다. 이처럼 한자의 음과 뜻을 적용해서 어휘 학습을 하는 방식은 초등학교 3~4학년 수학, 사회, 과학 교과 학습뿐만 아니라 5~6학년 한국사 학습에도 좋은 영향을 주게 됩니다.

🔍 초등학교 한국사 어휘 사례

– 우경 : 소 우(牛) + 밭갈 경(耕)

– 농경문 청동기 : 농사 농(農) + 밭갈 경(耕) + 문화 문(文)

– 토기 : 흙 토(土) + 그릇 기(器)

– 유적 : 남길 유(遺) + 발자취 적(跡)

- 율령 : 법칙 률(律) + 하여금 령(令)
- 집권 : 잡을 집(執) + 권력 권(權)
- 입상 : 서다 입(立) + 모양 상(像)
- 좌상 : 앉다 좌(坐) + 모양 상(像)
- 모전석탑 : 본뜰 모(模) + 벽돌 전(塼) + 돌 석(石) + 탑 탑(塔)

이제 정리해 보겠습니다. 초등 때 한자는 모국어의 어휘력 때문에 학습을 하는 것이 좋은데요. 우선 '한자란 무엇이고 어떤 것들이 있는지 제대로 아는 것'부터 해야 하며, 7세~초등 1학년 정도에 시작하는 것이 좋습니다. 그 다음 '우리말 중 한자어 어휘에 익숙해지는 경험'을 해 봐야 하는데요. 시기는 초등 1~2학년 정도가 적당합니다. 그 다음 어휘 학습을 할 때 한자를 적용해서 하는 것이 좋은데요. 시기는 초등 2~3학년부터 시작하는 것이 좋습니다. 그리고 이와 같이 하는 데 한자 급수 시험을 동기 부여의 수단으로 활용하는 것은 괜찮은 방법입니다.

[Q] 7급 한자까지 학습했다면 그 다음에는 무엇을 하는 게 좋을까요?

[A] 먼저 다음 단계 급수 시험을 더 볼 것인지 아니면 본격적인 어휘 학습을 할 것인지를 정해야 합니다. 다음 단계 급수 시험을 더 보는 경우는, 아이가 원하고 좋아할 경우에 한해서이고요. 그런 경우가 아니라면 한자 학습이 아니라 어휘 학습에 초점을 맞추는 것이 좋습니다. 어휘 학습 방법은 2가지입니다. 하나는, 새로운 어휘가 나올 때마다 인터넷 검색을

통해 해당 한자의 음과 뜻을 확인해서 어휘의 의미 파악에 적용해 보는 것이고요. 다른 하나는, 출간되어 판매 중인 어휘서를 활용하는 것입니다. 인터넷 온라인 서점에서 '초등 어휘서'로 검색하거나 대형 서점에 문의하여 초등 어휘서의 종류를 파악한 다음, 서점에서 해당 어휘서의 난이도와 완성도부터 확인해야 합니다. 그리고 활용하기에 적절하다고 판단되면 구입해서 꾸준히 진행하는데요. 이때 처음부터 매 페이지마다 완벽하게 학습하는 것보다는 최대한 부담 없게 읽기 위주로 진행하는 것이 더 좋을 수 있습니다. 이는 아이의 학습 의지, 어휘 학습 능력, 관심도 등을 보고 결정해야 합니다.

---

3 자기주도 학습은 이렇게

내 아이의 자기주도 학습은 모든 부모의 꿈이자 희망사항입니다. 그런데 자기주도 학습능력은 꿈과 현실 사이에 상당한 간극이 존재하는 능력입니다. 그래서 '자기주도 학습'에 대해 제대로 이해하지 못한 상태에서 아이의 학습을 진행할 경우 자칫 아이에게 불가능한 요구를 하면서 부모와 아이 사이의 관계에 부정적인 영향만 줄 수도 있는데요.

'자기주도 학습능력'이란 무엇일까요? 개념 자체는 어렵지 않습니다.

<자기주도 학습능력이란?>

🔖 자기주도 학습능력

스스로(자기)가 객이 아닌 주가 되어(주도) 학습(공부)을 하는 능력

🔖 자기주도 학습능력 진행 순서

(1) 학습 목표를 세운다.

(2) 목표 달성을 위해 계획을 세운다. (일정, 방법, 활용 교재 등)

(3) 계획에 맞게 스스로 공부한다.

(4) 공부 과정과 결과를 평가한다.

(5) 평가 결과에 따라 목표와 계획을 수정하고 실행한다.

이처럼 자기주도 학습능력은 스스로 과제를 인식하고, 스스로 목표와 계획을 세우고, 스스로 실천을 해서, 스스로 목표를 달성하는 것입니다. 이때 목표와 계획을 세우고 실천을 하는 것은 뇌의 '전두엽'에서 하는 일입니다. 그런데 안타깝게도 전두엽은 태어날 때부터 완성된 상태가 아니고요. 아이가 성장하면서 전두엽도 발달하게 됩니다. 즉, 전두엽이 어느 정도 발달을 해야 자기주도 학습도 가능한 것입니다. 그렇다면 자기주도 학습이 가능한 시기는 언제일까요? 'Part 4 뇌 발달'에서 정리한 내용 중 일부를 보면 쉽게 알 수 있습니다.

〈전두엽의 발달 단계〉

3~4세	발달이 시작되는 시기	대화가 되기 시작
5~6세	급격히 발달함	공동체 생활 시작(유치원)

7~8세	기능이 가장 빠르게 성숙함	초등 시작(기본 생활 독립)
9~12세	발달이 지속적으로 진행됨	초등 사회 생활 가능
12~13세	시냅스 생성이 최고조에 이름	초5~6, 사춘기 시작 직전
14~16세	전두엽의 혼돈기	사춘기(중학생)
17~19세	전두엽의 정돈기	사춘기와 성인의 중간 단계
20세~	안정 상태에서 지속적 발달	

즉, 자기주도 학습을 안정적으로 할 수 있는 시기는 20세(대학생) 이후이고요. 17~19세(고등학생) 때에도 어느 정도는 가능해 보입니다. 14~16세(중학생)는 혼돈기이기 때문에 잘 되는 날도 있고, 그 반대인 날도 있고요. 12~13세(초등 5~6학년)도 가능할 거 같습니다. 11세(초등 4학년)까지는 기대하지 않는 게 좋을 듯하고요.

그런데 문제는 교육 현실입니다. 수시 학생부 전형에서 좋은 성과를 올리려면 고등학교 때 교과(내신)뿐만 아니라 비교과(자율 활동, 동아리 활동, 봉사 활동, 진로 활동, 각종 교내 경시대회, 독서 활동) 부분도 목표를 세우고 잘 관리해야 합니다. 게다가 교과(내신)는 수행평가도 포함한 것이기 때문에 각 과목별 수행평가 관리도 잘 해야 하고요. 이를 위해서는 유아 때부터 시기별로 1순위를 잘 정해서 각 과목별 기초 학습 능력과 실전 능력을 탄탄하게 쌓아야 하고요. 시기별로 1순위를 잘 정하고, 각각의 목표를 잘 정하려면 수시 학생부 전형과 초중고 교육과정과 각 시기별 시험 제도에 대해 전반적으로 이해를 해야 합니다. 즉, 큰 그림을 볼 수 있어야 하고요. 큰 그림을 근거로 해서 학교 진도나 학교 시험과는 별도로 평상시 학습 계획을 세우고 실천해야 합니다. 그 대표적인 사례가 수학 선행입니다. 그런데 이렇게 큰 그림을 근거로 종합적으로 자기주도 학습을 하는 것은 빨라야 고등학교 때 가능한 일이고요. 그나마 소수 아이들만 가능한 상태입니다. 뇌 발달만 보면 12~13세 때에도 자기주도 학습을 할 수 있을 듯 하지만 교육 현실까지 고려하면 17~19세(고등학생) 때에도 완벽한 자기주도 학습은 불가능한 셈입니다.

그렇다면 초중고 때 자기주도 학습은 생각도 하지 말아야 할까요? 그건 아닙니다. 일단 전체적인 자기주도 학습은 거의 불가능에 가깝지만 고등학교 때 학교 시험에 한해서는 자기주도 학습이 가능합니다. 그리고 시험 때 좋은 성적을 받고 싶은 마음이 강한 아이라면 중학교 때, 빠르면 초등학교 5~6학년 때에도 학교 시험에 한해서 자기주도 학습이 가능합니다. 단! 유아~초등 4학년 때까지 자기주도 학습에 필요한 능력을 충분히 기른 아이에 한해서이고요. 능력은 길렀더라도 시험을 잘 보고 싶은 마음이 강하지 않으면 역시나 자기주도 학습은 다른 나라 이야기가 됩니다.

[학교 시험 때 자기주도 학습이 가능한 조건]
- ☑ 시험 잘 보고 싶은 마음이 생겨야 함
- ☑ 자기주도 학습에 필요한 능력을 갖추고 있어야 함
- ☑ 그렇더라도 가능한 시기는 초등 5~6학년 이후임

그리고 학습을 주도적으로 하든 수동적으로 하든 관계없이 초등학교 고학년 때부터는 아이와 이야기를 나눌 때 학습의 큰 그림에 대한 이야기도 자주 나누어야 합니다. 특히 자기주도 방식으로 시험 준비를 하는 아이라면 큰 그림에 대한 이야기가 매우 중요합니다. 현재 내가 들이는 노력이 전체 그림 속에서 어떤 의미를 갖고 있는지를 알고 공부하는 아이와 그렇지 않은 아이는 시간이 지날수록 큰 차

이를 보이게 될 것입니다.

이제 유아~초등 4학년 시기에 자기주도 학습능력과 관련해서 무엇을 해야 하는 지 정리해 보겠습니다. 일단 이 시기는 자기주도 학습이 거의 불가능한 시기라고 했습니다. "어머! 제 아이는 초3인데 스스로 공부 잘 하는데요!"라고 말씀하시면 역시나 일반화의 오류입니다. 마찬가지로 혼자 조용히 미소 짓는 것이 현명하고 요. 이 시기는 자기주도 학습을 하는 시기가 아니라 자기주도 학습을 하는 데 필요 한 능력을 기르는 시기라고 했습니다. 그 능력은 어떤 것들일까요?

자기주도 학습에 필요한 능력은 2가지입니다. 첫째, 읽기 능력! 읽기 능력을 제 대로 갖추지 못하면 자기주도 학습은 떠나 그 어떤 학습도 할 수 없습니다. 시험 전까지는 누군가의 도움으로 학습을 했다고 하더라도 결국 시험지는 스스로 읽어 야 하니까요. 둘째, 학습 능력! 학습 능력이란 공부하는 능력입니다. 배경지식, 이 해력, 암기력, 집중력, 엉덩이의 힘 등이 모두 모여 학습 능력을 이룹니다. 그리고 유아~초등 4학년 시기는 이후 자기주도 학습을 위해 이 2가지 능력을 집중적으로 훈련해야 하는 시기인데요. 읽기 능력을 훈련하는 가장 좋은 방법은 독서이고요. 학습 능력을 훈련하는 가장 좋은 방법은 '수학 제대로 학습'입니다. 독서에 대해서 는 이 책의 'Part 5 국어와 독서' 부분과 〈우리 아이 독서 고수 만들기〉 책을 참고 하시고요. 수학에 대해서는 이 책의 'Part 7 수학' 부분과 〈우리 아이 수학 고수 만 들기〉 책을 참고하시기 바랍니다.

자기주도 학습은 꿈과 희망이기만 한 것은 아닙니다. 실현 가능한 것이기도 한 데요. 뇌 발달과 교육 현실을 고려해서 체계적으로 준비해야 실현 가능합니다. 안 타까운 것은, 다수의 아이들이 학교 시험만이라도 자기주도 방식으로 공부할 수 있는 기회조차 갖지 못한다는 것입니다. 그냥 어려서부터 누군가가 이해시켜 주는 방식으로 공부를 시작하고, 그 방식에 익숙해져 버리는 거죠. 이 돌이킬 수 없는 시행착오를 피하려면 부모님이 현명한 판단을 할 수 있어야 합니다. 그러면 지금보다 훨씬 많은 아이들이 자기주도 방식으로 학습을 하게 될 것입니다.

4 철학은 이렇게

　초등학교 때에는 '철학'이라는 과목이 없습니다. 중학교와 고등학교 때에도 없습니다. 철학과를 가지 않는 이상, 대학교 때에도 대부분의 학과에서 철학은 전공 필수 과목이 아닙니다. 그래서 그런지 우리나라에서 현실적으로 철학 학습이 중요하다고 여기는 경우는 거의 없습니다. 물론 부모님의 교육관에 따라서는 철학의 중요성을 강조하는 가정도 있지만 어쨌든 우리 부모의 경험을 기준으로 했을 때 철학은 학교 공부, 시험 대비 공부와 동떨어진 영역이었고요. 도덕이나 윤리 시간에 나오는 철학 내용은 '암기해야 하는데 암기가 잘 안 되는 재미없는 내용'이었을 뿐입니다. 이 상황은 우리 아이들도 비슷할까요?

　원래 철학은 국영수보다 더 중요하고, 사회나 과학이나 한국사보다 더 중요하며, 그 어떤 과목보다 더 중요하다고 해서 과언이 아닙니다. 원래 그렇다는 것은 아이들에게도 적용되는 것이고, 부모들에게도 적용되는 것이고, 과거와 현재와 미래 모두에 적용되는 것입니다. 다만, 현실적으로 그렇게 느낄 수 없는 상황이었을 뿐인데요. 앞으로는 현실적으로도 매우 중요해졌습니다. 즉, 철학은 본질적으로도 매우 중요한 영역이었고, 이제는 현실적으로도 매우 중요해졌기 때문에 잘 대비해야 합니다. 철학이 현실적으로도 중요해졌다고 주장하는 근거는 무엇일까요?

첫 번째 근거는 학교 중간·기말고사 시험 문제 중 서술형 주관식 문제 때문입니다. 서술형 주관식 문제 중 일부는 자신의 의견을 쓰는 문제인데요. 예를 들어 중학교 한국사 시험 문제로 이런 문제가 출제되기도 합니다.

다음 글을 읽고 신라의 삼국 통일에 대한 자신의 생각을 서술하시오.

(1) 신라의 삼국 통일은 다른 종족의 힘을 빌려 같은 종족을 멸망시킨 것이다.

(2) 국력이 쇠약했던 신라는 당나라의 힘을 빌려 민족 통일을 이루어 냈다.

이 문제는 정답이 정해져 있지 않습니다. 자신의 생각을 쓰는 문제이기 때문에 신라의 삼국 통일에 대해 긍정적으로 써도 되고, 부정적으로 써도 됩니다. 중요한 것은 아래 채점 기준에 맞게 쓰는 것입니다.

[채점 기준]

☑ 서론, 본론, 결론의 논리적 형식을 잘 지켰는가.

☑ 주요 개념이나 사실에 대한 설명이 정확한가.

☑ 주장의 근거를 2가지 이상 썼는가.

☑ 근거를 타당하고 조리 있게 들어 주장하는가.

☑ 주장을 적절히 강조하고 있는가.

☑ 논리의 일관성이 있는가.

이처럼 서술형 주관식 문제 중에는 자신의 생각을 쓰는 문제도 있는데요. 논리적으로 설득력 있게 서술하는 쓰기 능력도 중요하지만 더 근본적인 핵심 요소는 '논리의 일관성'이고요. 논리가 일관성을 가지려면 생각의 기준(가치관)이 뚜렷해야 합니다. 이때 생각의 기준(가치관)이 바로 철학이고요. 철학을 학습하는 과정이 바로 생각의 기준(가치관)을 만들어 가는 과정입니다. 게다가 2020년 기준으로 초등학교 5학년부터는 수능에서 서술형, 논술형 문제가 출제될 예정입니다.

철학이 현실적으로도 매우 중요해졌다는 주장의 두 번째 근거는 '수행평가'입니다. 앞에서 수행평가의 중요성은 여러 번 강조했고요. 거의 전 과목에서 수행평가로 즐겨 활용하는 '서평쓰기'도 핵심은 생각의 기준(가치관)입니다. 서평쓰기는 해당 책의 줄거리만 쓰는 것이 아닙니다. 그 책에 대한 자신의 생각도 써야 하거든요. 그리고 '토론'도 자주 등장하는 수행평가인데요. 토론도 논리의 일관성이 중요한 활동이기 때문에 당연히 생각의 기준(가치관)이 핵심입니다.

철학의 중요성의 세 번째 근거는 수시 학생부 전형의 2차 관문인 면접 때문입니다. 수시 학생부 전형은 3개 관문을 모두 통과해야 최종 합격입니다. 1차 관문은 서류 심사이고요. 2차 관문은 면접, 3차 관문은 수능 최저 맞추기입니다. 학교에 따라 그리고 학과에 따라서는 3차 관문이 없기도 하지만 대체로 3관문을 통과해야 합니다. 그리고 2차 관문인 면접 때 핵심이 바로 '생각의 기준(가치관)'입니다. 〈우리 아이 독서 고수 만들기〉 책에 '독서가 수시 학생부 전형에 끼치는 영향'에 대해 자세히 정리해 놓았는데요. 수시 학생부 전형 면접은 '자기주도 학습능력'과 '인성'에 대해 확인하는 면접입니다. 이때 인성 면접은 '너는 얼마나 착하니?'라고 묻는 면접이 아니라 '너는 생각이 있니? 생각의 기준이 있니? 가치관을 가지고 있니? 너의 가치관은 어떤 것이니? 그 가치관으로 고등학교 때 어떻게 공부했니? 어떤 비교과 활동들을 했니?'를 묻는 면접입니다. 당연히 생각의 기준(가치관)이 잘 세

워져 있지 않다면 면접을 잘 보기 어려울 것입니다.

　이 3가지 현실적 중요성만 보더라도 이제 철학은 국영수보다 더 중요하다고 말할 수 있습니다. 게다가 우리 아이들이 살아갈 사회는 4차 산업혁명 사회입니다. 우리 부모도 마찬가지이고요. 4차 산업혁명 사회를 한 문장으로 표현하면 '과학기술이 엄청나게 발달해서 인간의 역할이 줄어드는 사회'입니다. 물론 4차 산업혁명 사회가 되면 좋은 점도 있을 것입니다. 하지만 이전보다 더 힘들어지는 점도 적지 않을 것이고요. 특히 '마음'과 관련된 것들은 더 힘들어질 가능성이 커 보입니다. 그래서 앞으로 철학은 훨씬 더 중요해질 것입니다.

　'세상사 마음먹기 나름이다.'라고 합니다. 경제적인 것도 중요하고, 사회적 위치도 중요하지만 결국 삶은 마음먹기의 영향을 가장 크게 받습니다. 그래서 행복한 삶을 살려면 마음을 잘 먹어야 하는데요. 마음을 잘 먹으려면 어떻게 해야 할까요? 바로 철학입니다. 철학은 결국 지금까지 수많은 사람들이 '마음을 어떻게 먹을 것인가?, 어떤 기준으로 생각할 것인가?'에 대해 고민하고 정리하고 고민하고 정리한 내용입니다. 그래서 철학을 학습하면 '마음 제대로 먹기'에 큰 도움을 받을 수 있습니다.

　이제 철학을 어떻게 학습할 것인가에 대해 정리해 보겠습니다. 우선 가장 먼저 해야 할 것은 '철학이 매우 중요하다.'라는 사실을 빨리 그리고 강하게 인지하는 것입니다. 그리고 작은 것부터라도 빨리 철학 학습의 3단계 과정을 경험해 보는 것입니다. 철학을 학습한다는 것은 유명한 철학자들의 이름과 이론을 암기하는 것이 아닙니다. 그분들의 주장을 깊게 이해하고, 이해한 내용을 내 생활에 적용해서 살아보고, 수용 여부를 판단해 보는 것이 철학 학습입니다.

[철학 학습의 3단계 과정]

- ☑ 배우기 : 마음먹기에 도움이 되는 내용 배우기
- ☑ 실천하기 : 배운 것대로 실천해 보기
- ☑ 평가하기 : 실천한 결과를 평가하고 수정하기

철학을 배운다는 것은 철학자들의 이론이나 주장을 암기하는 것이 아니라고 했습니다. 물론 나중에는 철학자들의 이야기도 깊게 음미해 봐야 합니다. 하지만 그전의 철학 학습은 인문학 학습으로 폭넓게 생각하는 것이 좋습니다. 인문학 안에 철학적 소재가 풍부하게 들어 있기 때문입니다. 바로 위에서 언급한 '세상사 마음먹기 나름이다.'라는 주장도 철학적 소재 중 하나이거든요. 따라서 꼭 철학책이 아니더라도 문학이나 에세이, 역사, 고전, 인물 등 인문학 영역의 다양한 책을 통해 '마음먹기'에 도움이 될 만한 소재를 빨리 만나는 것이 중요합니다. 초등학교 저학년에게 추천하는 '틀려도 괜찮아'라는 책도 넓은 의미에서는 철학책 성격을 띠고 있거든요.

그 다음, 알게 된 소재를 기록하거나 기억하고 구체적인 생활 속에서 실천에 옮기려 노력해야 합니다. 그렇게 몇 번 실천에 옮긴 다음, 그 마음먹기를 계속 지켜 갈 것인지 아니면 약간 바꿀 것인지 아니면 많이 바꿀 것인지 등에 대해 지속적으로 사색해 봐야 합니다. 이처럼 인문학에서 크고 작은 소재를 찾고, 그 소재를 마음에 적용해서 실천으로 옮기고, 나의 실천에 대해 깊게 사색하는 과정을 거치다 보면 다른 사람들의 기준이 궁금해집니다. 이때 철학자들의 이론이나 주장을 학습하면 '생각'을 '철학'으로 발전시킬 수 있고요. 이때 철학자들의 이론이나 주장은 반드시 비판적으로 수용해야 합니다. 유명한 철학자의 주장이라 할지라도 사회에 엄청난 변화가 생겼기 때문에 무비판적으로 수용하는 것은 적절하지 않습니다.

혹시 소재 찾는 것도 쉽게 느껴지지 않으시나요? 만약 그렇다면 소재를 하나 알려 드리겠습니다. '너 자신을 알라!'입니다. 소크라테스 선생님의 주장이고요. 이 주장을 나에게 적용시켜 보시기 바랍니다. 이 과정이 철학하는 과정이고, 이런 과정을 많이 겪어야 나만의 철학이 만들어질 것이며, 평생 만들어 가야 할 것입니다.

왜 아이 교육에 대해 많은 시간과 노력을 들이고 계신가요? 아이만을 위해서인가요? 만약 그렇게 생각하신다면, 오해를 하고 계신 것이고요. 시행착오를 겪을 가능성이 높습니다. 아이 교육에 들이는 부모의 시간과 노력은 절대 희생이 아닙니다. 부모 자신의 인생 중 일부분입니다. 아이를 위한 시간이 아니라 부모 자신을 위한 시간입니다. 따라서 부모는 자기 자신을 위해 그 시간을 현명하게 잘 보내야 하고요. 그래야 부모도 행복하고 아이도 행복할 수 있습니다. 역시나 나 자신부터 잘 알아야 합니다. 그리고 학습(공부)과 행복은 반대쪽에 있지 않습니다. '학습(공부)을 많이 하면 즐겁지 않고, 학습(공부)을 적게 하면 즐겁다.'라는 생각은 부모의 이상한 학습(공부) 경험을 근거로 한 주장입니다. 특히 유아~초등 중학년 시기에 학습(공부)에서 중요한 것은 양이 아니라 질입니다. '얼마나'보다 '어떻게'가 중요하고요. '어떻게'를 잘 해야 '얼마나'도 늘릴 수 있습니다. 이러한 생각은 일종의 교육관 중 하나입니다. 역시나 철학의 한 사례이죠.

만약 위와 비슷한 교육관을 갖고 계시다면 이 교육관을 바탕으로 구체적인 실천을 하기 위해 먼저 큰 그림을 볼 줄 알아야 하고요. 시기별로 우선순위를 잘 정해야 하고요. 영역(과목)별로 효과적인 학습 방법을 잘 적용해야 합니다. 그리고 이를 위해 〈우리 아이 공부 고수 만들기〉 책을 쓴 것입니다.

시기별 총 정리

PART 12

1. 1개월~24개월 총 정리
2. 25개월~48개월 총 정리
3. 5세~7세 총 정리
4. 초등학교 1~2학년 총 정리
5. 초등학교 3~4학년 총 정리
6. 초등학교 5~6학년 총 정리

1 1개월~24개월 총 정리

이 시기의 핵심은 '다양한 자극, 정서적 안정, 충분한 수면'입니다. 국어, 영어, 수학, 사회, 과학, 한국사 등의 교과목 학습은 먼 이야기인 때이고요. 뇌가 안정적으로 고르게 발달하는 데에 집중해야 합니다. 출산한 날부터 12개월 사이에는 다양한 오감(시각, 청각, 후각, 미각, 촉각) 자극을 통해 오감 발달시키기가 중요하고요. 유아용 책, 음악, 그림 등을 통해 우뇌를 발달시키는 것도 중요합니다.

(1) 뇌 발달

뇌가 외부 자극에 빠르게 반응하면서 시냅스 수가 급속도로 증가하고, 신경 회로도 많이 만들어집니다. 그러면서 뇌 곳곳의 기능이 정해지는 시기입니다. 이를 위해 자극의 종류는 '다양하게'가 좋고요. 자극의 양은 '적당히'가 좋습니다. 엄마와의 스킨십, 자연을 오감으로 느끼기, 충분한 수면 등이 중요합니다.

(2) 국어와 독서

아이들은 두 돌 전후에 말문이 트이는데요. 어느 날 갑자기 말을 하는 것이 아니라 돌부터 두 돌까지 언어 노출이 쌓이고 쌓인 결과가 나타나는 것입니다. 이 시기에 가장 유용한 국어 활동은 '듣기를 통해 모국어 접하기'입니다. 원활한 국어 습득을 위해서는 일상 이야기 들려주기와 그림책 읽어주기가 좋고요. 그림책을 읽어줄 때에는 스마트 기기로 들려주는 것보다는 아기를 품에 안고 읽어주는 것이 훨씬 좋습니다. 그러면 오감으로 자극이 전해지기도 하고 정서 안정에도 도움이 됩니다. 학습은 아니지만 노출은 필요한 때입니다.

(3) 영어

이 시기에는 영어보다 모국어 습득에 집중하는 것이 더 좋습니다. 자연스러운 노출까지 일부러 막을 필요는 없지만 모국어를 탄탄히 습득하는 것이 더 중요한 시기입니다.

(4) 수학

아직 시작할 때가 아닙니다. 숫자 단순 노출 정도는 괜찮지만 개념 학습까지는 기대하지는 않는 것이 좋습니다.

(5) 사회

사회 학습을 생각할 때는 아니고요. 기본 생활 습관 잘 들이는 것이 중요한 때입니다.

(6) 과학

과학 학습을 생각할 때는 아니고요. 직관적 인지를 통해 건강한 삶과 관련된 가장 기본적인 과학 지식을 습득하는 것에 집중해야 합니다.

2 25개월~48개월 총 정리

이 시기의 핵심은 전두엽 발달, 좌뇌와 우뇌 통합, 사회성 발달, 언어 능력 발달, 운동 능력 발달 등입니다. 그리고 이 시기는 정서적 안정의 기초를 다지면서 식습관, 수면 습관, 언어 습관 등 기본 생활 습관을 들이는 시기입니다. 아직은 아이의 타고난 재능을 발견하는 것이 어려운 때입니다. 다만, 천재급 아이라면 관련 증상이 드러날 수 있습니다.

(1) 뇌 발달

고차원적이고 종합적인 사고를 담당하고 있는 전두엽이 발달을 시작합니다. 그래서 창의적 체험이 중요한데요. 또래 아이와 함께 하는 놀이나 운동, 그림책 읽어주기 등이 효과적입니다.

(2) 국어와 독서

말하기에 시제(과거, 현재, 미래)를 적용해야 할 때이고, 아이에게 질문도 해야 할 때입니다. 감정 표현을 정확하게 하는 연습도 해야 하며, 우뇌 중심으로 학습하기 때문에 책은 문학 그림책 위주로 선택하는 것이 좋습니다. 전반부인 25개월~36개월 때에 책은 자주 활용하는 놀이 수단 중 하나로 활용하면 충분하고요. 후반부인 37개월~48개월 때는 가급적 매일 1~2권씩 보여주는 것이 좋습니다. 그림책과 함께 플래시 카드, 문화센터 언어 프로그램, 스마트 기기 앱 등을 통해 다양한 국어 노출을 경험하는 것도 좋으며, 스마트 기기는 철저한 관리가 중요합니다.

(3) 영어

이 시기도 아직은 국어 습득에 주력하는 것이 좋습니다. 다만 다양한 경험 측면에서 영어 노출을 가볍게 진행하는 것은 이후 영어 습득에 작은 도움이 될 수 있습니다. 단, 자주 그리고 꾸준히 영어 이름 배우기를 진행해야 영어 습득의 효과를 볼 수 있습니다. 한번 배운 이름도 주기적으로 반복해서 노출시켜야 하고요. 최대한 놀이식, 활동식으로 진행하는 것이 중요합니다. 충분히 반복해야 배우게 되고요. 여러 번 반복하더라도 지루하지 않게 느껴야 합니다.

(4) 수학

이 시기에는 '하나부터 아홉'까지 각각의 말의 개념을 이해하는 것을 시도해 볼 만 합니다. 그리고 도형 관련해서는 종이접기와 블록놀이도 시도해 볼만 합니다. 단, 이 시기에는 공부가 아닌 놀이로 느끼게 하는 것이 매우 중요합니다.

(5) 사회

사회 학습보다는 기본 생활 습관, 정서적 안정, 인성과 사회성 기르기가 중요한 때입니다. 1개월~24개월이 기본 생활 습관 잘 들이는 시기라면, 이 시기는 인성과 사회성 정도를 추가하는 시기입니다. 책과 체험이 가장 유용한 도구입니다.

(6) 과학

직관적 인지를 통해 건강한 삶과 관련된 가장 기본적인 과학 지식을 습득하면서 '나' 외에 다른 사물이나 생물의 개체를 인지해야 합니다. 사회처럼 책과 체험이 가장 유용한 도구입니다.

3 5세~7세 총 정리

이 시기는 전두엽 발달을 위한 창의적 활동과 함께 생활 습관 들이기, 독서 습관 들이기도 진행해야 합니다. 6세 즈음에는 학습 습관 들이기도 서서히 시작하는 것이 좋고요. 누리과정 연계 독서도 좋은 학습 경험이 됩니다. 7세는 독서가 매우 중요한 시기이며, 언어와 수학 학습도 본격적으로 시작할 수 있는 시기입니다. 단, 아이에 맞게 학습 속도와 방법, 난이도와 분량 등을 정하는 것이 매우 중요합니다. 이 시기부터 독서, 국어, 영어, 수학, 사회, 과학, 한자 등 해야 할 것이 많아지는데요. 최대한 공부로 느껴지지 않게 해야 하고요. 이 시기에 1순위는 독서와 다양한 체험(예체능 사교육 포함)입니다.

(1) 뇌 발달

5~6세 때는 전두엽과 우뇌(감정, 통찰, 이미지의 뇌)가 빠르게 발달하고, 7세 때는 전두엽이 빠르게 성숙하면서 두정엽(수학 담당)과 측두엽(언어 담당)이 빠르

게 발달하는 시기입니다. 전두엽이 급격히 발달하므로 창의성을 기를 수 있는 활동이 중요하며, 7세 전후로는 언어, 수학, 사회, 과학 영역의 학습도 시작할 수 있습니다. 단, 게임이나 놀이식 학습이 훨씬 효과적이며 결과보다 과정이 훨씬 중요하고요. 그림책을 통해 종합적 뇌 발달, 적극적 집중력 기르기, 정서 발달, 언어 학습의 기초 능력 기르기를 해야 합니다.

(2) 국어와 독서

1순위는 듣기 능력, 읽기 능력, 읽기 습관을 기르는 것인데요. 이를 위한 가장 효과적인 방법이 독서입니다. 독서를 진행하면서 내 아이의 현재 읽기 능력, 관심 분야, 성향 등을 파악하는 것이 첫 번째 핵심이고요. 파악한 내 아이를 기준으로 적합한 책을 잘 고르는 것이 두 번째 핵심입니다. 그리고 책을 선택할 때 문학은 '폭넓고 다양하게'가 중요하고, 비문학은 '쉽고 만만하게'가 중요합니다. 그리고 7세 때에는 반드시 읽기 독립을 진행해야 하고요. 이를 위해 한글 깨치기도 진행해야 합니다. 이 시기 독서 분량은 하루 평균 3권 정도면 충분합니다. 하루 3권이면 1년에 약 1100권이고요. 초등학교 입학 전까지 약 3000권의 책을 접하게 됩니다.

(3) 영어

영어를 거의 접하지 않았다면 '사람이나 사물의 이름을 통해 말 배우기'를 어느 정도 한 다음 청킹으로 짧은 문장 배우기를 진행합니다. 영어 이름 배우기와 동일하게 꾸준히, 반복해서 노출하는 것이 중요하고요. 실제 상황에서 의미 있게 반복 습득하거나 흥미와 재미 요소를 갖춘 영어 콘텐츠를 잘 골라야 합니다. 다음 단계는 '집중적으로 듣기 능력 기르기'이고요. 목표는 300시간 듣기이며, 매일 20~30분 내외로 꾸준히 들어야 효과를 볼 수 있습니다. 영어 DVD를 적극 활용해 보시고요. 7세 기준으로 영어 노출 시간은 30~40분 이상은 되어야 합니다. 20~30분 정도는 영어 만화 보기를 진행하고요. 10~20분 정도는 영어 이름이나 짧은 영어 문장 배우기를 진행하면 좋습니다.

(4) 수학

이 시기에는 '수학에 대한 긍정적인 태도 형성'이 가장 중요합니다. 그 전제 하에 1~9까지의 수 개념 학습을 시도해 볼만 합니다. 단, 5세에게는 어렵고요. 6세는 해 볼만 하고요. 7세는 할 수 있습니다. 1~9의 수 개념 학습 후에는 더하기(+) 개념 학습과 간단한 덧셈을 해 볼만 한데요. 간단한 덧셈은 6세도 쉽지 않으며 7세라면 할 만 합니다. 즉, 7세라면 아래의 수학 학습을 진행하고요. 5~6세라면 아래의 수학 학습 내용 중에서 내 아이가 할 수 있는 만큼만 진행하는 것이 좋습니다.

[7세 때 해야 하는 수학 학습 내용]

☑ 1~5까지 개념 학습 제대로 하기 (學 제대로 + 習 충분히)
☑ 6~9까지 개념 학습 제대로 하기 (學 제대로 + 習 충분히)
☑ 0의 개념 학습 제대로 하기 (學 제대로 + 習 충분히)
☑ 더하기(+)의 개념 학습 제대로 하기 (學 제대로 + 習 충분히)
☑ 빼기(−)의 개념 학습 제대로 하기 (學 제대로 + 習 충분히)
☑ 두 수의 합이 9 이하인 덧셈 학습 제대로 하기 (4가지 목표)
☑ 한 자리 수 뺄셈 학습 제대로 하기 (4가지 목표)

그리고 이 시기는 이런 저런 시도를 통해 내 아이의 수학 학습 능력을 파악하는 시기이기도 하고요. 놀이·교구, 사고력 수학 등은 아이가 좋아한다는 전제 하에 적당히 진행하는 것이 좋습니다.

(5) 사회

논리적 사고가 가능한 5세부터 사회 학습이 가능하며 누리과정, 책, 가족과 함께 하는 즐거운 체험만 잘 활용하면 이 시기에 필요한 사회 학습은 충분히 이뤄질 수 있습니다. 단, 학습 내용이 복잡하지 않고 단순하면서 구체적이어야 합니다. 그리고 7세 때에는 유치원 누리과정과의 연계독서를 진행하면 좀 더 체계적인 학습이 이루어집니다.

(6) 과학

5세~6세 때에는 주로 생명과학 분야에서 학습 대상을 찾는 것이 좋고요. 이 시기에 가장 효과적인 학습 방법은 책과 체험입니다. 7세 때에는 누리과정 연계독서를 진행하면 좀 더 체계적으로 과학 학습을 진행할 수 있습니다.

(7) 역사

5~6세 때에는 옛이야기를 읽어주는 것이 좋고요. 7세 때에는 우리나라를 대표하는 인물이나 문화재를 다룬 책을 시도해 볼만 합니다.

✄ 초등학교 1~2학년 총 정리

이 시기에 1순위는 여전히 독서와 다양한 체험(예체능 사교육 포함)입니다. 책은 하루 3권 이상 보는 게 좋고요. 이를 통해 읽기 능력을 집중적으로 길러야 합니다. 문학 영역 독서는 '글 양 늘리기'를, 비문학 영역 독서는 '사회와 과학 영역 책 많이 보기'를 시도해야 하고요. 통합교과 연계독서도 좋은 방법입니다. 2순위로 영어를 평일에 매일 꾸준히 해야 하고요. 수학은 주 2~3회 꾸준히 해야 합니다. 이 시기에 해야 할 것 중 '독서를 통해 읽기 능력 기르기'와 '수학을 통해 학습 능력 기르기'는 이후 아이의 학습에 매우 큰 영향을 끼치게 됩니다.

(1) 뇌 발달

전두엽이 지속적으로 발달하고, 언어 담당인 측두엽과 수학 담당인 두정엽이 빠르게 발달하는 시기입니다. 좌뇌 활용도가 높아지면서 논리적 사고 능력도 발달하지만, 사고의 대상이 구체적이어야 논리적 사고가 가능합니다.

(2) 국어와 독서

1순위는 '한글 읽기 능력 기르기와 한글 읽기 독립 최대한 빨리 이루기'입니다. 이를 위해 혼자서 읽는 시간을 차츰 늘려가야 합니다. 그리고 쓰기보다 말하기가 중요합니다. 독후활동을 통한 말하기 연습, 수학 서술형 주관식 문제 풀이 과정을 통한 말하기 연습을 꾸준히 해야 합니다. 그리고 국어 문제집이나 학습지는 아이의 읽기 능력을 객관적으로 평가하기 위해 가끔(예를 들어 1~2개월에 1회 정도) 해 보는 것도 좋고요. 일주일에 1~2회 정도, 1회 30~40분 정도를 크게 부담스러워하지 않는다면 진행해 보시기 바랍니다.

(3) 영어

영어 그림책 읽어주기를 시작하면 하루 중 영어 노출 시간은 1시간 이상이 좋습니다. 20~30분 영어 만화 보기는 계속 진행해야 하고요. 20~30분 정도는 영어 그림책 읽어주기를 진행합니다. 그리고 영어 이름이나 짧은 영어 문장 배우기는 상황에 따라 그 때 그 때 진행 여부를 결정합니다. 알파벳과 파닉스 학습을 반드시 이 때 해야 하는 것은 아니지만 학습 효과 측면에서는 가장 좋은 시기가 이 때입니다. 영어 그림책 읽어주기도 어느 정도 진행했고, 파닉스도 학습한 상태라면 영어 그림책 읽기를 진행합니다. 그럴 경우 영어 만화 보기 20~30분은 계속 유지하고, 영어 그림책 읽어주기도 20~30분은 계속 진행하면서 영어 그림책 읽기도 20~30분 정도 진행합니다.

(4) 수학

초등학교 1~2학년 수학을 제대로 학습할 때의 핵심은 다음과 같습니다.

[초등학교 1~2학년 수학 학습의 핵심]

1. 초등학교 수학의 5가지 영역 중 '수와 연산' 영역이 가장 중요해요. 수와 연산 영역 학습에 빈틈이 생기지 않는지 잘 체크해야 해요.

2. 내 아이의 수학 학습 실력을 알아내야 해요. 2~3가지 문제집으로 현재 아이의 수학 실력을 다양하게 체크해야 해요.

3. 7세 수학이 학습 능력과 학습 습관을 기르는 기초 과정이었다면 초등학교 1~2학년 때에는 학습 능력과 학습 습관을 본격적으로 길러야 해요.

4. 서술형 주관식 문제 해결력의 기초를 다져야 해요. 기초를 다지는 시기이기 때문에 당장의 점수보다는 꾸준히 연습하는 게 중요해요.

이를 위해 연산 연습을 위한 문제집과 개념 학습·문제 해결력 훈련을 위한 문제집을 활용합니다. 개념 학습·문제 해결력 훈련을 위한 문제집은 한 학기에 2권 진행을 기준으로 해서 아이에 맞게 적절히 조절합니다. 이 시기는 '내 아이의 수학 실력 파악'이 중요한 시기입니다.

(5) 사회

초등학교 1학년 때에는 통합교과 연계독서를, 초등학교 2학년 때에는 통합교과와 함께 3~4학년 사회 교과 연계 독서를 진행하는 것이 좋습니다. 이 시기에도 가장 효과적인 학습 방법은 책과 체험입니다.

(6) 과학

초등학교 1학년 때부터 물리학, 화학, 생명과학, 지구과학 4개 영역을 모두 다룬 책에 도전해 볼 수도 있고요. 초등학교 2학년 때에는 3학년 과학을 대비하여 과학 책 읽는 비중을 높이는 것이 좋습니다. 통합교과 연계독서는 생명과학 영역 위주라는 한계가 있습니다. 그래서 1~2학년 때부터 책과 체험을 통해 과학의 4개 영역을 모두 접해 둘 필요가 있고, 초등학교 3~4학년 교과 내용과의 연계독서를 하는 것도 좋습니다. 단, 1~2학년 수준에 맞는 책이어야 합니다.

(7) 한국사

삼국유사, 삼국사기 책은 시도해 볼만 합니다. 그리고 '화랑' 같은 구체적인 소재를 다룬 책 또는 김유신 같은 특정 인물을 다룬 책도 1~2학년 시기에 볼만한 한국사 책입니다. 이 시기의 한국사 학습은 양보다 질이 더 중요한 때입니다.

5 초등학교 3~4학년 총 정리

초등학교 3학년부터는 과목 수가 많아집니다. 바른생활, 사회, 과학, 음악, 미술, 체육을 모아놓은 통합교과 과목이 세부 과목으로 나눠지기 때문인데요. 사회와 과학 과목이 등장하고 영어도 시작됩니다. 한 마디로 본격적으로 초등 공부가 시작되는 학년이 3학년입니다. 그리고 1차 좌절기이기도 하고요. 만약 좌절기를 맞이했다면, 전 과목을 다 잘 하려고 하지 말고, 읽기 능력과 수학과 영어에 집중하는 것이 좋습니다. 이 시기에 1순위는 영어입니다. 영어가 1순위이고, 독서와 수학이 2순위입니다. 영어 시간은 대폭 늘리고, 수학 시간은 좀 늘리고, 독서 시간은 줄여야 합니다. 예체능은 3순위입니다. 1순위와 2순위 세팅을 끝낸 후 가능한 범위 내에서 예체능 시간을 정해야 합니다.

(1) 뇌 발달

전두엽이 지속적으로 발달하고, 언어 담당인 측두엽과 수학 담당인 두정엽이 빠르게 발달하는 시기입니다. 좌뇌 활용도가 계속 높아지며, 추상적인 것으로도 논리적 사고를 하기 시작합니다.

(2) 국어와 독서

국어에서 1순위는 여전히 읽기 능력 기르기입니다. 특히 비문학 책 비중을 높이면서 비문학 읽기 능력을 탄탄하게 훈련시켜야 하고요. 비문학 읽기 능력 훈련을 위해 학습만화를 적절히 활용하는 것은 괜찮습니다. 중요한 것은 '책을 꾸준히 읽는 것' 그리고 '비문학 책을 꾸준히 읽는 것' 그리고 이를 통해 읽기 능력(특히 비문학 읽기 능력)을 탄탄하게 기르는 것입니다. 독서는 하루에 1~2권, 어려우면 이틀에 1~2권 이상은 읽는 것이 좋습니다. 그리고 국어 문제를 어려워하는 아이라면 일주일에 2~3회 정도, 하루에 30~40분 정도 국어 문제집을 풀어보다가 진행 상황에 따라 학습 분량을 조절하는 것이 좋습니다.

(3) 영어

하루에 영어 듣기 20분 정도는 매일 진행합니다. 그리고 '읽어주기'와 '혼자읽기' 합쳐서 매일 하루 1시간 30분에서 2시간 이상은 진행하는 것이 좋고요. 더 할 수 있다면 더 하는 것이 좋습니다. 누가 봐도 정말 쉽다고 생각되면서 가장 기본적인 문법 내용만 다룬 교재가 있다면, 그 교재를 완벽하게 학습하는 것이 아니라 가볍게 이해하는 정도로 진행하는 것은 괜찮습니다. 자주 나오는 단어, 숙어, 관용 표현 등을 암기하는 것과 간단한 영어 문장 말하기와 쓰기를 해 볼 필요는 있습니다. 단, 암기와 쓰기 때문에 영어가 싫어지지는 않을 만큼만 해야 합니다.

(4) 수학

초등학교 3~4학년 수학을 제대로 학습할 때의 핵심은 다음과 같습니다.

[초등학교 3~4학년 수학 학습의 핵심]

1. 초등학교 수학의 5가지 영역 중 수와 연산 영역은 난이도가 올라가고, 도형과 측정 영역은 본격적인 학습이 시작됩니다. 그래서 전체적으로 난이도가 갑자기 올라가는 느낌이 드는데요. 그럴수록 각 영역별로 개념과 원리 학습이 잘 진행되는지부터 체크해야 합니다.

2. 초등학교 3~4학년 때는 수학을 통해 학습 능력과 학습 습관을 자리 잡게 하는 시기입니다. 성공하면 5~6학년 때에도 상위권을 유지할 수 있는 힘이 생기지만, 실패하면 5학년 때 성적이 떨어질 수 있으며 최악의 경우 공부를 멀리하게 될 수도 있습니다.

3. 극소수의 수학 영재를 제외하고 대부분의 아이들은 수학 영재반 또는 수학 경시대회(올림피아드) 도전 여부를 이 시기에 판단해야 합니다. 난이도가 높은 문제를 푸는 아이도 가능성이 있고요. 문제집 해설과는 다르게 자신만의 방법으로 문제를 해결하는 아이들의 가능성이 더 높은 편입니다.

(5) 사회

이 시기에 사회 학습을 잘 하려면 배경지식도 어느 정도 가지고 있어야 하고, 사회 현상에 대한 이해력도 좋아야 하며, 암기 능력도 일정 수준 이상 갖추고 있어야 합니다. 그래서 2학년뿐만 아니라 3학년 때에도 독서에서 사회책의 비중을 높게 잡아야 합니다.

[효과적인 초등학교 3~4학년 사회 학습법]

1. 초등학교 2~3학년 때 사회 영역 책을 많이 읽어 기초 배경지식을 습득하고 사회 정보를 이해하는 능력을 길러야 합니다. ⇒ 이미 아는 내용이 많아짐

2. 이해할 수 있는 내용은 단순 암기가 아니라 '이해하고 암기하고 설명하기' 방식으로 학습해야 합니다. ⇒ 아는 내용이 더 많아짐

3. 무조건 암기해야 하는 내용은 '연상법'과 '회독' 방식을 적용해서 최대한 열심히 암기해야 합니다. ⇒ 당위성보다는 동기가 중요

(6) 과학

3학년 때에는 독서에서 사회책과 함께 과학책의 비중도 높게 잡아야 합니다. 그리고 3~4학년 때의 효과적인 과학 학습법은 사회 학습법과 동일합니다.

[효과적인 초등학교 3~4학년 과학 학습법]

1. 초등학교 2~3학년 때 과학 영역 책을 많이 읽어 기초 배경지식을 습득하고 과학 정보를 이해하는 능력을 길러야 합니다. ⇒ 이미 아는 내용이 많아짐

2. 이해할 수 있는 내용은 단순 암기가 아니라 '이해하고 암기하고 설명하기' 방식으로 학습해야 합니다. ⇒ 아는 내용이 더 많아짐

3. 무조건 암기해야 하는 내용은 '연상법'과 '회독' 방식을 적용해서 최대한 열심히 암기해야 합니다. ⇒ 당위성보다는 동기가 중요

(7) 한국사

이 시기 한국사 학습은 '3~4학년 사회 대비 겸 5학년 한국사 생활·문화·과학사 대비하기'이고요. 이를 위해서는 한국사 영역 중 생활·문화·과학사에 대해 학습해야 합니다. 그리고 세계문화를 통해 5학년 사회 대비도 하고, 세계에 대한 지식도 쌓고, 바람직한 태도(다양성 인정)도 기르는 것이 좋습니다. 그리고 4학년 때 시대 순서대로 주요 인물과 사건을 다룬 통사책을 가볍게 봐 두면 좋습니다.

6 초등 5~6학년 총 정리

1차 좌절기는 초등학교 3학년이고, 2차 좌절기는 초등학교 5학년입니다. 5학년을 2차 좌절기로 만드는 주요 과목은 수학과 한국사입니다. 5학년 수학과 한국사의 난이도가 매우 높기 때문인데요. 5학년 수학으로 아이의 진짜 수학 실력을 판단해야 하고요. 앞으로 진행할 수학 선행 속도도 5학년 때 결정해야 합니다. 그리고 한국사는 수학을 제외한 나머지 과목 중에서 난이도도 가장 높고, 학습 분량도 가장 많습니다. 그래서 5학년은 우리나라에서 공부 잘 할 수 있는 아이인지를 판단할 수 있는 학년입니다. 만약 수학과 한국사를 모두 잘 하면 그 아이는 우리나라에서 공부 잘 할 확률이 매우 높습니다. 그리고 5학년 때에는 영어를 꾸준히 진행

면서 영문법도 시작해야 하고, 독서는 한국사 대비 위주로 진행해야 합니다.

초등학교 5학년 때 1순위는 영어와 수학이고, 초등학교 6학년 때 1순위는 수학입니다. 수학은 중학교 때까지도 계속 1순위입니다. 그리고 초등학교 5~6학년은 공부에도 전략을 적용해야 하는 시기입니다. 영재고, 특목고 과고, 특목고 외고, 자사고, 자공고, 일반고, 예고, 특성화고, 마이스터고 등 여러 고등학교 중 어느 그룹의 고등학교에 진학할 것인지에 대한 고민도 시작해야 합니다. 이처럼 학습량도 많아지고 학습 전략도 시작되는 시기인데다 그분(사춘기)과의 만남도 시작되는 시기입니다. 그래서 수학 영재반 또는 수학 경시대회 진행 여부를 현명하게 그리고 빨리 판단하는 것이 좋습니다.

(1) 뇌 발달

전두엽에서의 시냅스 생성이 최고조에 이르면서 사춘기(전두엽의 혼돈기)의 조짐이 보이는 경우도 있습니다. 5학년까지는 측두엽과 두정엽이 빠르게 발달하며, 추상적인 것으로도 논리적 사고를 잘 할 수 있는 시기입니다.

(2) 국어와 독서

초등학교 5학년과 6학년 1학기 때에는 한국사 독서에 집중해야 합니다. 통사책을 여러 종 보는 것이 좋습니다. 그리고 6학년 2학기부터는 일주일에 1~2권이라도 비문학 독서를 꾸준히 해야 합니다. 사회나 과학책도 좋고, 월간지 같은 잡지도 좋습니다. 역사에 관심을 보이면 세계사로 확장시키는 것도 좋습니다. 그리고 국어 문제집으로 비문학 독해 연습을 꾸준히 해야 하는데요. 아이에 따라서는 인터넷 인강이나 국어학원 독해법 강의 활용도 검토해 봐야 합니다. 이 시기 실전 능력 훈련을 위한 국어 학습량은 아이마다 다르기 때문에 일반적인 기준 하나를 제시할 수는 없습니다.

(3) 영어

이 시기에도 듣기 노출은 계속 하루 20분 내외로 꾸준히 진행해야 하고요. 5학년까지는 읽기 노출 시간을 가급적 많이 그리고 꾸준히 유지하다가 6학년이 되면 수학을 1순위에 두고 영어 읽기 시간을 적절히 조절해야 합니다. 5~6학년 때 영어 문법은 중학교 문법을 염두에 두고 학습해야 하고요. 1~2권으로 끝내는 것이 아니라 3~4권으로 대비하는 게 좋고요. 혼자 하는 것보다는 강의를 듣는 게 더 좋습니다. 그리고 6학년 때에는 문법 외에 별도로 독해 교재를 풀어보는 것이 좋습니다.

(4) 수학

초등학교 5~6학년 수학을 제대로 학습할 때의 핵심은 다음과 같습니다. 학기 중에는 하루에 2~3시간 이상, 주말이나 방학 중에서는 하루에 4~5시간 이상 수학 학습을 해야 합니다.

[초등학교 5~6학년 수학 학습의 핵심]

1. 아이의 수학 학습 능력을 최대한 객관적으로 평가해야 합니다. 수학 학습 능력 평가 기준은 5학년 때 푸는 문제집의 난이도와 학원의 진단 테스트를 근거로 합니다.

2. 객관적으로 평가한 수학 학습 능력을 기준으로 해서 아이의 수학 선행 전략을 세우고 실천해야 합니다.

3. 수학 영재반 또는 수학 경시대회(올림피아드) 도전 여부를 신중하면서도 빠르게 결정하고, 도전할 경우 의미 있게 진행해야 합니다. 의미 있는 진행에 대해서는 초등학교 3~4학년 부분을 참고하세요.

이 시기 사회 공부법은 아이마다 다릅니다.

> 🔖 아이별 초등학교 5~6학년 사회 공부법
>
> – 준비가 잘 되어 있는 아이 : 예습보다는 복습이 중요합니다. 기본은 교과서 읽기입니다. 교과서를 읽으면서 텍스트, 사진, 그림 정보를 해석해야 하는데요. 대체로 어렵지 않게 잘 읽을 것입니다. 그 다음 문제집으로 요점 복습도 하고, 사회 시험 문제 푸는 능력도 훈련합니다. 대부분의 교과서 내용을 혼자 공부할 수 있습니다.
>
> – 준비가 좀 부족한 아이 : 혼자서 공부할 수 없는, 이해가 잘 되지 않는 내용은 미리 예습을 하거나 학교 수업 때 선생님의 도움을 받아 이해해야 합니다. 그 다음 복습으로 교과서 읽기를 하고 문제집을 활용해야 합니다.
>
> – 준비가 되어 있지 않은 아이 : 당장의 시험 성적보다는 사회 공부를 제대로 해 보는 경험이 중요합니다. 스스로 학습은 어렵기 때문에 인터넷 강의의 도움을 받는 것이 좋고요. 교과서 내용 중 일부만 공부하게 되더라도 제대로 충분히 이해하고 암기하는 경험을 해야 합니다. 인터넷 강의로 예습하고, 학교 수업 때 한번 더 설명을 들은 다음, 이해한 부분은 교과서 읽기로 복습하고 문제집에 있는 문제를 풀어봐야 합니다.

(6) 과학

이 시기 과학 공부법도 아이마다 다릅니다.

- 준비가 잘 되어 있는 아이 : 수업 시간에 집중만 잘 한다면 굳이 예습할 필요가 없으며, 수업 내용을 잘 필기하면 매번 복습할 필요도 없습니다. 단원평가 전에만 교과서 중심으로 복습하고 문제집에 있는 단원평가 문제 정도만 풀어 봐도 80~90점은 어렵지 않게 받습니다.

- 세 번째 조건만 아쉬운 아이(이해 능력과 암기력) : 수업 내용 중에서 어렵게 느껴진 부분만 복습을 진행하고요. 나머지 부분은 위 1번과 동일한 방법으로 학습합니다.

- 3가지 조건 중 한 가지만 괜찮은 아이 : 5학년 1학기 동안에는 간단한 예습과 성실한 복습을 진행해 봅니다. 예습은, 교과서 내용 중 핵심 어휘의 개념 학습 정도만 진행하고요. 대신 복습은, 수업 시간에 배운 내용을 설명해 봅니다. 그렇게 1학기 정도 학습한 후 2학기부터는 과학 학습 능력의 향상 정도에 따라 학습량을 서서히 줄여 줍니다.

- 3가지 조건 모두 아쉬운 아이 : 교과 내용 모두를 제대로 학습하는 것은 어렵습니다. 1개 내지 2개 단원만이라도 제대로 해 보는 것이 좋고요. 단원 선택에서 1순위는 아이의 흥미인데요. 흥미를 느끼는 단원이 없다면 암기할 것이 많은 생명과학보다는 화학이나 물리학 단원이 더 좋을 수 있습니다.

(7) 한국사

이 시기 한국사 학습은 '한국사 교과서 학습, 처음부터 제대로 하기'이고요. 공부법은 아이마다 다릅니다.

🔍 아이별 초등학교 5~6학년 한국사 학습법

– 준비가 잘 되어 있는 아이 : 초등학교 5학년 1학기까지 독서와 체험을 통해 한국사 학습의 기초를 다진 아이입니다. 그래서 한국사 수업에 대한 이해도도 높은 편입니다. 이 경우 굳이 예습까지 할 필요는 없습니다. 수업 시간에 집중하면서 교과서 내용을 잘 이해하고요. 선생님이 수업한 부분, 강조한 부분, 설명한 내용 등을 잘 기록하고요. 집에 돌아와서 수업 내용을 한 번 읽어보기만 하고요. 시험 전에 다시 복습하고 문제집에 있는 문제를 풀어봅니다.

– 준비가 좀 부족한 아이 : 5학년 2학기 전까지 독서와 체험으로 한국사 학습을 좀 하기는 했지만 많이 하지는 않았습니다. 전반적인 학습 능력은 괜찮은 편입니다. 이 경우에도 예습보다는 수업 시간 집중과 복습이 더 효과적입니다. 예습은 혼자 하는 것이기 때문에 시간과 노력을 더 많이 들여야 합니다. 그보다는 적극적으로 선생님의 도움을 받는 것이 훨씬 효과적입니다. 특히 그날 수업 때 이해하지 못한 내용은 수업 시간 이후에라도 선생님의 도움을 받는 적극성이 필요합니다. 이후는 1번 아이와 동일하게 진행합니다.

– 준비가 되어 있지 않은 아이 : 5학년 2학기 한국사 수업이 시작되기 전에 한국사 수업을 받아보는 것이 좋습니다. 단, 반드시 아이에게 도움이 되는 수업이어야 합니다. '초등 한국사 방학 특강 2개월 완성'이라는 명칭만 보고 선택할 경우, 현재 아이의 한국사 학습 능력으로는 소화할 수 없는 수업일 수 있습니다. 완벽한 대비를 위한 수업이 아니라 학교 수업을 따라갈 수 있는 기초 능력 훈련을 위한 수업이어야 실질적인 효과를 볼 수 있습니다.

인간은 누구나 해야 할 것이 있고 하고 싶은 것이 있습니다. 학생 때 해야 할 것은 학습이고요. 하고 싶은 것은 놀기입니다. 그런데 해야 할 것은 대체로 동기가 약하기 때문에 의지력을 발휘해야 합니다. 그리고 집중력도 발휘해야 하고요. 이는 어느 한 순간에 되는 것이 아닙니다. 그래서 학습은 습관이 중요하고요. 학습 습관을 위해서는 어릴 때부터 경험을 조금씩 해 봐야 합니다. 단, 시기마다 학습할 수 있는 내용이 다르고, 학습할 수 있는 분량도 다릅니다. 따라서 '뇌 발달, 과목의 본질, 교육 현실' 3가지 측면을 고려해서 시기마다 내 아이에 맞는 학습 내용과 분량을 잘 정해야 합니다. 그러면 모든 아이들이 학습을 잘 할 수 있습니다. 이 책을 통해 좀 더 많은 아이들이 의미 있고 효율적인 학습 경험을 할 수 있기를 기대해 봅니다.

딸을 서울대에 보낸 정용호 강사의 초등 공부법

발행일   2023년 2월 16일(초판)
         2023년 3월 31일(2쇄)

발행처   직업상점

발행인   박유진

편저자   정용호

표지디자인   홍현애

정 가   19,000원   **ISBN**   979-11-981222-7-8